学校经济管理类主干课程教材·电子商务系列

跨境电子商务

主　编————————刘　宁

副主编————————邹　通　吕明宇

中国人民大学出版社

·北京·

图书在版编目（CIP）数据

跨境电子商务/刘宁主编；邹通，吕明宇副主编. 北京：中国人民大学出版社，2025.5. --（高等学校经济管理类主干课程教材）. -- ISBN 978-7-300-33465-3

Ⅰ. F713.36

中国国家版本馆 CIP 数据核字第 2025YM2468 号

高等学校经济管理类主干课程教材·电子商务系列

跨境电子商务

主　编　刘　宁

副主编　邹　通　吕明宇

Kuajing Dianzi Shangwu

出版发行	中国人民大学出版社		
社　　址	北京中关村大街 31 号	**邮政编码**	100080
电　　话	010－62511242（总编室）		010－62511770（质管部）
	010－82501766（邮购部）		010－62514148（门市部）
	010－62511173（发行公司）		010－62515275（盗版举报）
网　　址	http://www.crup.com.cn		
经　　销	新华书店		
印　　刷	北京密兴印刷有限公司		
开　　本	787 mm×1092 mm　1/16	**版　　次**	2025 年 5 月第 1 版
印　　张	22.75 插页 1	**印　　次**	2025 年 5 月第 1 次印刷
字　　数	517 000	**定　　价**	56.00 元

前言 FOREWORD

党的二十大报告指出，“推动货物贸易优化升级，创新服务贸易发展机制，发展数字贸易，加快建设贸易强国”。近年来，跨境电商作为发展速度最快、潜力最大、带动作用最强的外贸新业态，显示出巨大的市场活力和增长韧性，成为外贸领域的一抹新亮色。据海关测算，2023 年，我国跨境电商进出口总额 2.38 万亿元，增长 15.6%，其中，出口 1.83 万亿元，增长 19.6%，进口 5 483 亿元，增长 3.9%。跨境电商快速发展，既满足了国内消费者多样化、个性化需求，又助力我国产品通达全球，成为外贸发展的重要动能。当下，跨境电商引发了世界经济贸易的巨大变革，跨境电商以其有效融合电子商务、金融、物流的综合优势，在当前全球经济一体化、信息化的发展格局中成为国际贸易新的增长点。跨境电商不仅重塑了国内产业链、供应链及价值链，也对生产、流通、分配与消费环节产生了前所未有的影响。跨境电商通过变革贸易主体、贸易模式、交付模式、贸易对象与贸易监管政策，影响并重塑了我国现代化经济体系，跨境电商产业助力高质量发展的重要性愈发凸显。

本书综合行业和教育层面的发展情况，融合理论和实务两大方面内容，共 15 章。第 1 章为跨境电子商务概述，包括跨境电子商务相关概念、发展历程等。第 2 章为跨境电子商务理论，包括跨境电商相关理论分析、国际竞争战略等。第 3 章为跨境电子商务环境与政策，包括我国跨境电商环境与政策分析、跨境电商综合试验区等。第 4 章为跨境电子商务物流，包括跨境电子商务物流的内涵、物流管理及服务成本等。第 5 章为跨境电子商务支付与结算，包括跨境电商支付的内涵、区块链技术在跨境电商中的运用等。第 6 章为跨境电子商务客户服务，包括跨境电子商务客服概念及内容、跨境电商客户服务纠纷处理等。第 7 章为跨境电子商务法律法规与风险防范，包括跨境电子商务政策规则概况、规则分析等。第 8 章为跨境电商平台介绍及优势分析，包括第三方平台及其优势特点、独立站零售模式等。第 9 章为跨境电子商务目标市场分析，包括市场竞争和竞争趋势分析等。第 10 章为跨境电子商务流程实操，包括前期准备、中期执行、后期管理。第 11 章为跨境电子商务推广营销，包括搜索引擎营销等。第 12 章为跨境电子商务物流实务，包括邮政物流、国际商业快递等。第 13 章为跨境电子商务支付与退税，包括跨境电商主要支付方式、出口退税等。第 14 章为 B2B 跨境电子商务，包括 B2B 跨境电子商务中的国际贸易术语、国际贸易单证等。第 15 章为跨境电子商务从业基本技能，包括跨境电子商务公司岗位与素质要求、商务礼仪等。

本书以跨境电子商务的概念、理论、发展现状为开端，以相关政策法规为有效补充，构建跨境电子商务的理论架构。本书从实践角度详细介绍了跨境电商平台的应用及优势，以及跨境电子商务的支付方式和物流体系等内容，以典型案例加深学生对课程内容的理解和灵活掌握。在内容上，我们兼顾经典与前沿，理论与实践结合；在体系上，强调全面与合理，继承与创新并重；在表达形式上，既体现学术的严谨，也力求表达清晰简洁。本书可作为国内高校跨境电子商务类课程的教材和行业参考书。

在本书编写过程中，我们坚持既重教书又重育人，这也是贯穿全书的核心和基础。本书在提升学生思考主动性的基础上，帮助学生树立正确的人生观、世界观和价值观，为国家培养综合型跨境电商高端人才。

本书是山东财经大学跨境电子商务专业建设和教材建设的一部分。全书由三位作者共同完成，凝结了各位作者近年来的相关学术成果及教学经验。本书在编写过程中参考了业内学者的相关研究成果、教材及学术论文，在此对相关作者表示衷心的感谢。本书还得到了兄弟院校相关专业老师提出的宝贵建议，他们是浙江师范大学邹益民教授、临沂大学田艳敏副教授、泰山学院张德生副教授、山东财经大学燕山学院赵红莉老师和宋雅馨老师，感谢以上老师对我们工作的支持和信任。跨境电商为新兴产业，发展迅猛，知识更新迭代较快，很多相关的概念和观点在理论及实践层面还需要进一步沉淀。鉴于水平与时间所限，书中存在的不足之处还请各位专家、学者与广大读者不吝指出，我们在修订时进一步完善。

希望本书提供的跨境电商理论框架和实践知识能对跨境电商从业者具有启发和参考价值。在此，祝愿我国的跨境电商产业发展越来越好，走向全球，引领世界！

目 录 CONTENTS

理论篇

理论篇

第1章

跨境电子商务概述

| 引言 |

在当今全球化的经济环境中，跨境电子商务已经成为一种不可忽视的商业现象。随着数字技术的快速发展和互联网的普及，企业和消费者能够更方便地进行跨国交易，跨境电子商务应运而生。这种新兴的商业模式不仅改变了传统的贸易方式，还为全球经济的发展注入了新的活力。中国作为世界上最大的电子商务市场之一，跨境电子商务的发展尤为迅速。从最初的 B2B（business-to-business）模式，到后来的 B2C（business-to-customer）和 C2C（consumer-to-consumer）模式，中国的跨境电子商务已经形成多元化的发展格局。跨境电子商务不仅满足了不同消费者的需求，也为企业提供了更广阔的发展空间。未来，随着技术的不断进步和政策的不断完善，跨境电子商务将迎来更加广阔的发展前景。同时，我们也需要关注跨境电子商务发展中的问题和挑战，积极寻求解决方案，以推动跨境电子商务健康、稳定发展。

| 素质提升 |

1. 党的二十大报告指出，“推动货物贸易优化升级，创新服务贸易发展机制，发展数字贸易，加快建设贸易强国”。作为发展速度最快、潜力最大、带动作用最强的外贸新业态，跨境电商不仅是数字贸易的重要组成部分，也是推动建设贸易强国的新动能。

2.《国务院办公厅关于推动外贸稳规模优结构的意见》提出要加快对外贸易创新发展。跨境电商是外贸企业发展新动能。为促进跨境电商出口，将完善通关、税收、外汇等政策，加快构建适应跨境电商发展的供应链和生态圈。让学生了解我国跨境电商发展历程，掌握全球数字贸易发展趋势。

3. 深入学习贯彻习近平经济思想，贯彻落实中央经济工作会议精神，把握发展规律，抓住机遇，应对挑战，推动跨境电商高质量发展，加快培育外贸新动能，构建新发展格局，为全球经济发展注入新动力。

4. 掌握全球数字贸易发展趋势。“一带一路”倡议为跨境电商行业带来新的发展契机，成为推动传统外贸转型升级的新力量。国家出台的一系列稳外贸等利企惠企政策也为跨境电商企业发展提供了有力保障和广阔发展空间，激发外贸主体活力。

| 学习目标 |

1. 了解跨境电子商务产生的背景；
2. 掌握跨境电子商务的概念及其特点；
3. 熟悉跨境电子商务的业务流程；
4. 了解跨境电子商务的发展历程；
5. 了解我国跨境电子商务发展现状及特点。

第一节　跨境电子商务概述

一、跨境电子商务产生的背景

随着科技的迅猛发展，全球化趋势日益加强，跨越国界的电子商务活动正在迅速崛起，构建起连接世界的商业桥梁。跨境电子商务产生的背后涵盖了多个因素，包括全球化趋势的催化作用、数字技术的飞速发展、电子商务平台的崛起、国际物流和供应链的优化、关税和贸易政策的变化、文化融合和信息流通等。本节将深入探讨这些因素，揭示跨境电子商务的兴起是全球商业演变中的一部分，既是机遇，又是挑战。

（一）全球化趋势的催化作用

全球化是当今世界不可忽视的大趋势之一。经济、文化、科技等各个领域的全球相互联系和融合使得商品、服务和信息能够迅速跨越国界。企业开始越过国家的边界，寻找更广阔的市场。全球化趋势催生了跨境电子商务。通过互联网，企业能够直接面向全球市场，消费者也能够轻松购买来自世界各地的商品。全球化的商业模式打破了传统贸易的地域限制，为企业提供了更多的发展机会。

（二）数字技术的飞速发展

跨境电子商务的崛起离不开数字技术的飞速发展。互联网的普及和电子支付系统的成熟使得国际贸易变得更加便捷和高效。在线支付、数字化营销、数据分析等工具的广泛应用为企业提供了更灵活的经营方式。消费者通过电子商务平台能够方便地获取商品信息、比较价格、下单购买，而这些过程都能快速完成。数字技术的发展为跨境电子商务提供了坚实的基础，使得商业活动可以跨越国界，实现全球化经营。

（三）电子商务平台的崛起

亚马逊、阿里巴巴、eBay 等电子商务平台的崛起是跨境电子商务发展的重要推动力。这些平台通过打通全球供应链、提供在线支付和物流服务，为卖家和买家提供了一个便捷的交易平台。卖家可以将商品轻松推向国际市场，而消费者则能够方便地在全球范围内购物。这种集中化的电商平台降低了进入国际市场的门槛，为中小型企业提供了更广泛的国际贸易机会。

（四）国际物流和供应链的优化

跨境电子商务的成功不仅依赖数字技术，而且需要高效的国际物流和供应链网络。随着物流技术的不断创新和全球物流体系的日益完善，商品能够更快速、更安全地从生产地点运送到消费者手中。全球化的供应链网络使得企业能够更灵活地调整生产和库存，更好地适应国际市场的需求变化。优化的国际物流和供应链为跨境电子商务提供了可靠的基础设施，使商品能够顺畅地流通于世界各地。

（五）关税和贸易政策的变化

随着全球贸易环境的不断演变，一些国家对于降低关税、简化清关手续等方面的政策调整也为跨境电子商务的发展创造了良好条件。降低贸易壁垒使得商品能够更便宜、更快速地跨越国界。贸易政策的变化为企业提供了更多的商业机会，同时也为国际贸易创造了更加公平的竞争环境。

（六）文化融合和信息流通

通过互联网，不同文化背景的商品和信息更容易传播和融合。这种文化融合不仅促进了商品的国际化，而且加深了人们对于不同文化的了解和尊重。消费能够更轻松地接受来自不同国家的商品，而卖家也能够更好地理解和满足国际市场的多样化需求。文化的融合和信息的流通为跨境电子商务提供了更加广阔的发展空间，使得全球范围内的商业更加多元化和丰富。

跨境电子商务的兴起不仅是技术进步和市场需求的产物，更是全球商业格局演变的体现。它连接了世界各地的企业和消费者，促使国际贸易更加畅通、供应链更加高效、消费更加便利。在全球化的时代，跨境电子商务不仅仅是商业的新趋势，更是推动经济发展、促进文化交流的重要力量，为全球商业合作搭建了桥梁，引领未来商业发展的方向。

二、跨境电子商务的概念及其特点

跨境电子商务是企业通过互联网技术，在国际范围内进行电子商务活动的模式。在全球化进程中，跨境电子商务崛起成为连接全球商业的新潮流，为企业拓展国际市场、消费者获取全球商品提供了前所未有的便利。下面我们将深入探讨跨境电子商务的概念、特点以及对全球商业格局的影响。

（一）跨境电子商务的概念

跨境电子商务，简称跨境电商，是指分属不同关境的交易主体，通过电子商务平台达成交易，进行支付结算，并通过跨境物流送达商品、完成交易的一种国际商业活动。在这个过程中，交易双方可以借助互联网、大数据、云计算等先进技术，实现信息的快速传递和资源的优化配置。其基本构成要素包括电子商务平台、支付系统、国际物流等。电子商务平台为买家和卖家提供了交流和交易的场所，支付系统保障了交易的安全和顺利进行，而国际物流是连接买家和卖家的桥梁，确保商品能够迅速、安全地在全球流通。

（二）跨境电子商务的特点

1. 交易规模持续扩大

跨境电子商务拥有全球化的交易市场。跨境电子商务打破了地域限制，使得企业可以在全球范围内进行商业活动。不再受到地理位置的限制，企业能够触及更广泛的客户群体，实现全球市场的开拓。

2. 消费者的选择更加多样化

跨境电子商务为消费者提供了多元化的商品选择。跨境电子商务让消费者可以从全球范围内选购商品，无论是特色商品、国际品牌商品还是本土特产，能够满足不同消费者的需求。多元的商品选择使得市场更加多元化，也促进了商品的创新和提升。

3. 消费者购物方式更加便捷

跨境电子商务为消费者提供了较为便捷的购物体验。通过跨境电子商务平台，消费者能够轻松地在家中完成全球购物，避免了传统购物方式的地理和时间限制。消费者只需通过电子设备，就可随时随地浏览、比较和购买商品，享受更为便捷的购物体验。

4. 提高了支付方式的安全性

跨境电子商务拥有安全可靠的电子支付系统。跨境电子商务的支付系统通常采用先进的加密技术，确保交易的安全性。消费者可以选择多种支付方式，如信用卡、电子钱包等，这些支付方式的应用提高了支付的便捷性，减少了支付风险。

5. 语言和文化多样性

跨境电子商务提供了多语言和多货币的支持保障。为了适应全球市场，跨境电子商务平台通常支持多语言和多货币交易。这使得买家能够更轻松地了解商品信息、进行沟通和支付，消除了语言和货币差异的障碍，提升了国际贸易的效率。

6. 跨境电子商务的经营策略更加多样化

由于跨境电商平台上的商品信息和价格较为透明，消费者可以通过比较不同平台和商家的商品来选择性价比较高的商品。这也意味着商家之间的竞争变得更为激烈，促使商家提高产品质量、降低价格和提高服务水平。

社交媒体为跨境电商提供了新的发展空间。年轻消费者占据很大一部分市场，年轻人的消费习惯受广告影响较大。中国企业在国际社交平台上以短视频的方式，吸引了很多国外年轻消费者。在互联网不断成熟的同时，主流电子商务已经转变为社交电商，社交电商将会取代传统电商，最典型的就是拼多多，拼多多在 2019 年上线全球购业务，进军“黑五”海淘市场，和国外大型供应链直接合作。在大数据时代，可以借助程序化营销，运用技术手段管理媒体广告流量，优化营销传播过程，提升交易效率。利用程序化营销，跨境电商可以迅速锁定目标人群，扩大交易规模。

（三）跨境电子商务对全球商业格局的影响

在全球化进程中，跨境电子商务为企业拓展国际市场、消费者获取全球商品提供了前所未有的便利，同时也对全球商业格局产生了较大的影响。

跨境电子商务的兴起促进了国际贸易的发展，通过电子商务，商品能够更快速、更直接地流通于世界各地，打破了传统贸易中的烦琐程序，降低了交易成本，推动了国际贸易的繁荣；跨境电子商务为中小型企业提供了更广泛的国际贸易机会，通过电商平台，中小型企业可以借助平台的流量和服务，迅速进入国际市场，实现品牌的国际化；跨境电子商务的竞争促使企业提升产品质量和服务水平，以满足消费者更高的期望，跨境电子商务平台通常具备更完善的售后服务和消费者保护机制，提高了消费者在全球购物中的信任度；跨境电子商务推动了供应链的全球化，企业在全球范围内建立供应链网络，利用全球资源，降低生产成本，提高生产效率，实现供应链的优化和全球协同；跨境电子商务使得不同文化背景的商品更容易传播和融合，企业通过电商平台向全球推广具有本土文化的产品，同时，消费者也更容易接触到来自其他文化的商品，促进了文化的交流与融合。

三、跨境电子商务的业务流程

跨境电子商务的崛起改变了传统的国际贸易模式，成为连接全球市场的新兴力量。在这个数字时代，企业通过跨境电子商务平台，能够轻松实现商品的全球推广和销售。下面将深入探讨跨境电子商务的业务流程，从商品上架到最终物流交付的全过程，揭示这一全球化商业模式的运作机制。

（一）跨境电子商务业务流程概述

跨境电子商务的业务流程始于商家入驻平台，不同的电商平台提供了各种各样的商家入驻方式，包括线上注册、资质审核等。商家完成入驻后，就可以开始将商品上架，这一步骤包括上传商品信息、图文资料，制定定价策略等。商家需要根据目标市场的特点，优化商品信息，吸引目标消费者。商品上架后，接下来是跨境支付，在跨境电子商务中，支付环节相较于传统贸易更为复杂，涉及不同国家的货币、支付方式以及国际金融体系。因此，电商平台通常提供多种支付方式，包括信用卡支付、电子支付和线下支付等，以适应全球不同地区的消费者需求。订单支付完成后，接下来的环节就是跨境物流与仓储，在这一步骤中，商品需要从商家所在地经过国际运输、海关清关等环节，最终送达消费者手中。为了提高物流效率，许多跨境电子商务平台会与全球物流公司合作，建立起高效的物流网络。同时，一些大型电商平台还会在全球范围内建设仓储中心，实现商品的全球化仓储与配送。跨境电子商务的商品在进入目标国家时需要通过海关清关程序，这是整个业务流程中一个关键的环节，直接关系到商品能否顺利进入市场。在不同国家，海关清关的程序和标准各异，因此，商家需要了解目标市场的相关法规，提前准备清关所需的文件和资料。商品从仓库到消费者手中的最后一段物流路径被称为最后一公里配送，在跨境电子商务中，由于目标市场的地域辽阔，这一环节的高效执行尤为重要。电商平台通常与当地物流公司合作，保障商品能够快速、安全地送达消费者手中，提升用户体验。跨境电子商务业务流程参见图 1-1。

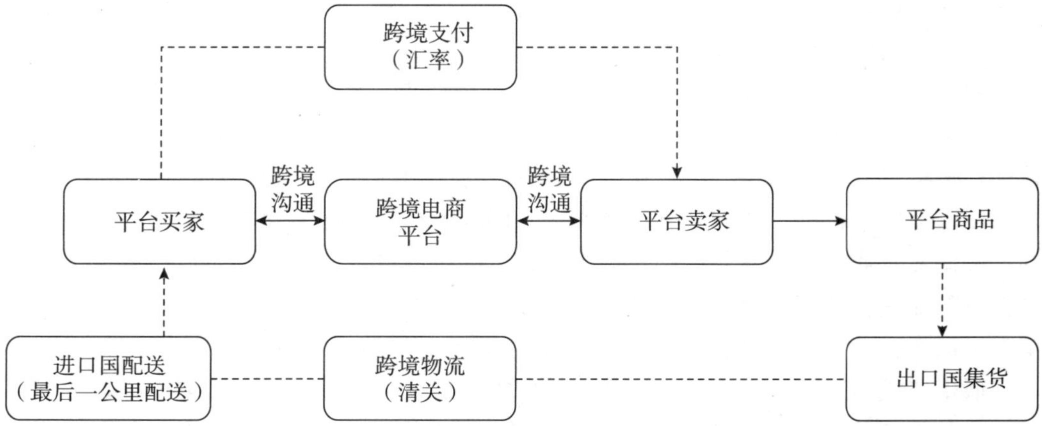

图 1-1　跨境电子商务业务流程

（二）跨境电子商务业务流程详解

1. 商家入驻

商家入驻通常从在线注册开始，商家需要填写相关信息，包括公司资料、法人身份证明等，并上传相关资质文件，平台进行资质审核，确保商家的合法性和信誉度。审核通过后，商家可以在平台上设置自己的店铺，包括店铺名称、标志、商品分类等，商家通过店铺的美观设计和合理布局，提升品牌形象，吸引潜在客户。

2. 商品上架

商家需要填写商品的详细信息，包括商品名称、描述、规格、价格、库存等，在这一步骤中，商家需要注意语言和文化的差异，以确保商品信息能准确传达；商品图片在电商平台中尤为重要，商家需要上传高质量的商品图片，可以通过美化处理，提高商品的吸引力，图文并茂的商品页面有助于引起消费者的兴趣；商家需要制定合理的价格策略，考虑到市场需求、竞争对手价格等因素，一些电商平台提供智能定价工具，帮助商家更好地制定价格。

3. 跨境支付

为了满足全球用户的支付需求，跨境电子商务通常会提供多元化的支付方式，包括信用卡支付、电子支付、线下支付等，这有助于降低支付的难度，提高用户支付完成订单的意愿；跨境支付涉及不同国家的货币，因此需要进行汇率换算，平台会根据实时汇率进行换算，确保商家能够获得本币的收入；为了保障支付的安全性，跨境电子商务平台通常采用先进的支付安全技术，包括加密技术、风险控制系统等，以防范支付风险和欺诈行为。

4. 跨境物流与仓储

商家需要选择合适的物流方案，包括国际快递、航空货运、海运等，选择不同的物流方式会影响物流的速度和成本，商家需要根据商品属性和市场需求进行权衡；一些大型跨境电子商务平台会提供全球仓储服务，商家可以将商品寄存在平台的仓库中，实现全球化的仓储与配送，提高物流效率；物流追踪是跨境电子商务中非常重要的一环，商家和消费者都可以通过电商平台提供的物流追踪服务，随时随地查看商品的运输状态，提高信息透明度。

5. 海关清关

商家需要提供出口报关所需的文件和资料，包括商业发票、装箱单、产地证明等，电商平台通常提供相关的清关指导，协助商家顺利完成报关手续；在商品到达目标国家时，需要进行进口报关，商家需要与国际物流公司和报关代理合作，确保商品快速、合法地进入目标市场。

6. 最后一公里配送

为了提高最后一公里配送的效率，商家通常与当地物流公司合作，这些公司了解当地的交通和配送环境，能够更好地完成最后一公里配送任务；最后一公里配送的时效直接影响用户体验。商家需要选择可靠的物流合作伙伴，以确保商品在承诺的时间内送达用户手中。

跨境电子商务业务流程是一个复杂的多环节的系统工程，涉及诸多环节。商家需要借助电商平台提供的工具和服务，精心设计和优化业务流程，以适应全球市场的竞争。在未来，随着科技的不断进步和市场的不断发展，跨境电子商务将迎来更多的挑战和机遇，成为全球商业发展的引领者。

第二节　跨境电子商务发展历程

一、跨境电子商务的发展历程

跨境电子商务的发展历程是数字时代商业演进的生动写照。从互联网的崛起到全球化趋势的加强，跨境电子商务通过技术的推动和商业模式的创新，连接世界各地的商家和消费者，推动了国际贸易的发展。

（一）起源阶段：互联网的崛起

跨境电子商务的发展根植于互联网的普及。20 世纪 90 年代，互联网技术迅速发展和传播，全球范围内建立了信息传递的新通道。人们能够通过计算机终端访问互联网，这为电子商务的兴起提供了基础设施。随着互联网技术的发展，电子商务开始在国内兴起。20世纪90年代，亚马逊和eBay等电子商务巨头在美国相继成立，为跨境电子商务的发展奠定了基础。这些电商平台采用线上交易的形式，让卖家和买家能够在线上交易，打破了传统商业模式的地域限制。

在电子商务发展初期，跨境交易主要集中在一些开放程度较高的国家，如美国、英国等。商家通过互联网开始尝试将商品推向国际市场，消费者能够足不出户地购买世界各地的商品。

（二）发展阶段：全球化趋势的推动

随着全球化趋势的加强，国际市场的开放程度逐渐提高。跨境电子商务迎来了新的发展机遇，成为连接全球商家和消费者的桥梁。全球各地的企业开始关注跨境电子商务，寻找机会进入更广阔的市场。为了应对跨境交易的复杂性，一系列专业的跨境电子商务平台相继出现。这些跨境电商平台通过打通全球供应链、提供在线支付和物流服务，为卖家和买家提供了一个便捷的交易平台，进一步推动了跨境电子商务的发展。

为了规范和促进跨境电子商务的健康发展，各国相继出台了一系列法律法规，包括关于电商平台责任、消费者权益保护、税收政策等方面的规定，为跨境电子商务提供了更明确的法律框架。跨境电子商务在支付和物流方面也不断进行创新和优化。跨境支付方式的多元化、物流网络的建设和全球仓储体系的构建，大大提高了跨境电子商务的运营效率，减少了贸易摩擦，推动了商品的快速流通。

（三）成熟阶段：技术创新与市场多元化

随着科技的不断进步，跨境电子商务迎来了技术创新的黄金时期。人工智能、大数据分析、区块链等先进技术的应用，使得电商平台更加智能化、精细化。商家能够通过数据分析更好地了解市场需求，为消费者提供个性化的购物体验。

除了传统的跨境电子商务大国，一些新兴市场也开始崭露头角。中国成为全球最大的跨境电子商务市场之一，许多中国企业通过跨境电子商务平台迅速拓展国际市场。其他新兴市场如印度、巴西等也逐渐崭露头角，成为全球跨境电子商务的新兴力量。随着市场竞争加剧，跨境电子商务进入了细分领域的发展阶段。一些专业化的跨境电子商务平台，如专注于跨境B2B交易的平台、专注于特定商品领域的平台等纷纷出现，满足市场对于特定需求的精细化要求。

（四）完善阶段：政策的推动

近年来，政府与企业逐渐认识到跨境电子商务在对外贸易与经济发展中的重要性，跨境电子商务扮演着不可替代的角色。我国在2018年颁布了《中华人民共和国电子商务法》。为了保证跨境电子商务步入正轨，在法律监管以及配套设施建设等方面，政府与企业做出了极大的努力，使跨境电子商务能够更加规范化、整体化地发展，政府还推进跨境电子商务综合试验区的建设，为跨境电子商务发展创造更好的宏观环境，在后疫情时代与经济新常态的背景下推动跨境电子商务高速、稳定地良性发展。

二、跨境电子商务的发展趋势

近年来，在技术进步、消费趋势转变和贸易全球化的推动下，跨境电子商务出现了相当大的进步。美国研究公司 eMarketer 预计，到 2025 年全球电子商务销售额将达到 7.39 万亿美元，电子商务在全球零售领域的渗透率将上升至 23.6%。目前，全球超过 50%的跨境电子商务销售额来自中国，跨境电商的快速发展，既满足了国内消费者多样化、个性化需求，又助力中国产品通达全球，成为外贸发展的重要动能。

（一）市场规模的扩大

在新冠疫情期间，消费者转向网上购物，这对跨境电子商务产生了重大影响。新冠疫情加快了网络购物的发展，增加了对家庭办公用品、个人防护用品等商品的需求。受新冠疫情影响，中国跨境电子商务发展迅速，开拓了新的市场，拉动了国内需求。根据安永企业咨询公司的报告，中国的跨境电子商务市场在 2021 年达到 14.6 万亿元，跨境电商行业的五年复合年增长率接近 18%，跨境电子商务渗透率也有所提高。

（二）社交商务的发展

社交商务是指在社交媒体平台上进行商品展示、推广和销售的商业活动。现在企业通过 Facebook、Instagram 和 TikTok 等社交媒体来直接地与全球消费者进行互动，建立品牌形象，进行精准的广告投放。社交商务注重提供社交化的购物体验，通过引入社交元素，如评论、分享、点赞等，增强用户参与感。这种互动性的购物体验可以促使用户做出购买决策。跨境电子商务通过社交媒体可以实现更精准的广告定向投放，根据用户的兴趣、地理位置和行为数据进行个性化推荐，提高广告的点击率和转化率。社交商务在跨境电子商务的发展中体现为更加直接、互动和个性化的销售模式，通过社交媒体平台将商品和消费者更紧密地连接在一起，为电商提供了更广阔的市场和更丰富的营销手段。

（三）人工智能的普及

未来，跨境电子商务平台将更广泛地应用人工智能技术，通过深度学习算法，分析用户的购物行为和偏好，为用户提供个性化的商品推荐，智能推荐系统将大幅改善用户的购物体验，促进销售；人工智能的普及将使得跨境电子商务平台更好地整合智能客服系统，通过自然语言处理技术，智能客服能够更智能地回答用户的咨询，解决问题，提高客户服务水平，同时降低运营成本；智能物流系统将成为跨境电子商务物流领域的重要创新，通过大数据分析，实现更智能、高效的物流路径规划，减少运输时间，提高仓储利用率，降低物流成本。

（四）政府的支持

政府的支持政策是中国跨境电子商务自2015年以来迅速扩张的一大原因。为了测试新的商业模式和数字化贸易网络，中国早在2015年就开始在浙江省杭州市设立跨境电子商务综合试验区。2022年2月，国务院批复同意在鄂尔多斯等27个城市和地区设立跨境电子商务综合试验区，这是该试验区自2015年的近7年时间里的第6次扩围，范围已扩至全国132个城市和地区。商务部表示，中国的跨境电子商务见证了许多地区的协调发展。从沿海制造业中心广东到西北部新疆维吾尔自治区的内陆边境城市阿拉山口市，试验区基本上覆盖了中国的每个省级地区。2024年前三季度，中国跨境电子商务进出口总额为1.88万亿元，同比增长11.5%。2019—2024年中国出口电商行业市场规模整体呈上升趋势。

随着中国对外开放的不断扩大，跨境电子商务基础设施逐步完善，人均收入不断提高，人们对进口商品的需求继续增大，消费进一步增加。由于消费者行为的变化、技术进步和贸易全球化，预计未来几年全球跨境电子商务市场将整体增长。跨境电子商务的扩张和发展将对企业、消费者和政府产生重大影响，将继续成为一个重要的研究领域。

三、跨境电子商务发展面临的问题及解决对策

随着全球化的深入和互联网的普及，跨境电子商务作为一种全新的商业模式，不仅拓展了市场空间，也为企业提供了更多的发展机遇，但随之而来的问题也逐渐显现。

（一）海关和关税

海关和关税是中国跨境电子商务面临的一个重大挑战。跨境交易受制于海关清关程序和进口关税，这可能既复杂又耗时。不同的产品受到不同的海关法规和关税的约束，这些法规和关税因目的地国家和所运货物的价值而异。这可能导致商家发货延迟和产生额外成本，进而影响整体的客户体验。近年来，中国政府已采取措施简化海关手续和降低进口关税以促进跨境电子商务的发展，但仍有监管障碍需要解决。总的来说，海关和关税是企业从事跨境电子商务时需要考虑的一个关键挑战。

为了解决这一问题，首先，建议企业建立专业的团队，负责处理不同国家的海关手续，确保及时准确完成。其次，选择有经验的国际物流公司，借助其专业团队处理海关事务，从而降低运营成本。此外，建立定期关注各国关税政策变化的机制，以便及时调整价格和预估成本。多元化供应链也是降低关税风险的有效手段，通过建立多国家的供应链来减少海关交易环节。最后，与相关国家的政府机构合作，及时了解关税政策的变化并获得相关部门的支持。

（二）物流配送

物流配送是跨境电子商务面临的另一个主要挑战。将产品从一个国家运到另一个国家涉及复杂的物流和交付过程，包括运输、储存和最后一公里的交付。这些过程可能既昂贵

又耗时，需要商家、物流供应商、海关和快递公司等多方之间的协调。跨境电子商务通常涉及长距离运输产品，这可能会增加产品延误和损坏的风险。跨境交付可能受到不同国家的法规限制，这可能使物流过程进一步复杂化。总体而言，物流配送是跨境电子商务的重大挑战，企业需要仔细规划和协调，以确保将产品顺利交付给客户。

为了应对不确定的国际物流时效，建议企业与知名国际物流公司合作，建立全球物流网络，实现高效运输和海关清关。同时，引入物联网技术，实时监测货物在运输过程中的位置和状态，提前发现潜在问题，加强对物流的控制。智能仓储系统是提高仓储效率的有效工具，可缩短发货周期。与当地物流公司合作，优化最后一公里配送，提高配送的准时性。此外，根据商品性质和销售地点，选择合适的物流方式，如海运、空运或多式联运，以降低物流成本。

（三）语言和文化障碍

语言和文化障碍也可能给跨境电子商务带来挑战。在与国际商家打交道时，语言障碍可能会造成误解和沟通困难，从而影响客户体验。此外，不同国家之间的文化差异会影响消费者的行为和期望，这可能需要商家调整其产品和营销策略，以更好地吸引当地消费者。

为了克服语言和文化障碍，商家可能需要投资于翻译服务、本地化营销活动和客户服务支持，以便更好地与客户互动，提供更好的跨境购物体验。

（四）支付方式

支付方式也是跨境电子商务面临的一个重大挑战。不同的国家有不同的支付系统，这可能会给寻求开拓新市场的商家制造困难。跨境交易可能会受到额外费用和货币汇率的影响，这会使支付过程进一步复杂化。此外，一些国家对某些类型的支付方式有限制，这会限制商家和消费者的选择。

为了克服这些挑战，商家需要提供多种支付方式，以符合不同国家的支付偏好，比如通过当地的支付平台或电子钱包支付。通过这样做，商家可以为客户提供便捷的支付体验，从而提高客户满意度和忠诚度。

跨境电子商务的发展在全球范围内带来了商机与挑战。面对问题，企业需要保持敏锐的市场洞察力，灵活应对不同的挑战。通过采用相应的对策，跨境电子商务企业将能够更好地应对当前问题，实现可持续发展。同时，行业协会、政府部门等应加强合作，为跨境电子商务提供更加稳定、透明、公正的发展环境，共同推动跨境电子商务行业繁荣发展。

第三节　中国跨境电子商务的发展

一、中国跨境电子商务发展现状及特点

中国跨境电子商务崛起于 20 世纪末，最初以外贸 B2B 平台为主。随着国内电商市场

的蓬勃发展，跨境电子商务逐渐演变为综合性的购物平台，吸引了越来越多的海外商家和消费者。其中，阿里巴巴国际站、京东全球购（现为京东国际）等平台逐渐崭露头角，成为中国跨境电子商务的代表。

（一）我国跨境电子商务的发展规模

跨境电子商务的基础是电子商务。设施齐全、法律完善以及市场监管严格，不仅仅是电子商务的必要条件，更是跨境电子商务发展的重要保障。我国电子商务交易额度在2013年及之前，每年的增长率在30%左右，到2014年出现了高速发展、稳定上升的趋势。

2014年之后，我国跨境电子商务经历了高速发展阶段，不仅推动了国际贸易的便捷化和数字化，也为消费者提供了更多优质的国际商品选择。首先，从交易规模来看，中国跨境电商交易规模近年来呈现持续增长的态势。2021年中国跨境电商进出口规模达到1.98万亿元，同比增长15%。2023年中国跨境电商进出口总额进一步增长至约2.4万亿元，同比增长15.6%。其次，跨境电子商务平台数量大幅增加，截至2023年6月初，我国跨境电商货物进出口规模占外贸比重由5年前的不足1%上升到5%左右，我国跨境电商主体已超10万家，综合试验区内跨境电商产业园约690个，我国跨境电商贸易伙伴遍布全球，与29个国家签署双边电子商务合作备忘录。再次，在物流方面，物流效率显著提升，2014年以后，一些跨境电子商务平台推动了跨境物流的发展，物流时效性逐步提高。例如，一些平台通过建设全球物流中心，优化仓储和配送系统，缩短了商品从国外到中国的运输时间。最后，支付方式更加多元化，随着全球支付的日益便捷，海外跨境电商平台也开始支持多种支付方式，包括信用卡、借记卡、第三方支付平台等。此外，一些平台还提供了货币转换服务，方便用户在不同国家之间进行交易。

（二）我国跨境电子商务的经营模式

跨境电子商务市场主要由B2B（即企业对企业）市场和B2C（即企业对消费者）市场组成，虽然B2C交易规模不断提升，所占比重不断增大，但跨境电子商务市场中仍然是B2B交易占据主导地位。网络B2C交易模式通过零售的方式与消费者达成交易，很难有固定的客户，没有较为固定的订单与收入且交易额度都较小。B2B模式则不同，B2B是企业间交易，首先，交易额度以及订单量都更大，B2B模式更适合定制化产品和大宗商品的批量交易，许多生产企业和批发商通常需要大量相似的产品，这使得B2B平台成为满足这些需求的理想选择。其次，企业的规模更大，能够产生一定的规模经济效应，降低成本费用，拥有更多的可用资金，管理经验与交易经验也更加丰富。此外，能够应对复杂的交易流程，跨境贸易涉及复杂的关税、税收、物流等问题，B2B模式更适合处理这些复杂的交易流程，生产商和批发商通常具备更强大的资源和能力，更能应对这些复杂的交易环节。这些因素使B2B交易在跨境电子商务中处于主导地位。

近年来我国跨境电子商务以B2B为主要发展方向，综合试验区通过提供一系列优惠政策成功吸引了大量跨境电子商务企业。综合试验区的发展情况反映出我国跨境电子商务交易模式的结构。在初始阶段，B2B一直占据绝对主导地位，虽然在之后几年有所下降，但依然保持较高水平。与此同时，B2C 的交易额度在不断提升，相应的占比也在增大。目前，B2B 仍然占主导地位，零售交易的增长有助于促使整体结构相对平衡，这对我国跨境电子商务的发展具有积极意义。

二、中国跨境电子商务领域的创新现象

近年来中国跨境电子商务领域呈现出令人瞩目的创新现象，涵盖了技术、商业模式、物流、支付以及市场拓展等多个方面，为整个行业带来了深刻的变革。

（一）技术创新

在技术创新方面，人工智能和大数据应用的普及为企业提供了个性化服务、智能化决策和更精准的市场洞察。利用个性化推荐引擎，通过深度学习和算法模型，电商平台能够分析用户的购买历史、浏览行为和兴趣偏好，实现个性化的商品推荐，这不仅改善了用户购物体验，也促进了销售额的增长；人工智能技术可以帮助跨境电子商务企业优化定价策略，通过分析市场趋势、竞争对手价格和用户需求，企业可以实时调整产品定价，提高竞争力，这种动态定价模型使企业更灵活地应对市场变化，最大化利润；在风险管理方面，人工智能可以帮助跨境电子商务企业识别和预防欺诈行为，通过分析用户行为模式和交易数据，系统能够识别潜在的欺诈风险，并采取相应的措施，保障交易的安全性。

（二）商业模式创新

在商业模式上，跨境 B2B 平台的兴起以及社交电商的崛起，为中小企业和个体创业者提供了更广泛的国际合作和销售途径，加速了全球商业合作的步伐。在跨境平台方面，跨境 B2B 平台逐渐演变为一站式服务平台，为中小企业提供从产品展示、交易洽谈、支付结算到物流配送的全套服务，这种综合性的平台有助于降低中小企业的交易成本，提高国际贸易的效率；B2B 平台通过建立全球供应链网络，使得企业可以更轻松地与全球范围内的供应商和买家建立合作关系，这种全球化的供应链拓展带来了更多元化的商品和服务选择，促使全球市场更加紧密相连；一些跨境 B2B 平台推动数字化贸易融资，通过区块链技术实现智能合约，提高融资的透明度和效率，这为中小企业提供了更灵活的融资渠道，促进了贸易的发展。

在社交电商方面，社交电商将社交媒体与电商平台相融合，通过整合社交元素，使得用户可以在社交平台上直接进行商品浏览、购买和分享，这种社交媒体整合的模式增强了用户的互动性，提高了购物的社交性；社交电商强调内容创意的营销策略，通过生动的内容和社交分享，吸引用户关注，从而提高了品牌形象，促进了用户对商品的购买欲望；社交电商在销售模式上创新，引入直播销售、团购活动等社交化的购物方式，这种模式通过直接的社交互动，增加了用户对产品的信任感，拉近了消费者与销售者之间的距离；社交电商为个体经营者提供了更低门槛的创业机会，通过社交平台，个体经营者可以轻松建立自己的小微店铺，依托社交网络迅速扩大影响力，打造个人品牌。

（三）物流创新

在物流创新方面，无人机和机器人的运用使得仓储管理更加智能化，智能物流和仓储优化的实施大大提高了物流效率。一些跨境电子商务企业引入机器人系统来实现仓储管理的自动化，机器人可以在仓库中执行货物搬运、整理、包装等任务，提高了仓储效率，降低了人工成本；无人机技术的应用使得配送速度方面取得了重要突破，一些企业使用无人机进行最后一公里配送，实现了更迅速、高效的交付服务，特别是在偏远地区或交通不便的地方；智能仓储系统整合了机器人、传感器和物联网技术，实现了对仓库内货物的智能监控、管理和调度，这种系统可以根据订单需求实时调整货物的储存位置，提高了仓储空间的利用率；机器人和自动化设备在货物分拣方面的应用也越来越广泛，它们可以根据订单信息自动识别、拣选和分类货物，提高了分拣的准确性和速度。

在智能物流方面，跨境电子商务企业通过整合物联网技术，建设智能物流网络，各种设备和物流节点通过互联互通，实现了对整个物流过程的实时监测和数据共享，从而提高了物流运作的可视化和透明度；通过人工智能算法，企业能够进行智能路线规划和运输调度，能考虑到不同因素如天气、交通状况和订单紧急度，提高运输效率和降低成本；在智能物流中引入的区块链技术，增强了信息的不可篡改性和可追溯性，利用区块链技术记录物流信息，企业能够追踪货物的实时位置、状态和历史记录，提高了整个物流过程的可信度；通过大数据分析和人工智能，企业可以进行物流需求的智能预测，优化库存管理，避免过度库存或缺货的情况，提高了供应链的敏捷性。

（四）支付创新

在支付创新方面，对数字货币支付的推动以及移动支付和电子钱包的普及，为消费者提供了更灵活、便捷的支付选择，也促使国际支付体系升级。中国央行积极推动数字货币研发和试点工作，鼓励跨境电子商务企业参与央行数字货币的实验，尝试数字人民币在跨境贸易结算中应用，为全球贸易提供更为高效和安全的结算工具。一些先进的跨境电子商务平台在支付方式中加入了数字货币，以提供更多支付选择，这种国际化的数字货币支付有助于降低汇款成本、加速跨境支付，同时提高了支付的透明度和可追溯性。

在移动支付方面，以二维码支付为代表的移动支付已经成为跨境电子商务中不可或缺的支付方式，用户可以通过手机扫码完成支付，这种方式简便、迅速，大大提高了购物的便捷性；跨境电子商务平台更加注重与第三方支付平台合作，将多种支付工具整合到其平台中，用户可以选择使用支付宝、微信支付、Apple Pay 等多种支付方式，提供了更灵活的支付选择；在支付过程中还引入了先进的支付安全技术，包括指纹识别、人脸识别等生物特征识别技术，以提高支付的安全性，防范支付风险和欺诈行为；此外，为了解决部分用户支付时的安全和隐私问题，一些跨境电子商务推出了虚拟信用卡和预付卡等支付方式，这种创新使得用户尤其是在国际购物过程中更加安心地进行在线购物。

（五）市场拓展创新

在市场拓展方面，企业通过探索新兴市场和实施本土化战略，成功拓展了业务范围，更好地满足了全球多样化的市场需求。一些跨境电子商务企业通过深入了解新兴市场的消费习惯和文化特点，推出本地化定制产品和服务，包括符合当地习惯、文化特色的商品以及满足当地市场需求的特别服务；为了提高用户体验，跨境电子商务平台加强了多语言支持，提供本土化的网站界面和客户服务，这种创新使得用户可以更轻松地浏览、购物，并获得更方便的售后支持；针对不同的新兴市场，企业采用本土化的营销策略，包括结合当地重要节庆的促销活动、在本地社交媒体平台投放定向广告等，提高品牌在新兴市场的知名度和影响力。

为了推行本土化战略，跨境电子商务企业可以在新兴市场建设本土化的物流网络，来提高配送速度和降低运营成本，包括在当地设立仓库、建立物流合作伙伴关系，以实现更快速、可靠的配送服务；通过与当地企业合作，跨境电子商务平台能够更好地理解当地市场的特点和需求，与当地企业合作还包括共同开发本土化产品、进行联合营销等方式；针对新兴市场的支付习惯，跨境电子商务引入本土化的支付方式，包括结合使用当地的法律移动支付、数字货币支付等方式，提高用户支付的便捷性；此外，跨境电子商务企业应当了解并遵循当地的法律法规和政策，确保在新兴市场的经营合法性，这包括适应当地的税收政策和海关规定，以提高通关效率。

延伸阅读

发展数字贸易，加快建设贸易强国

我们实行更加积极主动的开放战略，构建面向全球的高标准自由贸易区网络，加快推进自由贸易试验区、海南自由贸易港建设，共建“一带一路”成为深受欢迎的国际公共产品和国际合作平台。我国成为一百四十多个国家和地区的主要贸易伙伴，货物贸易总额居世界第一，吸引外资和对外投资居世界前列，形成更大范围、更宽领域、更深层次对外开放格局。

加快发展物联网，建设高效顺畅的流通体系，降低物流成本。加快发展数字经济，促进数字经济和实体经济深度融合，打造具有国际竞争力的数字产业集群。优化基础设施布局、结构、功能和系统集成，构建现代化基础设施体系。

推进高水平对外开放。依托我国超大规模市场优势，以国内大循环吸引全球资源要素，增强国内国际两个市场两种资源联动效应，提升贸易投资合作质量和水平。稳步扩大规则、规制、管理、标准等制度型开放。推动货物贸易优化升级，创新服务贸易发展机制，发展数字贸易，加快建设贸易强国。合理缩减外资准入负面清单，依法保护外商投资权益，营造市场化、法治化、国际化一流营商环境。推动共建“一带一路”高质量发展。

优化区域开放布局，巩固东部沿海地区开放先导地位，提高中西部和东北地区开放水平。加快建设西部陆海新通道。加快建设海南自由贸易港，实施自由贸易试验区提升战略，扩大面向全球的高标准自由贸易区网络。有序推进人民币国际化。深度参与全球产业分工和合作，维护多元稳定的国际经济格局和经贸关系。

中国坚持对外开放的基本国策，坚定奉行互利共赢的开放战略，不断以中国新发展为世界提供新机遇，推动建设开放型世界经济，更好惠及各国人民。中国坚持经济全球化正确方向，推动贸易和投资自由化便利化，推进双边、区域和多边合作，促进国际宏观经济政策协调，共同营造有利于发展的国际环境，共同培育全球发展新动能，反对保护主义，反对"筑墙设垒"、"脱钩断链"，反对单边制裁、极限施压。中国愿加大对全球发展合作的资源投入，致力于缩小南北差距，坚定支持和帮助广大发展中国家加快发展。

资料来源：节选自《高举中国特色社会主义伟大旗帜 为全面建设社会主义现代化国家而团结奋斗——在中国共产党第二十次全国代表大会上的报告》。

三、中国跨境电子商务竞争力分析及未来展望

（一）中国跨境电子商务竞争力分析

中国作为全球电商领域的重要参与者，在全球市场上展现出强大的竞争力，其成功的关键在于多方面的优势，包括生产要素、需求条件、相关及支持产业、企业战略结构和同行竞争以及政府的支持。

1. 生产要素

在生产要素方面，中国拥有庞大的人口红利，为跨境电子商务提供了丰富的劳动力资源。高素质、高技能的工程师、技术人才以及电商专业人才的培养和涌现，为跨境电子商务的技术创新和发展提供了坚实的基础，此外，普通话普及率高、多语种人才众多，有助于企业在国内和国际市场开展多语言服务和本地化运营。在高级生产要素方面，中国跨境电子商务在技术水平方面表现出色。先进的人工智能、大数据分析、区块链等技术的应用，提高了电商平台的智能化、个性化服务水平，推动了用户体验的提升。技术创新不仅涵盖电商平台本身，还包括与物流、支付等相关领域的紧密结合，为整个跨境电子商务产业链的升级提供了动力。

2. 需求条件

中国作为全球最大的电商市场之一，拥有庞大的国内市场需求，中国消费者对品质和多样性的产品有着不断增长的需求，这为跨境电子商务提供了广阔的市场空间，同时，中国市场对国际品牌和独特商品的追求也推动了跨境电子商务的发展。中国消费者对于在线购物和电子支付的接受程度较高，移动支付的普及以及便捷的电商平台让消费者更容易进行在线购物，消费者对于个性化、定制化产品的需求也在不断增加，这促使跨境电子商务提供更多元化的商品和服务。此外，中国具有悠久的历史和多元文化，跨境电子商务在满

足不同文化需求上具备灵活性，理解并尊重各国文化的差异，通过本土化战略和产品创新，更好地满足不同国家和地区的消费者需求。

3. 相关及支持产业

中国的物流产业在跨境电子商务中扮演着关键角色，发达的快递网络、高效的物流基础设施以及智能化的仓储系统，为跨境电子商务提供了可靠的配送支持，物流的发展促进了全球贸易流通，提高了跨境电子商务的交易效率。从制造业方面来说，中国近几年推动产业升级，制造业智能化成为主要趋势。此外，中国完备的供应链也是发展跨境电子商务的一大优势，特别是在经历了新冠疫情后，中国的供应链开始凸显竞争力。

4. 企业战略结构和同行竞争

中国的跨境电子商务企业采用不同的战略来应对市场需求。淘宝注重 C2C 模式，以丰富的小商家和商品种类为特色，天猫则专注于 B2C，提供高品质商品、和品牌合作。京东致力于自建物流体系和 B2C 模式，强调线上线下一体化。拼多多以社交电商为主打，通过社交分享和团购吸引用户。亚马逊中国注重用户体验和供应链管理，提供广泛的商品选择。在国际市场上，它们延续了这些战略，通过本土化运营和适应不同国家需求，拓展全球市场。Shopee 和 Lazada 在东南亚地区运营，由腾讯和阿里巴巴投资，强调移动端和社交电商。它们也在国际市场上拓展业务，将亚洲电商经验引入其他国家。这体现了中国跨境电子商务在全球市场的灵活应对和创新能力。在同业竞争方面，中国电子商务在全球占据领先地位，国内各大电商平台之间的竞争异常激烈。目前中国是全球最大的跨境网购市场之一，中国跨境电商企业数量已超过 12 万家。

5. 政府的支持

跨境电子商务的快速发展离不开政府的支持。我国政府通过一系列的贸易政策和政府规定，为跨境电子商务提供便利。例如，简化通关手续、降低进口关税、提高报关效率等政策措施，降低了跨境电子商务的运营成本，提高了效率；同时，政府还设立了自由贸易试验区和跨境电子商务综合试验区，为跨境电子商务提供了更加灵活的政策环境，这些试验区在贸易、金融、物流等方面实施创新政策，为企业提供更多的探索和发展空间。

（二）中国跨境电子商务的未来展望

未来，中国跨境电子商务将持续在全球市场中发挥引领作用。第一，随着全球数字化程度的提高和消费者购物行为的改变，跨境电子商务市场规模有望持续扩大，中国作为全球最大的跨境网购市场之一，将继续在全球市场中发挥重要作用。第二，技术创新将持续引领中国跨境电子商务的发展，人工智能、大数据、区块链等先进技术的应用将提升平台的智能化水平，为用户提供个性化、智能化的购物体验。第三，中国跨境电子商务企业将加强在海外市场的本土化运营，更好地满足各国消费者的需求，提供更精准的商品选择、本土化的营销策略和更高效的物流服务将成为未来的趋势。第四，社交电商将成为未来的一大趋势，通过社交媒体平台进行购物和推广，中国跨境电子商务企业将积极利用社交媒体，提升用户互动和社交购物的体验。第五，随着中国中等收入群体的崛起，品质消费将成为重要趋势；消费者更注重产品的品质、品牌溢价和购物体验，这将推动跨境电子商务提供更高品质的商品和服务；除此之外，可持续发展将成为跨境电子商务企业的关注点，更多企业将关注环保、社会责任，推动绿色供应链和低碳物流的发展。

总而言之，中国跨境电子商务有望在未来继续保持全球领先地位，通过技术创新、本土化运营、社交电商等多方面的发展，为全球消费者提供更丰富、智能、便捷的购物体验。

本章小结

本章主要介绍了跨境电子商务的基本概念、背景和业务流程以及发展现状和特点。第一节是对跨境电子商务的概述，主要论述了跨境电子商务的背景、概念以及特点，概述了跨境电子商务的业务流程。第二节针对跨境电子商务的发展历程展开了详细介绍，重点分析了跨境电子商务目前发展面临的问题以及解决对策。第三节介绍了中国跨境电子商务的发展现状、创新现象，最后是对中国跨境电子商务竞争力的分析以及未来展望。

第1章即测即评

第 2 章

跨境电子商务理论

| 引言 |

伴随“一带一路”倡议的推进和供给侧结构性改革的出台，我国与“一带一路”沿线国家经贸往来更加密切。在传统贸易增长放缓时，跨境电子商务成为拉动外贸增长的新引擎，带动了传统贸易在内的其他行业一并发展。跨境电子商务的快速发展不断刷新人们的消费观念，改变着消费者的行为及习惯。作为国际贸易与电子商务相结合形成的新模式，跨境电子商务除了自身理论基础外还涉及双边市场理论、供应链管理等若干流派的理论。本章第一节首先对跨境电子商务消费者行为进行论述分析；第二节主要分析国际竞争战略及其对跨境电商企业发展的影响；第三节介绍跨境电商发展中的相关理论，通过对这些理论的分析和运用，可以更好地理解和解决跨境电商发展过程中面临的各种挑战。

| 素养提升 |

1. 我国要加快培育外贸新动能，拓展中间品贸易、数字贸易、跨境电商出口。面对日益激烈的国际市场竞争，国内跨境电商企业需要提升对国际竞争战略的理解和制定能力，培养自身在全球市场中的竞争优势，实现可持续发展目标。

2. 加快建设“丝路电商”合作先行区，统筹推进重大标志性工程和“小而美”民生项目。充分发挥平台经济优势，深化双边经贸关系。在本章中我们阐述如何培养跨境电商企业综合运用双边市场理论、平台经济理论和供应链管理理论的能力，优化跨境电商的商业模式和运营管理，为推动外贸稳规模优结构提供重要支撑。

3. 数字技术是跨境电商不断发展与完善的基础、支撑与动力。数字技术是数字经济的基础，孕育着经济增长新动能。本章中我们介绍如何加快提升我国跨境电商企业在创新科技应用和数字化转型方面的能力，推动企业跨境电商模式的升级和优化。

| 学习目标 |

1. 了解跨境电子商务的消费者行为理论；
2. 理解和掌握跨境电子商务的国际竞争战略；
3. 了解跨境电子商务的理论基础；
4. 掌握双边市场理论、平台经济理论和供应链管理理论的基本内容。

第一节　跨境电子商务的消费者行为理论

一、消费者行为理论概述

消费者行为理论是研究消费者行为对可见需求的影响。消费者为满足自身需求，在选择、购买及使用产品或服务的过程中会产生与购买决策相关的心理活动与实际行动。消费者丰富的心理活动主要表现为消费需求和消费动机。消费者对产品或服务进行细致的观察和考虑后所做出的决定，反映了他们的个人偏好和价值取向。下面重点分析消费者的决策行为。

消费者的决策行为在跨境电子商务中起着重要作用。了解消费者的决策行为，企业可以更好地理解消费者的需求和偏好，从而采取相应的策略来吸引和留住消费者。消费者对于所要购买的商品或服务，根据其价值、种类、特点的差异会形成不同的决策。通常情况下，决策过程可以分为以下几个阶段：

（1）认识问题。在此阶段，消费者在内部或外部刺激的影响下，产生了对商品或服务的消费需求，在需求的引导下消费者发现和认识到所要解决的问题。这个问题既可以是实际的需求，例如购买食品、衣物或居家用品等，也可以是情感或心理上的需求，例如追求时尚、满足个性化的品位等。在这个阶段，消费者会通过自身的认知和感知，对问题进行界定和定位，从而引导后续的决策过程。

（2）寻找解决方案。在寻找解决方案阶段，消费者会通过多种途径收集各方面的信息，既包括从个人记忆和经验中得到的信息，又包括来自网络、电视、报刊等外部渠道的信息。消费者会积极主动地寻找潜在的解决方案，通过信息检索、咨询他人、比较不同的选项等方式，从多个渠道获取信息，并对这些信息进行整理、分析和加工，以制定出解决问题的方案。

（3）评估解决方案。在评估解决方案阶段，消费者会对收集到的解决方案进行评估。消费者通常对所要解决的问题制定多种方案，并对不同解决方案反复进行比较分析，通过权衡不同方案的优劣筛选出最佳的方案。消费者可能会考虑产品或服务的价格、品质、功能、品牌声誉、售后服务等多个因素，并在不同的选择之间进行权衡和抉择。

（4）进行决策。在决策阶段，实际就是从多种方案中选出最佳方案并付诸实施。在这个阶段，消费者会考虑自身的购买意愿和购买能力并做出购买决策。这个决策可能是基于理性的判断，也可能是基于情感、心理和社会因素的影响而做出的决定。消费者最终会根据自己的决策结果做出购买行为。

在现实生活中并不是所有的决策过程都需要经过以上四个阶段。例如，人们在购买日常生活用品时，有时会省略中间环节而选择简单的决策方案。当消费者需要购买价格昂贵或者长期使用的商品时，他们可能会经历复杂的决策过程并付出更多的决策时间。有时决策的过程和所要购买的商品的用途有关。例如，在购买有特殊意义或赠送给重要人士的礼品时，即使礼品并不十分昂贵，也需要花费大量心思来挑选，为此做出的购买决策可能颇为复杂。

在当今全球化的背景下，各国之间生产、流通、分配等领域紧密联系，市场上可以提供的产品或服务愈加丰富，消费者购买产品或服务的决策过程愈加复杂。例如，为了满足生理机能上的“口渴”，人们既可以选择矿泉水、纯净水等产品，也可以选择碳酸饮料、果汁饮料、功能饮料等饮品，每类饮料中又有不同的规格和品牌。众多的选择使消费者产生了选择困惑。美国心理学家根据决策过程所经历的不同阶段，将消费者购买决策分为扩展型决策、有限型决策和常规型决策三种类型，如表 2-1 所示。

表 2-1　消费者购买决策类型

	常规型决策	有限型决策	扩展型决策
消费者介入水平	低	较低	高
决策时间长度	短	较短	长
产品或服务成本	低	较低	高
信息收集范围	内部	内部居多	内部和外部
替代产品数量	极少	少	多

在消费者做购买决定时，会受到消费者介入水平、决策时间长度、产品或服务成本、信息收集范围以及替代产品数量五个因素的影响。其中，消费者介入水平被认为是最关键的因素，它反映了消费者在搜索、评估和决策过程中所投入的时间和努力的程度，从而对购买决策产生影响。

(1) 扩展型决策。扩展型决策指消费者对某类产品或具体品牌并不熟悉，尚未建立对产品和品牌的评价标准，购买时不会将选择范围限定在少数几个品牌。实施此类决策的条件包括高介入程度、备选产品数量众多以及有充裕的购买决策时间。这是一个复杂的购买过程，涉及大量信息收集和对备选产品的深入评估与比较。

(2) 有限型决策。又称限定问题决策，指消费者对某一产品领域或品牌有一定了解，或者已经建立一些基本的评价标准，但尚未形成对某些特定品牌的偏好，在这种情况下，消费者需要进一步收集产品信息，以便在不同品牌之间做出满意的选择。这类决策的实施条件包括消费者认为备选品差异不大、介入水平不高以及解决问题的时间较短。

(3) 常规型决策。消费者在做出选择时投入较少的努力或精力，这被称为常规型决策。常规型决策包括两种类型：忠诚型购买决策和习惯型购买决策。忠诚型购买决策指消费者对某一品牌表现出高度忠诚，长期使用该品牌的产品，对其形成了明确的偏好。习惯型购买决策指消费者主要依赖过去的购买经验和习惯选择产品，对其他备选产品没有深入比较和评估。常规型决策通常发生在购买频率较高、产品差异较小且价格较低的领域，消费者介入程度较低。

二、影响消费者决策的因素

在消费者的购买过程中，涉及多种因素的影响。总体而言，影响消费者行为的主要因素包括个人、社会和企业层面的因素。

（一）个人因素

消费者购买行为受到个人因素的显著影响，不同消费者的购买行为表现出差异。从个人因素的角度来看，影响消费者购买决策的变量包括需求层次、经济状况、职业和社会地位、年龄与性别、性格与自我观念等。

1. 消费者的需求层次

需求是消费者购买行为的推动力，源自内部需要和外界刺激。美国心理学家马斯洛于1943年提出了著名的需求层次理论，将需求分为生理（满足生理的自然需要，例如吃饱、穿暖）、安全（免除烦恼、痛苦和恐惧）、社交（从事社会交往、建立友谊与情感）、尊重（名誉和自尊心）和自我实现（实现自己的功名与理想）五个层次（见图2-1）。这些需求按照层次高低排列，只有较低层次的需求满足后，消费者才会关注更高层次的需求，从而影响其购买行为。

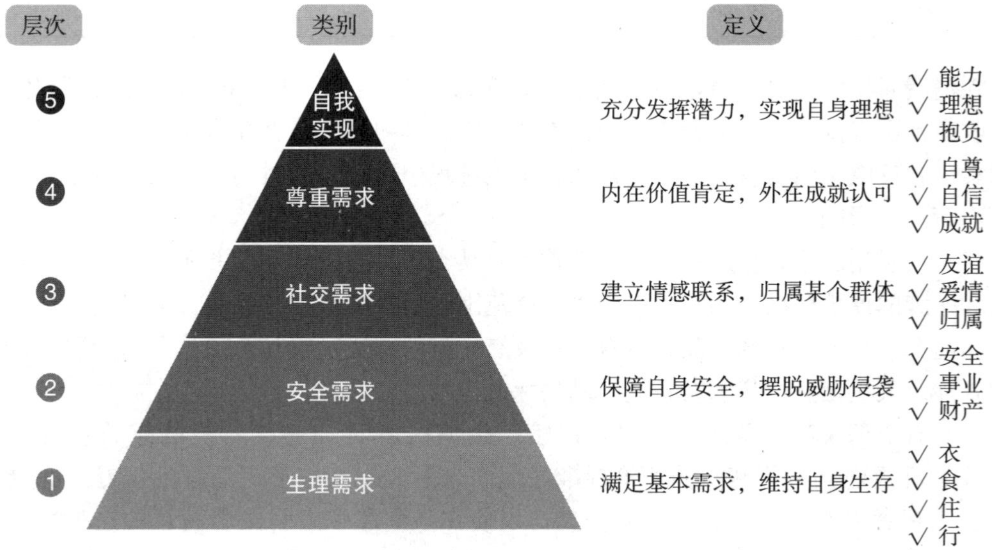

图2-1　马斯洛需求层次理论

2. 消费者的经济状况

消费者的经济状况强烈影响其消费水平、范围以及购买能力。消费者的经济状况包括个人收入水平、财务状况、资产状况和消费能力等。经济状况较好的消费者更可能购买高价值的产品和服务，满足较高层次的需求，享受高级别的消费体验；相反，经济状况较差的消费者则可能优先满足基本生活需求。

3. 消费者的职业和社会地位

消费者的职业和社会地位也会对购买决策产生影响。高薪职业者通常拥有更高的购买力，更倾向于购买高价位、高品质的产品或服务；低薪职业者可能更注重价格和经济性。不同职业的消费者在对商品的需求、爱好上也存在差异。

4. 消费者的年龄与性别

不同年龄段和性别的消费者在购买决策上表现出不同的偏好、需求和行为。消费者对产品的需求会随着年龄的增长而变化，不同性别的消费者在购买行为上也有显著差异。在不同生活阶段，人们的消费需求也会发生变化。比如，人在年幼时期，更需要食品、玩具等商品，而在老年时期，更关注保健和延年益寿的产品。另外，不同性别的消费者之间也存在很大的差异。比如，男性消费者更倾向于购买烟酒类产品，而女性消费者则对时装、首饰和化妆品等更感兴趣。

5. 消费者的性格与自我观念

个人的性格特质影响其购买行为，如刚强、热情、富有创意等特质。消费者的性格决定了其在购买过程中的表现，例如刚强的消费者可能更倾向于大胆自信地购物，而富有创意的消费者更愿意追求设计创新和独特功能的商品。

总体来看，以上个人因素相互交织共同塑造了消费者在购买决策中的行为和选择。

（二）社会因素

人是生活在社会之中的，消费者的购买行为受到诸多社会因素的影响，其中包括社会文化因素、社会环境因素等方面。这些因素可以对消费者的购买决策产生深远的影响，从而影响他们的消费行为。

1. 社会文化因素

社会文化因素对消费者的购买行为产生显著影响。文化包括人类长期生活实践中形成的价值观念、道德观念以及其他行为准则和生活习俗。针对消费者所处的文化背景进行深入研究，在成功的营销活动中至关重要。社会文化还包括一系列较小的亚文化群体，这些群体中的成员因特定的认同感和影响力而联系在一起，形成了独特的行为方式、生活格调和价值观。在亚文化群体中，民族亚文化群、宗教亚文化群和地理亚文化群都对购买行为产生显著影响。比如，我国的少数民族在食品、服饰、娱乐等方面保留着各自独特的传统习惯和喜好。不同的宗教群体也在购买行为和购买品类上有独特的偏好和禁忌。在地理亚文化群中，不同地理区域的人们的生活方式和习惯也在商品购买方面呈现出显著的差异。

2. 社会环境因素

在社会环境因素中，影响消费者行为的包括社会交往、社会运动或舆论等因素。个体受到社会交往的影响，包括来自家庭、朋友和同事等社会关系的影响。这些关系可能在购物选择上起决定性作用，如朋友的推荐或家庭成员的意见。社会运动或舆论对消费者行为也产生潜在影响，特定的社会运动或舆论可能改变人们对产品或品牌的看法，从而影响其购买决策。在今天的消费者决策中，社会媒体和公共舆论扮演着越来越重要的角色。

（1）社会交往的影响。社会交往对大多数消费者的影响是显著的。人们往往生活在特定的社交圈子中，人们的消费行为会受到这个圈子里的人的影响。比如，在工作场合，即使没有明确的着装规定，人们也会受到同事们的穿着风格的影响而购买相似款式的服装；家人、朋友、同事的选择和意见也会对消费者的购买决策产生影响，形成口碑效应或者社交压力；在社交活动中，人们总是希望与自己所属社交圈子的人保持一致，因此，他们会购买与圈子内大多数人相似的商品，并保持与圈子内相匹配的生活支出。

（2）社会运动或舆论的影响。消费者运动是指消费者为了保护自己的利益和权利而发起的社会运动。这种运动可能是针对某一商品价格上涨，或是针对某个企业对公众利益造成损害，也有可能是出于政治目的。消费者联合起来采取行动，要么拒绝购买某种商品，要么呼吁其他人加入抵制活动。在这些情况下，消费者的购买行为往往会受到严重影响。例如，2017 年，韩国乐天集团董事局决定为部署萨德供地，这一举动激怒了我国许多爱国人士和舆论媒体，引发了对乐天企业的抵制运动，乐天集团在中国市场的生意大幅受挫，最终退出了中国市场。

（三）企业因素

在企业因素中，新产品研发、品牌营销、价格和产地偏见等因素对消费者行为产生较大影响。

（1）新产品研发。企业需要不断研发和生产新产品，改进原有产品的性能、质量和包装等，通过创新提高消费者购买欲望。在竞争激烈的市场中，如果产品不能吸引消费者，就可能导致消费者快速流失。

（2）品牌营销。品牌对消费者的决策有很大影响。很多消费者会反复购买自己偏好的品牌的产品。消费者对品牌有不同的忠诚度，愿意为偏好的品牌产品支付一定的溢价。在消费者心中一个良好的品牌形象代表的是信任、成熟和可靠。因此，对企业来说，建立品牌并借品牌使产品脱颖而出是其立足市场的有力保障。品牌对消费者决策有重要影响，许多消费者更愿意选择他们信任的品牌。建立品牌形象能够提高消费者的忠诚度，使其愿意支付更高的价格。

（3）价格。大多数消费者倾向于购买物美价廉的产品，而定价接近消费者认可的价格会增强其购买意愿。然而，低价并不是吸引消费者的唯一手段，售后服务、维修和保险等也会影响购买决策。

（4）产地偏见。在国际市场上，产品的产地对消费者行为也会产生影响。在信息缺乏的情况下，发达国家的消费者更倾向于购买国产商品，而发展中国家的消费者则更喜欢进口商品。这种趋势与国家的经济发展水平存在正相关关系。

三、跨境电子商务中的消费者行为理论

21 世纪是互联网的时代，网络的发展改变了消费者与企业之间的联系方式，改变了消费者的购物行为。随着跨境电子商务的蓬勃发展，消费者的行为呈现出全新的特征。

（一）跨境电商中消费者的行为特征

在新时期的网络环境下，消费者行为对网络消费的发展趋势有重要的影响，尤其在跨境电商背景下，消费者行为表现出以下几个特征。

1. 消费的主动性变强

随着全球化的发展，国际市场上商品种类愈加丰富，这为消费者购物增添了更多的选择，同时也带来了不确定性。在网络环境下，消费者更愿意通过各种途径主动获取商品信息，并通过分析来决定是否购买。尽管消费者的分析可能不尽完善，但相对于传统的线下购物方式，网络购物能够提供更多商品信息，降低购买风险，从而增强消费者对购物的主动性。

2. 对消费便捷化要求更高

随着生活节奏的加快和国际物流技术的发展，许多商家通过亚马逊、eBay、阿里巴巴等平台销售产品，使得消费者更全面地了解网络市场上的产品信息，明确购物目标，并选择最为便捷的购物渠道。因此，除了对商品质量和价格的更高要求外，消费者对方便快捷的购物方式提出了更高的期望。

3. 消费者行为回归个性化

随着经济的发展，一些企业更注重成本控制而忽视了对消费者个性的满足。在跨境电商快速发展的今天，互联网的进步推动了消费市场呈现多元化趋势。消费者可以根据不同需求做更多个性化的选择。许多企业将满足个性化需求置于首位，迎合市场的个性化消费趋势，因为随着消费水平的提升，消费者希望通过商品体现个性。

4. 消费者行为受价格影响更大

随着消费市场的多元化发展，产品质量和服务水平不断提高，消费者在面对品质相近的产品时倾向于选择价格更为合理的产品。跨境电商模式减少了中间环节，如减少了经销商、代理商、实体店铺等，也就减少了相应的运营成本，因此网上销售的产品更具价格竞争优势，进一步促使网络经济加速发展。

5. 网购成为常态化消费方式

移动网络和新媒体技术的迅速发展，使得手机成为获取信息的主要工具。未来，移动购物有望保持 50%以上的复合增长率，成为推动网购市场快速发展的主要动力。越来越多的消费者通过网络查找商品信息和进行购物，网络购物已经成为常态化的消费方式。

（二）跨境电商中消费者的购买因素分析

随着跨境物流和线上支付的发展，跨境电商相较于传统购物方式，让消费者足不出户就能购买到国外的新颖商品，并享受相对低廉的价格和更高的质量。在跨境电商中，消费

者的购买行为受到一些特定因素的影响，与传统的消费方式存在差异。

1. 商品价格

消费者普遍追求物美价廉的商品。相对于实体商店，网络购物减少了流通环节，商品价格更为低廉，同时商品款式更加丰富。这种高性价比的网络销售方式促使更多消费者选择在线购物来满足消费需求。在购物网站上，打出“包邮”“清仓”“秒杀”等标语更能吸引消费者。

2. 商品差异性

青年消费者主要追求商品的时尚和新颖。与传统市场不同，网络平台更能满足这一群体的个性化需求。青年消费者对分析和筛选商品更有自信，他们可以通过在线平台快速搜索和比较商品，找到符合自己需求的商品。因此，在线销售商品时，要考虑商品的创新性，不断更新时尚商品，以持续吸引消费者关注。

3. 购物信任度

很多消费者有信任的购物平台或常常浏览的网站。对于这些网站或平台发送的链接、广告等信息，这些消费者通常更为信任，可能由此产生更强烈的购买意愿。然而，消费者在网络购物中仍有一定的顾虑，例如售后服务或个人信息泄露等是很多消费者担心的问题，这些问题在一定程度上限制了跨境电商的发展。

第二节　跨境电子商务的国际竞争战略

一、国际竞争战略概述

国际竞争战略通常指的是在国际市场上的营销竞争策略，其中营销环境是一个不可控的重要因素。企业若要将业务从国内市场扩展到国际市场，必然面临新的国际营销环境，尤其是国际竞争环境。因此，在执行国际竞争战略时，必须明智地利用所有可控制的营销因素，积极适应不断变化的营销环境。这包括总成本领先战略、差异化战略、重点集中战略、企业竞争战略等。学习这部分的内容将涉及当前国际营销竞争环境的发展格局、国际竞争的特点、进入国际市场的企业如何分析国际竞争环境，以及在全球化经济背景下推动国际市场竞争战略等知识。

（一）国际竞争战略的特点

国际竞争战略除了符合一般竞争战略的特点外，还具有自身的特点：

（1）国际竞争不同于自由竞争。国际竞争与自由竞争的主要区别在于国际竞争是一种受到保护的竞争。自由竞争遵循优胜劣汰原则，在自由竞争中落后的企业将会面临破产或被市场淘汰。在国际竞争中，各个国家的政府可能通过多种方式干预竞争，使国际竞争并非完全遵循优胜劣汰原则。相较于自由竞争，国际竞争更具保护性。

（2）国际竞争不同于垄断竞争。国际竞争与垄断竞争最大的区别在于目的不同。垄断竞争的目的是通过垄断行为来减少或消除竞争，而国际竞争的目的是以竞争为手段获取本国经济利益。国际竞争追求强化竞争，与垄断竞争有本质区别。

（二）国际竞争战略分析

1. 市场竞争威胁

在国际市场中，新企业的进入不仅带来竞争，还对原有市场格局构成潜在威胁。随着市场的不断发展，很多产业形成了一系列难以逾越的壁垒，对新企业而言，主要面临以下五种挑战：

（1）规模经济。规模经济的存在使得新企业难以迅速达到大规模生产，因为短时间内难以达到具有经济效益的规模。新企业还可能面临原有企业的抵制风险，因此进入新行业会遇到巨大的阻力。

（2）产品同质化。新企业要在市场上取得成功，需要投入大量资金来打破已有公司所建立的顾客忠诚，这可能导致新企业面临失败或血本无归的风险。

（3）资本投入。进入市场需要大量的投资，尤其是在竞争激烈、风险高或回报较慢的情况下，这构成了一种进入壁垒。对于资本储备有限的企业来说，这是一个巨大的挑战。

（4）转换成本。买方在更换供应商时，可能会面临多种类型的成本，这些成本包括重新培训员工、购买新设备、考察新供应商的时间和费用，以及要求新供应商提供技术援助和重新设计产品的成本等。如果这些转换成本较高，转换成本将成为新供应商进入市场的障碍。

（5）分销渠道的获取和控制。确保产品的分销渠道也是新企业的一项挑战。在现有市场中，优质的分销渠道可能已被老牌公司占据，新参与者要获取分销渠道，可能需要通过降价、广告等方式来说服中间商接受它们的产品，这势必会导致其利润减少。同时，由于老牌公司通过多种手段控制着分销渠道，有些甚至垄断了分销渠道，这进一步加大了新公司的难度。

2. 市场竞争程度

在市场中，各个产业都面临不同程度的竞争，竞争的激烈程度受到多种因素的影响。不同产业之间，或者同一产业在不同时期、国家或地区都可能经历不同强度的竞争。通常来说，影响产业竞争激烈程度的因素主要包括：

（1）竞争对手的数量。当某个行业内有众多公司时，竞争的自由度相对较大，竞争的强度较小；相反，如果行业内公司较少，它们的规模和资源相对均衡，那么公司之间的竞争可能更为激烈。

（2）产业的发展阶段。产业处于迅速发展阶段时，公司只需跟随产业增长即可取得收益，此时产业竞争程度较低；相反，产业发展缓慢时，公司为争夺市场份额的竞争就可能更加激烈。

（3）企业产品定位。生产一般产品的企业通常面临更大的竞争，因为它们的用户流动性较高，产品之间差异较小，替代性更高。这使得企业需求的转移更为波动，增加了经营预测的难度。

(4) 库存压力。若一个行业的库存成本较高，当出现剩余生产能力时，企业将承受高成本的巨大压力。剩余产能反映了企业在一定程度上的生产优势，为了最大限度地利用剩余产能，企业通常采取削价策略获取价格优势。在某些产品难以储存或库存压力较大的情况下，为确保销售速度，公司往往通过低价竞争策略进一步提升整个行业的竞争度。

3. 议价能力

讨价还价的能力在一定程度上反映了买卖双方在买卖关系中的主导地位。分析买卖双方的议价能力是为了确定在不同产业中，企业、客户和供应商谁具有主导权，从而确定企业与客户和供应商之间的关系。买方通过压价策略，以更低的价格获取更高品质的产品和服务，然而这种策略往往以牺牲行业利润为代价。买方的议价能力受以下因素影响：

(1) 如果买方比较集中，或者购买量较少，而供应商相对较多，则买方的议价能力就更强；当供应商数量相对较少且分散时，则买方的议价能力会变弱。

(2) 产品差异性。如果买方购买的是标准或非差异化产品，由于产品可替代性较高，买方对供应商的选择更加灵活，议价能力较强。

(3) 整合能力。如果买方在产业中具备部分或后向的整合能力，那么在谈判中可以让对方让步。例如，通用汽车和福特通常利用使用自己生产的零部件这一条件来议价。

(4) 信息能力。当买方掌握充分的市场信息，了解市场需求、市场价格、供应商成本等信息时，买方会拥有更多的议价筹码。

卖方的议价能力受到这些因素的影响正好相反。当供应商较集中、数量较少时，卖方的议价能力较强；当卖方的产品在某行业中替代品较少时，卖方的议价能力较强，反之，卖方的议价能力则会削弱。

二、跨境电商的国际竞争战略

(一) 跨境电商的国际竞争格局

在跨境电商市场中，各企业之间的竞争关系以及市场格局的形成与塑造是一个复杂、多层面的过程。这一竞争格局主要受以下因素影响：

(1) 市场规模和增长率。市场规模和增长率是制定竞争战略时的关键考量因素。跨境电商市场庞大的规模和高速增长的趋势，吸引了众多企业竞相涌入，形成了激烈的竞争格局。

(2) 市场细分度。竞争格局的复杂性在很大程度上取决于市场的细分度。跨境电商市场可以按照产品类型、销售渠道、国别等多个方面进行精细划分，不同细分市场的竞争特征各异，需要因地制宜地应对。

(3) 供应链效率。供应链效率决定了企业在市场上的灵活性和竞争实力。高效的供应链有助于提高产品质量、降低价格，并缩短交货周期，从而使企业在竞争中脱颖而出。

(4) 品牌和营销。品牌知名度和巧妙的营销策略是塑造企业竞争力的重要手段。在跨境电商市场中，品牌知名度、营销策略和渠道等因素都对企业的竞争地位产生深刻的影响。在跨境电商市场竞争中，建立和提升品牌形象、灵活运用多渠道营销是成功的关键。

（5）政策和法律环境。政策和法律环境是跨境电商企业运营的重要因素。各国不同的政策和法律会直接影响企业的进出口贸易、税收、知识产权保护等方面。政策和法律环境的多样性使得跨境电商企业在运营中面临复杂的挑战。了解并适应各国政策和法律的变化对企业的全球业务至关重要。

跨境电商市场正处于竞争激烈和多元化发展的环境中，跨境电商企业只有在准确把握市场动态，制定精准有效的国际竞争战略的前提下，才能在全球市场中获得竞争优势，为自身的发展打下坚实基础。

（二）跨境电商国际竞争战略分析

随着全球化的加剧和互联网技术的发展，跨境电商市场竞争愈发激烈。各大电商平台纷纷进军海外市场，在这个领域成功的关键在于竞争策略的选择和实施。企业若想在激烈的竞争中确立优势，需要采用不同的国际竞争战略。

1. 模式创新战略

模式创新是指企业在原有的商业模式基础上，通过创新，形成具有全新商业逻辑、能够带来商业价值的新型商业模式的过程。在跨境电商中，模式创新战略旨在通过独特的商业模式来实现竞争优势。模式创新战略的具体实现方式包括以下几个方面：

（1）创新物流模式。自动化、大数据、人工智能、区块链等新兴科技正重新定义信息与数据的联通和传递方式，深刻影响着物流业务链条的各环节。跨境电商物流企业可以通过智能软硬件、物联网、大数据等智慧化技术手段，实现物流各环节精细化、动态化、可视化管理，提高物流系统智能化分析决策和自动化操作执行的能力，打造一个物流高效运作的现代化物流模式。例如，G7、维智、锐特、云链科技、易流科技、GT Nexus、大疆创新等企业是智慧物流科技企业阵营的代表。这些企业将某项或多项新兴科技（如物联网、区块链、云计算、人工智能等）深度应用于物流行业，通过提供智能硬件、智能软件以及整体解决方案，实现物流业的信息联通、智能作业、深度协同、资源共享。同时，基于实时数据捕捉与海量数据沉淀，提供包括数据分析与挖掘、智能交易匹配、市场精准营销等衍生服务，实现行业整体降本增效。

（2）创新营销模式。跨境电商企业可以通过创新的营销手段来吸引更多的消费者。现阶段跨境电商企业的营销模式众多，TikTok 直播正是通过开展跨境直播带货活动，将消费者与海外优质商品和当红主播进行联系，实现了较好的市场表现。未来可以朝着体验营销、社交营销、智能硬件营销模式发展。体验营销是以用户体验为核心的营销方式，企业可以通过不同形式的活动和体验来吸引受众，从而加深用户对品牌的认识和信任。社交营销是将社交媒体和电子商务相结合的一种新型营销模式。社交电商可以在社交媒体上直接推销产品，比如微信的购物功能、微博直播带货等。企业可以通过分享、点赞、评论等方式来提高商品曝光率、提高销售量，进而实现粉丝变现。智能硬件营销是物联网时代的营销趋势。企业可以通过开发各种智能硬件，比如智能手环、智能眼镜、智能牙刷等，来增强用户黏性和产品体验，进而实现产品赋能和用户沉淀。

（3）创新服务模式。跨境电商等企业可以通过提供优质的售后服务来提升消费者体验，从而获得竞争优势。例如，亚马逊云科技推出了一系列的智能客服解决方案，利用人工智能、机器学习、大数据等先进技术，为客户提供更高效、更智能、更人性化的服务体验。企业使用人工智能技术，可以实现自动化、智能化、个性化的客服服务，减少人工干预和等待时间，提高客服响应速度和处理能力；企业使用机器学习技术，可以实现对客户需求和行为的深度理解和预测，提供更精准、更贴合、更满意的服务方案；企业使用自然语言处理技术，可以与客户进行语音和文字的自然交流和沟通，提供更友好、更贴心、更情感化的服务体验。

模式创新战略的实施将帮助跨境电商企业在竞争中获得更高的市场占有率和更强的盈利能力，使其能够在竞争激烈的市场中占据优势，追逐更大的市场份额和丰厚的利润。

2. 服务创新战略

服务创新战略是跨境电商企业在国际市场竞争中提高服务质量、满足消费者个性化需求的一种竞争战略。服务创新的本质是通过服务差异化，提供符合不同消费者群体需求的服务。在跨境电商行业中，消费者对于产品和服务的质量和个性化需求越来越高，因此，服务创新已成为跨境电商企业获取市场竞争优势的重要手段之一。服务创新战略可以表现为以下几个方面：

（1）完善物流配送服务。跨境电商企业可以通过创新物流配送服务，提升产品运送的效率和时效性，更好地满足消费者的需求。跨境电商企业通过提升物流配送效率，让商品快速安全地抵达消费者手中；提供实时物流追踪信息，让消费者对物流信息了然于胸；优化退货流程，提供便捷退货服务，增强消费者购物的信心。这些举措不仅能够提升跨境电商企业的服务质量，更能够让消费者获得良好的购物体验，从而使跨境电商企业凭借优异的服务在市场竞争中脱颖而出。

（2）提供个性化定制服务。跨境电商企业可以通过提供个性化定制服务，满足消费者多样化的需求。无论是通过不同的商品组合、丰富的颜色和尺码选择，还是通过为消费者提供专属的定制服务，跨境电商企业都能够在满足消费者需求的同时，为其带来独特的购物体验。通过个性化定制服务，跨境电商企业可以更好地满足消费者的需求，提高消费者的满意度和忠诚度。

（3）提高售后服务质量。跨境电商企业可以通过优质的售后服务，赢得消费者的信任和忠诚。不只是提供便捷的售后服务渠道，还包括及时反馈和专业的售后服务团队。凭借可靠的售后服务为消费者提供无忧的购物体验，深化消费者对企业的信任，进一步提升消费者对企业的忠诚度。

（4）创新支付方式。在跨境电商领域中，支付方式是影响消费者的购物体验的关键因素，如果能够为消费者提供便捷、安全、多样化的支付体验，就可以激发消费者的购买欲望。在跨境电商中，提供多种支付方式是一种重要的策略，可以方便消费者选择最适合自己的支付方式。传统的支付方式主要包括信用卡、银行转账等方式，这些方式存在不同程度的问题，如跨境汇款这一方式会产生费用高、支付时间长、安全性差等问题。因此，创新支付方式对于跨境电商企业来说具有非常重要的意义。

3. 成本优化战略

成本优化战略是跨境电商企业在国际竞争中的一种重要竞争战略，它强调通过降低成本来提高企业的竞争力。跨境电商企业可以通过以下方式来实现成本优化。

（1）物流成本优化。物流成本是跨境电商企业成本组成中最大的成本之一，为有效降低物流成本，企业可以通过与第三方或者第四方等物流服务提供商合作，通过组合式物流方案，争取到更优惠的运输方式来降低物流成本，同时可以实现订单配送的集中管理来降低物流成本。

（2）采购成本优化。采购成本优化是跨境电商企业重点考虑的一个方面。企业在采购端与供应商进行谈判，争取更有利的采购价格，并有选择地销售成本价格更低的商品。通过精明的采购谈判，跨境电商企业能够获得更具竞争力的采购价格，从而降低成本并增加利润。具体方式包括与供应商协商批发折扣、订立长期合作协议或寻找更具成本效益的供应链合作伙伴。

（3）资金成本优化。资金成本优化是跨境电商企业不可忽视的重要方面。企业可以通过合理的资金管理策略来降低成本。第一，可以利用关税减免、退税等优惠政策，降低企业在海关和税务方面的成本，提高企业的利润率。第二，进行货币风险管理。企业可以采取相应的货币风险管理策略，使用合适的汇率套期保值工具或选择在合适的时机进行外汇兑换，降低货币风险带来的成本。第三，资金流动管理。有效管理企业的资金流动，优化现金流管理和结算周期，以减少资金的滞留和浪费，进而降低资金成本。

（4）管理成本优化。管理成本也是跨境电商企业需要考虑的一个方面，企业可以通过简化流程、优化组织架构、提高管理效率等方式，降低管理成本。

（5）信息技术成本优化。信息技术成本优化是指企业通过选择更合适的信息技术服务提供商，或自主开发适合自身业务的信息技术系统等方式，来降低信息技术成本。

跨境电商企业实施成本优化战略，可以在国际市场上获得更大的竞争优势。企业在实施这一战略时也要注意，不能只追求成本的降低而影响产品和服务的质量及用户体验，应该在保证产品和服务质量的前提下，尽可能降低成本。

4. 风险规避战略

跨境电商由于涉及不同国家和地区的法律、政策、文化等多种因素，存在一定的风险。因此，跨境电商企业需要采取相应的风险规避战略来降低风险。

（1）对外汇风险的规避。跨境电商企业在进行海外采购和销售时，常常需要进行外汇交易。由于外汇汇率波动较大，会对企业的利润产生不利影响，因此企业需要采取相应的对冲措施。可以使用的对冲工具包括远期汇率合约、期权、掉期等。

（2）对政策风险的规避。跨境电商企业需要关注各国政策的变化以及涉及跨境电商的法律法规。有些国家会对进口商品征收高额关税，或者出口商品需要获得特定的证书或许可证。企业需要了解政策和法律法规的变化，及时调整策略以避免风险。

（3）对信用风险的规避。跨境电商企业需要关注交易双方的信用风险。在跨境交易中，由于交易双方之间的文化、语言、法律等方面存在差异，加上跨境交易本身的复杂性，双方可能会面临一些信用风险，如付款拖延、货款拖欠等。企业需要了解交易双方的信用状况，采用担保、保险等方式来规避信用风险。

（4）对物流风险的规避。跨境电商企业需要关注物流风险，包括货物损毁、丢失、被盗等问题。企业可以通过选择信誉良好的物流公司、购买保险、实施供应链可视化、做好包装与标记，以及引入追踪与追溯系统等方式来保障货物的安全运输和顺利交付。

5. 全球协同战略

全球协同战略是指跨境电商企业需要在全球范围内与其他企业、组织和个体进行合作，实现资源共享、风险共担和优势互补。全球协同战略是一种跨越国界的合作形式，可以帮助企业更好地适应全球化竞争的形势，提高自身的核心竞争力。具体来说，全球协同战略包括以下几个方面：

（1）跨境物流合作。由于跨境物流的复杂性和高成本，企业可以选择与不同国家或地区的物流企业合作，共享物流资源，降低物流成本。通过合作，企业还可以扩大物流网络覆盖范围，提高物流效率。

（2）跨境支付合作。在跨境电商交易中支付是一个重要的环节。为了降低支付成本和风险，企业可以选择与跨境支付平台、国际银行等机构合作，共同推进跨境支付体系的建设和完善。

（3）跨境合规合作。不同国家和地区的法律法规不同，企业需要遵守当地的法律法规。为了避免因合规问题而受到处罚，企业可以选择与合规机构、律师事务所等合作，共同研究当地法律法规，并制定符合法律法规的业务策略。

（4）跨境营销合作。不同国家和地区的文化、语言和习惯不同，企业需要根据当地的市场情况和消费者需求制定相应的营销策略。为了更好地开拓当地市场，企业可以选择与当地的广告代理商、营销公司等合作，共同开展本土化营销活动。

全球协同战略能够为企业带来资源共享、优势互补和风险共担的益处。全球协同战略包括建立跨国合作伙伴关系、建立战略联盟或全球性合作。企业实施全球协同战略，能够充分利用各地的资源和优势，实现整个链条上的资源互补和互利共赢。

延伸阅读

审时度势，谋求合作共赢

习近平总书记指出，“当前，国际形势继续发生深刻复杂变化，百年变局和世纪疫情相互交织，经济全球化遭遇逆流，大国博弈日趋激烈，世界进入新的动荡变革期，国内改革发展稳定任务艰巨繁重”。

在当前形势下，跨境电商行业正处于快速发展的关键阶段，同时也面临着一系列复杂的挑战。一方面，贸易保护主义的抬头使得各国之间的贸易环境变得更加不确定和复杂化。许多国家采取一系列措施，如加强关税管制、实施贸易壁垒、限制跨境投资等，这些举措直接影响了跨境电商企业的国际化发展计划。另一方面，后疫情时期的供应链不确定性对跨境电商行业造成了严重影响。物流运输受到限制，供应链中断，消费者购买行为发生变化等问题成为行业面临的新挑战。在这样的全球经济大环境下，跨境电商企业需要不断调整战略，灵活应对外部环境变化，寻找新的发展路径。习近平总书记提到，“国内改革发展稳定任务艰巨繁重”，我国跨境电商企业需要在国内外双循环的发展战略下，加强内外贸结合，提升跨境电商在国内市场的竞争力，同时推动跨境电商行业的规范化、标准化发展，以适应国内外市场的变化和需求。

针对当前大国博弈日趋激烈的情况，跨境电商企业需要审时度势，谋求合作共赢。在面对不同国家的政策调整和市场变化时，需要灵活调整策略，保持良好的国际形象和市场声誉，积极寻求国际合作与资源共享。现阶段，跨境电商企业只有以更加开放和包容的心态，积极应对各种挑战，不断提升自身的竞争力和适应能力，才能在全球贸易的浪潮中抓住机遇，实现可持续发展。

第三节 跨境电子商务相关理论分析

随着经济全球化程度的不断加深和数字技术的广泛应用，跨境电子商务作为一种新型贸易方式在全球范围内迅速发展。企业和个人都可以更轻松地参与全球贸易，使全球化红利的受益范围进一步扩大。同时，跨境电商的发展也使国际贸易市场格局、贸易规则和产业分工等方面发生了重大变化，对国际贸易的现实和理论都产生了深远影响。

一、双边市场理论

随着互联网、大数据、云计算等技术的兴起，电商交易平台、媒体平台、支付平台等纷纷出现，形成了平台经济这一新兴经济形态。以跨境电商平台为核心的跨境电商行业成为数字贸易的关键组成部分。双边市场理论成为研究平台经济和网络经济的核心理论。该理论包括平台企业、买方和卖方三个关键参与者，平台企业通过销售互相依赖和互补的产品或服务吸引买方和卖方，推动双方在市场上达成交易并收取一定费用。

让-夏尔·罗歇（Jean-Charles Rochet）和让·梯若尔（Jean Tirole）、阿姆斯特朗（Armstrong）给出的双边市场定义为：在某一市场中，通过平台连接两个不同的群体，平台中一方的利益与平台中另一方的规模密切相关。双边市场的费用总和等于平台对参与者的费用总和：

$$P=Pb+Ps$$

式中，P 为平台总费用；Pb 为买方费用；Ps 为卖方费用。网络零售平台双边市场结构如图 2-2 所示。

双边市场是由两个不同类型的用户群组成的市场，用户通过中介机构或平台进行交易。用户的决策会相互影响，形成一种网络外部性。举例来说，在银行卡市场中，消费者和商户通过银行卡组织（如中国银联）进行交易。如果没有消费者使用银行卡，商户就不

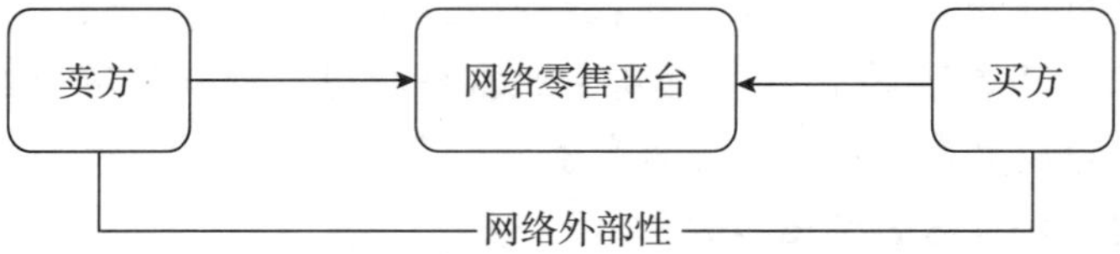

图 2-2　网络零售平台双边市场结构

愿意受理，反之亦然。这种相互依赖性产生了平台定价的问题，即平台需要平衡两边用户的需求以最大化交易量。与传统市场不同，双边市场的定价受到两边用户的需求弹性和间接网络外部性的影响。学者们研究发现，平台对一边用户的定价不仅取决于这边用户的需求和边际成本，还取决于这边用户对另一边用户的外部收益，即间接网络外部性的大小。这种外部收益通常是正的，有时也可能为负，例如在媒体市场中，广告数量的增加可能导致消费者效用下降。

双边市场的定价结构依赖于联合需求弹性和两边的边际成本。市场中存在多个竞争平台时，定价变得更加复杂，用户的归属行为对平台的影响较大。用户的多归属行为增强了平台对单归属用户的竞争，可能导致多归属用户支付较高的价格，而单归属用户支付较低的价格。另外，一些学者认为用户的多归属行为是内生的，应当将其看作一个内生变量来分析对平台定价的影响。

双边市场具有以下特征：

(1) 价格的非对称性。让-夏尔·罗歇和让·梯若尔指出，当平台向买方和卖方索取的价格总水平保持不变时，任意一方价格的变化都直接影响平台的总交易量，则形成双边市场，这也体现为价格呈现非对称性。由于涉及平台企业、买方和卖方这三方，总价格水平需要在双边市场的用户之间进行合理分配，这导致价格呈现一定的倾向性。平台企业在定价时需要在买方和卖方之间分配总价，不同的价格策略因市场中各方参与者需求价格弹性的不同而异。随着双边市场的发展，平台企业为获得竞争优势，常采取免费策略或提供补贴。

(2) 网络外部性。网络外部性是双边市场的另一个显著特征。传统网络外部性关注产品或服务的价值与其消费规模正相关，而在双边市场中网络外部性强调一方用户数量对另一方用户数量和交易量的影响。这种外部性是双边市场形成的前提和判据。

双边市场中存在直接网络外部性和间接网络外部性。直接网络外部性是指连接到网络的用户越多，可直接增加其他用户得到的效用。间接网络外部性是指随着一种产品使用者数量的增加，市场会出现更多互补产品，提高了产品价值。双边市场的网络外部性还分为同边和跨边两种网络效应。同边网络效应是平台一方参与者的活动导致该方参与者数量增加，而跨边网络效应则是一方参与者的活动导致另一方参与者数量增加。网络外部性对于双边市场的形成和发展至关重要。

(3) 相互依赖性和互补性。相互依赖性和互补性是双边市场的特征之一。买方对卖方的产品和服务有需求，同时，卖方对买方的产品和服务也有需求。只有双边用户同时对所提供的产品和服务产生需求，平台企业的产品和服务才具有价值。如果一方或双方均无需求，则平台企业的产品和服务将失去价值。

平台企业的存在使双边市场呈现出独特的经济特征，与传统的单边市场有显著的差异。在学术界对双边市场特征的研究中，一些学者强调其网络外部性和相互依赖性。通过对传统单边市场和双边市场的经济特征进行对比分析发现，双边市场中的平台企业的竞争行为存在差异。

案例拓展

双边市场理论下阿里巴巴定价模式分析

双边市场是一种存在网络外部性的市场，在这样的市场中，某个群体得到的效用会受到另一个群体的影响。平台之间的竞争、平台的定价策略、平台的信用系统，都是提到双边市场时不得不说的。

阿里巴巴旗下的淘宝是聚集多种综合性的电商活动的开放性平台，该平台的目的是更好地为平台的用户服务。淘宝拓展出了多种形式和功能的电商业务。商家和服务商等外部合作伙伴可以合理地利用该平台提供的各种工具，为平台用户提供商品、交易推广等一系列服务。淘宝对平台的双边用户免除佣金，这种免费策略是源于对我国中小型卖家和公众偏好的深刻理解。正因如此，淘宝可以在短时间内聚集到大量中小型卖家和品牌商家。这些中小型卖家进入平台时，需要为其经营的商品类目支付保证金。对于交了保证金的商家，平台为其提供消费者保障服务、商品如实描述、7 天无理由退换货和“假一赔三”等服务保障，不交保证金的商家只能上架销售二手或闲置商品。保证金作为淘宝平台可退还的费用，并不作为平台的利润来源，而是作为规范商家有序运行、避免交易纠纷的“激励”。

阿里巴巴的天猫商城起源于淘宝。经过多年发展形成了与淘宝相互独立的组织结构。天猫的模式与淘宝的截然不同，能够入驻天猫平台的企业必须是品牌企业，天猫的产品对于消费者而言具有更高的质量保证，因此，天猫对企业而言进入门槛也更高。

与淘宝的低端化相比，入驻天猫的卖家具有更高的品牌知名度，注册门槛更高；同时，天猫平台的可信性给消费者更大的购物信心，提高了双边用户交易的匹配度。天猫对于入驻的商家收取的费用分为两部分：保证金和交易费。其保证金数额高于淘宝，交易费即平台扣点一般在 2%～6%之间不等。

资料来源：崔秀梅，刘阳．基于双边市场理论的第三方电子商务平台定价策略研究．经营与管理，2020（5）：54－57.

二、平台经济理论

（一）平台的定义与本质

平台交易是一种商业模式，平台是虚拟的或真实的交易场所，平台本身不生产产品，但能够促成双方或多方之间的交易，平台通过收取适当的费用或赚取差价来获得收益。平台经济学以广泛存在的平台为研究对象，以契约理论、网络外部性理论、双边市场理论、博弈论等为理论基础，旨在发现平台产业的内在规律，推动其健康发展。

例如，苹果公司的 App Store，App Store 是专为苹果公司的 iPhone、iPad 以及 Mac 等产品创建的服务，允许用户通过 iTunes Store 或 Mac App Store 浏览和下载苹果手机或笔记本电脑等设备的软件开发工具包或开发的应用程序。用户可以将 App Store 中的 App 直接下载到相应的移动终端上。这一模式是苹果公司首创的，实现了网络与桌面设备以及移动设备的深度融合，后来被推广到其他互联网企业，如腾讯的 Q+平台等。2011 年腾讯正式推出 Q+平台，并邀请第三方开发商一同构建互联网的开放平台。Q+是基于 Windows 系统的开放式应用平台，用户运用此应用平台可以轻松进入丰富多彩的互联网世界，享受第三方应用商提供的多样化互联网应用。

应用平台的产品及服务目前主要包括移动设备（手机、平板电脑等设备）应用产品、在线应用服务、运营商业务、客户端（主要针对个人计算机）软件、增值服务五大部分。这涵盖了移动软件、游戏、购物、充值、办公以及各种 CP/SP（内容提供商/服务提供商）的增值服务等多种类型，满足用户多样化需求，具备广阔的市场发展前景。

以数字技术为基础，数据驱动、平台支持、网络协同的经济组织构成了平台经济系统。这个系统包括所有基于数字平台的经济关系。据估算，中国的平台经济规模已占国内生产总值的约 10%。平台经济是新工业背景下的一种新型经济形态，具备以下三个主要特点：

（1）平台模式。一种新兴的组织形式，融合企业与市场特质。平台模式并非传统企业或市场的简单堆砌，而是一种兼具两者功能的独特形态。

（2）平台企业。强调外部连接性与网络效应，具有发展潜能。与传统企业注重内部资产不同，平台企业更注重外部连接性与网络效应。尽管内部资本和人才仍为竞争的核心，平台企业更加注重外部人脉、资源和功能，将管理焦点转向非直接掌控的外部资产。

（3）平台价值。源于增量资产的创造。与传统企业受限于资金和资产规模不同，平台企业在具备卓越商业模式的前提下，不受资产和资金规模的制约。平台企业的价值创造和实现源于一个复杂多维的网络结构，各方通过连接和互动实现价值增值，持续增长的用户成为价值和利润的稳固基石。平台企业的网络效应表现为平台用户数量对所能创造的价值具有积极影响。

（二）平台经济的价值

平台经济作为经济转型的关键引擎，在微观和宏观层面都发挥着重要作用。微观层面上，平台充当了交流和交易的媒介，提供信息服务、组织产业和协调利益的功能。宏观层面上，平台经济的发展推动产业持续创新、引领新兴经济增长、促进制造业服务化转型和改变工作与生活方式，成为一种至关重要的产业形式。

1. 保障产业创新

通过整合产业和市场资源，平台为企业创造了广阔的发展空间，促使企业持续创新以获取竞争优势。在跨境电子商务平台上，企业通过技术、产品、服务和品牌宣传等方面的创新来吸引更多用户，从而确保整个产业创新发展。此外，平台企业自身也在不断进行技术和商业模式创新，为整个产业注入新的活力。

2. 消费方式演变

平台经济引领着人们的日常生活模式和社交结构变革。社交网络平台成为重要的人际交往渠道，电子商务平台成为首选的日常消费方式。第三方支付平台和网络银行的普及为人们提供更多便捷。互联网的发展加速了人与人之间的交流和信息流动，直接影响消费方式的演变。信息消费迅速发展，基于信息交换的商务活动成为未来经济活动的主要组成部分。

3. 推动制造业服务化

在竞争激烈的环境下，制造业企业需要通过中介平台有效打通制造和流通瓶颈，实现产品制造链和商品流通链的无缝衔接。面对行业利润下降，许多制造业企业转向电子商务平台，借助其庞大的用户资源和便捷的销售渠道，创新营销模式，降低运营成本，创造新的盈利点，从而推动制造业服务化转型。

4. 助力新兴经济发展

作为服务业的一部分，平台经济在各类服务业的价值链或网络中发挥关键作用。平台能够吸引各种资源加入，形成集聚效应，推动整个产业资源向平台倾斜，创造出巨大的价值。作为服务经济中最有活力的一部分，平台经济正引领着新兴经济的增长。

三、供应链管理理论

供应链管理（supply chain management，SCM）是在最小化整个供应链系统成本的同时，满足一定客户服务水平的管理方法。它有效整合了供应商、制造商、仓库、配送中心和渠道商等，涵盖计划、采购、制造、配送和退货五大基本环节。

自 20 世纪 80 年代迈克尔·波特提出竞争战略理论以来，学者们从竞争战略的视角深入研究供应链管理、业务外包和战略联盟。随着社会分工进一步精细化，企业竞争优势逐渐依赖于整个供应链而非单一企业，供应链管理备受关注。在供应链管理中，核心企业通过对信息、物流和资金流的掌控，从原材料采购到最终产品交付，实现了整个供应链的高效协同。鉴于企业资源有限，获取全行业和领域的竞争优势十分困难，因此企业需要专注于核心业务。供应链管理的核心理念是基于核心竞争力确定企业的核心业务，并将供应链上的非核心业务外包。服务外包作为供应链管理的重要组成部分，通过将非核心业务交由规模大、成本低、技术优越的供应商处理，提高整个供应链的效率。此外，供应链管理通过企业合作实现整体协调，符合服务外包的本质。

（一）供应链管理的思想

当今市场呈现出买方市场和全球竞争激烈的趋势。为了在这个环境中生存，企业需要不断提高产品质量，并采用更先进、更有效的管理方式来规划市场活动，供应链管理在此背景下应运而生。供应链管理旨在优化和改进供应链活动，通过集成和协同的方法，满足客户需求，提高整体竞争能力。其实质是深入供应链的各个环节，实现“6R”，即在正确的时间，按正确的数量、正确的质量和正确的状态将正确的产品送到正确的地点，从而最小化总成本。

供应链管理是一种以顾客和最终消费者为导向的先进管理理念，注重整个供应链的全要素、全过程的集成化管理。其特点包括：(1) 将所有节点企业看作整体，实现全过程战略管理；(2) 形成由供应商、制造商、分销商、销售商、客户和服务商组成的网状结构，贯穿物流、信息流、资金流、业务流和价值流的全过程管理；(3) 提倡全新的库存观念，通过合作降低企业库存成本；(4) 以最终客户为中心，以满足客户需求为导向，推动供应链发展。然而，由于供应链的网状结构，问题一旦发生会迅速扩散，因此运作过程中要求各企业成员对市场信息进行及时、准确的收集与反馈，以降低潜在损失。为了实现这一点，供应链管理还需要先进的信息系统和强大的信息技术支持。

（二）供应链管理的价值

供应链管理与传统的物流管理存在显著区别，涉及存货管理、供货物流、成本、信息流、风险、计划及组织间关系等方面，供应链管理在多个方面具备优势。

(1) 从存货管理和供货物流角度来看，供应链管理强调供应链成员间的协调，以最小化存货投资和成本。相较之下，传统的物流管理倾向于将存货向供应商推移，仅通过存货的转移来解决问题。在解决这一问题时，供应链管理通过信息共享（如需求、订单、生产计划等）减少不确定性，降低安全存货水平。

(2) 在成本方面，供应链管理优化整个供应链的产品最终成本。产品最终成本包括采购价格、送货成本和存货成本等。传统的物流管理仅限于使公司内部成本最小化。

(3) 从风险和计划两个方面来讲，在供应链管理中供应链成员共同分担风险并沟通制订计划，而传统的物流管理中风险和计划仅停留在公司内部。

(4) 在组织间关系方面，供应链管理基于对最终成本的控制来实现各成员间的合作，而传统的物流管理致力于公司内部成本降低。

(5) 供应链管理比传统的物流管理更具活力，能为供应链成员带来实质性好处。要想成功实施供应链管理，各供应链成员需要充分共享信息。具有不同目标的企业之间，要实现开诚布公地分享信息并不是一件容易的事，特别是当企业间有竞争关系时更难达成信息共享。因此，成功的供应链整合需要各节点企业在认知客户服务需求、确定存货位置和数量、制定整体供应链管理政策等方面达成共识。

案例拓展

上汽通用汽车公司的供应链管理

上汽通用汽车有限公司（SAIC-GM）是由上海汽车集团股份有限公司、通用汽车公司共同出资组建而成。通用汽车公司拥有世界上最先进的弹性生产线，能够在一条流水线上同时生产不同型号、不同颜色的车辆。在如此强大的生产力支持下，上汽通用汽车在国内首创订单生产模式，根据市场需求控制产量。同时，上汽通用汽车的生产用料供应采用标准的JIT运作模式，由国际著名的Ryder物流公司为其设计实行零库存管理，即CKD（全散件）的库存存在于运输途中，不占用大型仓库，仅在生产线旁设立RDC（区域配送中心），维持最低安全库存。这就要求采购、包装、海运、进口报关、检疫、陆路运输等一系列环节之间的衔接必须十分紧密。

中国远洋海运集团有限公司（COSCO）承担了该公司全部进口CKD的运输任务，负责从加拿大的起运地到上海交货地的全程门到门运输，以及进口CKD的一关三检、码头提箱和内陆运输。

上汽通用汽车公司在物流供应链方面的要求包括：

（1）缩短备货周期，降低库存。上汽通用汽车公司物流供应链安全运作建立在市场计划周期大于运输周期的基础上，只有这样，CKD运输量才能根据实际生产需要决定。然而，目前CKD的运输周期是3个月，而市场计划周期为1周，所以只能通过增加CKD的储备量来保证生产的连续性，造成库存费用很高。COSCO的木箱配送服务虽然为其缓解了很大的仓储压力，但并非长久之计，还要通过各种办法改进订货方式、改进包装等缩短备货周期，真正实现零库存。

（2）改进信息服务，即协助上汽通用汽车公司收集、整理、分析有关的运作信息，以改善其供应链的表现。上汽通用汽车公司的整车配送、进口CKD和其他零配件的供应分别由ACS、上海中货、大通及其他供应商自行组织有关的运输，各服务提供商之间的信息无法有效地沟通。改进信息服务的措施如协助上汽通用汽车公司的销售部门改善营销预测的准确性和提前量，根据改善的预测信息来确定随后的生产和原料采购（进口）计划，可使每批进口CKD的品种构成更为合理，从而可相应减少在途和上海RDC中不必要的库存积压。

本章小结

本章主要探讨了跨境电商消费者行为理论和跨境电商的国际竞争战略以及相关基础理论。第一节重点分析了跨境电商的消费者行为特征，详细探讨了影响消费者购买决策的多种因素以及当前网络消费的发展趋势和前景。第二节系统介绍了国际竞争战略的重点内容，分析了跨境电商的国际竞争格局和竞争战略。第三节主要介绍了跨境电商涉及的双边市场理论、平台经济理论和供应链管理理论，由此展现了跨境电商这个新兴业态所依赖的理论基础，为后续学习、分析、理解跨境电商行业的发展提供了理论视角的解释和支撑。

第2章即测即评

第 3 章

跨境电子商务环境与政策

| 引言 |

跨境电商作为一种新兴的数字贸易模式，成为传统外贸转型升级的关键推手。欧美国家的跨境电商自 20 世纪 90 年代兴起，其税收和监管政策体系已经相对成熟。我国的跨境电商起初仅提供在线信息展示和交易撮合等简单服务，如今发展成为集在线支付、交易、物流、通关等多项功能于一体的在线交易平台。从 2012 年开始，我国逐步建立了一套较为完善的跨境电商政策体系，包括零售进出口海关监管、税收、支付系统、物流网络、检验检疫等相关配套政策。这些政策的出台离不开国务院办公厅、国家发展和改革委员会、商务部、海关总署等各级政府部门的大力支持与指导。这些部门相继出台了多项政策文件，以引导和规范我国跨境电商的发展。

| 素养提升 |

1. 党的二十大报告强调了我国对外开放的重要性，并提出了推动货物贸易优化升级、发展数字贸易、加快建设贸易强国的目标。我们需要深入了解我国跨境电子商务的发展环境，包括政策支持、市场规模、国际竞争等方面的情况。通过加深对跨境电子商务环境的了解，可以更好地把握我国跨境电商的发展趋势和前景。

2. 国家提出了一系列支持跨境电商发展的政策，包括加快建设自由贸易试验区、推动数字贸易、优化基础设施布局等。深入了解这些政策的具体内容，包括政策的目标、实施措施以及对跨境电商行业的影响，有助于我们在实践中更好地遵循政策规定，把握发展机遇。

3. 我国积极参与全球经济合作，推动共建“一带一路”等国际合作平台。在跨境电商领域，了解全球主要的电子商务协定和国际贸易规则至关重要。这有助于我们更好地把握全球市场的机遇和挑战，规避风险，拓展国际合作空间。

4. 党的二十大报告中提到了加快推进自由贸易试验区建设等举措。我们在学习中应该深入了解我国跨境电商综合试验区的发展模式，包括政策优惠、业务创新、监管体系等方面的内容，这有助于我们在实践中更好地借鉴和应用综合试验区的经验，推动跨境电商的创新和发展。

| 学习目标 |

1. 了解我国跨境电子商务的环境；
2. 熟悉我国跨境电商政策发展阶段；
3. 掌握我国的跨境电商政策；
4. 掌握我国跨境电商政策分析框架；
5. 了解全球主要电子商务协定；
6. 掌握我国跨境电商综合试验区发展模式。

第一节　我国跨境电子商务环境与政策分析

一、我国跨境电商环境分析

在全球经济一体化和电子商务迅猛发展的大趋势下，跨境电商迎来了巨大的增长空间，国内跨境电商行业迎来了新的发展机遇。跨境电商出口模式正呈现多样化的发展趋势，从最初的B2B模式，发展到B2C外贸平台，再到B2B2C和C2C平台。跨境电商平台正在逐步实现从粗放式到精细化的转变，并在规范化和标准化方面不断努力。

（一）政策环境

在各国的政策下，跨境电商行业面临着新的机遇和挑战。很多国家都为跨境电商提供了良好的政策环境。例如，美国对在线交易商品实行免税政策，美国海关与多国邮政系统实现了数据互联共享；日本通过提供资金支持和推动“综合货运支持”项目等措施，促进跨境电商的创新发展。然而，许多新兴国家的跨境电商政策环境、支付体系和物流系统尚不完善，仍有较大的发展提升空间。

近几年，我国跨境电商相关政策密集出台，跨境电商行业格局初步确立。2016年1月，《国务院关于同意在天津等12个城市设立跨境电子商务综合试验区的批复》发布，随后全国大力支持跨境电商综合试验区的建设，并将跨境电商监管过渡期政策延长一年。政策上采取先试点、逐步推广的策略，并逐步完善了税收和监管制度，这极大地推动了跨境电商行业的快速发展。

在国家战略层面，出口跨境电商被视为振兴低迷外贸市场的重要手段。尤其是在“一带一路”倡议下，国家通过优化税收、支付、通关和海外仓等方面的政策，为出口跨境电商提供了更便利的条件。作为多项政策的受益者，出口跨境电商在“一带一路”和“互联网+”的支持下实现了快速发展，并有望在未来得到更多有利于其发展的政策支持。

（二）经济环境

中国跨境电商整体发展势头强劲，跨境出口占主导地位。近年来，国家积极实施“互联网+外贸”战略，推动跨境电商行业蓬勃发展，重点支持传统外贸企业通过互联网渠道实现转型升级。跨境电商行业一直呈现逆势快速增长的态势，未来有望继续发挥更加重要的作用，拥有巨大的市场潜力和生命力。随着“一带一路”倡议的推进和全球经贸一体化的不断深化，跨境电商呈现出巨大的发展潜力。

尽管中国传统外贸发展环境有所改善，但未来形势仍然严峻复杂。海关总署数据显示，自 2009 年以来，出口增速逐年下降，出口总额呈现先上升后平稳的波动趋势，直至 2017 年才有所回升。近年来，中国出口总额大幅增长，但随后受到国内劳动力成本上升、人民币升值以及国际市场需求持续低迷等因素的影响，贸易成本不断攀升，出口增速明显放缓。

（三）社会环境

出口跨境电商是我国外贸发展的重要推动力，如今它已经成为我国外贸发展的中坚力量。数据显示，尽管 2016 年出口增速出现负增长，但从 2017 年开始呈现上升趋势，总体保持平稳增长。出口跨境电商从成长逐渐走向成熟，其中，国外进口商和客户贸易习惯的改变、出口跨境电商服务逐步完善以及“中国制造”向“中国创造”的转变，为国内出口跨境电商带来了新的机遇。

从需求端来看，海外电子商务消费逐渐兴起。近年来，随着俄罗斯、巴西、印度等新兴市场国家电子商务的蓬勃发展，出现了许多新的电商消费需求。海外网购消费者对“中国制造”的商品越来越青睐，海外市场中网购用户规模扩大，整个社会环境对中国出口跨境电商形成了利好。从海外市场的角度来看，全球正在经历线上购物冲击线下零售的消费变革，为线上销售打开了更大的空间。从贸易方式来看，跨境电商出口更加高效地满足了海外消费者的需求，逐步替代了传统贸易出口。

（四）技术环境

互联网作为跨境电商发展的催化剂，伴随着互联网行业的蓬勃发展，成为互联网企业拓展国际市场的关键支点，其在出口企业发展中的作用日益凸显。跨境电商正处于互联网行业的迅速发展阶段，整体业务发展迎来快速发展和转型升级，具有广阔的发展前景。最近几年，全球网民规模的不断扩大刺激了我国跨境电商出口的快速增长。对于跨境电商平台而言，大数据的应用已经对平台提供信息撮合和交易达成等基本功能进行了技术升级，从而推动了商业模式的变革。

在跨境电商领域不断涌现的新技术开辟了数字经济下跨境电商的新路径。当前，降低成本是跨境电商必须重视的主要问题之一，信息不对称增加了消费者的交易成本，在一定程度上限制了跨境电商的发展。区块链技术代表着更低的交易成本和更快捷的支付方式，其不可篡改性有助于减少商业欺诈，从而保障消费者获得最优质的服务体验。

中国作为世界工厂，中国制造产品的产量规模居全球之首。中国不仅是全球重要的生产基地，也是亚洲供应链的中心。中商情报网的数据显示，2023 年，我国全部工业增加值达 39.9 万亿元，制造业增加值占全球的比重约为 30%，我国制造业总体规模连续 14 年位居全球第一。中国是 120 多个国家的最大贸易伙伴。亚马逊美国站的销售额显示，中国卖家在美国站的销售额紧随美国站本土卖家之后，未来发展潜力巨大。亚马逊致力于为客户提供价格最低的产品，实现这一目标的其中一个方法是提供最扁平的供应链，这意味着使卖方越靠近中国工厂越有利。随着国内跨境电商政策制度环境的不断完善，在电子商务服务公司的推动下，跨境电商将充分利用中国制造的品牌优势，推动“中国制造”向“中国创造”加速转变，将我国产业链优势发挥到最大。

二、我国跨境电商政策发展分析

我国跨境电商起步较晚，相关政策发布时间短，数量也较少，有许多方面尚待完善。自 2012 年起，我国陆续颁布了一系列政策以鼓励跨境电商的发展。我国从跨境电商试点专项着手，探索新型零售进出口贸易的税收和海关监管模式，提出相应的便利化措施和建议，推动新型贸易平台的发展。跨境电商作为新兴业态，其政策体系的设计重点在于优化通关、税收、支付、物流、结汇等服务支撑体系，实现多重目标的协同，推动跨境电商健康稳定发展。从现有政策来看，涉及制定政策的部门包括海关总署、商务部、财政部、税务总局等多个部门。这些政策深入跨境电商的各个方面，推动跨境电商运营的规范化，为跨境电商高速发展创造了有利条件。

（一）我国跨境电商政策发展阶段分析

随着我国跨境电商的发展，相关政策制定呈现出明显的阶段性特征。综合考虑我国跨境电商政策阶段性特点、年度发布数量以及关键政策发布节点，可将跨境电商政策发展过程划分为蓄势期、增长期、监管期、发展期四个阶段。

1. 蓄势期（2004—2011 年）

我国跨境电商始于 20 世纪末，当时以阿里巴巴国际站、中国制造网等平台为代表，为跨境出口企业提供了在线展示和交易撮合等信息服务。发展到 2004 年，敦煌网的上线标志着跨境电商迈入了一个新阶段，从单纯的信息服务升级为涵盖交易、支付、物流、通关等全流程电子化的在线交易模式。2004—2011 年，国家相继出台了一系列法规和政策，如《中华人民共和国电子签名法》《国务院办公厅关于加快电子商务发展的若干意见》等，逐步建立了电子商务法规环境和支撑体系。随着电子商务创新应用的不断增加，跨境电商作为电子商务领域的新兴业态逐步兴起。这一时期，《跨境贸易人民币结算试点管理办法》《物流业调整和振兴规划》等政策措施的发布进一步规范了跨境结算业务，促进了国际物流的发展，鼓励企业利用电子商务平台开展对外贸易。这些举措为我国跨境电商行业的蓬勃发展奠定了产业力量和政策基础。

2. 增长期（2012—2015 年）

在全球进出口贸易低迷的大背景下，小额、碎片化订单逐渐增加，成为推动贸易增长的新动力。2012 年，《商务部关于利用电子商务平台开展对外贸易的若干意见》和《国家发展改革委办公厅关于组织开展国家电子商务示范城市电子商务试点专项的通知》相继颁布，以鼓励和引导传统进出口企业实现转型升级。针对以快递或邮政方式通关的跨境电商，海关总署组织相关示范城市开展了试点专项工作。2013 年，国务院办公厅转发商务部等部门《关于实施支持跨境电子商务零售出口的相关政策的意见》，并提出在示范城市完善支付、税收、检验检疫等方面的支持政策。国家外汇管理局、国家质量监督检验检疫总局和国家税务总局等部门也迅速响应，出台相关措施促进跨境电商零售出口业务的发展。2014 年，海关总署陆续发布了 2014 年第 12 号、56 号、57 号、59 号公告等文件，将跨境电商正式纳入海关监管，并提出了创新性的监管模式，要求对跨境电商零售进口商品进行个人物品式监管。2015 年，跨境电商政策密集出台，涉及外汇支付、检验检疫、海关监管等多个领域。中国（杭州）跨境电商综合试验区得到批准，推动交易、支付、物流、通关、退税、结汇等环节的监管模式与信息化建设得以率先试行。在政策红利的推动下，跨境进出口平台不断涌现，跨境电商进口快速发展。

3. 监管期（2016—2018 年）

跨境电商在政策引导下迅速发展，特别是在跨境电商零售进口商品按照个人物品进行监管的政策红利下，伴随着跨境电商进口需求的不断增加，需要进一步完善对跨境个人消费品的监管。2016 年 3 月，财政部、海关总署、国家税务总局联合发布《关于跨境电子商务零售进口税收政策的通知》，并实施跨境电商零售进口税收新政，将个人行邮税的征收标准调整为（消费税＋增值税）×70％。政策规定，在跨境电商零售进口监管过渡期内，对保税进口和直邮进口商品按税收新政征税，但海关监管仍然按税收新政之前的模式进行监管，对部分商品暂不执行《跨境电子商务零售进口商品清单》进口许可批件、注册备案要求。

《关于跨境电子商务零售进口税收政策的通知》规定：

（1）跨境电子商务零售进口商品按照货物征收关税和进口环节增值税、消费税，购买跨境电子商务零售进口商品的个人作为纳税义务人，实际交易价格作为完税价格，电子商务企业、电子商务交易平台企业或物流企业可作为代收代缴义务人。

（2）跨境电子商务零售进口税收政策适用于《跨境电子商务零售进口商品清单》范围内的商品，包括通过与海关联网的电商交易平台交易以及快递企业能够提供完整电子信息的商品。

（3）单次交易限值为 2 000 元，个人年度交易限值为 20 000 元，超出限值的将按照一般贸易方式全额征税。

（4）自海关放行之日起 30 日内退货的商品可申请退税，并相应调理个人年度交易总额。

（5）购买人的身份信息应进行认证，未进行认证的购买者身份信息应与付款人一致。

2016年3月《跨境电子商务零售进口商品清单》由财政部等11个部门共同公布。这一政策的实施对跨境电商零售业产生了重大影响：

（1）销售渠道的地位得到加强，掌握销售渠道的跨境电商将更具话语权。

（2）成本将上升，这给保税进口商家带来了挑战，存货在保税区的商家受到影响。

（3）供应链资金将更加关键，资金实力雄厚者将占据优势地位。

（4）产品品类将更加丰富，调整后的政策将促使跨境电商卖家寻找好的产品。

（5）政策的稳定有助于企业制定战略，企业可以更加专注经营和产品质量。

（6）小型跨境电商可能会退出市场，政策调整可能加剧资源集中在大商家手中的趋势。

（7）直邮模式暂时处于有利地位，但未来的发展仍不确定。

随着政策的调整和实施，海关总署等部门也发布了相关业务部署，为跨境电商行业的发展提供了更多的指引。监管过渡期的延长和跨境电商综合试验区的设立进一步推动了行业的发展。海关总署、国家质量监督检验检疫总局等相关部门纷纷出台文件，就税收新政的实施进行了业务部署。监管期的截止日期多次延长，2016年，海关总署正式发布文件，将过渡期的截止日期规定为2017年5月11日，而2017年国务院常务会议更进一步将其延长至2018年底。与此同时，为了促进跨境电商行业的发展，国家设立了跨境电商综合试验区，重点关注B2B出口业务相关环节，在技术标准、业务流程、监管模式、信息化建设等方面进行先行先试。这一举措包括建立两个平台，即跨境电商线上综合服务平台和线下产业园区平台，并构建了六个体系，包括信息共享体系、金融服务体系、智能物流体系、电商信用体系、统计监测体系和风险防控体系，旨在将成熟的做法向全国推广复制。随着时间推移，跨境电商综合试验区不断扩容，从2015年首个试验区设立于杭州开始，截至2022年底，国家已先后设立了165个综合试验区，覆盖31个省区市，这充分展现了国家对于跨境电商新业态的包容审慎态度。

4. 发展期（2019年至今）

跨境电商零售进口监管过渡期后，海关、税收、检验检疫等各环节的监管进一步规范。2018年8月31日，第十三届全国人民代表大会常务委员会第五次会议通过《中华人民共和国电子商务法》，自2019年1月1日起施行，明确了跨境电商经营者、平台经营者等的权利和义务，积极推动跨境电商各环节监管的规范化和信息化发展。2018年11月28日，商务部、发展改革委、财政部、海关总署、税务总局、市场监管总局联合印发《关于完善跨境电子商务零售进口监管有关工作的通知》，对监管过渡期后的跨境电商零售进口监管工作做了进一步安排，规定自2019年1月1日起正式实施，明确跨境电商企业、跨境电商平台及境内服务商、消费者、政府部门等各参与主体的责任和义务，为保障政策规范实施和进行有效监管提供决策依据。2020年1月17日，商务部、发展改革委、财政部、海关总署、税务总局、市场监管总局六部委联合印发《关于扩大跨境电商零售进口试点的通知》，将进一步扩大跨境电商零售进口试点范围，扩大试点后，跨境电商零售进口试点范围将从37个城市扩大至86个城市及海南全岛。2021年7月9日，《国务院办公厅关于加快发展外贸新业态新模式的意见》发布，其中提出，在全国适用跨境电商B2B直接出口与跨境电商出口海外仓监管模式，便利跨境电商进出口退换货管理；优化跨境电商零售进口商品清单；扩大跨境电商综合试验区试点范围。

（二）我国跨境电商相关政策概况

随着跨境电商在我国进出口贸易中的重要性不断上升，2012—2023 年国家先后密集出台了一批相关政策，其中以设立跨境电商综合试验区的政策为代表，中央政府在跨境电商财税支持、外汇结算、数字技术支撑、平台建设、法律保障等方面制定了相关的规章制度，为我国跨境电商业务的发展提供了充分保障。

2012—2023年中国跨境电商行业相关政策汇总表

我国跨境电商行业受到各级政府的高度重视和国家产业政策的重点支持。国家陆续出台了多项政策，包括物流、监管、关税、海外仓建设、综合试验区建设等方面政策，鼓励跨境电商产业和企业发展。2023 年 1 月，财政部、海关总署、税务总局联合发布的《关于跨境电子商务出口退运商品税收政策的公告》中提出，对符合规定的跨境电商出口退运商品，免征进口关税和进口环节增值税、消费税，出口时已征收的出口关税准予退还。2023 年 12 月，国务院办公厅印发《关于加快内外贸一体化发展的若干措施》，提出推动商业科技创新中心建设，促进互联网、大数据、人工智能和内外贸相关产业深度融合；促进“跨境电商＋产业带”模式发展，带动更多传统产业组团出海等。

（三）跨境电商政策分析框架

跨境电商政策具有特殊性，总体来看可以从跨境电商政策的参与主体、政策效力和政策工具三个维度具体分析。参与主体分为监管主体、交易主体、平台主体和服务主体，分别涵盖政府部门、经营者、消费者和供应链服务商。政策效力根据法律层级和发布机构分为五级，反映政策的法律效力和力度。政策工具包括供给型、环境型和需求型，以实现政策目标和促进跨境电商发展（见表 3-1）。

表 3-1　跨境电商政策分析框架

维度	类别	具体分析
参与主体	①监管主体；②交易主体；③平台主体；④服务主体	各参与主体在跨境电商发展中的具体作用、责任义务和参与度
政策效力	发文机构：①全国人民代表大会常务委员会；②国务院；③国务院各部委及直属机构 文种类型：①法律；②部令；③办法；④通知；⑤意见；⑥公告；⑦批复；⑧规划；⑨方案；⑩函；⑪说明；⑫会议精神 效力等级：①全国人民代表大会常务委员会颁布的法律；②国务院发布的条例、指令，各部委发布的部令等；③国务院发布的暂行条例、办法、意见、方案等，各部委发布的条例、规定、决定等；④各部委发布的办法、意见、方案等；⑤通知、公告、规划、信函等	发文机构级别与相互协同，文种类型等级与结构，不同效力等级政策的可操作性和适用性

续表

维度	类别	具体分析
政策工具	供给型：①资本；②劳动力；③技术；④创新 环境型：①政策性策略；②海关监管；③检验检疫；④进出口税收；⑤支付结算；⑥物流运输；⑦金融服务；⑧交易监管；⑨法律法规 需求型：①国际合作；②海外市场；③政府采购	各类型政策工具实施重点与缺陷，完善政策工具体系

(1) 参与主体。参与主体描述政策的作用对象，基于跨境电商政策将参与主体划分为四类：一是监管主体，涉及跨境通关、物流、支付、税收、检验检疫等业务全流程的政府职能部门；二是交易主体，即参与跨境电商进出口业务的经营者和境内外消费者；三是平台主体，为跨境电商交易双方提供虚拟交易场所以及交易规则、信息发布、交易撮合等方面服务；四是服务主体，接受跨境进出口企业委托，为之办理申报、支付、物流、仓储等的跨境电商供应链服务商。其中政策条文在不同参与主体上的数量分布如表 3-2 所示。

表 3-2　政府条文在不同参与主体上的数量分布

参与主体	条文数量/项	占比（%）
平台主体	48	10.9
监管主体	192	43.5
服务主体	68	15.4
交易主体	133	30.2

资料来源：根据各政府部门、政府机构官网整理所得。

(2) 政策效力。效力描述政策的法律效力和力度。根据彭纪生（2008）在分析创新政策协同演变效应时所采用的方法，通过发文机构和文种类型来反映政策效力，可将效力从高到低分为五个等级：第一级是全国人民代表大会常务委员会颁布的法律；第二级是国务院发布的条例、指令以及各部委发布的部令等；第三级是国务院发布的暂行条例、规定、决定、办法、意见、方案，各部委发布的条例、规定、决定等；第四级是各部委发布的办法、意见、方案、指南、暂行规定等；第五级是通知、公告、规划、信函等（见表 3-3）。

表 3-3　不同机构发文情况汇总

发文机构	政策数量	单独发文	联合发文
全国人民代表大会常务委员会	1	1	0
国务院	16	16	0
国务院办公厅	9	9	0
国家发展和改革委员会	12	2	9
商务部	17	7	10
工业和信息化部	5	2	3
财政部	12	0	12

续表

发文机构	政策数量	单独发文	联合发文
海关总署	33	21	12
原国家质量监督检验检疫总局	9	5	4
国家外汇管理局	6	4	2
国家税务总局	14	1	13
原国家工商行政管理总局	2	0	2

资料来源：根据各政府部门、政府机构官网整理所得。

（3）政策工具。跨境电商政策可视为决策者或从业者为实现宏观目标或个体发展目标所采取的方法和手段。政策工具可以分为三类：一是供给型政策工具。指政府通过增加资本、劳动力、技术、创新等生产要素的供给，直接推动跨境电商发展。二是环境型政策工具。指政府通过政策性策略、海关监管、检验检疫、进出口税收、支付结算、物流运输、金融服务、交易监管、法律法规等政策措施，为跨境电商营造良好的发展环境。三是需求型政策工具。指政府通过第三方电子商务外包服务商改善跨境电商发展条件，鼓励刺激跨境电商消费群体，拓展扩大跨境电商发展空间和市场，具体包括国际合作、海外市场、政府采购等。政策条文在政策工具类型上的分布见表 3-4。

表 3-4　政策条文在政策工具类型上的分布

政策工具类型		条文数量/项
供给型	资本	2
	劳动力	4
	技术	3
	创新	4
环境型	政策性策略	46
	海关监管	111
	检验检疫	41
	进出口税收	60
	支付结算	33
	物流运输	20
	金融服务	10
	交易监管	21
	法律法规	8
需求型	国际合作	15
	海外市场	12
	政府采购	0

资料来源：根据各政府部门、政府机构官网整理所得。

延伸阅读

习近平总书记指出，加快建设强大国内市场，推动货物贸易优化升级，创新服务贸易发展机制，扩大优质产品进口，创建“丝路电商”合作先行区，建设国家服务贸易创新发展示范区，推动贸易创新发展，推进高质量共建“一带一路”。

这些举措在跨境电子商务领域具有重要意义。强大的国内市场为跨境电商企业提供了更广阔的销售渠道，货物贸易的优化升级和创新服务贸易发展机制是提升跨境电商的物流效率和服务水平的必要条件。对消费者来说，扩大优质产品进口丰富了消费者的购买选择。创建“丝路电商”合作先行区和建设国家服务贸易创新发展示范区为跨境电商企业提供了更好的政策环境和发展机遇。推动贸易创新发展以及推进高质量共建“一带一路”是促进跨境电商健康发展和拓展国际市场的重要保障。这些举措将为跨境电子商务企业提供更广阔的发展空间和政策支持，推动其健康、稳定、高质量发展。

第二节　全球主要电子商务协定

全球范围内的电子商务协定在过去几年中越来越受到关注，并成为国际贸易和经济发展的重要议题。在这些协定中，RCEP（《区域全面经济伙伴关系协定》）、CPTPP（《全面与进步跨太平洋伙伴关系协定》）、《东盟电子商务协定》、DEPA（《数字经济伙伴关系协定》）以及 USMCA（《美墨加三国协议》）都起到了重要的作用。

一、RCEP

2020 年 11 月 15 日，《区域全面经济伙伴关系协定》(Regional Comprehensive Economic Partnership，RCEP) 签署仪式以视频方式进行，15 个亚太国家正式签署该协定。RCEP 的签署标志着当前世界上人口最多、经贸规模最大、最具发展潜力的自由贸易区正式启航，全球约 1/3 的经济体量形成一体化大市场。RCEP 的签署意味着电子商务尤其是跨境电商将会迎来更多的发展机会与空间，我们需要对 RCEP 中的电子商务条款，即涉及电子商务的规则进行了解，以掌握 RCEP 下电子商务的运转过程。

RCEP 共包括 20 章，涵盖货物、服务、投资等全面的市场准入承诺，是一份全面、现代、高质量、互惠的自贸协定。在电子商务方面，RCEP 将制定跨境传输数据的规则，并限制成员国政府对数字贸易施加各种限制，包括数据本地化（存储）要求等内容，下面对该协定中电子商务的内容进行介绍。

（一）主要内容

电子商务位于 RCEP 的第 12 章，本章内容旨在促进缔约方之间电子商务的使用与合作，列明鼓励缔约方通过电子方式改善贸易管理与程序的条款；要求缔约方为电子商务创造有利环境，保护电子商务用户的个人信息，为在线消费者提供保护，并针对非应邀商业电子信息加强监管和合作；对计算设施位置、通过电子方式跨境传输信息提出相关措施方向，并设立了监管政策空间。缔约方还同意根据 WTO 部长级会议的决定，维持当前不对电子商务征收关税的做法。RCEP 电子商务整体框架见图 3－1。

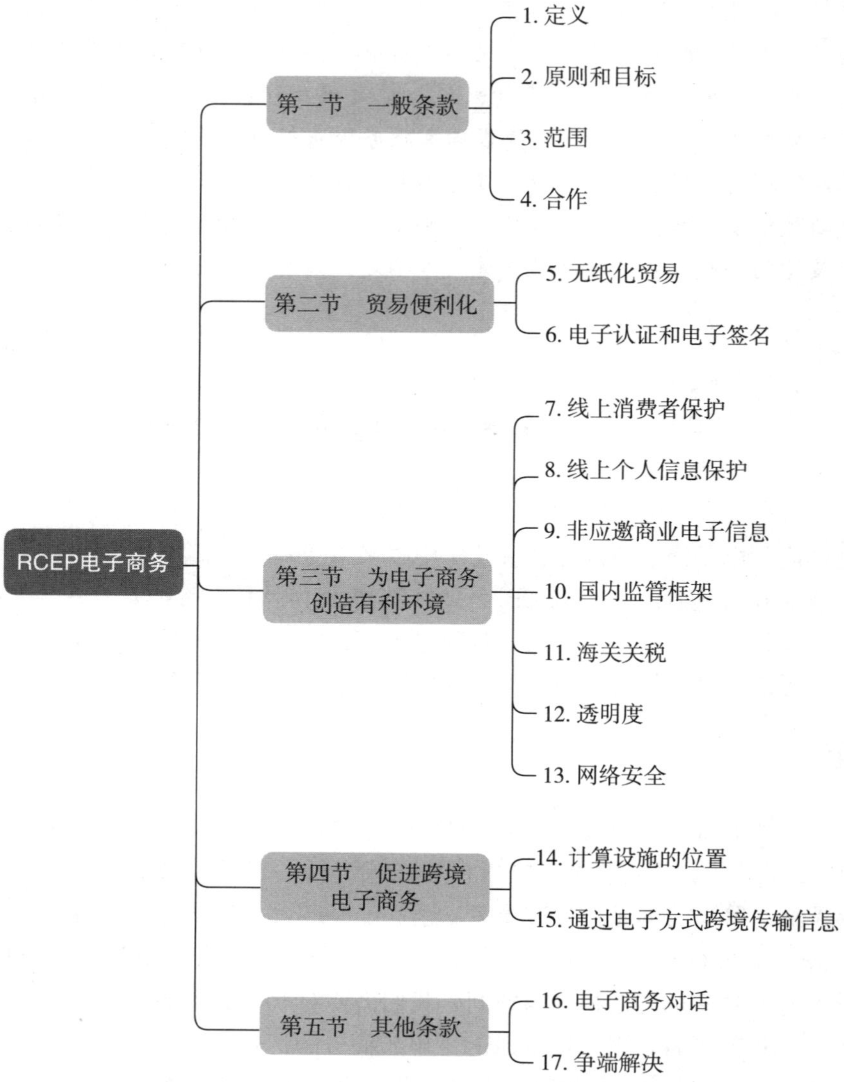

图 3－1　RCEP 电子商务整体框架

（二）RCEP 相关合作

RCEP 确定了各缔约方之间在电子商务方面的相关合作形式。包括确定缔约方之间特定的合作领域，帮助缔约方实施或加强其电子商务法律框架；鼓励商业部门开发增强问责和加强消费者信心的方法和实践，以促进电子商务的使用；积极参与地区和多边论坛，促进电子商务的发展等。

（三）RCEP 主要举措

1. 提高贸易便利化水平

（1）无纸化贸易。每一缔约方应当努力接受以电子形式提交的贸易管理文件与纸质版贸易管理文件具有同等法律效力，可公开获得，并增强其接受度。

（2）电子认证和电子签名。允许各方确定适当的电子认证技术和实施模式。给予电子交易的参与方证明其交易合规的机会，鼓励使用可交互操作的电子认证，除非其法律和法规另有规定，否则，不得否认电子签名的法律效力。

2. 创造有利的电子商务环境

（1）网络安全。缔约方应认识到网络安全相关主管部门的能力建设及交流合作的重要性。

（2）透明度。每一缔约方应当通过各种方式尽快公布所有相关措施，并尽快答复另一缔约方关于特定信息的相关请求。

（3）海关关税。维持其目前不对缔约方之间的电子传输征收关税的现行做法，但不得阻止缔约方对符合本协定的电子传输征收税费、费用或其他支出。

（4）国内监管框架。在考虑电子商务的国际公约和示范法基础上，采取或维持监管电子交易的法律框架，避免施加不必要的监管负担。

（5）线上消费者保护。缔约方应认识到采取和维持透明及有效的电子商务消费者保护措施的重要性，采取或维持法律法规保护消费者免受欺诈和误导。加强各主管部门的合作。发布消费者如何寻求救济和企业如何遵守任何法律要求的相关信息。

（6）线上个人信息保护。每一缔约方应当考虑相关国际标准、原则，采取或维持保护电子商务用户信息的法律框架，向其电子商务用户公布个人信息保护的相关信息。鼓励法人通过互联网公布其与个人信息保护相关的政策和程序，保护从任一缔约方转移来的个人信息。

（7）非应邀商业电子信息。每一缔约方应将非应邀商业电子信息减少到最低程度，对未遵守者提供相关追索权，加强关切问题的监管与合作。

3. 促进跨境电商的发展与合作

（1）计算设施的位置。尊重各缔约方计算设施的通信安全和保密要求，不设不合理的商业行为交换条件，且不得阻止一缔约方采取或维持合法、非歧视和保护其基本安全利益所必要的任何措施。

（2）通过电子方式跨境传输信息。尊重每一缔约方对于通过电子方式传输信息的监管惯例，一缔约方不得阻止涵盖的人为进行商业行为而通过电子方式跨境传输信息，且保留各缔约方采取或维持措施的权力。

（3）合作。每一缔约方应当在适当时就帮助中小企业克服使用电子商务障碍、电子商务法律框架以及分享信息、经验和最佳实践等多方面开展合作，积极参加地区和多边论坛，以促进电子商务的发展。

4. 构建电子商务对话与争端解决机制

（1）电子商务对话。缔约方应认识到对话，包括在适当时与利益相关方对话，对于促进电子商务发展和使用的价值，考虑合作机遇与相关问题，并提出相应的建议。

（2）争端解决。发生分歧时缔约方应当首先善意地进行磋商，尽最大努力达成共同满意的解决方案，未能解决分歧时可提交至 RCEP 联合委员会，不得就电子商务下产生的任何事项诉诸非电子商务法律层面的争端解决。

二、东盟电子商务协定

2018 年 11 月 12 日，东南亚国家联盟各国在新加坡签署《东盟电子商务协定》（ASEAN Agreement on Electronic Commerce），旨在促进区域内跨境电商贸易便利化，保护消费者个人信息。东南亚国家联盟（ASEAN）成为世界上第一个签署电子商务协定的地区，并于 2020 年底完成程序，该协定正式生效。

该电子商务协定有三个主要目标：一是促进跨境电子商务贸易便利化；二是为电子商务应用创造互信环境；三是进一步发展和加强电子商务应用以推动区域经济增长，深化东盟各国合作。

（一）签署背景

东盟已成为全球互联网市场中发展最快的地区之一，吸引了阿里巴巴、亚马逊等世界电商巨头公司在此落户。据统计，截至 2018 年，东盟拥有 3.3 亿互联网用户。根据谷歌、淡马锡和贝恩公司联合发布的《2024 年东南亚数字经济报告》，2025 年东盟整体互联网经济规模预计将达到 3 300 亿美元，其中电子商务市场规模预计超过 880 亿美元。尽管东盟电子商务市场潜力巨大，但与中国、美国相比，还存在差距，如跨境物流和互联网规则等方面的非关税壁垒问题，对于中小微企业而言，在东盟开拓电子商务市场仍面临不小的挑战。

（二）协定内容

按照新加坡贸工部公布的协定文本，东盟各国将为电子商务发展创造有利环境，包括推动电子商务贸易规则制定，以及在区域内建立更加广泛的数字联通等。

该协定的主要内容如下。

1. 目标

（1）促进东盟区域的跨境电子商务交易。

（2）推动在东盟区域内构建电子商务应用的互信和可靠的环境。

（3）深化成员国合作，进一步发展和加强电子商务，推动东盟地区包容性增长和缩小发展差距。

2. 原则

（1）每个成员国应致力于营造有利的法律和监管环境，提供便利和充分竞争的商业环境，并保护公众利益。

（2）各成员国支持电子商务的法律和监管框架应考虑国际通行的模范法、公约、原则或准则。

（3）各成员国应鼓励使用可供选择的争端解决方式，以促进电子商务交易索赔的解决。

（4）成员国应认识到技术中立原则的重要性，并认识到有必要在政策和监管方法上协调一致。

3. 合作领域

合作领域涵盖电子商务的方方面面，包括：信息和通信技术（ICT）基础设施；教育和技术能力；网上消费者保护；电子商务法律和监管框架；电子交易安全（含个人网上信息保护）；电子支付和结算；贸易便利化；知识产权；竞争；网络安全；物流。

同时，各成员国应当酌情开展以下合作倡议：

（1）分享信息和经验，识别最佳实践。

（2）向成员国提供援助项目，以加强其促进电子商务发展的国内监管框架，并促进电子商务的更广泛应用。

（3）在各国主管部门之间建立合作机制，以便迅速调查和解决与电子商务交易有关的欺诈事件等。

三、DEPA

《数字经济伙伴关系协定》（Digital Economy Partnership Agreement，DEPA）由新加坡、智利、新西兰三国于 2020 年 6 月 12 日线上签署，是旨在加强三国间数字贸易合作并建立相关规范的数字贸易协定。

（一）内容

《数字经济伙伴关系协定》以电子商务便利化、数据转移自由化、个人信息安全化为主要内容，并就加强人工智能、金融科技等领域的合作作出了规定。DEPA 包括 16 个模块，分别为：初步规定和一般定义、商业和贸易便利化、数字产品及相关问题的处理、数据问题、广泛的信任环境、商业和消费者信任、数字身份、新兴趋势和技术、创新与数字经济、中小企业合作、数字包容、联合委员会和联络点、透明度、争端解决、例外和最后条款。

其中，模块 2——商业和贸易便利化（Business and Trade Facilitation）涉及无纸化贸易、电子发票、电子支付等几个方面的内容。根据 DEPA 的要求，为确保建立透明和公平的竞争环境，各国需要参照国际公认的电子支付标准及时公布电子支付的法规；DEPA 提倡促进金融科技领域公司之间的合作，促进商业领域里金融科技解决方案的开发，鼓励缔约方在金融科技领域进行创业人才的合作。

在模块 4——数据问题（Data Issues）中包含个人信息保护以及通过电子手段进行的跨境数据流动、计算设施的位置等内容。DEPA 要求缔约方允许通过电子手段进行信息的跨国转让，对于信息转让的限制不应当超过其为了实现合法的公共政策目标所需的限度。为缔约方企业创造良好营商环境，助力企业在任何国家、地区都可以自由提供产品或服务。

模块 8——新兴趋势和技术（Emerging Trends and Technologies）中涉及金融技术合作、人工智能（AI）、政府采购、竞争政策合作等内容。DEPA 采用道德规范的“AI 治理框架”，要求人工智能应该透明、公正和可解释，应具有以人为本的价值观；确保缔约方在“AI 治理框架”下保持一致，并促进各国在司法管辖区合理采用和使用 AI 技术。

（二）对中国的启示

DEPA 是当前最为全面和完整的区域数字经济协定之一，它主要包含便利性条款而非约束性规则，旨在提供一个关于数字经济的政府间的合作框架。DEPA 为数字经济尤其是贸易领域制定了前瞻性标准，建立了新的国际规则路径，以在最大程度上支持数字时代的数字经济和贸易。DEPA 将为中国今后参与双边、区域和多边数字经济规则谈判提供一定启示。

（1）DEPA 的特点之一是涵盖了一系列与企业相关的模块，这些企业从事数字服务贸易，通过电子商务跨境运输货物，或以其他方式参与数字和技术领域。各国政府可以选择直接与 DEPA 对接，以扩大协定的范围，也可以选择在不同环境中使用模块的全部或部分，比如将 DEPA 条款直接纳入其他贸易协定，或调整国内政策以与 DEPA 一致。这种灵活性为中国参与区域和全球数字规则谈判提供了更多机会。DEPA 的推广、扩展和实施至关重要，因为它可能成为全球数字规则制定的关键转折点。中国未来在双边或区域数字贸易（电子商务）谈判中可以致力于缩小国家间数字鸿沟，并提升数字贸易（电子商务）协议的灵活性，从而在此领域取得更多成就。

（2）DEPA 包含一系列新兴的数字经济议题，几乎涉及数字经济领域的所有方面，这些条款将极大地促进数字时代的贸易。DEPA 通过建立个人信息保护、在线消费者权益保护、人工智能伦理以及保护企业跨境数据流动权利等监管框架，成功平衡了消费者保护和企业竞争力的需求。作为当前 WTO 电子商务谈判的重要补充，DEPA 立足于 APEC 和 OECD 等国际框架，致力于为 WTO 成员提供新的思路和方法，同时也为正在进行自由贸易协定谈判的参与方提供了参考。未来，DEPA 有望成为政府间规范数字贸易的标准框架。各国可根据自身情况决定执行数字贸易相关要求的范围，以助推达成类似规则的共识。中国也可在双边或区域数字贸易（电子商务）谈判中，借鉴 DEPA，加强规则的包容性，促进中小企业合作与发展，提高数字包容性和透明度，以适应数字时代全球经济发展的需求。

（3）DEPA 的许多条款尚处于试探性阶段，随着框架的进一步发展，这些条款还包括对未来工作和磋商的承诺。尽管有外界批评 DEPA 在许多方面存在缺陷和缺乏附加价值，比如 DEPA 在网络安全、竞争法、政府数据公开以及中小企业对话等领域只提供了软性承诺，未给各缔约方带来足够的约束性义务，使得政府在实施这些规则方面具有较大的灵活性，从而限制了监管应对挑战的能力。然而，作为全球区域性数字经济贸易协定，DEPA 的各个模块（特别是从 CPTPP 中提取的规则）对于参与数字贸易的企业仍然具有巨大的利益，有望成为未来自由贸易协定中数字贸易监管规则或国内政策与立法的开创者。DEPA 可以帮助企业了解如何应对日益增长的数字贸易的重要性。总的来说，DEPA 带来的一致性有助于推动数字经济蓬勃发展，同时避免了单边规则对数字世界前景的破坏以及对企业效益的损害。未来，中国需要在多边、区域和双边数字贸易（电子商务）谈判中继续推动广泛合作，推动数字经贸领域政策的一致性，确保各方都能从数字经济中受益。

四、USMCA

《美墨加三国协议》（The United States-Mexico-Canada Agreement，USMCA）是美国、墨西哥和加拿大达成的三方贸易协议。该协议取代了《北美自由贸易协定》（NAFTA），旨在促进北美地区的贸易与投资活动，并在许多领域做了新的规定和更新。

USMCA 的三大核心内容为公平贸易、保护数字贸易和知识产权，以及对不公平贸易行为的限制。其中，数字贸易作为独立章节首次出现在该协议中，彰显了其对全球数字经济发展趋势的顺应。USMCA 新增第 19 章的内容，旨在维护数字供应商的竞争力，减少数字贸易的限制，禁止对以电子方式分发的数字产品实施关税和其他歧视性措施，确保跨境数据传输，并减少数据存储和处理的限制，保护消费者的隐私权，限制政府要求披露源代码和算法的能力，以及加强网络安全合作，促进对政府生成的公共数据的开放访问等。值得注意的是，第 19.12 条禁止要求数据本地化和第 19.16 条禁止强制转移源代码，被认为是该协定中最重要的两项内容。

1. 重点条款解析

第 19.12 条的重要性在于其规定了缔约方不得要求企业在其领土内使用或定位计算设施作为在该地区开展业务的条件。这一条款旨在禁止要求数据本地化，即禁止要求企业在特定国家建立或租赁昂贵的数据基础设施才能在该国家开展业务。数据本地化不仅增加了企业的成本，还限制了对外国服务的获取，成为信息时代保护主义的工具。有数据分析显示，如果各国取消对跨境数据流的限制，所有国家的服务进口将平均增加 5%。

第 19.16 条则禁止缔约方要求转让或访问另一缔约方所专有的软件源代码或该源代码所表达的算法并将此作为在其境内进口、分发、销售或使用该软件或含有该软件的产品的条件。除非是司法机关或监管机构要求进行特定调查、检查、审查执法行动或司法程序的披露，在合法所有者声明涉及商业秘密时，此类披露不得对软件源代码的所有者产生负面影响。这一条款的目的在于保护知识产权，防止将软件源代码用于保护主义措施，同时鼓励数据创新。一些国家要求外国企业开发的人工智能系统算法透明授权，以帮助国内企业发展。然而，第 19.16 条明确规定，此类要求不得成为保护主义措施，这项规定对数据创新有一定的推动作用。

2. 与 TPP 电子商务条款的比较

USMCA 的数字贸易章节（第 19 章）部分条款继承自 TPP（《跨太平洋伙伴关系协定》）电子商务章节（第 14 章），以下是继承自 TPP 的主要内容：

（1）关税和歧视性措施禁止。USMCA 与 TPP 一样，禁止缔约方对以电子方式传输的数字产品征收关税或采取其他歧视性措施。然而，对数字产品征收内部税、费或其他费用是允许的，前提是这些税、费或其他费用必须按照协议规定的方式征收。

（2）反垃圾邮件法。要求各缔约国制定反垃圾邮件法，以应对日益严重的网络垃圾邮件问题。

（3）个人数据保护法。要求各缔约国制定个人数据保护法，但并未设定强制性的最低保护标准。各国可以根据自身情况决定法律的内容和执法手段，但不排除可以采用更严格的隐私保护措施。

（4）源代码及算法保护。禁止国家要求企业披露软件源代码及算法，以保护知识产权和商业机密。

（5）禁止要求数据本地化。禁止国家要求数据本地化，即不得要求企业将数据存储或处理在特定国家境内。

这些继承自 TPP 的条款的目的在于促进数字贸易的自由流动，保护知识产权和个人隐私，以及防止数据保护措施成为贸易壁垒。

此外，USMCA 在这些条款的基础上也进行了一些调整和修订，以适应美国及其他成员国的特定需求和情况。USMCA 与 TPP 在数字贸易章节的一些不同之处包括：

（1）USMCA 采用了“数字贸易”（digital trade）一词，取代了 TPP 中的“电子商务”（electronic commerce）。美国认为，“电子商务”一词更多地限定在通过互联网进行的货物贸易，而“数字贸易”则更广泛，包括通过电子手段进行的各种商贸活动，涵盖范围更广。

（2）USMCA 新增了一条关于交互式计算机服务的规范，这是一项互联网豁免条款，可以保护网络平台避免因用户行为而承担民事责任。

（3）USMCA 新增了一项关于开放政府数据的规定，强调促进公众获取和使用政府信息的重要性。根据该规定，如果缔约方选择向公众提供政府信息或数据，应该确保这些信息是机器可读的格式，并且可以被搜索、检索、使用、重复使用和重新分配。

五、CPTPP

《全面与进步跨太平洋伙伴关系协定》（Comprehensive and Progressive Agreement for Trans-Pacific Partnership，CPTPP）是当前标准最高的自由贸易协定之一，旨在促进成员国之间的经贸合作和区域经济一体化。截至 2025 年 1 月，CPTPP 由 12 个成员国组成，占世界国内生产总值（GDP）的 15%以上，显示出巨大的市场规模和贸易潜力。中国与 CPTPP 成员国贸易往来密切，已与其中 9 个成员国建立了双边或多边贸易合作机制，达成战略合作关系。在电子商务和数字贸易领域，CPTPP 制定了一系列规则，旨在增强消费者信心，减少不必要的贸易壁垒，促进全球电子商务和数字贸易发展。

（一）CPTPP 电子商务和数字贸易规则概述

CPTPP 的第 14 章专门针对电子商务和数字贸易制定了高水平的国际规则，共包含 18 个条款，并与第 9 章（投资）、第 10 章（跨境服务贸易）和第 11 章（金融服务）的相关规定相互关联。这些规则的主要特点包括：在目标定位上，CPTPP 电子商务规则旨在增强消费者信心，降低数字贸易壁垒，促进电子商务和数字贸易的发展，最终实现经济增长。在适用范围上，涵盖通过网络销售的商品和提供的服务，以及数字产品和服务贸易。

在主要内容上，为增强消费者信心，CPTPP规定了国内电子交易框架、电子签名与电子认证、线上消费者保护、个人信息保护等内容；为避免不必要的贸易壁垒，CPTPP涵盖了海关关税、数字产品和服务的非歧视待遇、无纸贸易、跨境数据流动、计算设施位置等规则。在价值取向上，CPTPP坚持市场开放与合理监管并重，一方面鼓励跨境数据流动；另一方面允许缔约方为公共政策目标制定合理监管措施。

（二）CPTPP电子商务和数字贸易的重要条款

CPTPP电子商务规则适用于缔约方影响电子贸易的措施，涵盖网络销售的商品、电子方式交付的服务及数字产品贸易。虽然CPTPP未明确界定“电子商务”和“电子方式贸易”，但其数字产品和服务包括通过数字编码生产并能电子传输的计算机程序、文本、视频、图片、录音等内容。第14.3条规定，CPTPP成员国不得对以电子方式传输的内容征收关税，但可以按照CPTPP的规定征收其他国内税费。这一规定有助于防止成员国利用关税手段歧视外国电子商务和数字产品，促进国际数字贸易的发展。第14.4条要求缔约方对其他成员国的数字产品和服务提供非歧视待遇，但不适用于缔约方提供的补贴或赠款，也不适用于广播。这意味着如果一个国家决定开放特定的数字市场，必须对国内和国外企业一视同仁。第14.5条要求成员国建立符合《1996年电子商务示范法》或2005年订立的《联合国关于在国际合同中使用电子通信的公约》原则的法律框架，以促进电子交易的稳定发展。这一规定为成员国电子商务的法律体系建设提供了国际参考标准。第14.6条明确，缔约方不得否认电子签名的法律效力，除非法律另有规定；不得禁止电子交易双方选择适当的电子认证方式，从而提高电子商务交易的灵活性和安全性。第14.7条要求缔约方制定法律，以防止线上诈骗、商业欺诈行为，保护在线消费者。第14.8条规定，缔约方必须采取措施保护电子商务用户的个人信息，法律框架可包括统一的个人信息保护法、适用于特定行业的隐私保护法规，以及监管企业自愿隐私承诺的法律机制。第14.14条虽然原则上不禁止广告类的非应邀商业电子信息，但成员国必须采取措施，允许用户屏蔽或拒收此类信息；仅在用户同意的情况下发送商业电子信息；通过其他手段最小化不必要的广告信息。

CPTPP的电子商务规则是当前最高标准的电子商务和数字贸易规则之一，其核心目标在于促进全球电子商务发展，降低贸易壁垒，增强消费者信心。CPTPP的电子商务和数字贸易规则在促进跨境数据流动、保护消费者权益、减少贸易壁垒等方面具有重要意义。其成员国承诺不对电子传输征收关税，并确保数字产品和服务享有非歧视待遇，进一步推动了电子商务全球化进程。此外，CPTPP鼓励成员国建立统一的电子交易框架和数据保护机制，为全球电子商务治理提供了示范。我国虽然尚未加入CPTPP，但与CPTPP成员国保持密切贸易往来，并在电子商务领域开展深度合作。若未来我国加入CPTPP，将面临数据流动、市场开放、监管规则对接等挑战，同时也可借鉴CPTPP规则，优化国内数字经济政策，提升国际竞争力。在全球数字经济加速发展的背景下，CPTPP的电子商务规则不仅影响其成员国，还对全球贸易规则和数字经济发展方向产生深远影响。

六、 各协定之间的关系与比较

在美国退出 TPP 后，其他成员国共同推动了 CPTPP 的制定，其中包括电子商务章节。与此同时，美国与加拿大以及墨西哥签署了 USMCA，并将原先的 TPP 中的电子商务章节升级为数字贸易章节。USMCA、CPTPP、《美日数字贸易协定》以及 DEPA 等一系列新型区域贸易协定的达成，无不体现了各国政府共同努力推动数字贸易发展，以迎接全球数字经济带来的挑战。

（一）USMCA、CPTPP 以及 DEPA 之比较

尽管 CPTPP 的电子商务章节与 USMCA 的数字贸易章节在某些方面存在相似之处，但它们也各自体现了不同缔约方在数字贸易领域的诉求差异。总体而言，USMCA 的数字贸易章节在 CPTPP 电子商务章节的基础上进行了完善，具备更高的预测性和标准。

新加坡、新西兰和智利作为 CPTPP 的成员国，对于 DEPA 的制定有重要影响，DEPA 充分借鉴了 CPTPP 的内容，并在此基础上进行了细化和分类，几乎涵盖了 CPTPP 的所有条款（排除了源代码转让和互联网互联费用分担）。DEPA 中的“数字产品和相关问题的处理”模块以及“数据问题”模块涵盖了 CPTPP 电子商务章节下的主要承诺，例如数字产品的非歧视待遇、允许数据自由跨境流动、禁止要求本地托管数据等。

与 CPTPP 相同，DEPA 也永久暂停了 WTO 的电子传输关税，并在此基础上增强了消费者保护和数据隐私方面的条款，提高了数字经济相关法律法规的透明度。DEPA 还考虑了许多新兴技术，如人工智能、金融科技等，将焦点从数字贸易扩大到数字经济的多个方面。此外，DEPA 还新增了一系列例外规定，包括《威坦哲条约》（Treaty of Waitangi）例外、审慎例外、货币和汇率政策例外、税收例外、保障国际收支例外等，进一步加强成员国在数字经济领域的广泛合作。

相较于 USMCA，DEPA 在两个关键方面存在差异。首先，DEPA 未涵盖 USMCA 中关于源代码转让和交互式计算机服务的承诺。其次，DEPA 创设了一个更为广泛的数字经济监管框架，而不局限于数字贸易领域的约束性规定。与美、墨、加之间仅涉及数字贸易的规则相比，DEPA 的范围更广。

根据《全球数字经济竞争力发展报告》的数据，美国的数字经济主要由大型信息和通信技术（ICT）企业主导，其拥有完整的数字经济产业链。因此，美国主导的 USMCA 旨在巩固这些大型科技公司在市场上的地位。然而，根据有关机构发布的数字进化指数（Digital Evolution Index，DEI）相关信息，DEPA 成员国如新加坡和新西兰采用了以政府为主导的数字经济模式，在电子政务、智慧交通、智慧医疗等数字经济基础设施建设领域处于全球领先地位，但是这些国家缺乏具有全球影响力的大型 ICT 企业。因此，在 DEPA 中，特别关注了本地的数字初创企业和中小企业，这可能是 DEPA 与美国主导的 USMCA 等协定在数字经济领域存在差异的主要原因之一。

（二）《美日数字贸易协定》与 DEPA 之比较

在 DEPA 谈判进行的同时，2019 年美国和日本就一项专门针对数字贸易领域的高标准、全面的条款达成了独立协定，这一协定在 USMCA 数字贸易章节的基础上达成，旨在填补 TPP 与 USMCA 之间的空白。《美日数字贸易协定》的主要内容涵盖多个方面，包括消除对数字产品的歧视性待遇、防止对电子传输征收关税、验证电子签名的使用、为在线消费者和个人信息提供保护等条款。该协定明确禁止对通过电子方式传输的数字产品（如视频、音乐、电子书、软件和游戏）征收关税，并确保这些数字产品在各个领域都能够获得非歧视待遇。另外，该协定还确保跨境数据在各个领域的无障碍传输，并禁止数据本地化要求，特别是针对金融服务供应商。该协定还禁止对计算机源代码和算法的任意访问，并确保公司在其产品中灵活地使用创新的加密技术。

《美日数字贸易协定》在 USMCA 的基础上进行了精细的完善，加强了知识产权保护，增加了多项例外规定，并对数字贸易税收、金融服务提供商的金融服务计算设施位置、使用密码技术的信息和通信技术产品等进行了规定。总体而言，《美日数字贸易协定》符合 USMCA 制定的数字贸易规则的一般标准，并将进一步扩大美国在数字贸易领域的领先优势。

DEPA 与《美日数字贸易协定》存在一定程度的重叠，表明美式数字贸易模板在亚太地区进一步延伸。例如，两者都设有类似 WTO 协定的一般例外和安全例外条款，但是 DEPA 没有对电子认证和电子签名、交互式计算机服务、源代码转让等做出进一步承诺，并且没有涉及数字贸易的税收问题和金融服务计算设施的安排。

相较于《美日数字贸易协定》，DEPA 的最大优势在于其开放性。DEPA 被设计成一种模块化的多边贸易协定，以便未来的参与者可以根据成员特定情况选择最适合的协议元素。DEPA 致力于帮助那些希望在数字技术领域制定高质量、高标准规则的政府解决其面临的挑战。DEPA 代表了为数字经济创建和谐框架的良好开端，它包含了允许成员在明确需要时根据当地情况调整规则的灵活性，并为其他成员更广泛地采用 DEPA 模块提供了条件。

第三节 我国跨境电子商务综合试验区

跨境电子商务综合试验区是由中华人民共和国国务院批准设立的跨境电子商务综合性质的先行先试的城市区域，在这些城市区域采用特定的管理模式和政策优惠，旨在实现跨境电商贸易的便利化。这些综合试验区以城市名命名，称为“中国（城市名）跨境电子商务综合试验区”。

中国跨境电商行业经过多年的发展积累，正迎来快速发展的黄金期。全国跨境电子商务综合试验区已达到 165 个。2023 年中国跨境电商进出口额为 2.38 万亿元，同比增长

15.6%。跨境电商已成为外贸发展的新动能、转型升级的新渠道和高质量发展的新抓手。跨境电子商务综合试验区旨在适应新型商业模式发展的需求，通过制度创新、管理创新、服务创新和协同发展，解决跨境电商发展中的深层次矛盾和体制性难题，实现跨境电商的自由化、便利化和规范化发展。

一、跨境电子商务综合试验区现状与研究背景

跨境电子商务综合试验区的发展现状备受关注。党的十九大报告提出了“拓展对外贸易，培育贸易新业态新模式，推进贸易强国建设”的重要战略。截至 2022 年底，我国跨境电子商务综合试验区已达 165 个，覆盖全国 31 个省区市。综合试验区的布局范围逐步扩大，从东部大中型城市扩展至中西部和东北地区的省会城市，甚至延伸到二三线城市。通过几年的试点探索，跨境电商零售进口政策体系不断完善，在丰富国内市场供给、促进相关行业发展、更好满足人民对美好生活的需要等方面取得积极成效。

首个跨境电子商务综合试验区于 2015 年 3 月 7 日在中国杭州设立。国务院发布了《国务院关于同意设立中国（杭州）跨境电子商务综合试验区的批复》，标志着第一批综合试验区正式设立。根据文件精神，综合试验区致力于在跨境电商平台交易、跨境支付、跨境物流等关键环节开发新技术标准、优化业务流程、创新监管模式，以解决跨境电商发展中的深层次矛盾和体制性难题。2019 年 6 月，李克强总理在浙江杭州考察时指出：“跨境电商是国际贸易发展一大趋势，能带动更多企业直接参与国际贸易，也有利于大中小企业融通发展，促进国内制造业升级和品牌成长。”① 第二批跨境电子商务综合试验区于 2016 年 1 月 6 日在 12 个城市设立，包括天津、上海、重庆、合肥、郑州、广州、成都、大连、宁波、青岛、深圳和苏州。国务院发布了《国务院关于同意在天津等 12 个城市设立跨境电子商务综合试验区的批复》，标志着第二批综合试验区正式成立。根据文件精神，这些综合试验区将借鉴杭州的经验，专注于跨境电商 B2B 方式相关环节的技术标准、业务流程、监管模式等方面的先行先试，以更加便捷高效的新模式释放市场活力，支持外贸产业的优化升级。

自 2015 年首批跨境电子商务综合试验区设立以来，这些“试验田”已经结出累累硕果。2019 年，我国跨境电商零售进出口额达 1 862.1 亿元，是 2015 年的 5 倍，年均增速为 49.5%。2020 年，受新冠疫情的影响，实体经济遭受严重冲击，但中国出口电商凭借高度灵活性，逆势实现了超过 20%的高速增长（相比 2019 年）。跨境电子商务综合试验区在外贸发展中的作用日益凸显。同时，这些综合试验区也成为我国外贸企业转型升级的主要平台，对于外贸企业的转型升级具有重要意义。跨境电子商务综合试验区已经成为创新创业的新高地。各综合试验区设立了“创客小镇”“众创空间”等各类孵化基地和平台。2022 年，跨境电商综合试验区相关企业约 20 万家。商务部数据显示，2024 年我国已建设海外仓超 2 500 个。作为新兴贸易业态，跨境电商在新冠疫情期间蓬勃发展，成为稳定外贸的重要力量。

---

① 李克强：完善政策、创新监管 支持跨境电商发展．(2019-06-14)．新浪网．

二、跨境电子商务综合试验区发展模式与体系

（一）跨境电子商务综合试验区发展模式

跨境电商虽然在整个外贸中的比重相对较小，但其增速快、潜力巨大。开展试点工作旨在让跨境电商对外贸的贡献由量变到质变，从潜在变为现实。跨境电子商务综合试验区是政府打造的“互联网＋外贸”的大通道模式，兼顾东中西部的合理布局，以便让企业更加自由、便利地开展对外贸易。例如，之前北方沿海区域没有试点城市，导致许多日本、韩国商品都是空运到郑州再进行清关，而在青岛、大连等地设立跨境电子商务综合实验区，会使企业从事日本、韩国跨境电商业务更便利。

新设立的跨境电子商务综合试验区不仅是对之前试点城市的升级扩容，还新增了几个外贸重点城市。杭州作为综合试验区的先行先试点，在构建线上线下深度融合的跨境电商生态圈方面，形成了可供参考借鉴的先进经验。在线上环节，杭州重点建立了覆盖B2C和B2B业务的“单一窗口”；在线下环节，采取了“一区多园”的布局方式。

青岛作为拥有国际性海港和区域性枢纽空港的重要国际贸易口岸，其跨境电子商务综合试验区建设将围绕建立“国际贸易信息流引领发展、监管服务窗口一体化、区域合作协同发展”的三大机制逐步展开。青岛的重点是在B2B模式上先行先试。其中，“中韩海运直购进口”是国内首个开展海运跨境电商直购进口的项目，青岛的跨境电商公共服务平台使用效率、通关和退税速度都优于其他试点城市，使其成为韩国经贸的新地标。

合肥作为华东地区综合交通和通信枢纽之一，长江经济带发展战略的重要节点城市，以及皖江城市带核心城市，具备良好的条件成为跨境电商发展的重要基地。合肥跨境电子商务综合试验区依托安徽（蜀山）跨境电商产业园，以快件、邮件为物流支撑，构建通关、结汇、退税等政府服务职能。在进口贸易平台方面，合肥将投资建设进口商品O2O展示体验中心、跨境电商大厦、国际商品展示交易中心，力争成为中部地区最大的跨境电商进口门户。

成都作为西南地区的科技、商贸、金融中心和综合交通枢纽，有望成为跨境电商的西部中心。成都将为跨境电商平台、中小经营主体、供应链、仓储等企业提供基础环境，并实现海关、检验检疫、外汇管理、国税等部门信息共享。成都也在空港保税物流中心重点发展网购保税进口，兼顾特殊区域出口。

苏州作为承接上海制造、对外贸易发达的城市，拥有媲美深圳的高科技制造集群，近年来在跨境电商方面取得了显著进展。苏州突出本地特色和优势，着力在跨境电商B2B相关环节的技术标准、业务流程、监管模式和信息化建设等方面突破，为外贸发展提供新支撑，为跨境电商的发展做出了积极贡献。

大连作为东北门户城市，与日本、韩国、朝鲜和俄罗斯远东地区相邻，是对日本、韩国外贸的重要城市和出海口，腹地覆盖整个东北地区。随着中韩自贸协定的生效以及跨境电商大规模的入驻，大连跨境电子商务综合试验区创立了“四位一体”运营模式，包括跨境电商、旅游采购贸易、保税电商体验和保税展示展销。这一模式释放了对外贸易和传统

产业集聚能量，激发了创业创新活力。特别是大连港冷链物流园成为中国唯一集保税港、专业冷藏船泊位、集装箱码头和港口后方冷库群于一体的专业化冷链物流中心，为跨境电商的发展提供了有力支持。

跨境电子商务综合试验区的设立催生了一批跨境电商产业园。截至 2024 年，中国已有 1 000 多个跨境电商产业园。市场化资源整合持续火热，形成了物流、金融、培训、电商等跨境电商产业主体的聚集式发展，并且呈现出一区多园的格局。在政府对“互联网＋”的重视下，作为“互联网＋园区”的典型产物，国内电商园区建设进入了新一轮高潮。跨境电商园区的发展主要呈现出三种模式，见表 3－5。在电商园区热潮中，跨境电商和县域电商园区成长迅速，成为新的发展趋势。

表 3－5　跨境电商园区发展的三种模式

类型	政府主导	政企合一	企业主导
对象	针对中小型电商企业	主要针对中型企业	以阿里巴巴、京东、苏宁易购等巨头为主
方式	配套服务设施主要由政府提供，规格较统一	园区以电商企业集体要求为主，为企业提供个性化服务	建设“电商＋仓储＋物流”等综合性物流基地
特点	出台税收、产业、激励等政策，降低入园门槛，吸引相关企业入驻	职能机构政企结合，既具有行政职能又兼具经济职能。园区管理委员会与建设公司通常为同一团队，这样既能同时行使行政与经济职能，又能避免行政审批与市场协调所产生的烦琐程序	数量较少，发展不成熟

资料来源：跨境电商产业园快速发展 园区发展模式解析.（2020－07－23）. 前瞻产业研究院 .

随着跨境电商政策的完善，针对跨境电商产业园的各种优惠政策逐步取消，这意味着未来跨境电商产业园将更多依赖市场化运作机制和产业政策的窗口引导，而非政府的直接支持。跨境电商产业园将通过市场化的运作机制和分配体制的构建，在多赢互利的基础上实现行业聚集和产业转型。包括整合上下游企业，以跨境电商及外贸企业为核心，引入航空、物流、支付等关联企业，打造完整的产业链条。同时，发展技术交流、产业协同、参股合作等合作形式也将成为关键。那些具备国际化经营能力的跨境电商园区，还可以在北美、西欧等成熟地区设立境外产业园，为国内外贸企业开拓国际市场提供更多支持。政策上的明确支持也将促进生产企业、外贸企业、中小企业利用跨境电商开展对外贸易。总体来看，跨境电商园区目前仍然是吸引投资的热门领域，但未来的发展将更多依赖市场机制和产业协同。

（二）跨境电子商务综合试验区制度创新体系

《国务院办公厅关于加快发展外贸新业态新模式的意见》（以下简称《意见》）是针对外贸发展出台的重要文件，其中提出了六种新业态，跨境电商被认为是当前发展速度最快、潜力最大、带动作用最强的一种外贸新业态。为了推动跨境电商的发展，商务部会同各地方、各部门持续推进制度、管理和服务创新，形成了以“六体系两平台”为核心的制度框架。“六体系两平台”主要是信息共享、金融服务、智能物流、电商信用、统计监测、风险防控等监管和服务的“六体系”，而“两平台”则是指跨境电商的线上“单一窗口”和线下“综合园区”，这两个平台在跨境电商发展中发挥着重要的作用，其中，线上“单一窗口”提供了便捷的电子服务平台，而线下“综合园区”为跨境电商提供了实体基础设施和服务支持（见表 3－6）。

表 3－6　跨境电商“六体系两平台”制度框架

六个体系	两个平台
信息共享	单一窗口：与海关、检验检疫、税务、外汇管理、市场监督管理、商务、邮政等政府部门进行数据交换和互联互通，建立覆盖 B2C 和 B2B 的“单一窗口”，形成“电子围网”，构建“三流共享”的数据底层
金融服务	
智能物流	
电商信用	综合园区：完善线下生态圈，采取“一区多园”布局，有效承接线上“单一窗口”平台功能，积极加快产业集聚，推动传统企业转型升级、区域特色优势与跨境电商融合发展
风险防控	
统计监测	

“六体系两平台”旨在通过海关、国检、税务、外汇管理等部门的数据交换，形成“信息互换、监管互认、执法互助”的政府管理模式，从而实现通关一体化等诸多贸易便利；通过电商、物流、银行等机构的数据交换，实现金融服务、物流服务方面的更多便利，降低电商企业的融资、汇兑和物流运输成本。

2017 年 10 月，《商务部等 14 部门关于复制推广跨境电子商务综合试验区探索形成的成熟经验做法的函》将第一、第二批设立的 13 个跨境电子商务综合试验区在“六体系两平台”方面的成熟做法向全国推广（见表 3－7）。这些成熟经验主要包括信息互换、监管互认、执法互助等方面。“六体系”是依附于线上单一窗口平台的，各试点城市的监管思路将趋于一致，各地通关服务平台都将升级成单一窗口模式。这意味着政府部门间信息互换、监管互认、执法互助等将得到加强，同时还将汇聚物流、金融等配套设施和服务，为跨境电商打造完整的产业链和生态圈。商务部和海关总署、国家口岸管理办公室基于国际贸易单一窗口，建设了全国版、总对总的跨境电商线上综合服务平台。通过采用“清单核放、汇总统计”的报关模式，提高了通关效率。此外，还出台了一系列有利于跨境电商发展的政策措施，如跨境电商税收优惠政策的实施以及退换货管理规定的出台，进一步促进了跨境电商行业的发展。

表 3－7　第一、第二批设立的 13 个跨境电商综合试验区探索形成的成熟经验做法

序号	经验	主要措施
1	建设线上综合服务平台，打造信息枢纽	跨境电商线上综合服务平台是监管和服务创新的集中体现，通过对监管部门和各类市场主体，集成在线通关、物流、退免税、支付、融资、风控等多种功能，实现“一点接入、一站式服务、一平台汇总”
2	建设线下产业园区，实现协调发展	线下园区建设为跨境电商发展提供了产业基础，园区提供跨境电商全产业链服务，汇聚制造生产、电商平台、仓储物流、金融信保、风控服务等跨境电商各类企业，实现生产要素和产业集聚，促进跨境电商与制造业融合发展，推动传统产业提质增效、创新升级

续表

序号	经验	主要措施
3	发展海外仓，推动 B2B 出口	便捷高效的物流服务是跨境电商产业链的重要组成部分。通过地方财政配套中央外经贸发展资金支持海外仓建设，鼓励企业自建或租用海外仓，加强售后服务、现场展示等功能，拓展海外营销渠道
4	创新金融支持模式，提升金融服务水平	金融服务创新能有效降低企业运营成本，各综合试验区开发融资、保险等金融产品，提升中小跨境电商企业交易能力
5	简化通关手续，提升通关便利化水平	关、检、税、汇等便利化措施是监管部门制度创新、管理创新和服务创新的集中体现。通过简化通关手续、创新检验检疫监管、提升出口退税效率、便利外汇交易结算，可以极大地降低企业成本，为跨境电商的发展营造了良好的政策环境
6	建立统计检测体系	统计检测体系是跨境电商发展的重要保障，建立健全跨境电商统计检测体系，在三单标准、B2B 认定等方面先行先试，依托数据建设综合数据处理中心
7	鼓励商业模式创新	商业模式创新是跨境电商发展的重要动力。各综合试验区坚持“发展中规范、规范中发展”原则，允许跨境电商企业在商业模式上大胆创新
8	打造跨境电商品牌，促进提质增效	品牌培育是提升外贸竞争力的重要手段，跨境电商通过智能推送、信息宣传等多种技术手段和商业模式，支持培育自主品牌，扩大优质产品出口，助力“中国制造”向“中国智造”转变
9	加强人才培育力度，完善跨境电商生态圈	人才培育是跨境电商生态圈建设的重要支撑。各综试区加强政、校、企合作，跨境电商人才培养力度加大

资料来源：根据《商务部等 14 部门关于复制推广跨境电子商务综合试验区探索形成的成熟经验做法的函》整理。

根据全球化智库发布的《B2C 跨境电商平台“出海”研究报告》，中国和美国是全球跨境电商的主要平台国家，也是全球跨境电商交易的主要市场。2020 年，约有 26%的 B2C 跨境电商交易发生在中国，中国成为全球最大的 B2C 跨境电商交易市场。

本章小结

我国自 2012 年开始相继出台了与跨境电子商务有关的政策，赋予跨境电子商务重要的国际贸易地位，凸显了政府对跨境电子商务发展的高度重视。截至目前，我国发布的政策呈现出明显的阶段性特征，分别经历了蓄势期、增长期、监管期、发展期四个阶段。2015 年，国务院批准在杭州设立了第一个跨境电子商务综合试验区，此后综合试验区建设迎来了黄金发展期，在综合试验区内采用特定的管理模式和政策优惠，推动跨境电商贸易的便利化发展。从全球范围来看，有关跨境电子商务协定在过去几年中越来越受到关注，并成为国际贸易和经济发展的重要议题。

第3章即测即评

第 4 章

跨境电子商务物流

| 引言 |

随着全球经济一体化和互联网技术的快速发展，跨境电子商务已成为国际贸易的全新形式。它的出现打破了传统的贸易模式，改变了消费者的购物习惯，并推动了物流行业的蓬勃发展。本章主要介绍跨境电子商务物流基础知识、跨境电商物流渠道分类以及跨境电商物流管理。其中，跨境电商物流基础知识包括基本概念、模式以及与传统物流模式的对比分析。跨境电商物流管理重点分析了库存管理、包装管理和仓储管理的相关内容。对于库存管理的类型、分类法和包装材料、仓储的功能及作用进行了详细介绍。最后重点讲解了第四方物流这一新的物流服务模式，对其功能、作用、优势等方面展开了深入分析。学习本章内容有助于全面加深对跨境电商物流服务的理解和认识，提高从事跨境物流相关工作的实践能力。

| 素养提升 |

1. 党的二十大报告指出要建成现代化经济体系，发展数字贸易。跨境电商数字贸易发展的重要领域——跨境物流的发展是重中之重。跨境物流体现出全球性、跨国性的特点。理解跨境电子商务物流的概念与特征，有助于把握国际贸易发展趋势，提升对国际运输以及国际供应链的认识。

2. 党的二十大报告提出要加快建设海南自由贸易港，推动共建“一带一路”高质量发展。在本章中了解跨境电商海外仓和保税仓的运作模式，有助于把握我国跨境电商发展的政策导向，抓住新的发展机遇。

3. 当前中国经济进入换挡期，国务院办公厅印发了《国务院办公厅关于促进跨境电子商务健康快速发展的指导意见》，随着“一带一路”倡议的提出与实施，跨境电商规模迅速扩大，中国跨境电商物流进入高速扩张期。在跨境物流发展中，需要加快发展物联网，建设高效顺畅的流通体系。通过了解跨境物流的主要方式，可以更好地理解和应对国际物流环境下的挑战和机遇，有助于跨境电商企业提高物流运作效率，降低物流成本。

| 学习目标 |

1. 学习跨境电子商务物流的基本概念、特征等相关知识；
2. 掌握跨境物流的主要物流方式；
3. 了解跨境电商海外仓和保税仓的运作模式；
4. 掌握跨境电商库存管理的分类方法；
5. 了解跨境电商包装管理的相关知识；
6. 掌握跨境电商仓储管理的功能和作用；
7. 了解第四方物流的优势和特点。

第一节　跨境电子商务物流的内涵

跨境电子商务物流的核心是在跨国电商交易中，确保商品从卖家国家迅速、安全地运送至买家国家的整个物流过程。这一流程包括国际物流、仓储、清关、配送等多个环节，涉及多国的法律法规、货币、语言和文化等方面的复杂问题。其主要目标是在保障商品能够迅速、安全地抵达买家手中的前提下，通过有效的管理降低物流成本，提高物流运输效率。广义上说，跨境电商物流指的是商品在不同国家或地区之间的流动，包括从供应地到接收地的运输活动。因此，跨境电子商务物流是跨境物流的一个组成部分，涉及多个环节，例如海关申报、进口报关、物流配送以及最后一公里配送等。

与国内快递物流相比，跨境电商物流流程更为烦琐，费用支出更大。通常情况下，物流成本在整个跨境电商成本中占20％～30％，成为影响跨境电商发展的关键因素之一。随着全球跨境电商交易量持续增加，跨境电商物流行业的市场规模也在不断扩大。根据货物的移动轨迹，跨境电子商务物流可分为发货地物流（输出地物流）、国际物流和收货地物流（目的地物流）。在整个物流过程中主要参与方包括企业、跨境电商平台、消费者以及监管部门。跨境电商物流如图4－1所示。跨境电商物流相较于境内物流来说，周期更久，过程更长，特别是由于不同国家或地区在市场、文化、法律、政策等方面存在差异，这会对海关通关与检验检疫等环节造成较大影响。

一、跨境电商与国际物流

跨境电商与国际物流紧密联系。在跨境电商交易中，国际物流扮演着不可或缺的角色，它直接影响交易能否顺利完成。国际物流包括运输效率、运输安全、海关清关、税费缴纳等多个方面，每一个方面都影响着交易。

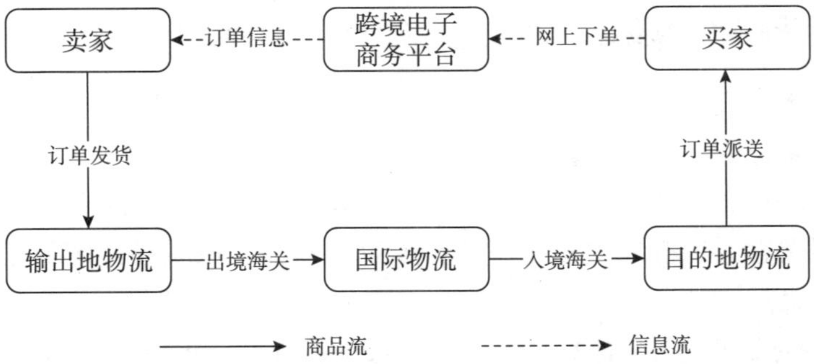

图 4-1　跨境电子商务物流示意图

国际物流涵盖广泛的专业领域。跨境电商平台的兴起使得买卖双方可以绕过中间环节直接进行交易，小微企业甚至个人也能参与到国际贸易中，实现了传统国际贸易中不具备的一站式交付的物流服务，推动了跨境网络零售的繁荣。2012 年以来，全球跨境包裹数量持续高速增长，其占全球总包裹数量的比例也在不断上升。小包裹运输仅仅是互联网改变物流服务的一个缩影，更重要的是，跨境物流深刻地影响了国际物流的经营模式。传统的国际物流主要是以海运集装箱为主的贸易运输方式，而跨境电商重构了国际物流的经营模式，一个重要特征是将物流与供应链管理相结合，进一步协助企业优化交易流程，从原材料采购到产成品交付给终端消费者的过程中物流周期大幅缩短，而物流运输的准确性有了很大提升。

跨境物流服务全程主要包括：第一，支持 B2B 大额业务的海运拼箱及空运服务；第二，跨境小包裹快递等国际运输服务；第三，贸易过程中产生的验货、跟单、通关、货代等外贸服务。随着“互联网＋外贸”这一新业务模式的演变，跨境物流覆盖的范围不断扩大，网络覆盖更加密集，这对物流企业提出新的要求，需要物流企业具备国际运输、清关、技术平台、境外操作、跨境报税、国内派送等复合能力。目前，满足跨境电商需求的国际物流模式包括邮政物流、国际商业快递、国际专线物流、保税仓和海外仓等。

二、跨境电商物流的概念

（一）跨境电商物流的概念

跨境电商物流指的是在电子商务环境下，依靠互联网、大数据、信息化与计算机等先进技术，物品从跨境电商企业流向跨境消费者的跨越不同国家或地区的物流活动。随着全球贸易和电子商务的发展，越来越多的商家和消费者参与跨境交易，需要物流网络来支持商品的运输、仓储、清关和交付等环节。

跨境电商物流需要处理国际货物运输、海关清关、货物跟踪等多个复杂的环节。跨境电商物流通常涉及不同国家和不同地区的法律法规、税收政策、货币转换、文化差异等多方面的挑战，因此需要有专门的物流服务提供商来协助完成整个物流过程。物流公司需要处理全球范围内的货物运输和配送，也需要提供清关、跟踪货物的实时位置、处理跨境退货等服务。随着技术的进步和国际合作的增加，跨境电商物流正不断发展和改进，以适应全球化贸易的需求。

（二）跨境电商物流特点

（1）货物进出国境会涉及诸如报关清关、跨境支付、汇率变化、法律法规和文化差异等诸多问题，通常需要专业公司来处理。

（2）运输距离远、时间长、成本高。由于距离远和时间长，物流控制性差，存在较大的物流风险，消费者无法像国内物流那样快速收到商品。成本高导致商家资金压力较大，因此对于选品要更加谨慎。

（3）具有多样化的运输主体和形式。在运输主体方面，可能涉及邮政公司、国际快递公司、航空或船运公司、报关公司以及出口国当地的快递公司等。不同的产品以及运输时间、频率、数量和途径都会导致成本和满意度上的巨大差异，因此需要有针对性地选择不同的运输策略和方式。

（4）多元化服务。随着跨境电商的发展，大多数跨境物流公司开始转向提供多元化服务，例如与海外仓储公司合作。在跨境物流领域，这些公司提供头程清关、仓储、配送等服务，还衍生出许多替代服务。

（5）不同国家的语言沟通。跨境物流涉及不同语言的沟通，当货物在多个国家运输或通关时可能需要使用当地语言，当遇到异国法律、税务等问题时还需专业人才的协助。

三、跨境电商物流的功能

跨境电商物流在促进全球贸易中发挥着关键的作用，其功能是指将商品从生产地运送到消费地的全过程管理。对于跨境电商来说，物流的功能更加复杂和关键。国际物流需要处理海关清关、运输、仓储、配送等一系列流程。跨境电商物流的功能包括以下几个方面。

1. 跨国运输及清关服务

跨境电商物流提供跨国运输服务，确保商品从卖家所在地安全、快速地运送到买家所在地，包括对海运、空运、陆运等多种运输方式的选择，以满足不同商品和时效的要求。

由于跨境电商涉及不同国家和地区的法律法规，因此报关清关成为跨境电商物流中一个重要的环节。跨境电商物流提供报关代理服务，涉及商品的进出口手续、税费、合规等问题，能帮助卖家快速、准确地完成报关手续，确保商品顺利进入目标市场。一个高效的海关清关流程可以加快货物的通关速度，节省时间和成本。

2. 仓储管理及供应链协调服务

跨境电商物流提供仓储管理和供应链协调服务，包括商品的入库、储存、出库等环节。高效的仓储管理可以保证商品的品质和数量，同时降低库存成本，提高物流效率。

跨境电商物流需要协调不同国家和地区的供应链，将供应商、生产商、销售商等各方紧密连接在一起，实现信息流、物流、资金流的顺畅流动。优化供应链可以提高运营效率和降低物流成本，增强供应链的竞争力。

3. 信息跟踪与售后服务

跨境电商物流提供信息跟踪及售后服务。跨境电商物流需要对订单进行管理和跟踪，包括订单的确认、发货、运输和送达等环节。通过建立一个可靠的订单管理系统，卖家可以提供实时的订单跟踪和物流信息，也可以通过反馈信息及时调整物流策略，优化物流服务；买家则可以实时了解商品的运输状态，增强购物的信心和满意度。

跨境电商物流的功能直接影响到电商企业和消费者的体验。一个高效的物流系统可以提供快速、准确和可靠的配送服务，提升企业的竞争力。跨境电商企业应该重视物流的功能，不断优化和创新物流流程，以满足不断增长的市场需求。

四、 跨境电商物流与传统物流

相较于传统物流，跨境电商物流更为复杂，费用更高，对速度和效率要求更高，还需要克服语言、文化和法律差异，对物流企业的专业服务提出了更高要求。传统物流与跨境电商物流在以下方面存在差异。

1. 技术和信息化水平

跨境电商物流相对于传统物流更加注重技术和信息化水平。随着电子商务的不断发展，跨境电商物流面临着更高的服务要求和更快的物流速度。为了满足客户需求，跨境电商物流采用了先进的技术和信息化手段，如电子商务平台、物流软件和物联网技术等，来实现订单跟踪、库存管理和运输控制等。

传统物流则相对落后，更多依赖人工管理订单和使用传统的物流手段，如海运、陆运和铁路运输等。虽然传统物流也在逐步引入先进技术和信息化手段，但相较于跨境电商物流而言，仍存在一定差距。

2. 物流网络和渠道

跨境电商物流相对于传统物流更加注重构建全球物流网络和多元化物流渠道。随着全球化的深入发展，跨境电商物流需要面对不同国家、地区之间的物流挑战。为了降低成本、提高速度和质量，跨境电商物流选择不同的物流合作伙伴和运输方式。跨境电商平台通过合作伙伴的全球化物流网络来实现全球物流覆盖，也可以通过选择多种运输方式，如空运、海运、铁路运输等，来满足客户的不同需求。

相比之下，传统物流通常采用固定的物流渠道和运输方式。传统物流企业可能只能通过海运或陆运等传统运输方式来实现物流服务，同时也只与固定的物流合作伙伴合作，难以实现全球物流覆盖。

3. 支付和结算

跨境电商物流相对于传统物流更加注重支付和结算。跨境电商物流需要考虑跨境支付和外汇结算等问题，因此需要更加灵活的支付方式和结算工具。跨境电商可以采用跨境电商支付平台，支持多种支付方式和货币种类，如信用卡、支付宝、PayPal 等，以方便客户进行支付和结算。

传统物流则相对简单，通常采用传统的银行汇款等支付方式和结算工具。由于传统物流的跨境业务相对较少，因此不需要考虑跨境支付和外汇结算等问题，支付和结算方式相对较为单一。

4. 成本与费用

跨境电商物流相对于传统物流来说，成本和费用会更高一些。跨境电商物流需要考虑全球范围内的货物运输、关税以及其他相关费用。由于涉及不同国家和地区的海关申报，可能需要支付进口关税或其他相关税费，而且物流服务提供商通常需要提供仓储服务，以确保货物安全保管。保险也是跨境电商物流中一个重要的方面，为货物运输过程中的损失或风险提供保障。这些费用加在一起，使得跨境电商物流的成本较高。

传统物流的成本相对较低，因为它主要在国内进行货物配送，不涉及跨境运输所产生的费用。传统物流通常在国内市场进行运输，可以选择更便宜的运输方式，如陆运或铁路运输，以降低成本。

五、 跨境电商物流的现状及发展趋势

伴随全球数字化和互联网技术的飞速发展，跨境电商迅猛崛起，成为国际贸易的新引擎。跨境电商为消费者提供了便利的购物体验，同时也为企业创造了更多的市场机会。跨境电商成功运营离不开高效可靠的物流服务。

（一）跨境电商物流的发展现状

跨境电商持续增长，消费者对全球商品的需求不断增加，推动了跨境电商物流的发展。当前跨境电商物流市场中有 30%以上的中小型货代主要以 FBA 物流作为主营业务，市场聚合度偏低，竞争异常激烈。FBA 物流作为当前跨境物流市场的主流，又是许多卖家关注且必需的。

近年来，跨境电商物流行业规模持续扩大，这得益于全球电子商务的蓬勃发展和消费者对于便捷、快速、安全的物流服务的需求增长。物流科技的发展（如物联网、人工智能、大数据分析等）为跨境电商物流带来更高效的运作和管理方式。

（二）跨境电商物流的发展趋势

1. 跨境卖家多元化、多渠道布局市场

跨境卖家越来越倾向于多元化、多渠道布局，通过开拓更多的销售渠道和采用多平台运营模式，拓宽收入来源，提升影响力。随着跨境电商平台推出全托管模式，对于跨境物流企业而言，能快速布局全球网络、提供全球门到门交付履约解决方案的物流企业将成为全托管模式下的最大受益方。

2. 推动物流服务朝专业化、多样化和数字化方向发展

跨境卖家品牌化、多渠道布局推动物流服务朝专业化、多样化方向发展，并通过数字化全面提升服务效率。跨境卖家对于物流服务的专业化需求不再局限于运输本身，还增加了更多个性化的服务需求，包括物流信息跟踪、退货、换标、货物数据管理、供应链金融、产品维修等专业需求。物流需求的多样化体现在大卖家和小卖家、品牌商和铺货型卖家都有不同的物流解决方案，未来围绕多样化的物流需求，根据不同的垂直细分品类和赛道，中小物流企业依然有很多机会。

云计算、大数据、人工智能等数字技术为满足多样化、定制化需求提供了可能性。数字化的能力、系统搭建的能力都是核心要点。未来，任何一家跨境物流企业都是数字化跨境物流企业。

3. 行业竞争维度更加多元化

未来所有跨境物流企业都需要面对电商平台、船公司、国内快递、全球邮政和国际快递五股力量，行业竞争维度更加多元化。随着全托管模式的兴起，行业的订单和资源位都出现了一些变化，缺少资源和订单的第三方物流公司的话语权越来越弱。比如主营欧美市场的专线小包公司，依赖铺货型卖家的货量，已经把价格、账期做到了极致，只有寻找突破口，发现新的市场需求，进行转型或者服务升级才能突围。

4. 以差异化能力突围市场

由于市场进一步透明化，未来的跨境物流市场将转向比拼产品能力、服务效率等。洞察客户需求，打造产品和服务核心竞争力，走差异化道路是突围的关键。比如新能源汽车、光伏电池的出口非常火爆，新能源出海，跨境物流企业需要围绕客户的需求提供全链路的解决方案。这些都是新兴领域带来的机会，跨境物流企业要与其他行业共同进行产品和服务上的创新。

5. 精细化客户运营能力将成为跨境物流企业竞争制胜的关键

随着跨境电商第三方平台规则限制增多，市场竞争加剧，增量市场增长速度放缓，加之新技术带动服务生态持续改善，我国跨境电商物流从"流量"时代步入"留量"时代，构建以客户为中心的客户服务、客户运营和客户经营三位一体能力非常关键。

当前，我国跨境物流行业已从产品价格竞争升级为存量市场竞争。对于跨境物流企业来说，若客户具有忠诚度，则可以留住客户，因此，精细化客户运营能力成为提升客户黏性进而增加跨境物流企业收益的关键。针对跨境物流企业普遍存在的新客转化难、客户资源无法沉淀和老客复购率低的问题，跨境物流企业可以结合私域精细化运营、1V1 精准触达，加速转化复购，实现全域获客。

延伸阅读

新思想与跨境电商物流

"十四五"规划提出，"优化国际物流通道，加快形成内外联通、安全高效的物流网络。完善现代商贸流通体系，培育一批具有全球竞争力的现代流通企业，……加快建立储备充足、反应迅速、抗冲击能力强的应急物流体系"。

以上措施的提出将为跨境电商行业的发展提供良好的政策环境和基础支撑。优化国际物流通道，加强跨境电商物流网络的建设是有效提升跨境电商物流的效率和质量的手段，可以满足日益增长的跨境电商交易需求。通过完善现代商贸流通体系将助力我国培育一批具有全球竞争力的现代流通企业，支持商贸流通设施改造升级将为跨境电商物流基础设施的建设提供支持和保障。

近年来，全球范围内的供应链危机引起人们的关注，加快建立应急物流体系对于跨境电商企业应对突发事件具有重要意义。在跨境电商物流中，建立储备充足、反应迅速、抗冲击能力强的应急物流体系，可以有效减少不可预见的风险和损失，保障跨境电商运营的稳定性和安全性。

第二节　跨境电商物流管理及服务成本

一、跨境电商库存管理

在跨境电商企业的发展过程中，库存管理直接关系到其经济效益的获取，被视为提升利润空间的关键手段。科学合理的库存管理策略不仅能够有效降低库存成本，还能实现供应链上下游协调合作，最终达到经济效益最大化。通过精准掌握库存状况，跨境电商企业可以更好地应对各种风险，从而确保业务稳健运营。

（一）出口跨境电商的库存管理类型

1. 国际直邮模式

当前全球经济联系日益紧密，引发了国外对我国商品不断增长的需求。在这一背景下，跨境电商崭露头角。与一般电商相比，跨境电商最显著的不同之处在于其商品需要经两国海关检验方可流向客户。国际直邮模式作为一种常见的跨境电商营销方式，具体表现为出口商从国内采购商品，而后在不增加库存的前提下，通过自身或委托第三方将商品直接从中国运送到进口国海关。随后，在进口国海关检验合格后，将商品直接运送至客户手中。这一模式实现了先销售后发货，尽管存在批量较小和运输成本较高的缺点，但其独特之处在于与销售一致的商品流转，避免库存积压。因此，国际直邮模式特别适用于初创跨境电商或个人从事小规模跨境电商业务，尤其适合客户已经达到批量采购或运输成本在总成本中所占比重较小的商品。

2. 海外仓模式

海外仓的库存管理模式通常适用于规模较大的跨境电商企业。这一模式主要涉及在国外设立中转仓库，或将商品存放在第三方仓库或电商平台的仓库中。其特点在于：在形成实质性销售之前，根据销售预算合理配置库存。然而，采用这种库存管理模式通常需要雄厚的资金和大量跨境电商专业人才，需要适应国外市场的发展趋势，因此主要被大品牌或大型跨境电商企业采用。虽然海外仓库存管理模式为企业提供了一定程度的灵活性，但在实际应用中，所提供的商品往往与消费者需求不相匹配，导致库存积压。这种情况导致大量资金占用，同时海外仓的商品也不断产生仓储费用，即便在后期能够销售出去，也不一定能够为企业带来足够的利润，因此，企业对这种库存管理模式要考虑全面，关键在于平衡资金投入和预期收益。

（二）库存分类法

1. ABC 分类法

ABC 分类法是一种传统的库存管理分类方法，也是目前应用最为广泛的分类方法，特别适用于库存商品种类繁多、数量庞大的情况。这一方法从商品的价值角度出发，根据商品特性、累计库存金额占比以及累计库存数量占比，能够迅速准确地将库存商品划分为 A、B、C 三个类别。

在 ABC 分类法中，A 类商品被视为重点管理对象，其单位价值最高；B 类商品是常规管理对象，单位价值介于 A 类和 C 类商品之间；C 类商品则不需要花费过多精力管理，因为其单位价值最低。这里的单位价值是指商品的累计库存金额与累计库存数量之比。

ABC 分类法的划分标准如表 4-1 所示，数量与金额的关系如图 4-2 所示。通过这一分类法，企业能够更有针对性地进行库存管理，集中资源于关注价值较高的 A 类商品，降低对 C 类商品的管理成本，实现库存管理的最优化。

表 4-1　ABC 分类法划分标准

类别	累计库存金额占比（%）	累计库存数量占比（%）
A	60～80	5～15
B	20～30	20～30
C	5～15	60～80

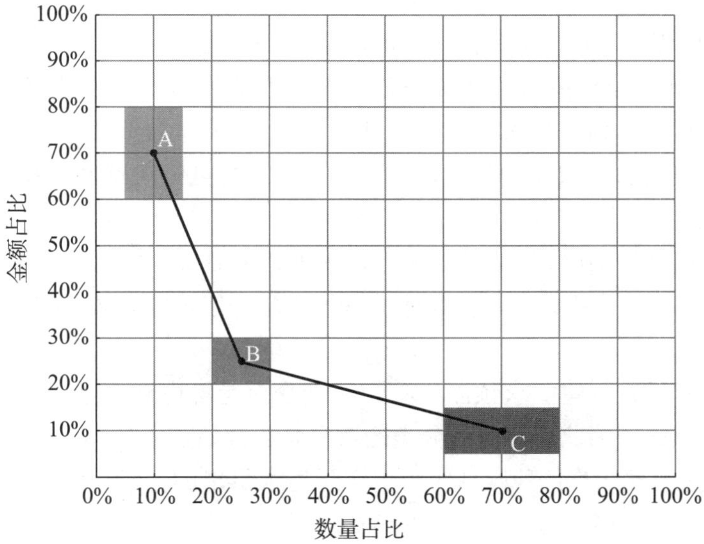

图 4-2　ABC 分类曲线

从表 4-1 和图 4-2 可以得知，A 类商品的特点是金额较多、数量较少，尽管其累计库存数量占比仅为 5%～15%，但其累计库存金额占比在 60%～80%。相反，C 类商品的特点是金额较少、数量较多，尽管其累计库存数量占比为 60%～80%，但其累计库存金额占比仅为 5%～15%。B 类商品则介于 A 类和 C 类商品之间。

具体而言，累计库存金额占比的计算方法是先按所占库存金额比例降序排列商品，然后逐个商品累计库存金额，当累计库存金额达到 60%～80%时，将这一批商品划分为 A 类；接着，从最近一批临界商品开始重新计算累计库存金额占比，当累计库存金额达到

20%～30%时，将这一部分商品划分为B类；剩余的商品则划分为C类。累计库存数量占比的计算方式与此类似。

这种基于金额和数量占比的划分方法有助于更精准地了解不同类别商品的特性，从而为企业提供更有效的库存管理策略。

ABC分类法在库存管理中发挥着重要作用，帮助企业有针对性地进行管理，提高对高价值商品的关注度，有效分配资源，从而在有限的管理资源下取得最大的经济效益。

2. XYZ分类法

在公司经营中，市场对某种商品的需求往往并非静态不变的，而是存在一定的波动。季节性商品是一个典型的例子，其市场需求在不同季节可能有显著的差异，夏季可能高，而冬季则可能降至极低。企业需要迅速响应市场需求的变化，制定针对不同商品需求波动情况的合理管理策略，以提高经营效益。

XYZ分类法是一种综合考虑商品需求波动的分类方法，与ABC分类法相结合，能够发挥良好的互补作用。XYZ分类法通常利用变异系数（coefficient of variance，CV）来衡量商品在一个周期内的需求波动程度。CV的计算公式如下：

$$CV=\frac{\sigma}{\mu}$$

式中，σ为每种商品的需求量标准差；μ为平均需求量。

XYZ分类法通过计算商品需求量的标准差与平均需求量的比值，得到变异系数。基于变异系数的大小，将商品划分为X、Y、Z三类。

X类商品：具有较大的需求波动性，CV值较大，需要更为灵活和实时的库存管理，以适应市场快速变化。

Y类商品：需求波动性适中，CV值处于中等水平，采取常规的库存管理方法。

Z类商品：需求波动性较小，CV值相对较小，适合采用稳定的库存管理方法，注重长期规划。

库存商品分类通常旨在构建需求预测模型，特别是对跨境电商店铺站点下的SKU级别的商品的需求进行预测，因此库存商品分类的对象是店铺站点下的商品。根据变异系数的计算公式，CV值是通过计算每种商品的历史实际需求得出的。CV值并非关注的重点，而是为了实现对不同商品的分类。由此可知，XYZ分类法的目的在于对商品进行分类，辨别出它们的特点。在具体应用中，结合店铺站点下商品的销量特点，制定XYZ分类法的分类标准是至关重要的。XYZ分类法的分类标准如表4-2所示，它考虑了商品需求的波动性，有助于企业更有针对性地进行库存管理。

表4-2　XYZ分类法的分类标准

CV（变异系数）	类别	特点
<0.3	X	波动性比较小，需求稳定
$\geqslant 0.3$且<0.7	Y	中等波动性，需求有些许起伏
$\geqslant 0.7$	Z	剧烈波动，需求较为随机

XYZ 分类法的优点在于更全面地考虑了市场需求的波动性，为企业提供更灵活、更适应实际市场情况的库存管理策略。通过与 ABC 分类法结合，企业可以更全面地优化库存控制，提高库存管理的效率。

总体来看，ABC 分类法侧重于按商品价值分类，而 XYZ 分类法则强调商品需求的波动性。这两种分类方法结合使用，可以帮助企业更全面地理解不同商品的特性，从而制定更具针对性的库存管理策略。对于需求波动较大的商品，采用 XYZ 分类法有助于实现更灵活的库存管理，而 ABC 分类法则能够帮助企业集中精力管理高价值的商品。因此，XYZ 分类法与 ABC 分类法互补使用，有助于企业更好地适应市场变化，提高库存管理的灵活性和效率，从而取得更好的经营效益。

基于商品价值和商品需求波动性的 ABC - XYZ 分类法可将库存商品划分为九大类。这种综合分类方法充分考虑了商品价值和需求波动两个重要因素，为企业提供了更全面、精细的库存分类标准。企业采用 ABC - XYZ 分类法，可以制定更为细致的库存管理策略，更好地适应商品的特性和市场波动。ABC - XYZ 分类法如表 4 - 3 所示，它呈现了不同类别的组合，提供了更细致的分类框架。

表 4 - 3　ABC - XYZ 分类法

商品价值	需求波动		
	X	Y	Z
A	AX	AY	AZ
B	BX	BY	BZ
C	CX	CY	CZ

结合 ABC - XYZ 分类法可知：

(1) AX、AY、BX 类商品在库存中所占金额较高，且这些商品的销售量大、需求稳定，因此需求预测相对简单。这类商品被认定为店铺站点的核心商品，确保它们不发生缺货至关重要。同时，为了降低库存水平，需要特别关注和管控这些商品。

(2) AZ、BY、CX 类商品在库存中所占金额居于中等水平，但其需求波动较大，预测需求较复杂，通常的预测方法可能难以取得最佳效果，因此需要加强对这些商品的需求预测。这些商品在库存中的地位虽不及核心商品，但仍需细致关注，以确保适度的库存水平。

(3) BZ、CY、CZ 类商品在库存中所占金额非常低，且它们的需求量相对较少、波动较为剧烈。由于需求预测的意义较低，管理这些商品可采取定期检查和采购的方式，以降低这些商品的过度库存，并在需求波动时灵活地调整库存水平。

以上内容可大致总结为表 4 - 4。

表 4-4　ABC-XYZ 分类法下需求预测和库存管理方向

大类	ABC-XYZ 分类法	需求预测和库存管理方向
Ⅰ类	AX、AY、BX	销量高、需求稳定 降低库存
Ⅱ类	AZ、BY、CX	销量较高、需求波动性大 用考虑周期性、折扣等因素的模型进行需求预测
Ⅲ类	BZ、CY、CZ	销量低、需求波动性最大 不进行需求预测

通过这一综合的分类方法，企业能够更好地了解不同商品，从而优化库存管理策略，提高库存的灵活性，还有助于准确预测商品需求，为企业的运营决策提供有力的支持。

二、跨境电商包装管理

（一）包装材料的准备

跨境电商商品往往需要经历较长时间的中转和运输才能到达买家手中，这就对商品的包装提出了较高的要求，良好的产品包装尤为重要。在运输过程中要特别注意将易碎或易损坏的货物进行合理包装，以免在运输过程中出现问题，造成商品的损失和引起交易纠纷。

为了有效保护商品，常常需要使用各种包装缓冲材料。在跨境商品的包装中，常见的包装缓冲材料包括泡沫板、泡沫颗粒、泡沫、皱纹纸、气泡膜等。这些材料能够提供有效的缓冲和保护，防止商品在运输过程中受到损坏。常用的货物包装材料有纸箱、泡沫箱、牛皮纸、文件袋、编织袋、无纺布等。这些包装材料在不同情况下可根据商品的性质和运输要求进行选择，以确保商品安全运输。另外，包装辅材也是必不可少的，如封箱胶带、警示不干胶、气泡膜、珍珠棉等。这些辅助材料在包装的过程中发挥着关键的作用，不仅有助于密封包装，还可以提供额外的保护和标识功能。

（二）常见的包装材料

封箱胶带，又被称为 BOPP（双向拉伸聚丙烯薄膜）胶带、包装胶带等，是轻工业、企业和个人生活中不可或缺的用品。国家目前对胶带行业尚未有一个完善的标准，仅有一个行业标准 QB/T 2422—1998《封箱用 BOPP 压敏胶粘带》。常用的封箱胶带见图 4-3。封箱胶带在包装领域扮演着重要的角色，用于封闭纸箱、打包包裹，确保物品安全运输。由于其简便易用、黏性强、耐用、成本较低，成为各类企业和个人在商业运营和日常生活中广泛使用的必备工具。封箱胶带缺少国家标准，行业标准 QB/T 2422—1998 在一定程度上指导着其生产和使用。

气泡信封在跨境电商产品包装中被广泛使用，如图 4-4 所示。它提供多个尺寸型号，非常适合包装小件商品，例如首饰、工艺品、小型 3C 产品、电子产品以及小型玩具等。

这种包装为小型商品提供了有效的防护和缓冲，确保商品在运输过程中安全无损。

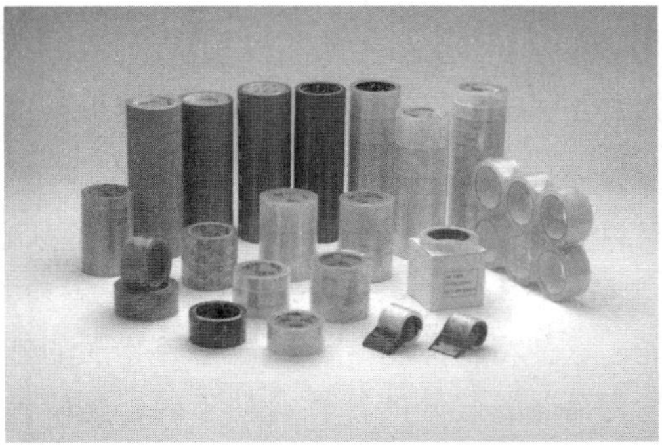

图 4－3　封箱胶带

图 4－4　气泡信封

气泡信封在跨境电商领域的普及得益于其多重优势。第一，其轻便的特性降低了整体包裹的重量，有助于降低运输成本；第二，其多样的尺寸能够满足不同商品的包装需求，提高了包装的灵活性；第三，其内部气泡膜设计有效保护商品，降低了商品在运输过程中受到的冲击和挤压。

珍珠棉是一种新型环保的包装材料（见图 4－5），它克服了普通发泡胶易碎、变形、恢复性差的缺点，具有隔水防潮、防震、隔音、保温、可塑性能佳、韧性强、循环再造、环保、抗撞力强等诸多优点。珍珠棉广泛应用于汽车坐垫、抱枕、电子电器、仪器仪表、电脑、音响、医疗器械、工控机箱、五金灯饰、工艺品、玻璃、陶瓷、家电、喷涂、家具、酒类及树脂等高档易碎礼品包装，五金制品、玩具、瓜果、皮鞋的内包装，日用品等多种产品的包装以及快递包装。

气泡膜是一种以高压聚乙烯为主要原料，再添加增白剂、开口剂等辅料，通过高温挤出吸塑成气泡的产品（见图 4－6）。它是一种质地轻、透明性好、无毒无味的新型塑料包装材料。气泡膜在包装填充中发挥着防压、防潮和防震的作用，具有多项优点，包括良好的耐震性、抗冲击性、热合性、无毒、无味、防潮、耐腐蚀、透明度好等。它的设计结构包含许多小气泡，通过这些小气泡的排列可以提供有效的缓冲和保护，防止包装物在运输和储存中受到损害。

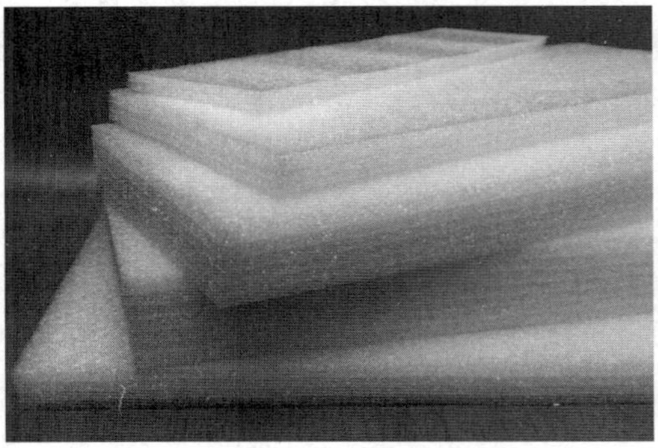

图 4－5　珍珠棉

图 4－6　气泡膜

气柱袋，又称为缓冲气柱袋、充气袋、气泡柱袋、柱状充气袋，是 21 世纪采用自然空气填充的新型包装材料，如图 4－7 所示。气柱袋具有抗拉伸及均衡特性，表面印刷性佳，属于医疗级基材。气柱袋提供长时间储运不漏气的抗震保护，将损坏率降至最低。其独特的设计和结构，使其能够在包装过程中自动形成充气柱，为商品提供均匀的支撑和缓冲。即便在发生破损的情况下，其他气柱仍能保持完好，继续发挥保护作用。

泡沫箱是一种以泡沫塑料（多孔塑料）为材料制成的箱式包装容器，如图 4－8 所示。泡沫塑料是一种内部具有很多微小气孔的塑料，是一种新型的防震包装材料和保温材料。泡沫箱多孔结构赋予了它出色的缓冲和保护性能。这使得泡沫箱成为运输易碎物品的理想选择，特别是对于水果等容易受到挤压和碰撞的商品。其轻便的特性有助于减轻整体包裹的重量，从而降低运输成本。

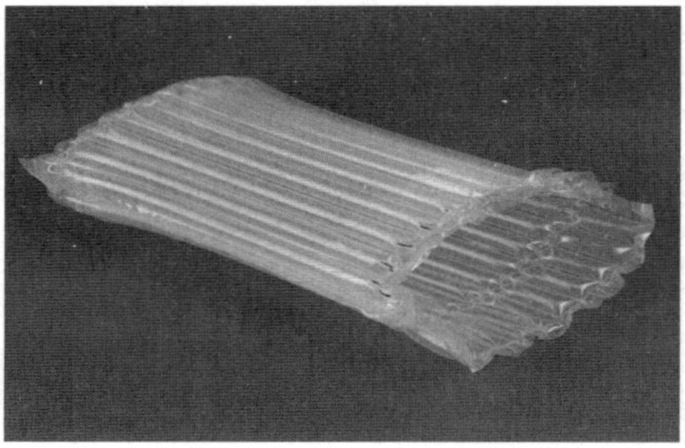

图 4－7　气柱袋

图 4－8　泡沫箱

纸箱通常用作商品的包裹物或物品保护外层。根据商品的大小可以选择不同体积的纸箱，通常纸箱上面会标有一些提示性的图案或文字，以提醒使用者注意。这些提示性的标识通常包括“小心轻放”“向上”“防潮”“禁止翻滚”“注意防火”“易碎物品”“食品”“防异味”等。这些标识的目的是提醒使用者在搬运、储存和使用过程中要注意一些特定的事项，以确保商品和包装在整个流程中不受损害。

根据货物的不同尺寸和性质，我们选择合适的纸箱包装。根据纸板的层数，纸箱可以分为三层、五层和七层纸箱，强度由弱到强。对于服装等不易碎或耐受压力的产品，使用三层纸箱就足够了；对于玻璃、数码产品、电路板等贵重物品，建议使用五层纸箱，并配以气泡膜，以确保产品在运输中的安全性。另外，根据纸箱的形状，可以将其分为普箱（或双翼箱）、全盖箱、天地盒、火柴盒、异型箱（啤盒）等。

（三）物流相关设备

在跨境电商中，常用的物料包括胶带切割器、美工刀、记号笔、剪刀、卷尺、电子秤、打印机、扫描枪和相机等。接下来，我们将重点介绍几个经常使用的设备。

1. 扫描枪

作为光学、机械、电子、软件等技术深度结合的高科技产品，扫描枪是继键盘和鼠标之后的第三代主要电脑输入设备。自 20 世纪 80 年代问世以来，扫描枪经历了迅猛的发展，并在各个领域得到了广泛应用。它不仅可以直接扫描图片、照片、胶片，还能处理各类图纸图形和文稿资料，将这些图像信息输入计算机，实现对其处理、管理、使用、存储或输出。在跨境电商中，扫描枪扮演着关键的角色，主要用于扫描货品或包裹上的条形码。通过扫描，用户能够方便地将产品的 SKU 条码、包裹跟踪号码等信息输入计算机，实现快捷高效的数据录入。这项技术不仅提高了工作效率，还降低了数据输入的错误率，对于电商物流和库存管理具有重要意义。

2. 电子秤

电子秤是一种使用称重传感器测量载荷重量，并通过电子装置将数字化的重量值显示出来的设备。根据国际法制计量组织（OIML）R76，数字指示秤被归类为自行指示（即无须人操作即可显示）的非自动秤，需要在称量过程中由人员进行操作。从使用功能来看，数字指示秤可分为计重秤、计价秤、计数秤、条码打印秤等多种类型。其特点是高准确度、直观的数字显示（避免了视觉误差）、使用方便以及丰富的扩展功能。

在跨境电商中，电子秤是重要的工具之一。它不仅用于称量货物的重量，还可以应用于计价、计数等多种功能，为物流和库存管理提供准确而高效的数据支持。数字指示秤的广泛应用，不仅提高了工作效率，还有效避免了人为因素引起的误差，为商家和物流企业提供了可靠的计量手段。

3. 打印机

目前市场上提供多种类型的打印机，每一种都有其独特的用途和适用场景，对应的耗材和纸张也有所不同。激光打印机是办公室中常见的打印设备，主要用于打印普通文档材料。它利用激光加热的方式将墨粉固定在纸上，实现高效的黑白打印功能。喷墨打印机主要用于打印彩色材料。它通过将墨水喷射在纸上，实现彩色打印。针式打印机通常用于打印票据或需要按压打印的纸张。通过将色带上的墨水压在纸上，实现黑白打印。热敏打印机常见于收银台，用于打印收据。它通过加热纸张的方式实现打印，耗材是热敏纸。

（四）包装技巧

在包装备货过程中，要注重对细节的处理，操作不当将造成成本增加，降低客户体验，甚至收到差评影响店铺评分。以下情况特别值得关注。

（1）包装箱尺寸的选择。箱子尺寸过大会导致较高的运费和填充物的浪费，合适尺寸的箱子可以减少商品与箱子之间的碰撞。在挑选箱子时可以选择坚固的纸箱，还要确保装箱后没有超出重量限制。利用废纸、聚苯乙烯填充物或硬纸板填满空隙的方式稳定商品，防止在运输中移动造成箱内商品碰撞。在封箱之前，可以在箱内上方放置一片厚纸板，并保留足够空间以便封箱，这种方法可以有效减少商品在运输过程中的损坏风险。

（2）包装材质的选择。在选择包装材质时，要考虑不同材质的受力性能。聚苯乙烯只能承受一次冲撞力，而聚乙烯和聚氨基甲酸酯的材质相对具有更高的受力度。后者材质薄而强韧，不但减少用量就能达到有效的包装效果，还可以节约体积来选择较小的箱子装载商品，从而降低运费。对于易碎的商品，建议使用聚苯乙烯填充粒子或气泡纸进行包装，并在必要时进行双层包装。如果将两个商品同时放入一个箱子中，务必在包装后确保商品中间有足够的空间加入填充泡沫，以防在运输过程中发生碰撞。最后需要在箱子外部明确标注“易碎”。这一细节操作可以提醒搬运人员注意谨慎操作，进一步降低商品破损的风险。

（3）营销式包装。在特殊的节日或重要场合，商家不仅需要确保商品按时送达，更要关注商品的包装质量。对于每个消费者来说，收到一个因包装不当而损坏的商品是一种令人懊恼的体验，尤其是在节日或生日等特殊的日子，商品完好对买家来说尤为重要。因此，商家可以在包装上多花费心思，对商品的包装细节要重视。一个优秀的营销式包装不仅能够提高包装质量，还能够让顾客对服务更加满意，增加顾客对品牌的信任和好感，从而增强顾客的忠诚度。

（4）环境的适应性。在物流运输过程中，包裹有可能被运输人员粗暴地投放到运输车或货柜中，因此必须设计相应的实验，确保包装能够经受任何恶劣环境的考验。无论寄送何种商品，都要确保包装良好且防水。对于包装的环境适应性，特别是防水性能，需要进行严格的测试和验证，以确保商品在任何恶劣天气条件下都能安全到达客户手中，从而减少潜在的投诉和差评。

（5）地址再确认。从店铺管理订单页面可以将包装纸条打印出来。地址标签一般贴在外层纸箱上，第二张包装纸条则要放在内箱与商品一同寄送。首要任务是确保运送地址的准确性，但这一步是最容易出错的。建议在外箱上清晰标注退货地址，可以将地址标签粘贴在外箱上或直接书写在外箱表面。最好使用比较醒目的油性笔书写，这样一旦出现错误更容易察觉并进行修正。切勿在纸箱外部使用包装纸进行包装，因为纸张在运输过程中容易被撕破而导致商品遗失。在地址标注上最好包括邮政编码，以确保商品更快地送达客户手中。

三、跨境电商仓储管理

随着智能化和物联网的迅猛发展，大型仓储正朝着智能化、数字化的方向迈进。一些处于行业领先地位的电商物流平台，如亚马逊物流服务（FBA），已经成功实现无人化、全智能化的仓储管理，通过机器人完成分拣、上货、贴标签等任务。这些高度智能化的仓储系统在大型企业中得到了应用，对于中小企业来说，仓储管理的基础建设也是至关重要的。

仓储管理作为供应链管理的关键环节，在中小企业中同样扮演着重要的角色。即便是小规模的卖家，也可能面临日单量过千的情况。跨境电商的产品通常具有多属性，导致拣货难以及时准确，特别是对于不熟悉商品的新员工，在拣货过程中时常出现差错，导致人力和时间的浪费，并直接影响发货效率。以下将从仓储的概念、仓储的要点、仓储的作用、仓储的功能、仓储的货架位规范、仓储的商品信息规范、后端管理流程等方面对企业的仓库管理进行介绍。

（一）仓储的概念

仓储的概念涵盖一系列活动，仓储的主要目的是通过对物品的保管、控制等管理来改变物品的时间状态，使得企业获得更优效用。“仓”指的是仓库，即用于保管、储存物品的建筑物和场所的总称。仓库可以是各种形式的建筑，如房屋、洞穴、大型容器或特定的场地等，具备存放和保护物品的功能。“储”表示储存、储备，意味着将物品收存起来以备将来使用，包含收存、保管、交付使用等方面的含义。仓储的产生源于社会产品出现剩余和产品流通的需要。当产品无法及时消费而需要专门场所进行存放时，静态仓储便应运而生；在对储存物品进行保管、控制、加工和配送等管理的过程中，形成了动态仓储。因此，仓储可以被理解为为有形物品提供存放场所，并在此过程中对储存物品进行保管和控制的活动。

在整个物流系统中，仓储和运输被认为是两大支柱，它们各自承担了不同的任务。运输主要负责改变“物”的空间状态，即通过搬运和移动将物品从一个地点转移到另一个地点。仓储则主要承担了改变“物”的时间状态的责任，即在需要的时候提供物品，通过储存、保管等手段满足客户需求。两者相互协作，共同构建了一个完整的物流体系。现代仓储管理主要关注动态仓储的一系列管理活动，旨在推动仓储业实现现代化。这包括对存放物品的科学管理、高效配送、智能化技术应用以及仓储流程的优化等方面的研究，以满足不断发展的市场需求，提高仓储效率，促进整个供应链协同发展。

（二）仓储的要点

仓储包括以下几个要点：

- 仓储是物质产品的持续生产过程，物质仓储同时也为产品创造附加价值（既包括对物品的静态储存，也包括动态的存取、保管和控制过程）；
- 仓储活动通常发生在特定的场所（如仓库等）；
- 仓储的对象可以是生产资料或生活资料，但必须是实物动产。

无论是处于生产领域的企业仓库，还是处于流通领域的储运仓库和物流仓库，它们的生产性质都是相似的。尽管仓储具有生产性质，但与物质资料的生产活动相比，仓储有一些显著的区别，主要表现为以下几点：

- 仓储不直接创造使用价值，但能够增加商品的附加价值；
- 仓储活动存在不均衡性和不连续性；
- 仓储具有服务性质，为商品提供储存、保护和流通等服务。

（三）仓储的作用

仓储在现代物流中扮演着关键的角色，是物流系统中的重要节点。它不仅解决供应链中供需之间的实际矛盾，还创造了时间效益。以下是仓储在现代物流中的主要作用：

（1）供应链的关键节点。仓储在现代物流中扮演着不可或缺的角色，从供应链的角度来看，物流过程由一系列的供给和需求组成。当供给和需求的节奏不协调，即两个过程无法良好衔接时，仓储就发挥调和供需的作用。通过储备产品，即对供给和需求之间的差异进行补偿，使得物流系统更加稳定。

（2）质量保证的角色。仓储在货物流通的过程中具有重要的质量保障功能。通过在货物仓储环节对产品进行检验，能够有效防止伪劣产品进入市场，维护了消费者的权益，并对生产厂家的声誉起到保护作用。入库时的质量检验以及在储存期间的维护，都有助于减少库存货物的损失。

（3）社会再生产的保障。仓储是社会再生产过程顺利进行的必要条件。通过货物的储存，不仅保证了商品流通过程的稳定，而且为社会再生产提供了必要的保障，确保生产活动的连贯性。

（4）加快商品流通的手段。尽管货物在仓库中处于静止状态，但实际上仓储有助于加快商品的流通，同时节约运营成本。通过仓储，企业可以提前对商品进行整理、包装、质检等，从而在商品进入市场前做好充分准备，加速流通过程，降低总成本。

（5）为货物进入市场做准备。仓储在为货物进入市场做好准备方面发挥了关键作用。通过完成整理、包装、质检、分拣等程序，仓储为货物在市场上顺利推出提供了有力支持，缩短了后续环节的工作时间，提高了货物的流通速度。

（四）仓储的功能

仓储的功能可以从多个方面进行解析，下面主要从两个方面解析。

（1）基本经济功能——装运整合提高经济效益。仓储通过装运整合实现了经济效益。这种安排允许仓库从多个制造商处接收货物，将它们整合并统一装运，降低运输成本。整合性的仓储操作有助于提高效率，减少运输次数，从而降低整体运输成本。此外，通过集中装运和合理的库存管理，仓库能够更有效地利用储存空间，减少库存积压，并避免由于频繁小量装运而引起不必要的费用。

（2）实现物流增值服务功能。仓储是实现物流增值服务功能的重要环节。在仓储这一环节，物流系统可以提供各种增值服务，以提高商品的附加值，满足客户需求，增强市场竞争力。在仓储的过程中可以提供以下几类增值服务：

- 流通加工业务。通过仓储提供商品的个性化服务，更好地满足用户需求（仓库可以为制造商提供有标志牌号的包装材料，实现产品的个性化定制）。
- 包装服务。仓库提供与包装作业相关的增值服务，包括定制包装、标志贴附等，提高产品的外观和包装标准，从而满足客户需求。
- 生产活动。在仓库中完成一些生产活动，例如将产品送到仓库后，如果发现问题可以进行更换，避免将每一件有问题的产品退回制造商，从而实现效率的提升和成本降低。

（五）仓储的货架位规范

货架位信息是指库存商品存放的位置排列信息，通过统一标识和顺序号码进行标注。科学合理的货架位信息有助于对库存商品进行有效管理，可以快速、准确地完成出入库操作，提高效率并降低错误的发生。在编写货架位信息时，应确保仓库内的货架采用同一种方式编号，以便于查找和处理。以下是几种常用的货架位编号方式。

（1）区段式。把仓库划分成若干区段，并对每个区段进行编号，这种方式适用于仓库库位简单、没有货架的情况。

区段式编号标识方式：

—区段：字母表示，如 A、B、C……

—区段内编号：数字表示，如 1、2、3……

区段式编号示例：

—A 区段：A1、A2、A3……

—B 区段：B1、B2、B3……

区段式编号适用场景：

—适用于库位简单、无货架的仓库。

—可以划分储存区域为 A、B、C 等若干区段。

（2）地址式。对仓库、区段、排、行、层、格等进行编码，可以采用四组数字来表示商品库存所在的位置。地址式编号形式可以帮助卖家迅速确定商品具体存放的位置。

地址式编号标识方式：

—仓库编号-货架编号-层数编号-格编号。

地址式编号示例：

—2－15－1－8（2 号库房，第 15 个货架，第 1 层中的第 8 格）。

地址式编号适用场景：

—适用于复杂的仓库结构，可精确表示商品存放的位置。

—便于快速定位，特别适用于大型仓库。

（3）品项群式。它是基于产品的特性和功能的分类，将一些相关性强的商品集合成品项群，并对每个品项群进行编号，以便在供应链管理、库存管理和销售系统中追踪和管理产品。这种方式适用于多品类经营的卖家，或所售商品差异较大的情况。

品项群式编号的设计需要考虑以下几个方面。

1）产品特性。编号需要基于产品特性进行分类。例如，食品根据特性可分为肉类、饮料、糕点等；服装产品可以按照性别、季节、款式等进行分类。每个分类都应该有一个唯一的编号。

2）产品功能。编号还需要考虑产品功能。例如，电子产品可以根据功能分为手机、平板电脑等；家居用品可以按照功能分为厨具、清洁用品等。

3）层级结构。品项群式编号可以采用层级结构来组织和分类产品。例如，一个编号可以包含多个层级，每个层级代表一个特定的分类。使用层级结构可以更好地组织产品，并提供更多的分类选项。

4）编号规则。编号需要遵循一定的规则，以确保每个编号都是唯一的且易于识别的。例如，可以使用数字、字母或其组合编号；可以限制编号的长度，以确保编号的唯一性。

以上三种是常用的仓库货架位编号形式，各种形式之间并不是相互独立的，卖家对于编号形式的选择应根据仓库的规模、货品种类、储存需求等因素进行综合考虑，以达到高效、准确、便捷的仓库管理目的。

（六）仓储的商品信息规范

商品信息规范的关键在于对 SKU 信息、商品规格尺寸以及中英文报关信息的有序整理与明晰化。这种规范化的商品信息管理不仅有助于实现库存商品的科学管理，更通过合理的 SKU 编码，实现对库存的精细管理，从而提高操作效率，降低拣货失误的概率。

商品信息包含多项内容，其中商品规格尺寸、中英文报关信息作为已有数据，稍作整理即可完善。商品的 SKU 信息则是商品管理中最为关键、基础的数据，由于 SKU 信息并非既有信息，许多卖家存在 SKU 信息缺失或不完善的情况。这也使得在商品管理过程中，对 SKU 信息的规范化成为提高操作效率、优化管理流程的重要一环。以羽绒服 A 为例，该款羽绒服有 4 种颜色和 5 个尺码，需要细致划分具体颜色和尺码，生成总计 20 个 SKU 码。若商品 SKU 信息不完善，卖家将难以有效监控商品的详细库存情况，这不仅不利于销售数据的分析，也会影响及时采购补货。在配货阶段，由于订单信息无法准确显示拣货信息，也容易导致操作不便。规范完善的商品信息是 ERP 系统进行有效管理的基石，为商家提供更高效的库存管理和运营决策支持。

在编 SKU 码时，基本原则是确保不重复。虽然理论上使用者可以在不重复的前提下自由编写，但为了方便跨境电商卖家进行管理，建议按照商品的分类属性，由大到小进行组合。以下是 SKU 编码指导原则和示例。

（1）商品 SKU 编码原则：

—唯一性原则：每个 SKU 码应具有唯一性，不可重复，以确保准确区分不同商品。

—层级结构原则：采用分类属性由大到小的组合方式，形成层级结构，便于理解和管理。

—信息完整性原则：SKU 码应包含足够的信息，如大分类、中分类、小分类、品名、规格、颜色等，以满足管理和识别的需求。

（2）SKU 编码方式示例：

示例 1：

—大分类＋中分类＋小分类＋品名＋规格＋颜色。

—例如：服装－男装－夹克－休闲运动夹克－XL－蓝色。

—SKU 码：FMJ001－XL－BL。

示例 2：

—品名＋规格＋颜色。

—例如：运动鞋－篮球鞋－男款－42 码－黑红色。

—SKU 码：BS001－42－BKR。

示例 3：

—大分类+中分类+品名+规格。

—例如：数码－手机－iPhone 14 Pro－512GB。

—SKU 码：DMP－I14P－512。

(3) SKU 编码注意事项：

- 一致性：SKU 编码中属性的顺序和包含的属性类别要保持一致，避免混淆。
- 可读性：SKU 码应该具备一定的可读性，方便人工识别和管理。
- 分类体系：根据实际情况建立自己的分类体系，确保 SKU 码能够清晰地反映商品属性。

规范的 SKU 编码不仅有助于在管理系统中迅速定位和识别商品，而且可以提高库存管理的准确性。在跨境电商实际管理中，SKU 不仅是最小库存单位，同时也是识别商品信息的关键。

(七) 后端管理流程

卖家的后端管理流程主要涉及订单获取、订单分配、打单配货和库存维护等环节。简而言之，跨境电商卖家的后端管理流程可概括为以下几个节点：

(1) 订单获取。利用 eBay、亚马逊、全球速卖通、Wish 等平台的官方 API，将平台订单自动导入管理系统。这一步实现了订单信息的快速整合。

(2) 订单分配。引入主流的国际物流渠道，用户自定义分配规则，系统会根据规则将订单自动分配到相应的仓库进行配货，并获取相应的物流面单和跟踪号。这一步提高了订单处理的智能性和效率。

(3) 打单配货。订单根据规则自动获取物流信息，生成面单和跟踪号。拣货信息与面单同步打印，对于简单包裹（一个订单仅包含一件商品的包裹），可以采用扫货出单方式，简化了操作流程。

(4) 库存维护。系统会根据订单的发货情况自动维护库存，并根据库存存量和临近日期的日均销量结合采购周期，自动生成采购建议。采购建议支持不断产生的订单，形成一个闭合的流程循环。

以上流程的顺次衔接通过现代 ERP 系统实现。跨境电商的仓库管理不仅是简单的打包发货，更是卖家供应链管理的重要组成部分。如何最大化效率、提高管理效能是一个需深入研究的课题，这里仅从单一角度进行了概要介绍。

四、跨境电子商务物流成本

(一) 跨境电商产品定价与国际物流成本

在跨境电子商务中，产品销售价格涉及多个因素，其中国际物流成本是一个重要的考虑因素。产品销售价格可以通过以下公式计算：

$$产品销售价格=(产品成本+平台交易费用+物流成本)\times(利润率+1)$$

式中，物流成本的计算会受到以下因素的影响：

（1）产品的重量。由于跨境电子商务平台包裹小而散，80％的包裹重量都低于2千克。对于这类轻型包裹，商家通常选择各类型的邮政小包裹，如中国邮政，服务按克重收费，相对便宜，商家还可以设置免运费以吸引更多买家。然而，对于超过2千克的包裹，不适用于邮政小包服务，更适合选择快递渠道和专线渠道，这类渠道通常按0.5千克一个单位收费，尽管运费较高，但相比邮政小包裹时效更快，能够为客户提供更好的物流时效体验。

（2）产品的体积。邮政小包裹通常没有明显的体积限制，但其他专线和快递服务会考虑到包裹的体积。因此，在设置运费模板时，需要对货品的体积和重量进行测量，然后取其中较大者来计算运费。

国际物流中体积重量的计算公式：

$$\frac{\text{长度(厘米)}\times\text{宽度(厘米)}\times\text{高度(厘米)}}{0.5\text{千克}}=\text{以千克为单位的体积重量}$$

这样的计算方式更加公平，避免仅根据重量计算可能带来的不准确性。通过考虑体积重量，商家可以更精准地确定运费，提高物流成本的准确性。

（3）物流妥投时效要求。不同产品可能对物流时效性有不同的要求。特别是对于样品和价值较高的产品，为了满足客户对时效性的高要求，选择具备更高物流时效保障的渠道尤为重要。通过明确物流的妥投时效要求，商家可以更有针对性地选择适合的物流渠道，提升客户满意度。

（4）产品属性分类。在选择物流渠道及计算成本时，需要注意不同物流渠道对产品属性的要求。一些物流渠道能够运送带电类的敏感产品，而另一些则可能无法处理这类产品。因此，根据产品属性的分类，商家可以有针对性地选择适宜的物流渠道，确保产品能够在运输过程中得到妥善处理，降低物流风险。

（二）国际物流成本管理与控制

1. 国际物流成本管理的含义

国际物流成本管理是对涉及国际物流的相关费用进行计划、协调和控制的过程。在跨境电子商务领域，这一管理过程尤为重要，直接影响企业的盈利和竞争力。

2. 国际物流成本管理的理论

（1）物流成本冰山一角理论。在跨境电子商务的发展历程中，曾经存在“物流成本冰山一角”的理论。在跨境电商1.0和2.0时代，货源非常重要，具有优质货源的企业拥有竞争优势。物流成本在整体成本中只是冰山一角，往往被商家忽视。

（2）物流成本降低的乘法效应。在跨境电子商务整体成本中，物流成本通常占销售额的20％～22％。以一个月销售额为100万元（包含物流成本）的企业为例，物流成本占20％(20万元)。若物流成本下降5％，企业仅需15万元的物流成本即可实现100万元的销售额；物流成本若保持在20万元，能带来133.3万元的销售额。假设利润率为20％，物流成本下降5％将使利润增加6.66万元。这就是物流成本降低对企业盈利的乘法效应。

3. 国际物流成本控制的策略

（1）整合物流方案降低成本。为降低国际物流成本，企业可采取整合物流方案的策略。跨境电子商务物流需求的碎片化和多样性要求企业根据产品属性、重量体积、国家/地区、物流渠道等因素，整合和优化最适合的物流线路，以实现成本最优化。物流成本的降低将带来销售额的提升。

（2）使用 ERP 系统降低成本。利用 ERP 系统进行管理是另一个有效降低国际物流成本的策略。通过标准化系统管理实现物流操作和订单处理，通过 ERP 系统标准化的流程节约人工成本，实现企业用工最优化。ERP 系统能监测和管控物流数据，对当前物流状态和问题进行梳理和防范，从而大幅度降低企业的物流管理成本。

（3）提高供应链与物流服务的管理水平来降低成本。实现供应链管理要求企业将物流体系效益化，同时各部门如物流、产品和采购部门等需要加强成本控制。提高物流服务质量不仅有助于企业获利，还是降低物流成本的有效途径。精细化管理可在提高服务水平的同时实现成本降低。

（三）跨境电子商务运费计算

（1）计费重量单位。在快递行业，通常以每 0.5 千克为一个计费重量单位。

（2）首重与续重。快递货品的寄递以第一个 0.5 千克为首重（或起重），每增加 0.5 千克为一个续重。一般来说，起重的费用相对较高。

（3）实重与材积。

—实重：一批物品包括包装在内的实际总重量称为实重。

—材积：当寄递物品体积较大而实重较轻时，由于运输工具承载能力有限，需要以量取物品体积折算成重量的方式确定计算运费的重量，称为体积重量或材积。

（4）计费重量。按照国际航空货运协会规定，货物运输过程中计收运费的重量是按整批货物的实际重量和体积重量两者之中较高的进行计算。

（5）包装费。

—一般情况下，快递公司提供免费包装，包括纸箱、气泡等包装材料。

—对于一些不需要特别精细包装的物品如衣物，通常不会产生额外包装费。

—对于贵重、易碎物品，快递公司可能会收取额外的包装费用。

（6）通用运费计算公式：

● 当寄递物品实重大于材积时，运费计算方法为：首重运费＋(重量×2－1)×续重运费。

例如：假设 7 千克货品按首重 20 元、续重 9 元计算，则运费总额为：20＋(7×2－1)×9＝137(元)。

● 当寄递物品实际重量小而体积较大时，运费按材积标准收取，再按上述公式计算运费总额。

材积计算方法为：

—规则物品：长(cm)×宽(cm)×高(cm)÷6 000=重量(千克)。

—不规则物品：最长(cm)×最宽(cm)×最高(cm)÷ 6 000 = 重量(千克)。

● 国际快件有时还会加上燃油附加费。例如燃油附加费为 9%。一般情况下，燃油附加费会和运费一起打折。

(7) 总费用计算：

总费用=(运费+燃油附加费)×折扣+包装费用+其他不确定费用

第三节 第四方物流

一、第四方物流

第四方物流的概念由美国埃森哲咨询公司于 1998 年首次提出。第四方物流致力于为第一方、第二方和第三方提供全方位的物流规划、咨询、物流信息系统以及供应链管理等综合服务。第四方物流并不直接承担具体的物流运作活动，而是通过专业的规划和咨询服务，为各方提供更高效、更智能的物流解决方案。这种独特的服务模式使得第四方物流在物流领域发挥关键的战略性作用。

第四方物流（fourth party logistics，4PL）扮演着供应链的整合商角色，成为供需双方以及第三方物流之间的领导者。它并非直接参与物流的利益关系，而是凭借先进的信息技术、卓越的资源整合能力提供一套全面的供应链解决方案，在此过程中获取一定的利润。第四方物流的核心职责在于协助企业实现成本降低、资源高效整合，借助第三方物流供应商、技术提供商、管理咨询以及其他增值服务商，为客户提供独特而全面的供应链解决方案。

（一）第四方物流产生原因

在第三方物流发展之初，人们开始认识到这一新型物流模式带来的便捷，第三方物流得到了广泛关注和发展，但随之出现了一系列第三方物流公司难以解决的问题，正是这些挑战加速了第四方物流的产生。

(1) 服务能力方面。第三方物流提供简单的服务，整体服务能力相对较弱。客户渴望的是一种能够全面管理企业物流活动而不仅仅是运输等简单服务的解决方案，这种需求对企业提供的物流服务提出了更高要求。

(2) 物流运行效率方面。第三方物流整合资源的能力较弱，即便拥有高效资源，也难以为企业提供整套高效的运营方案，导致整体物流运行效率较低。

(3) 企业合作方面。企业间存在的信任矛盾也是一大挑战。大多数第三方物流企业只能承担简单的物流活动，专业性较弱，且参与方的目标并不完全一致，导致企业经营者难以完全信任第三方物流企业，无法实现深入合作。在这样的背景下第四方物流应运而生。

（二）第四方物流的基本特征

（1）供应链集成商。拥有提供全面供应链解决方案的能力，是管理咨询和第三方物流服务的综合集成商。

（2）影响供应链创造价值。通过对供应链产生影响的能力来创造价值，致力于不断提供更新和优化的技术解决方案，以满足客户的需求。

（3）具备能力基础。第四方物流企业需要具备一定的条件基础，包括制定供应链策略、业务流程再造、技术集成和人力资源管理等关键能力。

（4）具备综合优势。在集成供应链技术和外包方面均处于领先地位，专业人才储备充足，能够做到对多个供应商的有效组织和管理，以保障其提供全面的供应链解决方案。

（5）信息网络化。在信息网络化时代，第四方物流在信息技术方面相较于第三方物流更具优势，它能更好地利用信息科技，提高物流运营的智能化水平。

（6）低成本、高收益。第四方物流通过为企业提供整套方案，降低物流成本，同时，优化供应链方案，实现低成本高收益的目标，为企业创造更大的价值。

二、第四方物流的主要功能与模式

（一）第四方物流的功能

相较于第三方物流专注于具体的物流运作并获得利润，第四方物流并不直接参与具体的物流活动。目前，第四方物流更倾向于为货主提供服务，通过协调和联络货主、基础物流供应商和原料供应商，使自身成为一个供应链解决方案的提供者或信息交互的联系人。第四方物流的主要功能体现在以下几个方面。

1. 供应链管理与优化

第四方物流作为供应链与企业之间的桥梁，掌握着绝大多数供应链信息，包括产品生产、企业战略、物流等。通过收集整个供应链上的信息，第四方物流能够分析客户需求，定制最佳的供应链解决方案。第四方物流基于供应链信息和企业战略，通过俯瞰整个供应链，采用供应链管理技术和IT服务，优化存在浪费的节点，再造供应链以提高运作效率、降低成本。

2. 流程一体化

第四方物流协助企业实现流程一体化。通过对供应链的优化，平衡各节点的利益与职能，第四方物流逐步集成业务流程，减少物流运作中的突发情况。通过精简供应链模式节点，强化企业合作，实现业务流程一体化。

3. 创新供应链模式

第四方物流肩负多个供应链职能和流程的运作责任，工作范围超越传统第三方物流，包括制造、采购、库存管理、信息技术、需求预测等。从功能角度分析，第四方物流实质上属于集成商。通过集成供应链企业，一体化业务流程，第四方物流有效地降低了客户的物流成本，提升客户利益，增强企业在市场上的竞争能力。

（二）第四方物流的模式

按照国际通用的定义，第四方物流是一种提供全面供应链解决方案的供应链集成商。目前，第四方物流主要存在三种模式。

（1）协助提高者。第四方物流为第三方物流提供支持，并提供第三方物流所缺乏的技术和战略技能，其目标是协助提高第三方物流的整体水平。

（2）方案集成商。第四方物流为货主提供服务，充当与所有第三方物流提供商及其他相关供应商联系的中心。它致力于为货主提供完整、整合的供应链解决方案。

（3）产业革新者。第四方物流通过关注同步与协作，为众多的产业成员运作供应链。这一模式旨在推动整个产业的发展，通过协同作用提高整个供应链的效率和创新水平。

以上三种模式使第四方物流的发展突破了第三方物流的局限性。它能够以更低的成本运作，并在整个供应链中实现广泛资源的整合。相较于第三方物流在战略专业技术方面的不足，第四方物流能够更好地将每个领域的最佳物流提供商整合，为客户提供优质的物流服务，进而打造出最优的物流解决方案和供应链管理方案。相比之下，第三方物流要么独自运作，要么通过与其关系密切的转包商为客户提供服务，难以形成技术、仓储和运输服务的综合性方案。

三、第四方物流的优势与作用

（一）第四方物流的优势

第三方物流主要是为企业提供实质性的物流运作服务，其主要不足是技术水平不够高，能为客户提供的增值服务较少。第四方物流刚好相反，其专长是物流供应链技术，它具备丰富的物流管理经验和供应链管理技术、信息技术等。第四方物流的主要优势有以下几个方面。

（1）整合供应链。作为供应链的集成商，第四方物流具有整合布局整个供应链的能力。它能够有效地利用自身资源，实现对供应链各环节的高效整合。

（2）结合服务商优势。第四方物流具备领导力量，能够将自身提供供应链解决方案的能力与第三方物流服务商的优势相结合。通过整合不同服务商的专长，为客户提供全方位的物流解决方案，实现运营成本降低。

（3）借助现代信息技术。第四方物流公司依赖于信息与网络运作，拥有强大的信息技术支持能力和广泛的服务网络。这使得企业可以更好地开拓国内外市场，降低物流成本，并建立与客户之间的信任关系，获取长期订单。

（4）低成本高服务质量。由于第四方物流与企业并不形成竞争关系，它通过整合资源的技术与能力降低了整体成本。同时，为客户提供整体的供应链方案，保证服务的全面性和优质性。这使得企业在获得成本优势的同时，能够享受更优质的服务。

（二）第四方物流的作用

第四方物流在供应链管理中发挥着多重作用，对企业和整个经济体系产生积极的影响。

（1）降低物流运营成本。第四方物流通过提供一整套运营方案，有效减少了物流运作中不必要的环节，从而降低了整个物流的运营成本。

（2）为经济发展作出贡献。相较于第三方物流，第四方物流在一定程度上填补了其存在的缺陷，承担了更大的压力。通过为企业提供更全面、高效的供应链解决方案，第四方物流为经济发展作出了积极贡献。

（3）实现资源的最优化。第四方物流具备整合资源的能力，能够合理利用现有资源，提供全面的供应链方案，这是第三方物流无法做到的。第四方物流有助于实现资源的最优化，提高整个供应链的效益。

总体而言，第四方物流相较于第三方物流的市场前景更加广阔，主要原因在于其提供更加专业化的咨询服务，弥补了第三方物流发展中的不足。尽管目前这一服务领域规模较小，但放眼竞争激烈的整个物流市场，第四方物流将成为物流领域中高速增长的新亮点。

案例拓展

递四方速递公司（4PX Worldwide Express）是一家全球跨境电商供应链综合服务提供商。公司的名称 4PX 源自“the fourth party express”，取自美国埃森哲咨询公司提出的第四方物流的概念。递四方速递专注于国际速递的渠道和平台建设，为客户提供渠道广泛、形式多样、成本低廉、安全可靠的综合跨国物流服务。

递四方速递公司的产品和服务全面覆盖物流、仓储服务以及反向物流解决方案，能够满足不同类型和不同规模跨境电商的需求。公司的主要业务包括跨境电商国际小包业务、全球海外仓一件代发业务、国际快递、FBA 物流业务等。

2016 年，递四方速递公司获得阿里巴巴集团旗下菜鸟网络的投资，成为阿里巴巴集团实现“买全球、卖全球”战略的核心物流伙伴。递四方速递是 eBay、PayPal、亚马逊、阿里巴巴等跨境电子商务机构的全球物流合作伙伴，目前服务的活跃跨境电商商户逾 100 万家。

递四方速递公司 2004 年成立后，一直以持续提升运转效率和客户体验为宗旨，专注于跨境电商物流服务领域。公司注重软硬件科技应用，坚持产品和服务创新，不断优化操作流程，降低物流成本，以专业的物流解决方案和优质的服务水准赢得了广大客户的信任及赞誉。递四方速递的不懈努力降低了跨境电子商务的从业门槛，对中国跨境电子商务行业的快速发展起到了积极推动作用。

本章小结

本章主要学习了跨境电商物流的基本概念、功能和发展现状以及主要的物流方式。第一节对跨境电商物流的内涵展开讨论，主要分析了跨境电商物流的特点，与传统物流的对比分析。第二节对跨境电商物流管理中的库存管理、包装管理和仓储管理进行了详细介绍，分析了跨境电商产品定价与国际物流成本的管理和控制。第三节重点分析了第四方物流。第四方物流作为物流发展的新方向，专长是物流供应链技术、信息技术等。第四方物流并不直接承担具体的物流运作活动，而是通过专业的规划和咨询服务，为各方提供更高效、更智能的物流解决方案。

第4章即测即评

第5章

跨境电子商务支付与结算

| 引言 |

近年来，跨境电子商务蓬勃发展为我国对外贸易注入了新的活力。在跨境电商运营中，跨境支付作为关键的一环引起人们广泛关注。在传统外贸企业转型的过程中，许多企业常常因为涉及物流、支付、退税等方面的问题而望而却步。本章将以跨境电商发展的需求为出发点，紧密结合其复杂性，深入探讨和思考跨境电商支付过程中的相关问题。跨境电商支付方式受不同的跨境电商平台、消费者群体、跨行业的技术、政策等多种因素影响，需要我们全方位分析和研究。跨境支付作为整个跨境电商体系的核心，承载着资金流转的重要任务，其稳定和安全至关重要。因此，选择一种优质的支付与收款方式，能为企业和消费者提供更好的支付体验。

| 素养提升 |

1. 党的二十大报告指出促进数字经济与实体经济深度融合。跨境电商支付作为数字经济的重要组成部分之一，对于推动我国经济高质量发展具有重要意义。本章中我们将介绍跨境支付的基本概念，例如支付行为、支付工具等，并深入研究其在国际贸易中的作用与发展现状。

2. 党的二十大报告指出加快发展数字技术，推进高水平对外开放。跨境支付作为国际贸易的重要环节，受到政策法规的严格监管。我们需要关注政策法规对跨境支付的影响，及时调整支付策略，确保企业合规运营。

3. 推动共建“一带一路”高质量发展是国家重要发展战略，跨境支付将在国际贸易中发挥重要作用。为保障跨境支付领域的可持续发展，需要加强国际合作，推动跨境支付标准化和便捷化，为全球数字贸易的发展提供更加便利的支付环境。

| 学习目标 |

1. 了解跨境电子商务支付的基本概念和发展现状；
2. 掌握跨境电商主要的支付方式；
3. 掌握主要跨境电商平台支付方式；
4. 了解区块链的概念、特征和相关知识。

第一节　跨境电商支付的内涵

一、跨境电商支付的概念

跨境电商支付是指两个或两个以上国家或者地区之间因国际贸易、国际投资及其他方面所发生的国际债权债务而借助电子结算工具和支付系统实现资金跨国和跨地区转移的行为。如中国消费者在网上购买国外商家产品或国外消费者购买中国商家产品，需要通过一定的电子结算工具和支付系统实现两个国家或地区之间的资金转移，最终完成交易。

随着跨境电子商务的发展，跨境电子商务平台上的用户数量不断攀升，跨境电子商务的总体交易额也呈现快速上升趋势，因而对于资金结算服务的需求不断增大，这就为提供跨境支付的金融机构带来了巨大的发展机遇。目前，全球经济一体化，各国之间经济往来频繁，跨境电子支付的作用越来越不容忽视，在整个支付体系中的地位也在不断提高，跨境电子支付无论对跨境电子商务交易还是个人日常消费，都发挥了重要的作用，在现代支付体系中扮演着越来越重要的角色。

传统国际贸易中所使用的结算方式难以满足跨境电子商务交易需求，这主要是因为跨境电子商务交易的单票金额较小、批次多，每批的结算量较小。在传统的结算过程中，主要采用的结算方式为信用证、电汇、汇付和托收。这些结算方式主要基于商业信用，以致在跨境交易中出口商往往承担较大的风险，一方面大量资金被占用，另一方面很难获得贸易融资。在结算方式中，信用证依托于银行信用，风险较低，同时可以为出口商提供融资，但是手续繁杂和费用较高。跨境电子商务每笔交易的交易额非常有限，无法承担传统贸易结算中高昂的手续费，因此，需要一种针对小额国际贸易的第三方支付。随着跨境电子商务的发展，无论是传统商业银行还是互联网金融机构，都将发展目光投向了跨境第三方支付业务。传统贸易支付方式与新兴的第三方支付方式基本构成了如今的跨境支付。

二、跨境电商支付的发展现状

（一）第三方支付机构发展迅速

综合型跨境 B2C 贸易的参与者众多，商品单价较低且商品数量巨大，传统的直接支付方式在这种贸易模式中已不适用。当前，国内拥有跨境支付牌照的第三方支付机构、跨境收款企业以及境外持牌支付机构已经建立了稳定而有效的渠道，并形成了稳固的运作模式。在这一模式中，对于关键的换汇环节，国内持牌的第三方支付机构能够根据跨境电商平台的数据进行单笔换汇操作，这为综合型跨境 B2C 贸易提供了便利和可靠的支付解决方案，有助于应对参与者众多、交易频繁、金额相对较小的特点。

（二）传统跨境贸易以直接支付方式为主

传统跨境贸易更倾向于采用直接支付方式，包括汇付、托收、信用证和国际保理等。汇付常用于金额较小的情况，而信用证方式在大额支付场景中较为常见。在国际贸易活动中，买卖双方可能存在信任问题，买方担心预付款后卖方可能不按合同要求发货，而卖方也担心在发货或提交货运单据后买方可能不付款。为了解决这些问题，需要引入两家银行作为买卖双方的保证人。信用证这种方式对买卖双方都提供了可靠的保障，成为跨境贸易中重要的支付方式。在直接支付中汇付主要由银行完成。银行在接到汇款人的申请后，通过环球银行金融电信协会（SWIFT）等多种形式将资金从境外汇入，最终解付给收款人。

（三）小额跨境 B2B 贸易支付与结算成本降低

近年来，小额跨境 B2B 贸易呈现迅猛发展的态势，其中涉及众多境外小商家。与传统的大商家相比，这些小商家单笔交易的客单价较低，通常更倾向于通过分销商直接采购商品。这一模式显著地降低了人力和贸易成本。由于小商家规模相对较小、客单价较低，它们更倾向于通过灵活的分销网络进行采购，这不仅减少了中间环节，提高了采购效率，同时也大大降低了贸易结算和支付的成本。

三、跨境电商支付机构及支付方式分类

（一）跨境电商支付机构概况

不同于银行和信用卡公司等传统的支付机构，第三方支付在跨境电商支付中占据相当大的份额。当前，全球最大的第三方支付公司是 PayPal，它的业务覆盖全球大约 200 个国家和地区，尤其在欧美地区有较高的使用率，全球范围内拥有超过 4 亿的用户。2013 年国家外汇管理局发布了《支付机构跨境电子商务外汇支付业务试点指导意见》，2015 年国家外汇管理局发布《关于开展支付机构跨境外汇支付业务试点的通知》，为我国支付机构参与跨境支付相关业务，提供外汇资金的结售汇服务和资金收付业务奠定了政策基础。虽然

我国逐步开放第三方支付机构参与国内的跨境支付业务，但由于文化差异、国际市场份额以及各类历史因素等影响，PayPal 等国外支付机构在短期内仍然占据较大的市场份额，国内第三方支付机构的市场占比相对较小。随着国内第三方支付机构的不断成熟，我国企业和消费者参与跨境电商的程度逐渐加深，国内第三方支付机构的市场占有率也将不断提升，跨境支付业务将朝着更多元化的方向发展。

（二）跨境电商支付方式分类

跨境电商支付方式可分为多种类别，其中包括货到付款、信用卡支付、传统银行转账以及第三方支付平台支付等。在跨境电商领域，企业的选择涉及不同的商业平台和商业模式，因此在支付方式和支付机构的选择上存在较大的差异。

1. 按商业模式划分

在跨境 B2B 模式中，规模以上的 B2B 电子商务企业主要采用传统跨境大额交易平台模式。这种模式通过为境内外的会员商户传递采购商和供应商等合作伙伴的服务信息和商品信息，构建一个网络营销平台，促进双方交易的完成。典型的代表如中国制造、阿里巴巴国际站等。这类大宗交易平台主要提供卖家和买家信息，为商家提供相互了解的渠道。结算主要以线下支付为主，涉及的金额较大，通常采用 T/T、L/C、西联汇款等传统贸易支付方式。

在跨境 B2C 模式中，像兰亭集势、米兰网、全球速卖通等以零售、小额批发为主的 B2C 平台，主要提供交易、在线支付、物流、纠纷处理、售后等服务。这种平台模式主要采用线上支付，借记卡、信用卡、第三方支付是其主要的支付方式。同时，这些平台也支持西联汇款和 T/T 等线下支付方式。这一模式强调在线支付的便捷性，通过多元化的支付方式满足不同用户的需求，提高交易效率。

2. 按贸易和资金流向划分

跨境电商进口业务包括跨境购付汇，其购汇途径主要包括国内银行购汇汇出、境外电商接受人民币支付以及第三方购汇支付。其中，第三方支付的流程需要境内消费者在跨境电商平台上完成订单提交后，通过国内第三方支付机构进行付款。此时，第三方支付机构和境外卖家同时收到订单信息。第三方支付机构将从消费者在其合作银行中设定的账户进行购汇操作，将商品货款转付给境外卖家，并将相关支付信息传递给境外卖家。卖家随后通过跨境物流运输商品，最终消费者成功收到所购商品。这一流程通过第三方支付机构实现了资金的安全流转，促进了跨境电商交易的便捷和高效进行（如图 5-1 所示）。

跨境电商出口业务包括跨境收结汇，结汇途径主要有以下几种方式：国内银行汇款、以结汇或个人名义拆分结汇流入、第三方收结汇等。在跨境电商平台上，境外消费者下单成功后，订单信息会同时被海外第三方支付机构和境内卖家接收。境外消费者通过银行、信用卡组织、支付公司等方式向 PayPal 等海外第三方支付机构支付商品货款。海外第三方支付机构会通过收结汇的方式与中国合作的第三方支付机构进行交易，向境内卖家支付商品货款。卖家通过跨境物流进行商品的运输，最终实现境外消费者确认收货。这一流程通过第三方支付机构的协作，实现了资金的安全结汇，促进了跨境电商出口业务的顺畅运作（如图 5-2 所示）。

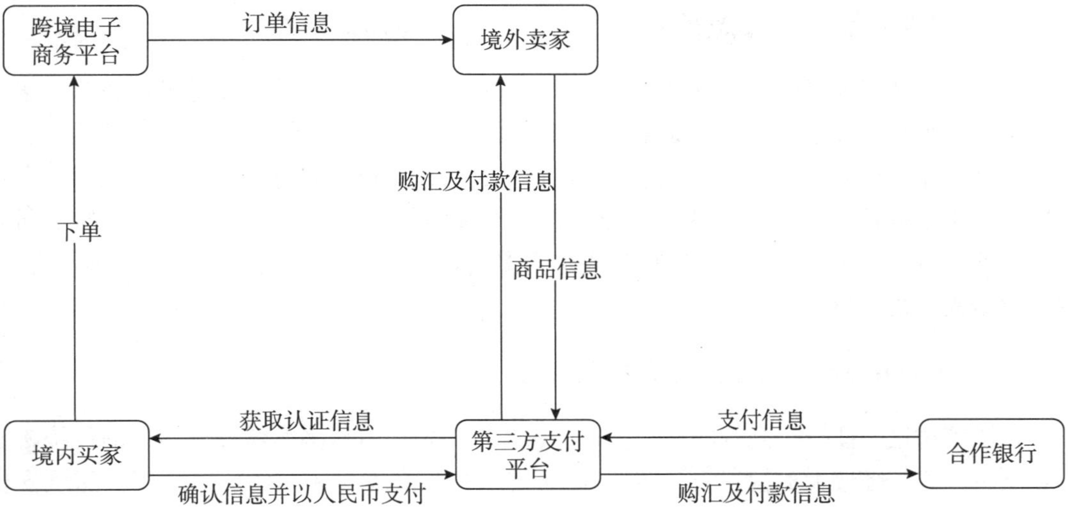

图 5-1　跨境电商进口购付汇

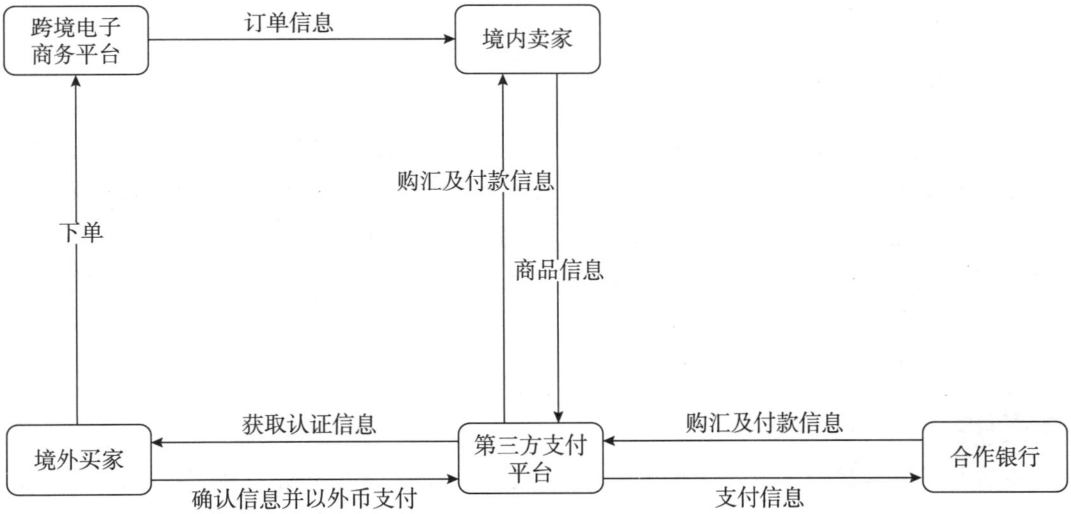

图 5-2　跨境电商出口收结汇

四、跨境电商支付与结算的前景

(一) 第三方跨境支付向多元化模式发展

近几年，第三方跨境电商支付结算服务逐渐从单一通道模式向多元化模式发展。随着国家外汇管理局和中国人民银行的支持力度不断加大，第三方跨境电商支付逐步拓宽市场渠道，除了基础的支付功能外还能够为跨境电商贸易平台提供更多服务。一些卖家开始与跨境电商产业链中的服务机构合作，不仅实现了从出口退税到报关等多个环节的整合，并且能够提供跨境电商仓储物流解决方案，更大程度满足了跨境电商参与者的不同需求。

（二）跨境电商支付领域规范化进程加快

近几年，随着亚马逊、全球速卖通、eBay 等主流跨境电商平台的高速发展，全球跨境电商的交易规模和消费群体不断扩大，平台的运营也更加规范和成熟，带动了跨境支付、跨境物流等行业的发展。第三方支付机构经过前期的市场培育阶段，为了在市场竞争中脱颖而出采取差异化运营，各机构开始打造专属的行业解决方案以满足用户的不同需求。为确保行业稳定发展，政府部门密集出台多项政策支持跨境支付等领域的发展，行业规范化步入“快车道”。

（三）小额 B2B 跨境电商支付结算潜力巨大

跨境支付这一便捷、高效的交易模式将逐步取代资金占压多、风控压力大的传统跨境贸易支付方式。随着大数据、云计算、AI 等技术在跨境支付领域的成熟运用，跨境支付快捷、灵活的特点更加突出，更符合小额 B2B 跨境贸易的支付要求。特别是云计算、区块链等技术的快速发展有效解决了传统跨境支付成本高、速度慢等问题，进一步赋能小额 B2B 跨境电商支付的发展。

（四）与传统跨境支付方式互补共存

传统跨境支付、结算方式和跨境电商支付、结算方式之间存在互补共存的关系。传统跨境支付与结算方式在市场中仍然占据着重要地位，但随着新的跨境电商模式和平台的兴起，传统方式也面临改革的压力。传统方式的稳定性和成熟度在一定程度上保证了跨境贸易顺利进行，尤其是在大宗交易和大额支付方面。与此同时，跨境电商支付与结算方式的快捷、便利和灵活性为小额交易和小额批发提供了更好的解决方案，因此两者在市场中并存，可以根据不同的需求和场景发挥各自的优势。

延伸阅读

我国要完善跨境资本流动管理框架，加强监管合作，提高开放条件下风险防控和应对能力。加强人民币跨境支付系统建设，推进金融业信息化核心技术安全可控，维护金融基础设施安全。

完善跨境资本流动管理框架对于加强对跨境电子商务支付的监管与管理有积极的影响。跨境电子商务支付涉及国际货币交易和资金流动，只有建立健全的监管制度和管理机制，才能保障跨境支付安全和合规性。同时，加强人民币跨境支付系统建设是提升我国跨境电商支付的便捷性和安全性的关键因素，通过建设更加高效、安全的人民币跨境支付系统，可以有效降低跨境电商支付成本、提高支付效率，促进跨境电商健康发展。

当前，各大跨境电商支付平台为保障用户交易数据的安全性和保护隐私，纷纷加大发展安全可控的金融信息技术的力度。加快推进金融业信息化核心技术安全可控和维护金融基础设施安全，对于跨境电商支付平台的安全运行至关重要。加强监管、建设支付系统、提升技术安全性等措施，将为跨境电商支付提供更加安全、高效的环境保障。

第二节　跨境电商支付与传统支付

跨境电商支付的安全性和便捷性成为推动全球贸易与经济增长的关键因素。相较于传统支付方式来说，跨境电商支付的优势与劣势并存，其差异主要体现在支付方式的广泛性、风险管理与成本等几个方面。以下将对传统支付方式和跨境电商支付方式的风险管理以及优劣进行比较分析。

一、跨境电商支付方式与传统支付方式的不同

在传统的外贸交易中海洋运输占主导地位，主流的支付方式主要包括电汇、托收和信用证。外贸中的交易方通常采用前电汇加信用证（如 30%T/T+70%L/C）或者后电汇加托收（30%T/T+70%D/P）的支付方式。这种结合式支付的特点是以部分资金作为定金，对于买卖双方来说既可以避免大额交易潜在的资金违约风险，又满足了交易双方对交易灵活性和稳定性的需求。

在跨境电商交易中船运方式已不再是主流，更多采用航空和海外仓等方式，其支付方式也在发生变化。由于跨境电商交易主要以零售和批发为主，产品价值和涉及金额相对较低，因此可以采用 PayPal、西联汇款、国际版支付宝、电汇、信用卡等多种方式进行支付。与传统外贸交易不同的是，跨境电商交易是在第三方支付平台的介入和监督下进行的，第三方支付平台能够提高交易的透明度和监管力度，确保交易方在跨境平台上的销售和购货过程中的资金与货物的安全。相比之下，在传统贸易中缺乏第三方支付平台参与，因此在选择国际贸易支付方式时，出口方应尽量避免采用较长的承兑交单期限或赊账交易方式，以降低交易风险。

二、两者在风险管理方面的异同

两者在风险管理方面也不尽相同。在传统外贸支付方式中，承兑交单支付方式被认为是一种风险较高的方式。在欠发达国家中存在交易欺骗行为，例如进口商勾结进口地银行，由进口地银行轻易放单给进口商，进口商便获得物权凭证将货物占为己有，但在承兑期限结束后未如约向出口商支付货款。囿于交易双方距离遥远以及证据搜集难度较大，出口商很难维护自己的权益。因此，承兑交单这种方式被视为买方市场的一种交易方式，对于出口商而言，这种支付方式的风险较高。

在跨境电商支付中，有很多第三方支付平台更偏向保护买家而对卖家的保护相对较弱，这就意味着卖家面临的风险很大。例如，在跨境电商交易中 PayPal 有广泛的用户群体，当买卖双方产生交易纠纷时，PayPal 在介入时会更偏向保护买家，卖家往往会承担较大的损失。此外，PayPal 对每笔交易收取手续费和交易处理费，这也抬高了卖家的经营成

本。对于一些小型跨境电商来说，这样的费用可能会使它们难以盈利。PayPal 通常采用电子邮件确认交易，诈骗分子通过发送虚假的支付确认邮件来骗取商品并逃避支付。在这种情况下，PayPal 更倾向于相信买家提供的证据，造成卖家维护自身权益时束手无策，难以获得赔偿。

案例拓展

2020 年，一位中国供应商陆先生与一位法国的买家达成了 4 笔交易，总货值超过 7 000美元。当包装完好的 4 箱货物抵达法国后，法国买家却提出货物质量没有达到预期，向 PayPal 提出此笔交易存在争议。陆先生在与法国买家的交流中分歧很大，法国买家以拒绝支付款项为威胁，声称只要陆先生支付 5 000 美元他便向平台提出取消争议。陆先生为此深感愤怒，便将双方的沟通记录提交给了 PayPal 客服，希望能得到公正的处理。但令陆先生费解的是，尽管他提供了证据证明自己的清白，PayPal 仍然决定要求陆先生全额退款。一周之后，送货员将 4 笔交易中的 2 个退货包裹退送到陆先生的公司，但送货员并没来得及和陆先生当面开箱验货。陆先生打开退货的 2 个包裹后发现里面装的是三本没用的杂志，于是他立即联系了 PayPal 提出进一步申诉，但 PayPal 的答复是要求陆先生提供邮局的开箱证明。陆先生只能联系邮局索要开箱证明，邮局给予的答复是几天后才能提供开箱证明。在向 PayPal 进一步申诉后，PayPal 客服表示需要 15 天时间来处理。令陆先生意外的是，几天后他发现 4 笔有争议的交易货款均已退给买家，但实际上陆先生只收到了 2 个退货包裹，另外 2 个包裹还停留在海关。为此他联系了 PayPal 客服，对其处理方式提出质疑，令他无奈的是，PayPal 客服的答复是这一处理是按照公司规定来执行的。

这是一个有代表性的真实案例，PayPal 收到买家的投诉后的处理方式并没有做到公平公正，而是将风险转移到了卖家身上。只要买家完成退货，不论退货真实情况如何，PayPal 都会偏向于维护买家利益而将款项退还给买家。

三、跨境电商支付方式与传统支付方式的优劣势

传统支付方式和跨境电商支付方式各有优劣，需要根据具体情况选择适合的支付方式。传统支付方式在信誉度和安全性方面较高，但手续烦琐、成本高昂、限制较多；跨境电商支付方式则以快速便捷、成本较低、灵活性高为特点，但也存在安全风险和监管不足的问题。另外，跨境电商平台一般会收取平台佣金或提现手续费，交易方需要考虑这些费用占总交易金额的百分比。传统支付方式中的信用证安全性高，但周期长、结汇慢、涉及单据较多；跨境电商支付方式虽然快速便捷、收汇较快，但也存在网络风险和诈骗行为。从适用范围方面来看，传统支付方式适用于从事进出口业务的传统贸易公司、经销商和制造商，而跨境电商支付方式更适合零售行业或单笔交易资金较少的客户或跨境电商卖家。跨境电商支付方式与传统支付方式的对比分析参见表 5-1。

表 5-1　跨境电商支付方式与传统支付方式的优劣势对比分析

	优势	劣势
传统支付方式	广泛接受性：传统支付方式如电汇、信用证、托收在全球范围内被广泛接受，方便在各国之间进行交易。 稳定性：传统支付方式经过多年的发展和使用，具有稳定性和可靠性，用户对其安全性有较高的信任度。 适用性：传统支付方式可以适用于不同的商业场景，包括线下零售、实体商店和传统金融机构等。	手续费高：传统支付方式往往有高额的手续费，尤其是在跨境交易中，可能有外汇兑换费用和国际交易费用等额外成本。 速度较慢：传统支付方式的处理时间通常较长，特别是在跨境交易中，需要经过多个中介机构的处理和确认，支付速度缓慢。 安全风险：传统支付方式存在安全风险，如伪造信用证诈骗等，可能导致财务损失。
跨境电商支付方式	快捷便利：跨境电商支付方式具有实时处理和快速转账的特点，使得国际交易更加迅速和便捷。 低成本：跨境电商支付方式往往具有较低的交易成本，避免了传统支付方式的中间环节和额外费用。 安全性：跨境电商支付方式采用加密技术和安全验证措施，保障交易的安全性和用户隐私。	接受程度不一：跨境电商支付方式在某些国家和地区的接受程度有限，可能受限于网络基础设施和技术普及程度。 技术要求：使用跨境电商支付方式需要具备一定的技术和网络知识，对一些用户来说存在一定的学习和适应成本。 网络稳定性：跨境电商支付方式依赖于网络连接和技术设备，如果网络不稳定或存在故障，可能会影响支付的进行。

第三节　区块链技术在跨境电商中的运用

一、区块链的定义

区块链起源于比特币，2008 年 11 月 1 日，一位化名为中本聪（Satoshi Nakamoto）的学者发表了《比特币：一种点对点电子现金系统》的论文，阐述了基于 P2P 网络技术、加密技术、时间戳技术、区块链技术等的电子现金系统的构架理念，这标志着比特币的诞生。两个月后理论步入实践，2009 年 1 月 3 日第一个序号为 0 的创世区块诞生。几天后，2009 年 1 月 9 日出现序号为 1 的区块，并与序号为 0 的创世区块相连接形成了链，标志着区块链的诞生。

近年来，世界对比特币的态度起起落落，但作为比特币底层技术之一的区块链技术日益受到重视。在比特币形成过程中，区块是一个一个的存储单元，记录了一定时间内各个区块节点全部的交流信息。各个区块之间通过随机散列（也称哈希算法）实现链接，后一个区块包含前一个区块的哈希值，随着信息交流的扩大，一个区块与一个区块相继接续，形成的结果就叫区块链。

从狭义来讲，根据工业和信息化部 2016 年发布的《中国区块链技术和应用发展白皮书》所述，区块链是一种按照时间顺序将数据区块以顺序相连的方式组合成的一种链式数据结构，并以密码学方式保证的不可篡改和不可伪造的分布式账本。从广义来讲，区块链技术是利用块链式数据结构来验证与存储数据、利用分布式节点共识算法来生成和更新数据、利用密码学的方式保证数据传输和访问的安全、利用由自动化脚本代码组成的智能合约来编程和操作数据的一种全新的分布式基础架构与计算范式。

二、区块链的类型与特征

（一）区块链的三要素

区块链由交易（transaction）、区块（block）和链（chain）三个基本要素构成。交易是导致账本状态改变的一次操作，区块是记录一段时间内发生的交易和状态结果的共识，而链则是由一个个按照发生顺序串联而成的区块组成，是整个状态变化的日志记录。每个区块保存着规定时间段内的数据记录，通过密码学方式构建起安全可信的链条，形成一个不可篡改、全员共有的分布式账本（如图 5－3 所示）。

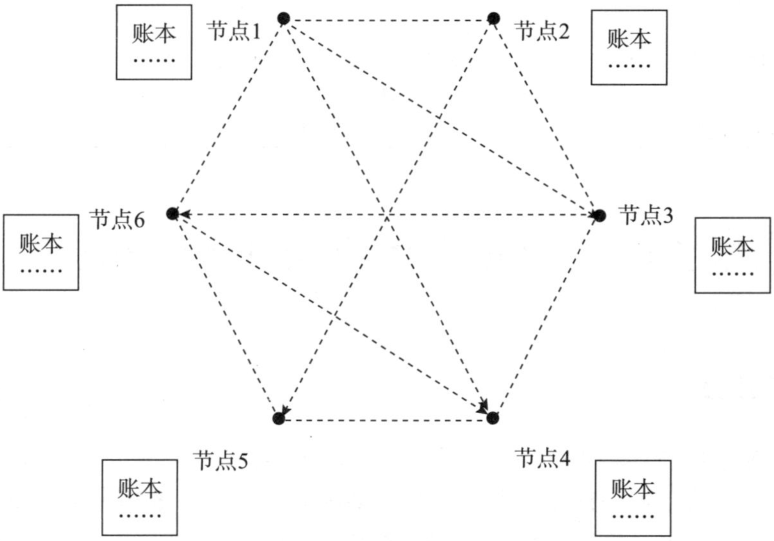

图 5－3　区块链分布式记账网络

简而言之，区块链就是一个收录所有历史交易的账本。在每一个不同的节点各持有一份，节点间通过共识算法确保所有账本最终趋于一致。区块链中的每个区块就像账本的一页，记录了每一批次交易条目。如此一来，所有交易细节都被记录在每一个节点都能公开看到的账本上，如果要修改已记录的交易，就需要将所有持有账本的节点同时修改。但是由于每一页记录了上一页的摘要信息，若想修改某一页（即篡改一个区块）会导致后续所有区块的摘要不匹配，也就意味着需要连带修改后续节点的内容。这一过程将产生巨大的工作量，几乎是难以实现的。因此，这就引出了区块链的一个重要特征——不可篡改性。

（二）区块链的类型

1. 公有区块链

公有区块链（public block chains）：世界上任何个体或者团体都可以发送交易，且交易能够获得该区块链的有效确认，任何人都可以参与其共识过程。公有区块链是最早的区块链，也是应用最广泛的区块链，各个比特币系列的虚拟数字货币均基于公有区块链，世界上有且仅有一条该币种对应的区块链。

2. 联合（行业）区块链

联合（行业）区块链（consortium block chains）：由某个群体内部指定多个预选的节点为记账人，每个块的生成由所有的预选节点共同决定（预选节点参与共识过程），其他接入节点可以参与交易，但无权参与记账过程（本质上还是托管记账，只是变成分布式记账），其他任何人可以通过该区块链开放的 API 进行限定查询。

3. 私有区块链

私有区块链（private block chains）：仅仅使用区块链的总账技术进行记账，既可以是一个公司，又可以是个人独享该区块链的写入权限，本链与其他的分布式存储方案没有太大区别。传统金融行业试图进入私有区块链的领域研发应用产品，目前公链的应用产品（例如比特币）已经工业化，而私链的应用产品仍处在探索之中。

（三）区块链的特征

1. 去中心化

区块链技术不依赖额外的第三方管理机构或硬件设施，没有中心管制，除了自成一体的区块链本身，通过分布式核算和存储，各个节点实现了信息自我验证、传递和管理。去中心化是区块链最突出、最本质的特征。

2. 不可篡改性

比特币的每次交易都会记录在区块链上，不同于由中心机构主宰的交易模式，其中心机构可以自行修改任意用户的交易信息，而比特币很难篡改。

3. 开放性

区块链技术基础是开源的，除了交易各方的私有信息被加密外，区块链的数据对所有人开放，任何人都可以通过公开的接口查询区块链数据和开发相关应用，因此，整个系统信息高度透明。

4. 可追溯性

区块链采用带时间戳的块链式存储结构，有利于追溯交易从源头状态到最近状态的整个过程。时间戳作为区块数据存在的证明，有助于将区块链应用于公证、知识产权注册等时间敏感领域。

5. 独立性

基于协商一致的规范和协议（类似比特币采用的哈希算法等各种数学算法），整个区块链系统不依赖其他第三方，所有节点能够在系统内自动安全地验证、交换数据，不需要任何人为干预。

6. 安全性

只要不能掌控全部数据节点的51%，就无法肆意操控修改网络数据，这使区块链本身变得相对安全，避免了主观人为的数据变更。

7. 匿名性

除非有法律规范要求，单从技术上来讲，各区块节点的身份信息不需要公开或验证，信息传递可以匿名进行。

三、区块链的核心技术

（一）分布式账本

分布式账本指的是交易记账由分布在不同地方的多个节点共同完成，而且每一个节点记录的是完整的账目，因此它们都可以参与监督交易合法性，也可以共同为其作证。跟传统的分布式存储有所不同，区块链的分布式存储的独特性主要体现在两个方面：一是区块链每个节点都按照块链式结构存储完整的数据，传统分布式存储一般是将数据按照一定的规则分成多份进行存储。二是区块链每个节点存储都是独立的、地位等同的，依靠共识机制保证存储的一致性，而传统分布式存储一般是通过中心节点往其他备份节点同步数据。没有任何一个节点可以单独记录账本数据，从而避免了单一记账人被控制或者被贿赂而记假账的可能性。由于记账节点足够多，理论上讲，除非所有的节点被破坏，否则账目就不会丢失，从而保证了账目数据的安全性。

（二）非对称加密

存储在区块链上的交易信息是公开的，但账户身份信息是高度加密的，只有在数据拥有者授权的情况下才能访问，从而保证了数据的安全和个人的隐私。

（三）共识机制

共识机制就是所有记账节点之间怎么达成共识去认定一个记录的有效性，这既是认定的手段，又是防止篡改的手段。区块链提出了四种共识机制，适用于不同的应用场景，在效率和安全性之间取得平衡。区块链的共识机制具备“少数服从多数”“人人平等”的特点，其中“少数服从多数”并不完全指节点个数，也可以是计算能力、股权数或者其他的计算机可以比较的特征量。“人人平等”是当节点满足条件时，所有节点都有权优先提出共识结果、直接被其他节点认同并有可能成为最终共识结果。以比特币为例，采用的是工作量证明，只有在控制了全网超过51%的记账节点的情况下，才有可能伪造出一条不存在的记录。当加入区块链的节点足够多时，这基本上不可能，从而杜绝了造假的可能。

（四）智能合约

智能合约是基于这些可信的不可篡改的数据，可以自动地执行一些预先定义好的规定和条款。以保险为例，如果每个人的信息（包括医疗信息和风险发生的信息）都是真实可信的，那就很容易在一些标准化的保险产品中去进行自动化理赔。在保险公司的日常业务中，虽然交易不像银行和证券行业那样频繁，但是对可信数据的依赖是有增无减的。利用区块链技术，从数据管理的角度切入，能够有效地帮助保险公司提高风险管理能力。

四、区块链与跨境支付

随着跨境电商的蓬勃发展，越来越多的优质海外商品正迅速进入国际市场，跨境市场也因此成为下一个万亿级别的“蓝海”。目前在国内第三方支付市场中，财付通和支付宝已构成“双寡头”竞争格局，瓜分了整体移动支付市场 94％以上的交易份额，牢牢占据着 C 端市场，在其运用领域，如电商、航空和游戏等领域已逐渐趋于饱和，进入了稳定增长的成熟发展阶段。

传统的跨境支付方式存在诸多问题，包括中间环节较多、费用较高、到账时效性不强等，这给跨境电商卖家带来了挑战，面临境外银行账户难以申请、多平台店铺资金管理复杂、提现到账速度缓慢等问题。此外，依赖第三方支付平台也意味着需要支付相应的手续费，大大影响了支付效率。

随着区块链技术的出现，这些问题得到了有效解决。区块链跨境支付系统实现了跨境汇款秒到账、交易信息实时共享、交易过程实时追踪、银行实时销账等环节高效运转。区块链技术除了在票据市场、供应链金融等领域发挥重要作用，在跨境支付领域的商用价值也引起了业内重视。跨境支付是银行利润最丰厚的业务之一，每年银行间处理的跨境支付额巨大，达数万亿美元，交易量庞大。在利用区块链进行跨境支付的各种场景中，最受欢迎的是企业间的跨境支付，其后才是银行内的跨境支付、现金总库、非本行内的银行间跨境支付、跨境汇款和个人间的跨境支付。

区块链与跨境支付的结合，对金融机构来说具有重要意义。它不仅可以改善成本结构、提高盈利能力，还能实现全天候支付、瞬间到账，加快交易速度的同时节省大量手续费。举例而言，全球第一笔基于区块链的银行间跨境汇款使用 Ripple 支付网络，仅需 8 秒即可完成交易，而传统支付方式可能需要 2～6 个工作日。

（一）区块链技术在跨境支付中的优势

（1）增强安全性。区块链是去中心化的分布式账本，所有交易记录被完整地保存在多个节点上，并通过加密和验证确保安全性。这种结构提高了货物的可追溯性和透明度，加强了供应链管理并提高了效率，减小了欺诈活动的可能性。交易记录的永久性和公开查看性使得整个交易流程更加透明和可验证，实现了交易风险降低和安全性提高。

（2）降低交易成本。传统的跨境支付需要经过多个中介和银行进行结算，导致时间延迟和较高的费用。基于区块链的解决方案可以实现实时支付与结算。通过智能合约和分布式账本记录交易，消除中间环节，提高支付效率。在区块链中，信息可以实时共享和处理，实现了更快速的支付和结算，减少了传统支付系统中的中间环节和时间消耗，降低了交易成本和手续费。实践中已经有案例验证借助区块链技术的跨境支付可以将成本降低 75％。

（3）实时信息共享。区块链技术实现了实时的信息共享，包括交易细节、资金流动等。这种实时信息共享使得买卖双方能够更好地了解交易进展，及时调整业务策略，提高效率和减少风险。此外，区块链技术下的跨境支付无须中介机构，企业直接进行点对点的贸易，加快了资金的清算和货物交付速度，减少了支付的时间成本和流动性风险。

（二）区块链技术在国际贸易支付中的应用案例

（1）Ripple（瑞波币）。Ripple 是一家专注于跨境支付的区块链公司，利用其独有的分布式账本技术提供更快速、低成本的国际汇款服务。其区块链网络和数字货币 XRP 被用于实现实时跨境支付，减少了传统支付系统中的中间环节和费用。

（2）Stellar（恒星币）。Stellar 是另一种基于区块链的跨境支付平台，该平台旨在连接金融机构、支付系统和个人，使其能够快速、安全地进行国际支付。Stellar 网络使用自有的加密货币 Lumens（XLM），在不同货币之间直接进行转账，减少了汇款过程中的时间和费用。

（3）IBM World Wire。IBM World Wire 是 IBM 推出的基于区块链的跨境支付网络。它利用区块链技术和稳定币（如美元锚定）实现实时清算和结算。与传统的跨境支付系统相比，IBM World Wire 可以提供更高的透明度、安全性和效率。

（4）CBDC（中央银行数字货币）。目前有很多国家的央行正在研究和实施中央银行数字货币作为国际支付的一种替代方式。CBDC 可以基于区块链技术，提供更安全、高效和可追溯的支付解决方案。举例来说，中国的数字人民币项目就是基于区块链技术构建的，并广泛应用于国内和国际支付领域。

案例拓展

2020 年蚂蚁集团副总裁、智能科技事业群总裁蒋国飞在外滩大会上发布全新国际贸易及金融服务平台 Trusple。Trusple 与支付宝前身“担保交易”一样，都为了解决交易信任问题而生。

近几年，数字化发展使得企业贸易变得容易，但 B2B 国际贸易的流程复杂度并没有降低，买家和卖家间的信任问题仍然是阻碍当下跨境贸易的核心障碍。不过，区块链的出现提供了新的技术解法。蒋国飞表示，与支付宝当年推出担保交易的初衷一样，Trusple 也是为了解决交易信任问题，所不同的是，区块链技术在解决复杂流程信任中的突出特性，使得 Trusple 更好地契合了解决国际贸易信任问题的需求。

在这个堪称 B2B 界支付宝的 Trusple 平台上，当买家和卖家产生一笔贸易订单后自动上链并开始流转，银行会基于订单约定的付款条件自动进行支付，避免了传统模式下卖家需要督促买家去线下操作转账，同时也能防止屡有发生的恶意拖延付款现象。买家可以基于上链的真实订单获得账期等金融服务，大大提升了资金利用率和采购效率。

对买卖双方来说，在 Trusple 上的每一次成功交易都是一次“链上信用”的沉淀。当企业产生融资需求时，金融机构可以向 Trusple 平台提出验证请求，确定企业的贸易真实性。这一方面降低了银行等金融机构的金融服务风险，另一方面盘活了中小企业的生存和营运能力，进一步实现“让天下没有难做的生意”，激活数字经济。

在外滩大会现场，法国巴黎银行、花旗银行、星展银行、德意志银行和渣打银行成为 Trusple 首批 5 家合作伙伴，标志这一全新贸易平台将逐步推向全球市场。目前，蚂蚁链是蚂蚁集团代表性的科技品牌，已经用技术解决了超过 50 个场景的信任难题。蚂蚁链平台“日上链量”已经超过 1 个亿，证明了大规模商业化的能力。

在“区块链生态上的公共服务体系”圆桌对话上，e 签宝创始人兼 CEO 金宏洲与蚂蚁集团智能科技事业群副总裁、政务与生态服务部总经理邹亮等嘉宾进行了精彩对话。邹亮在开场中介绍，区块链作为“新基建”助力政务民生和经济发展。蚂蚁链助力省市顶层设计，其中链上政务这块电子印章的应用将对营商环境的优化起到非常重要的作用。面对邹亮提出的“相较实体印章，区块链电子印章有哪些不可替代的优势?”的提问，金宏洲表示，区块链电子印章相较于普通电子印章，具备更可信、更可靠、更便捷、更智能四大优势。

以更智能为例，通过区块链电子印章签署的区块链合同，集成了达摩院的 NLP 智能语义处理、智能文档处理等能力，结合司法大数据，实现了合同的智能审查，可以通过 AI 告诉用户合同中的条款是否有问题并且结合区块链的智能合约能力，实现合同的自动执行。

金宏洲表示，“未来，中国的每家企业都会有一套区块链印章，包括公章、法人章和财务章，当区块链合同走入每一家企业，假章就不复存在，交易将更透明，签约更可信、执行有保障、维权更便捷、司法有闭环，社会的交易成本将大幅下降，助力优化营商环境”。

资料来源：张云山. 重启 19 年前的保密项目，蚂蚁用区块链技术做“国际贸易支付宝”，专攻信任难题. 钱江晚报，2020 - 09 - 26.

本章小结

本章主要介绍了跨境电商支付的基础知识、支付模式以及发展现状等内容。第一节分析了跨境电商支付的基本概念、发展现状、跨境电商支付机构及支付方式分类、跨境电商支付与结算的前景。第二节比较了跨境电商支付方式与传统支付方式。第三节重点讨论了区块链技术在跨境电商中的运用。区块链跨境支付系统可以实现跨境汇款秒到账、交易信息实时共享、交易过程实时追踪、银行实时销账等环节高效运转，可以有效解决传统的跨境支付方式存在的问题。通过对这些内容的学习，读者可对跨境电商支付有更全面的认识，为今后在跨境电商领域的实践和应用打下坚实的基础。

第5章即测即评

第 6 章

跨境电子商务客户服务

| 引言 |

在跨境电商的交易过程中，客户服务是交易能否成功的关键。跨境电商客户服务比境内电商客服工作更加复杂，不仅涉及不同语言的沟通交流，还需要了解不同国家或地区的法律、消费者习惯和偏好。本章在第一节中将探讨跨境电子商务客户服务的概念及内容，熟悉客户服务的流程，深挖与客户沟通时的技巧。在第二节中将着重关注跨境电商客户服务中常见的纠纷处理问题。通过对跨境电商纠纷处理的实践探讨，探索有效的纠纷解决机制，并提出预防纠纷的有效措施。最后一节详细介绍跨境电商客户管理中的 CRM 系统，探讨如何运用 CRM 系统提升客户管理效率，实现更加精准的市场营销和服务。

| 素养提升 |

1. 党的二十大报告提出促进数学经济和实体经济深度融合。良好的客户服务沟通技巧可以促进跨境电商企业与各国消费者有效对接。掌握客户服务的沟通技巧，不仅可以增进企业与客户之间的信任和合作，更能够在国际竞争中脱颖而出。在国际市场竞争愈加激烈的背景下，优秀的沟通技巧成为企业获取和留住客户的重要法宝。

2. 跨境电商是促进制造业升级、推动实体经济转型升级的重要因素之一。客户服务在这一转型过程中扮演着关键角色，它不仅是对产品或服务的反馈和处理，更是建立品牌信任、提升用户体验、促进消费升级的重要手段之一。通过提供优质的客户服务，跨境电商可以提高消费者对商品和服务的满意度，从而促进消费升级，推动共同富裕目标的实现。

| 学习目标 |

1. 了解客户服务的概念和流程；
2. 掌握客户服务的沟通技巧；
3. 了解跨境电商客服纠纷的类型；
4. 掌握跨境电商客服预防纠纷的方法；
5. 了解跨境电商 CRM 系统的概念、作用等相关内容。

第一节　认识跨境电子商务客户服务

一、跨境电子商务客服的概念及内容

（一）跨境电商客户服务的概念

跨境电商领域的客户服务并不仅限于传统意义上国内电商所理解的“服务客户”，它的内涵远超简单地回应客户需求，而是承担着更为广泛的职责，涉及对销售、成本控制、团队管理等多个方面的影响和引导。要在跨境电子商务领域做好客户服务工作，首要之务是深入了解其工作范围与目标，方能有效开展工作。

跨境电子商务平台的在线客户服务与传统外贸业务中外贸销售员的工作性质颇为相似。除了面向在线的 C 类客户，在线客户服务常常通过电商平台接触到 B 类客户。从本质上来讲，跨境电子商务是传统外贸的升级版，因此，成功运营跨境电子商务客服需要深刻理解其与传统外贸客服相通的原理和策略。

在传统外贸模式下，客户服务以线下为主，以面对面交流为主要形式。由于大额订单的周期长、环境多变，除了必要的业务员沟通服务外，更多依赖于工厂和产品的品质、价格等传统竞争力。跨境电子商务服务的对象理论上是全球的客户，碎片化和在线化使客户的需求和标准变得更加多样化。在线模式主要通过页面描述、站内信等方式了解和沟通，很少进行实时交流。由于客户具有不同的文化背景、不同的价值观和宗教信仰等，一旦出现售后问题，退货成本、沟通以及运营风险都会面临巨大考验。

（二）客服的主要工作内容

1. 解答客户咨询

客户服务人员的工作涉及解答客户关于产品和服务方面的咨询。

（1）在产品方面，跨境电子商务客服面临着多种挑战，包括产品种类繁多、专业信息量大以及不同国家产品规格存在差异。首先，跨境电子商务卖家往往涉及多个行业，有不同种类的产品，这使得客服工作变得更加复杂，需要掌握多类产品的专业信息。其次，产品规格上存在巨大的国内外差异。例如，服装尺码标准的差异，电器产品的电压标准的差异等。客服人员需要熟悉各种产品信息，了解不同国家的产品规格要求，以便为客户解答问题和提供可行的解决方案。

（2）在服务方面，跨境电子商务客服经常需要处理客户关于产品运输方式、海关申报清关、运输时间以及产品是否符合其他国家的安全性标准等问题。当产品送达国外客户手中后，客户可能会遇到使用上的问题，此时客服只能通过远程网络沟通提供售后服务，这对客服的服务能力提出了极高的要求。

2. 解决售后问题

根据对多个主流电商平台的数据统计发现，跨境电子商务卖家每天收到的邮件中有超过六成是关于产品和服务的投诉。这意味着跨境客服人员日常工作中主要的任务之一就是处理售后事务。售后服务对于买家满意度有很大影响，因此，做好售后服务至关重要。跨境电子商务的售后服务可以关注以下几个方面：

（1）及时与买家沟通。在交易过程中，卖家最好主动与买家保持联系。从付款到发货、物流、收货以及评价等各个环节，卖家都应该及时告知买家相关信息，提醒买家关注订单进程。及时处理出现的问题和纠纷，不仅能让买家了解交易动态，也能够让买家感受到卖家的重视，增进双方信任与合作，从而提高购物满意度。

（2）保证产品质量和货运质量。在发货前要严格把关产品质量，可以根据市场需求调整产品，剔除质量不稳定或供应无法保证的产品，从源头上控制产品质量。此外，加强对物流环节的管控，及时告知买家预计的发货和收货时间，主动缩短买家等待的时间。对于易碎品或数量较大的商品，可以拍摄发货过程作为纠纷处理的证据，并确保包装、规格、数量和配件与订单一致，以防止漏发引起纠纷，提高专业度。在发货后要及时跟踪物流状态，并持续告知买家发货动态。

（3）主动化解纠纷。在跨境电商交易中，纠纷很难完全避免。处理纠纷要做到两个方面：一方面要预防纠纷，为客户提供优质的服务；另一方面要与买家保持沟通，主动解决发生的纠纷。

3. 促进销售

销售与促销往往被视为销售人员的工作范畴。然而，在跨境电子商务领域中，客服若能充分发挥主观能动性，也能为企业和团队创造巨大的销售业绩。客服对于产品销售的作用不仅体现在售前的产品咨询上，更体现在销售后的二次营销上。一次简单的交易虽然在买家确认并给予好评后结束，但一位优秀的跨境客服仍有许多工作可做。通过对买家交易数据的整理，可识别出那些有持续交易潜力和做大订单机会的买家，从而有针对性地维系并推荐优质产品，使这些老客户持续稳定下单。

根据全球速卖通统计数据，国外买家中有很大比例的买家习惯在全球速卖通上寻找质优价廉、品种丰富的中国产品供应商。这些客户通常会从几家中国卖家店铺采购小额样品，确认样品质量、款式和卖家服务水平后，试探性地增大单笔订单的数量和金额，逐渐建立起稳定的采购-批发供应关系。由于这些买家与中国卖家主要通过店铺客服而非业务人员进行接触，因此，优秀的客服需要具备营销意识和技巧，能够将零售客户中的潜在批发客户转化为实际的批发客户。

4. 管理监控

跨境电子商务由于其跨国交易和订单碎片化的特性，在日常产品开发、采购、包装、仓储、物流和海关清关等环节，相较于国内电商来说出现问题的概率更大。一旦在某个环节出现问题，由于环节众多，责任无法明确，问题可能会扩大和恶化。客服岗位是整个团队中每天直接面对客户的重要岗位，客服人员聆听并解决客户提出的问题。作为广大客户的直接接触点，客服人员是团队中最早意识到问题的人员。

跨境电子商务团队应充分发挥客服人员的管理监控职能，让客服人员定期将遇到的客户问题分类归纳，并及时反馈给销售主管、采购主管、仓储主管、物流主管以及总经理等。这为各部门的决策者提供了第一手的重要参考信息，可以促进岗位的调整和优化工作流程。

（三）客服的主要工作目标

1. 保障账号安全

跨境电商面向多国经营，不同国家法律要求和标准各异，对卖家的信誉和服务能力要求更高。以全球速卖通平台为例，平台设立了“卖家服务等级”评级机制来衡量每个卖家的服务和信誉水平。该评级共分为四个等级：优秀、良好、及格和不及格。较高等级的卖家将获得更多的产品曝光机会和平台的资源倾斜。因此，卖家需要不断提升产品质量和服务水平，以提高“卖家服务等级”，从而获得更多资源和曝光机会。客服人员的目标之一就是通过工作方法和沟通技巧来提高“卖家服务等级”，确保账号的安全度。

2. 降低售后成本

在跨境电商中，由于运输距离长、时间长以及国外退货成本高昂，跨境电子商务卖家通常需要更多地使用高成本的处理方式，例如“免费重发”或者“买家不退货、卖家退款”等。在这种情况下，经验丰富且擅长沟通的客服人员在处理国外买家投诉时如果能够采用多元化的解决方案，运用各种合理有效的售后服务方式，最终将售后服务的成本控制在合理范围内，则可以达到降低售后成本的目的。例如，一些消费类电子产品或家具等，缺少详细的英文说明书或者客户缺乏相关产品的操作经验，可能导致客户使用困难，缺乏耐心的客户可能会抱怨甚至要求退款。如果客服人员能够使用简单易懂的语言向客户解释产品的安装或者使用方法，解答关于产品的技术性问题，使客户理解整个使用过程并接受产品，就可以达到降低售后成本的效果。

3. 促进再次交易

跨境电子商务的客服人员不仅可以通过沟通交流促成批发客户的批发订单成交，还能促进零散客户再次与店铺进行交易，培养具有黏性的客户。例如，当卖家客服帮助客户完美解决问题，客户往往对卖家的信任会显著增强，逐渐转变成忠诚客户；跨境电商行业中有大量的国外批发买家搜寻合适的中国供应商，这种客户更关注卖家的产品种类的丰富度、产品线的开发拓展速度、物流与清关的服务水平以及批发订单的折扣力度与供货能力等。客服人员若能积极跟进、不断解决客户的疑惑与顾虑，就能促成批发订单的成交；客服人员还可以通过发放优惠券促使客户参与店铺的各种促销活动，促进客户回店再次下单。

二、跨境电子商务沟通与服务

（一）跨境电子商务售前沟通与服务

售前沟通与服务的主要目标是分析客户真实的购买意愿，以确保产品能够最大限度地满足客户需求，并使客户的购买获得最大的收益。售前沟通与服务的内容丰富多样，主要包括提供信息、产品定制、加工整理、提供咨询、接受电话订货等。跨境电子商务的售前沟通与服务主要体现在促成交易和提供信息两个方面。

（1）促成交易：

—客户询价后，若库存紧张，需要催促客户尽快下单；

—若客户下单后未及时付款，需要提醒客户尽快完成支付；

—通过多种渠道吸引客户下单，对于回复不及时的情况要表达歉意，并采取主动打折或设定订单截止日期等方式吸引客户。

（2）提供信息：

—深入了解并及时解答客户交易过程中的疑问；

—及时告知客户折扣、缺货等情况；

—以邮件信函的形式推荐假日活动产品给买家。

跨境电子商务平台数据显示，在买家通过邮件询盘产生的订单中，90%以上的订单都是在买家发送询盘的24小时内回复的。因此，在买家发送询盘后尽快回复，能够最大限度地将询盘转化为实际订单。

（二）跨境电子商务售中沟通与服务

售中阶段指的是从买家下单到买家签收货物的这段时间。售中沟通与服务是体现卖家服务质量的重要环节，包括在线即时交流、邮件交流以及部分口头交流等形式。

1. 催促付款

有些买家在下单后却迟迟未付款。卖家如果不及时跟进，订单可能会过期或被取消。对于买家已经下单但尚未付款的订单，卖家不应立即关闭订单。针对买家在下单后2天内未付款的情况，卖家可以通过订单留言、站内信或相关聊天工具催促付款，以提高产品的付款率。如果买家下单后超过2天仍未付款，则可考虑放弃该订单。

如果买家下单后及时付款，则卖家需要根据买家留言及时告知发货信息。如果买家付款后，其订单未通过平台资金风控审核，或者卖家库存无货无法及时发货，卖家需要与买家及时沟通，引导买家解决问题。

2. 物流跟踪

货物发出后，并不代表卖家的工作结束，而是需要跟踪包裹并及时告知买家进展情况。在物流跟踪过程中，需要与客户沟通两个方面的相关情况：第一，货运途中可能遇到的情况；第二，货运相关的进展情况。货物发出后，可能会遇到各种问题，例如物流信息未及时更新、货物长时间在途、确认收货超时、货物丢失或更改快递方式等（见表6-1）。

这些问题需要及时与买家沟通，避免出现纠纷。如果货物能够顺利发运，卖家最好能够根据物流信息及时告知买家货物抵达海关、到达买家当地邮局以及货物成功投递的情况，以争取买家在收到货物后给予好评。

表 6-1　货运途中可能遇到的情况

货运途中遇到的情况	处理方式
物流信息未及时更新	如果物流信息几天内未能及时更新，买家可能会感到焦虑。此时卖家可以主动联系买家，说明情况并请买家耐心等待。
货物长时间在途	如果货物长时间在途，且在预定时间内未到达买家所在国家，卖家应主动联系买家，希望他们耐心等待。如果货物最终未能收到，可以选择重新发货或全额退款，以增加买家对卖家的信任。
确认收货超时	如果发生这种情况，买家可能会非常不满。卖家需要告知买家物流情况，并承诺延长收货时间，避免纠纷。
货物丢失	如果包裹长时间未妥投，且无法查询到物流信息，卖家应主动与买家沟通，说明包裹可能丢失，并建议买家申请退款或重新下单。如果买家愿意重新下单，卖家可提供特别折扣。
更改快递方式	买家都希望能够尽快收到包裹，因此卖家应优先考虑买家的要求选择快递公司。如果由于特殊原因需要更换快递公司，卖家应及时与买家沟通，并提供更换后的包裹运单号。同时，需要延迟买家的收货时间，以免影响买家顺利收到货物。

3. 关联产品推荐

良好的关联营销能够有效利用流量，提高转化率，从而降低推广成本。关联营销不仅仅是在相关位置上展示相关产品，还要善于利用各种机会向客户推荐相关产品。在向客户推荐相关产品时，如果客户对选择的产品不满意，可以为其推荐相关产品，引导客户再次下单。推荐的产品可以包括折扣产品、新产品以及节日热销产品等（如图 6-1 所示）。这样的推荐可以提高客户对店铺的关注度，增强他们的购买欲望并促进其再次购买。通过精心的关联产品推荐，卖家可以提升客户的购物体验，增加销售额，提高客户满意度，进而增强店铺的竞争力。

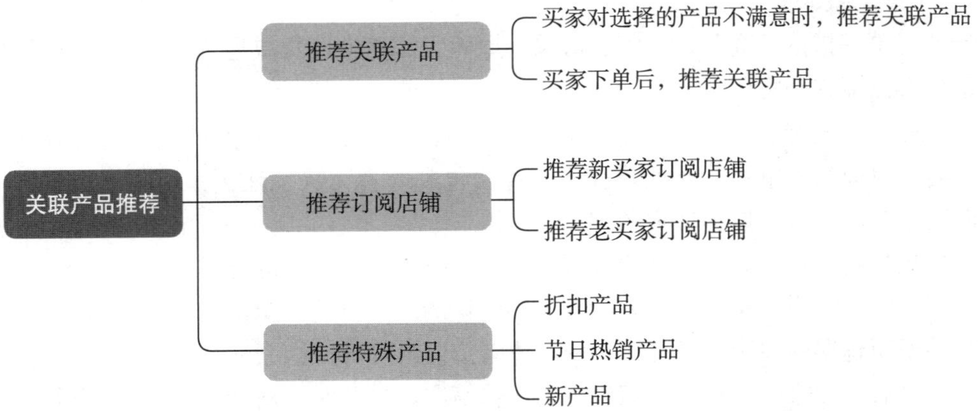

图 6-1　客服关联产品推荐

(1) 推荐关联产品。跨境电子商务中常常会有买家对某一款产品感兴趣，他们会通过站内信留言或者即时聊天工具询问详细情况。如果卖家解答了他们的疑问，那么他们下单的机会会增大，卖家可以顺势推荐与该产品相关联的其他商品。

① 当买家对选择的产品不满意时，可以推荐关联产品。如果买家对选择的产品不满意，卖家可以推荐相关的其他产品。卖家可以告诉买家这些产品是与其感兴趣的产品相关的热销产品，希望他们会喜欢。

② 买家下单后，推荐关联产品。即使买家已经下单，卖家仍然可以继续推荐与其订单相关联的其他产品。这可以刺激买家继续购买其他相关产品。

(2) 推荐订阅店铺。如果能够说服买家订阅店铺，将更有利于产品的推广。通过及时向订阅买家发布产品及活动信息，可以有效地提高产品销量。

① 推荐新买家订阅店铺。推荐新买家订阅店铺时，主要强调店铺可以向买家推送最新的产品和促销信息。说明订阅店铺可以让他们第一时间获取最新的商品和优惠信息，有助于他们及时把握购物机会。

② 推荐老买家订阅店铺。推荐老买家订阅店铺时，主要强调订阅后可以享受 VIP 服务以及积分折扣。告诉他们订阅店铺可以让他们成为 VIP 客户，享受更多的专属服务和额外的优惠折扣，提升购物体验。

(3) 推荐特殊产品。在店铺活动期间或者各大节日前夕，卖家可以主动向新老客户推荐关联产品的优惠活动和促销信息，以刺激产品销售。

① 折扣产品。在店铺活动期间，卖家可以主动向客户推荐参与促销的产品，并告知促销活动的具体信息，以刺激销售。这样的推荐能够吸引客户注意，促使他们更愿意购买。

② 新产品。新产品上线时，往往被客户忽略，新产品的关注度不高。这就需要卖家主动向客户推荐新产品的信息，以提高新产品的曝光度和销售转化率。

③ 节日热销产品。节日期间通常也是销售的旺季。卖家应该提前告知客户有关活动的信息，以及与节日相关的热销产品。同时，告知客户如果购买达到一定数量，就能享受批发价格，从而鼓励客户增加购买数量。

4. 特殊订单处理

特殊订单是指由于商品、物流、海关等原因无法正常发货或退货的订单。特殊订单处理通常包含以下三个方面。

(1) 发货前的特殊订单处理。发货前买家可能会对支付、海关税收等情况存在疑问，卖家需要及时向买家解释。有些情况下，无法包邮或者无法发往买家所在国/地区，卖家需要向买家解释清楚，取得客户的理解。

(2) 包裹延误订单处理。对于节假日或不可抗力因素引起的邮递延误，卖家应该主动告知买家，向买家说明延误的原因，并告知预计的解决时间。卖家在通知买家时应该表达歉意，并说明延误的原因是不可抗力因素或者节假日等外部因素所致，希望买家能够理解和包容。之后，卖家需要持续跟踪包裹的运输情况，并及时更新相关信息，包括包裹的当前位置、预计到达时间等。这有助于让买家了解包裹的最新状态，减少不必要的担心和误解。

（3）其他特殊订单处理。在跨境电子商务销售中，可能会出现卖家或买家自身原因导致的问题，可能包括卖家发错货或者漏发货，客户不愿意清关等问题。无论问题的具体原因是什么，卖家都应该及时与买家沟通，尽快解决问题。

特殊订单的客服内容见表 6 - 2。

表 6 - 2　特殊订单的客服内容

特殊订单类型	具体情况	客服内容
发货前的特殊订单	合并支付及修改价格	如果买家下了多笔订单且收件地址相同，卖家可以与其沟通，合并订单并给予一定的价格优惠。
	物流风险导致无法发货至买家国家	针对某些特殊国家或地区，如发生战争等情况，物流暂时无法向买家所在地发货。卖家应及时与买家沟通，征求买家意见，是否可以寄往其他国家或地区。
	海关税收咨询	买家可能会担心在货物到达海关后需要支付额外费用。卖家应如实向买家解释，并引导买家向当地海关咨询，避免误导买家。
	订单超重导致无法使用小包邮寄	当订单超过小包邮寄的限制时，卖家可以建议买家使用其他快递方式，或将订单拆分成多个小于限重的订单。
包裹延误订单	对节假日等可预测的邮递延误进行解释	需要向买家解释节假日等原因可能导致的延误，给出一个预计时间，并感谢买家的理解和耐心等待。
	对不可抗力因素造成的延误进行解释	当遇到天气不佳、海关严格检查等不可抗力因素造成的延误时，卖家应及时告知买家，说明目前的情况并表示将如何处理。
其他特殊订单	卖家发错货或者漏发货	如果出现卖家发错货或者漏发货的情况，卖家应该立即向买家致歉，并提出补发正确的货物或者给予适当的折扣作为补偿。
	买家不愿意清关	据跨境电子商务的相关规定，买家通常有义务清关，但有时由于关税等因素，买家可能不愿意进行清关。在这种情况下，卖家应及时与买家沟通，共同寻求解决方案。

（三）跨境电子商务售后沟通与服务

卖家的交易量与产品曝光排序息息相关，并且直接关联到买家满意度的高低。买家对产品的评价不仅影响销量，还会影响其他潜在买家的购买决策。售后服务的质量是影响买家满意度的关键因素之一，因此卖家需要特别重视。买家的满意不仅会促成额外的交易，还有可能提高卖家在平台上的星级评价，使卖家获得更多的资源和优惠。

评价是买家对卖家的最终反馈，是电商运营的基石。评价通常分为好评、中评和差评三种类型。卖家无论面对何种评价都需要以分析的态度对待，要与客户保持良好的沟通。总的来说，诚实经营是解决纠纷和管理评价的最佳策略，下面将分析如何催促评价、修改评价以及应对好评。对于未及时给出评价的客户，需要催促其评价以获得好评。客户的好评通常能够带来持续的曝光、转化以及二次转化。在收获好评后卖家需要及时对客户表示感谢。如果获得中评，卖家也不应向客户抱怨。卖家需要重视客户提出的问题，并及时与客户沟通。对待客户的中评和差评需要有所区分，因为买家中可能存在不客观的评价。一旦收到差评，卖家首先应该主动承认错误，然后及时与客户进行沟通，一起协商解决问题。

（1）催促评价。评价是跨境电商交易的最后一环，但是有许多卖家忽略了客户的评价，认为商品卖出去就结束了，但事实并非如此。卖家回复客户的评价往往能够影响客户的再次购买意愿，甚至会影响新客户的购买率。通常催促客户评价发生在这两种情形下：1）买家收到货后未评价。有些买家收到货物后无论产品质量如何都不愿给予评价，这时卖家可以委婉地提醒客户给予评价。在客户收到商品后，卖家主动询问商品是否符合其需求和期待，可以增加客户对卖家的信任感。2）客户在卖家提醒后7～10天仍未评价，这时卖家可以再次发送邮件进行催促，特别是在邮件中明确列出店铺链接或产品名称，以提醒客户完成评价。

（2）修改评价。除了一些有意为之的客户外，大部分客户给出中差评实际上是在提醒卖家的店铺存在问题，需要卖家有针对性地改善不足之处。对于跨境电子商务卖家来说，如何应对这些中差评，并尽可能消除它们带来的不利影响至关重要。如果客户给出了差评，一定要及时与客户沟通，弄清楚是产品质量问题还是物流速度慢等问题。如果是产品的缺陷，就尽量弥补客户或者在下次购买时给予优惠，以便客户修改评价，这样既不会亏损也能保留客户。有时候客户并非故意给差评，而是不太了解平台规则，这时卖家可以向他们做出合理解释。处理差评纠纷首先要了解产生差评的原因，到底是产品问题还是服务问题。了解原因后，就能够迅速有效地解决问题。

（3）好评率是店铺信誉度提升的标志。高好评率让客户对店铺更加信任，购买欲望也会增强；相反，如果店铺获得的好评很少，即使客户有购买意愿，也会望而却步。在产品和价格相同的情况下，客户会选择好评率高的店铺购买。每完成一次交易，店铺都会得到一个好评，交易量越大，好评率就越高。收到好评后，一定要及时感谢客户，这有助于促使客户再次光顾。

第二节　跨境电子商务客户服务纠纷处理

跨境电商快速发展改变了消费者的购物方式，线上购物以便捷的方式获得更多消费者的青睐。然而，随着跨境电商交易规模的不断扩大，物流时效、商品质量、退换货不便等问题逐渐显露，成为困扰消费者的难题。通过对消费纠纷调解平台收到的大量投诉分析发现，消费者的投诉主要集中在以下几个方面：商品长时间未发货、物流信息更新缓慢、退款迟迟未到账、商品质量问题等。这些问题不仅给消费者带来了不便，也成为跨境电商平台在提升用户体验方面必须克服的障碍之一。

一、常见的纠纷类型及影响

（一）常见的纠纷类型

通常买家提出退款申请是由两种类型的纠纷引起的：一种是买家未收到货物而产生的纠纷；另一种是买家收到与订单不符的货物而产生的纠纷。

（1）买家未收到货物的纠纷涉及多种情况，包括但不限于以下几种情形：根据卖家提供的运单号无法在物流网站上查询到相关跟踪信息；物流系统显示货物已成功投递，但投递地址与买家下单地址不符，或者配送地址与买家下单地址不一致；货物被海关扣留，原因可能涉及进口国的限制、关税问题、货物质量等方面；货物在运输途中，但尚未抵达目的地，或其状态不明；货物已被退回；卖家未经买家同意而擅自更改了原先约定的物流方式。这些纠纷既损害了买家的购物体验，也给跨境电商平台带来了负面影响。

（2）买家收到的货物与订单不符的情况主要表现在以下几个方面：首先，问题较为严重的几种情形是货物与描述不符，例如，货物的颜色、尺寸或包装与网站上描述的不一致，或者收到的品牌、款式与所购买的产品不符，或者货物数量少于订单数量。其次，货物存在质量问题，包括电子设备无法正常使用、产品质地不符预期等。此外，买家也可能收到假货，这些货物可能是侵权或假冒产品，或者存在侵权嫌疑，除了以上几种情形外，还有一些常见问题会给买家带来较差的购物体验，如收到的货物外包装损坏或者产品本身有损坏等。

上述纠纷不仅会影响买卖双方，还会损害买家对平台的信任。纠纷一旦产生会直接影响买家的购物体验，这会引起买家对卖家信誉的怀疑，对平台的信任产生负面影响，形成恶性循环。在纠纷处理过程中，卖家一方面要面对客户的流失，另一方面会因平台暂时冻结订单的款项面临回款周期延长的风险。

（二）纠纷的影响

纠纷造成的影响不仅涉及买家和卖家，还会影响买家对平台的信任。

1. 影响交易的进行

纠纷的发生直接影响交易的顺利进行。纠纷通常会造成买家对卖家失去信心，导致客源流失，不但会失去二次交易的机会，还会影响客户对卖家的评价；纠纷订单的款项将被平台暂时冻结，导致无法正常进行收款和退款，进而影响回款周期。

2. 损害买家的购物体验

纠纷会损害买家的购物体验，主要表现在以下几个方面：收到的商品与描述不符、商品质量存在问题、运单号无效、长时间未收到货物跟踪信息等。

3. 削弱买家对平台和卖家的信任

由于购物体验不佳，买家不仅会对卖家产生质疑，还会影响其对平台的信任度。这种质疑不仅限于对卖家个体的怀疑，甚至会影响买家对整个平台以及平台上其他供应商和产品的信任，形成恶性循环。

二、如何预防纠纷

预防纠纷越来越受到广大卖家的重视。订单生成之前做好预防纠纷的工作，了解通过哪些方法可以有效降低纠纷发生的可能，是我们学习本部分内容的重点。纠纷预防仍处于探索阶段，本节内容的目的在于启发更多思考。

纠纷一旦发生会直接影响到资金的回笼，导致店铺服务等级下降，甚至造成产品和店铺的排名受损。随着纠纷订单的累积，这种损失对店铺的影响难以估量。处理纠纷所需的时间和人力成本远远高于预防纠纷。出现纠纷后卖家必须投入大量的时间和人力去解决，而且大部分情况下需要退款才能解决。例如，在全球速卖通平台上买家提起纠纷后，如果后续没有取消纠纷，就会计入纠纷提起率；如果纠纷升级到平台处理，还会记录一次买家不良订单体验；如果最终裁定为卖家责任，又会记入卖家责任裁决。因此，处理纠纷不仅消耗时间和精力，还会对店铺的经营数据产生不利影响。

总体来看，预防纠纷的工作贯穿选品、产品发布、订单处理和售后服务等各个环节。尽管预防纠纷的工作看似烦琐且涉及范围和内容广泛，但是卖家只要在日常工作中做好本职工作，就能在很大程度上避免许多不必要的纠纷。换个角度来看，预防纠纷付出的成本正是让店铺变得更专业、更受客户欢迎的优化过程。

（一）产品纠纷的预防工作

1. 选品环节

在选品环节，卖家需要具备预防纠纷的意识，选择适合在平台销售的产品。一方面，要严格把控产品质量，质量低劣的产品容易在销售后期引发质量纠纷，影响店铺声誉和买家体验。另一方面，要避免销售侵权产品。各大平台都严禁销售侵权产品，一旦被发现，店铺将面临严厉的处罚。销售侵权产品很容易引发纠纷，一旦买家提起纠纷，卖家几乎无法胜诉，损失不言而喻。因此，要绝对避免销售侵权产品，以确保店铺的长期发展和良好声誉。

2. 预防标题纠纷

标题也是导致纠纷产生的原因之一。在发布产品时卖家应特别注意标题内容与页面信息的一致性，描述不一致可能引发同一页面内的混乱或歧义，进而导致不必要的纠纷。卖家应确保在标题与产品描述等处的关键信息是一致的。若出现不一致造成纠纷，需要卖家承担相应责任，因此卖家应谨慎维护页面信息的一致性，以避免纠纷的发生。

3. 预防产品图片纠纷

产品图片是吸引买家点击的重要因素之一。买家在浏览产品主图时会形成先入为主的印象，认为产品价格包含了卖家所呈现的所有内容。举例来说，如图 6 - 2 所示，当买家看到产品主图时，很可能会认为卖家售卖的是裙子及与之配套的腰带。如果实际上卖家销售的裙子不包含腰带，在详细描述中也未明确告知买家该裙子不含腰带，那么买家在收到商品后可能会提起纠纷。这类纠纷一旦升级至平台裁决，卖家将面临退款的判决，并且会被认定为纠纷责任方。

有鉴于此，我们建议卖家在发布产品图片时，尽量避免加入不相关的配饰，以免引起不必要的误会。如果为了拍摄效果而使用了相关配饰，务必在产品描述中的显眼位置明确指出销售产品不包含配饰，避免误导买家，产生不必要的纠纷。

图 6-2 裙子主图举例

4. 预防产品描述纠纷

在产品描述中卖家应该从多个角度如实并详细地描述产品。当前平台在产品描述方面存在诸多纠纷隐患，常发生在服装类产品尺码以及电子产品安装和使用说明不清等方面。例如，服装和鞋子的尺码经常引发纠纷。有些卖家直接使用尺寸图，但尺寸图与实际产品不对应，或者存在较大误差。电子产品在详情页中没有详细说明如何安装、如何使用，导致买家收到后不知如何安装或使用，甚至因为不正确的安装而导致产品损坏，从而产生纠纷。

为了预防此类纠纷，卖家在发布产品前应当根据所在类目的特点，充分完整、如实详细地描述产品。例如，从买家的角度考虑购买产品时会希望获得哪些信息，会有哪些疑虑。还可参考同行优秀卖家的详情页，然后结合卖家自身情况进行调整。还可以结合店铺经营中买家关心的细节以及提出纠纷的问题点，有针对性地调整产品描述。

（二）订单纠纷的预防工作

1. 订单确认阶段

在收到买家订单后，卖家要尽快发送订单留言与买家确认订单信息，包括产品相关信息以及买家的收货地址信息确认，并告知买家如有异议必须在限定时间内答复，否则将按照订单约定发货。这样一方面可以提醒买家再次核对订单和收货信息；另一方面，卖家事先与买家确认信息，如果后期买家因此提出纠纷，这些确认信息就可以成为维护自身权益的依据。这种做法不仅能够确保订单信息的准确性，还能增强交易的透明度和可追溯性，为双方建立信任的交易关系提供有力保障。

2. 发货阶段

在发货阶段，为预防可能出现的纠纷要做到以下几点。第一，严格把控产品质量，确保不发出任何残次品；第二，产品包装工作做到位，以减少长途运输过程中可能发生的损坏；第三，妥善保留发货底单，为后续核对和证明留下充分依据；第四，如实填写申报价值、数量和重量，确保信息真实准确；第五，视情况赠送小礼品和贺卡，提升客户满意度；第六，在包裹中放置定制的带有店铺二维码及好评有礼的售后卡，引导买家二次购买和留好评；第七，选择可靠的货代发货。在处理异常订单时，货代的服务质量会得到直接体现，优质的货代能够及时有效地处理异常情况，提供更好的服务支持。

3. 跟踪物流阶段

在物流阶段，卖家需要跟踪订单的物流信息，以便及时发现任何可能存在的物流问题。一旦发现问题，卖家应提前通知买家订单状态，并告知已在跟进物流进展。卖家还需要第一时间与物流商确认订单异常原因以及预计恢复时间等信息，并将回复及时反馈给买家。通过提前沟通物流进展，卖家不仅能够安抚买家的担忧，让其知晓卖家对订单进展的关注，也有助于防止买家提出物流纠纷。在订单量不多的情况下，卖家自行跟踪物流信息的工作较为轻松，但随着订单数量的增加和国际物流周期的延长，及时跟踪物流信息变得困难。当前一些大卖家通常使用第三方软件来监控订单的物流信息，以便及时发现和解决问题。

（三）纠纷预防的方法

1. 及时沟通

当遇到纠纷时，卖家应该立即回复买家，安抚其情绪，并向其表达歉意，对于造成的不愉快表示遗憾，同时告知买家，卖家已经开始调查此订单，并将严肃认真地处理此纠纷，请求买家给予卖家时间。此外，建议买家提供与纠纷相关的照片信息，以提高沟通效率。由于卖家和买家之间可能存在时差，卖家难以及时联系上买家，因此，卖家需要针对纠纷订单，尽量选择买家可能在线的时间进行沟通。必要时，可以通过短信或电话提醒客户上网，以便协助处理纠纷。

2. 心态调整

卖家在遇到纠纷时需要保持冷静，首先与买家取得联系了解详细情况，并尽力安抚买家，同时，告知买家其正在认真调查和处理该纠纷，以示其诚意和表明态度。对于纠纷，卖家应该积极主动地沟通，提出合理的解决方案。卖家要努力做到在服务态度上无可挑剔。

3. 沟通方式

涉及纠纷订单时，建议卖家通过订单留言和站内信与买家进行沟通。订单留言和站内信的沟通方式不仅能让买卖双方的信息交流更加清晰和准确，还可以留下沟通的证据，有利于后期处理纠纷时提供依据。在纠纷发生时买家的耐心是有限的，卖家应当经常关注消息中心的信息，并保持在线，以免买家失去耐心错失与买家沟通的机会。

4. 沟通时间

由于时差的影响，在卖家日常工作时间，大部分国外买家可能不在线，订单留言和站内信的回复也相对较少。虽然国外买家不在线时卖家仍然可以通过留言方式与他们联系。但是建议卖家尽量在买家在线的时段进行沟通，这样沟通的效果会更好。

5. 分析买家

学会分析买家是卖家必备的一项技能。首先，卖家需要了解买家所在国家的风俗习惯和禁忌，以及不同国家的语言文化习惯，这样可以更好地拉近与买家的距离，并有针对性地进行沟通回复。其次，卖家要学会从买家的文字风格中判断其性格和脾气。举例来说，如果买家使用简洁精练的语言，可能表明其做事雷厉风行，不喜欢拖泥带水。卖家可以根据买家的性格脾气，积极调整沟通方式，促进双方顺利沟通。

以上几种方式不仅能帮助卖家及时了解交易动向，也能让买家感受到卖家的重视，增进双方的信任与合作，提高买家的购物满意度。当出现问题或纠纷时，卖家也可以及时、妥善地处理，避免进一步的误解或冲突。

三、对不同产品类目的纠纷预防

（一）主要产品类目纠纷预防分析

1. 服装行业

在服装行业，预防纠纷需要注意多个方面。第一，在发布产品时，卖家应确保在产品页面详细展示产品的尺寸信息，包括腰围、胸围、长短尺寸等，以避免后期买家提出尺寸问题的纠纷。第二，对于礼服类产品，卖家应尽可能展示真实图片和细节图，以减少买家对款式的疑虑。如果产品存在色差或尺码与标签不符，卖家也应在产品页面明确说明，以避免买家后期提出纠纷。第三，在设置误差值时，卖家应注意不要超过相邻尺码间的误差值，避免误导买家。第四，若产品存在色差，卖家需要在产品页面清楚说明。若未做说明，后期买家因此提起纠纷则属于卖家责任。

2. 鞋类

在鞋类产品中，卖家需要注意几个关键点以预防纠纷。首先，在发布男女款通用鞋子时，男女款的尺码标准应该保持一致，以避免买家后期因尺码不符而提起纠纷。建议卖家在发布这类鞋子时，要么确保男女款尺码一致，要么将其分开发布。其次，在填写产品属性时，卖家应当明确区分男款和女款，而不仅仅是颜色，以免让买家产生误解。常见的鞋类纠纷主要集中在尺码问题上。平台通常会根据买家收到的鞋子尺码与产品详情页尺码表对比来判责。如果尺码匹配，卖家未发错货，则买家需要进一步举证尺码不匹配；如果详情页没有尺码表，则会判定为卖家责任；如果鞋子没有尺码标签，则同样会被认定为卖家责任。

3. 3C 配件

对 3C 配件类产品可能产生的纠纷，需要特别注意以下几个方面。首先，卖家应在产品描述中清晰地展示店铺特殊的标签或标志，以便在纠纷发生时能够提供证据。其次，对于配件产品，比如手机屏幕等，通常是 OEM 产品，但有些卖家在标题中标注为“original”，这可能会误导买家认为产品是品牌原装产品，从而导致投诉假货。建议卖家准确描述产品的真实情况，以避免产生不必要的误解和投诉。

4. 美容护肤

在对美容护肤类目产品的纠纷预防中，对于带电池类产品，应在产品页面明确告知，如果物流问题导致电池无法配送，务必使用文字提醒，避免产生配送问题而引发纠纷。对于彩妆和保健产品等，如果收到的产品上生产日期标注不清，建议卖家直接全额退款，以避免因生产日期问题引发纠纷。

5. 箱包

在处理箱包产品时，卖家需要注意几个方面。第一，对于产品破损纠纷，需要根据问题的严重程度、修复的可能性以及对买家使用和购物体验的影响进行评估处理，尤其是金属部件和皮质破损。第二，卖家对产品的描述有疑问时，如果涉及款式、颜色、材质、尺寸等方面，建议买家上传实拍图、关注详情页细节说明，以减少纠纷发生的可能性。货物短装问题主要包括缺少背带、小包或部件，处理原则是根据短装占比评估对买家使用和购物体验的影响。假货问题需要根据问题的严重程度和对买家使用和购物体验的影响进行评估处理，卖家应如实描述产品，避免过度宣传。第三，产品污渍问题主要源于物流和出货方面，平台会根据问题的严重程度、修复可能性以及对买家使用和购物体验的影响进行评估处理。

6. 珠宝手表

在预防珠宝和手表类目的纠纷时要注意以下方面。在珠宝方面，卖家应注意款式、颜色、尺寸、材质等是否与描述相符，避免质量问题和破损。建议在产品图片中尽量保持真实色彩，详细描述产品细节，并在发货前进行仔细检查并拍照备份。对于手表类产品，卖家应如实描述颜色、尺寸、材质和功能，避免误导买家。在发货前应检查产品状态，拍照备份，并在描述中清楚标注可调整长度的表带。

7. 家居

在处理家居产品纠纷时，卖家需要特别注意以下几点。首先，对于易碎品、贴纸等产品，应当特别注意包装，可以考虑将贴纸采用卷轴形式包装，并放置在硬纸板做的包装盒内，以防在运输途中产生褶皱。其次，卖家应如实填写尺寸信息，尤其是对于伸缩水管等产品，需要在页面上详细列出伸缩前后的尺寸长度信息，并在发货前检查产品确保与页面描述的尺寸一致，以避免尺寸不符引发的纠纷。最后，对于数量要确认清楚，数量不符很容易引起纠纷。

8. 灯具

针对灯具类目的纠纷预防，首先，卖家在发布产品时务必如实填写具体参数，如尺寸、功率、电压等，以避免买家投诉参数不符的情况发生。在发货前，卖家应当对产品尤其是易损配件进行仔细检查并拍照备份，以备后期产生纠纷时作为证据。此外，发货前要再次仔细检查产品，确保产品完好无损，特别是灯具等易碎品，在运输过程中易受损坏，需要格外小心处理。这些措施可以避免因参数不符、货物破损等问题而引发的纠纷。

9. 汽配

汽配产品的平均金额高、涉及的产品种类多。常见的投诉点主要集中在产品无法正常工作、与描述不符、质量问题以及与车型不匹配等方面，尤其是由于国内外车型的差异所引发的纠纷较为常见。在处理纠纷时，建议卖家着重解决买家的实际问题，并提供可行的合理解决方案，例如部分退款、退货退款、重新发货或给予新订单折扣等。同时，积极回应买家的疑问，完善产品描述页，采用多角度展示产品的真实参数，确保图文一致，并清晰注明产品的使用方法、安装步骤等重要信息。鉴于各国车型版本的差异，卖家还应当列出详细的适用车型及相关图片。在发货前，建议卖家拍照或录制视频留下证据，并对产品进行检查，以确保产品的质量和完整性。

10. 母婴产品和玩具

母婴产品的纠纷主要集中在颜色、尺寸、款式和材质不符等问题上，卖家在描述产品时应如实表述，避免过度美化，并在发货前进行严格的产品质量检查，按照买家下单的尺码发货，确保产品质量符合买家期望。对于玩具，卖家应注意防止产品破损及颜色、尺寸、款式和材质不符等问题，提升产品包装质量可以有效降低产品破损的风险。此外，在发货环节增加当地语言的售后服务信息，并在详情页中插入使用说明，特别是对需要充电或安装电池的产品要特殊说明，以避免买家因产品无法正常工作而提出纠纷。

11. 婚纱礼服

针对婚纱礼服等产品的纠纷，主要集中在尺寸与描述不符、做工差、款式与描述不符、颜色和描述不符等问题上。婚纱礼服对身材数据要求较高，即使尺码存在微小不符也可能导致买家无法穿上。因此，卖家在详情页必须提供准确的尺码模板，标注具体参数的测量位置和方法，并提醒买家查看产品的详细参数尺寸，积极与买家沟通以减小错误选择尺码的概率。对于产品质量，卖家要严格把关，确保出单之前进行检验。在详情页应提供产品的实拍图，避免过度美化产品。在产品包装环节，卖家需要加强保护措施，如增加包装袋或保护膜，以避免货物在运输过程中发生破损。

纠纷是所有参与方都不愿面对的问题，卖家在遇到纠纷时应该站在买家的角度思考问题，尽可能地妥善处理。在与买家交流过程中，选择合适的语言表达，寻找卖家与买家的情感共鸣点和平衡点，提供解决方案，并引导买家取消纠纷，以将损失降到最低程度。

（二）解决纠纷需要注意的方面

解决纠纷时，跨境电商客服人员需要注意以下几点。

1. 客服要在回复中积极表达感谢

首先，客服要在回复的头尾都表达感谢。在欧美文化中，感恩是一种美德。即使客户是来投诉的，客服人员也应该在回复中表达对客户的感谢。这样的表达可以让客户感受到客服的贴心与诚意，为后续协商沟通奠定基础。要在邮件或站内信的末尾，再次表达歉意和感谢。其次，客服应保持耐心和友好。纠纷解决过程中可能会出现情绪激动或不理解的客户，客服应该保持冷静和友善，耐心倾听客户的问题，并尽力解决问题。客服应提供清晰、准确的解决方案。客服需要充分了解客户的问题，并提供合适的解决方案，同时向客户解释清楚解决方案，以使客户理解和接受。最后，客服要及时跟进问题的解决情况。客服应该及时向客户反馈问题的处理进展，并在问题解决后进行后续跟进。

2. 应当淡化问题的严重性，积极主动地解决问题

跨境客服人员应当学会换位思考，理解买家在遇到问题时的焦虑和沮丧。即使问题不是卖家的错误，卖家也要积极主动地解决问题，让买家安心。当买家向卖家抱怨和投诉时，客服人员可以使用以下回复，表明解决问题的决心和态度，缓解买家的情绪：了解到您的问题我们深感抱歉。我们一定会协助您尽快解决问题。我们的团队致力于解决您订单中可能遇到的任何问题。请放心，我们会全程帮助您。感谢您的反馈。（We are really sorry to hear that and we will surely help you solve this problem. Our team is committed to resolving any issues you may encounter with your order. Please rest assured that we are here to assist you every step of the way. Thank you for bringing this to our attention.）

3. 解决问题的态度

在跨境电商中，客户往往不是大批量采购，客服人员需要以专业的态度解决问题。以下是一些建议：

（1）详细了解问题原因。客服人员应该耐心倾听客户的描述，详细询问了解真实原因。通过深入了解问题的根源，可以更准确地提出解决方案。

（2）简化专业术语。在解释问题和解决方案时，应尽量避免使用过多的专业术语，以免让客户感到困惑。客服人员可以用通俗易懂的语言解释复杂的物流或报关查验过程，让客户能够清晰地理解。

（3）提供负责有效的解决方案。在客户提出问题后，客服人员应该及时提出负责而有效的解决方案，而不是简单地敷衍搪塞。解决方案应该是可行的，并且能够尽快解决客户的问题，让客户满意。

（4）避免拖延时间。不要让客户再等几天，而是应该立即采取行动解决问题。客服人员需要明确向客户说明解决问题的时间和步骤，让客户感到放心和安心。

延伸阅读

构建高效服务体系 提升跨境电商服务水平

跨境电商作为“互联网＋外贸”的数字贸易新模式，通过引入优质商品和国际化服务，满足消费者对高品质、特色化产品的需求，推动居民消费升级。跨境电商结合线上线下渠道，通过提供多语言客服和全球物流配送等服务，拓展消费场景并提升消费体验，为产业转型升级和居民消费升级提供积极支持。针对产业转型升级和居民消费升级的需求，跨境电商服务体系建设需要与之相匹配，以满足不断提升的服务标准和质量要求。客户服务流程的优化是实现这一目标的关键一环，通过对服务流程的重新设计和优化，可以提高服务效率和服务品质，为客户提供更加优质、高效的服务体验。在构建优质高效的服务体系的过程中，良好的客户服务沟通是让客户满意的重要保障。通过提升服务人员的沟通技巧和能力，跨境电商企业可以更好地理解客户需求，及时有效地回应客户问题和反馈，提升整体的服务水平和竞争力。

第三节 跨境电子商务客户关系管理（CRM）系统

随着经济全球化的推进，跨境贸易在世界范围内迅速增长，这一趋势促使越来越多的企业涉足跨境电商领域，利用互联网平台扩大业务规模，提升品牌价值。然而，跨境电商市场的迅猛发展也带来了诸多挑战，如管理混乱、客户满意度低等问题。为了有效解决这些问题，跨境电商 CRM 系统应运而生。跨境电商 CRM 系统是一种专门针对跨境电商业务需求而设计的管理平台，它整合了客户关系管理、订单处理、物流追踪、市场营销等功能，帮助企业更好地管理和服务客户。

一、什么是跨境电商 CRM 系统

（一）跨境电商 CRM 系统的概念

跨境电商 CRM 系统是一种专门为跨境电商量身定制的客户关系管理系统。CRM 系统是基于信息技术的软件，帮助企业整合各种渠道的客户数据，包括线上和线下的销售数据、市场调研数据、客户服务数据等，并将这些数据统一存储在云端服务器中。通过该系统，企业可以更加便捷地管理客户信息，了解客户需求和购买行为，从而为客户提供更加精准的产品和服务。CRM 系统不仅是企业与现有和潜在客户之间交流互动的方式，也满足了客户个性化需求，从而提升客户满意度，增加销售额，扩展市场，并显著提高企业的盈利能力和市场竞争力。

（二）跨境电商 CRM 系统的作用

在数字化浪潮的推动下，企业的客户关系管理模式发生了巨大变化。如今，企业只有赢得客户，才能在市场上获得成功。要赢得客户，就必须满足客户多样化和个性化的需求。在这种背景下，CRM 系统备受企业追捧。那么，CRM 系统能为企业带来哪些好处呢？

（1）CRM 系统可以全面管理客户资源，精准把握客户来源。通过记录和统一管理客户信息，CRM 系统可以帮助企业更好地了解客户，更深入地挖掘客户潜力，从而为客户提供个性化服务，提高客户满意度，增强客户对企业的信任，为企业的发展打下坚实基础。

（2）CRM 系统可以优化企业的销售模式，提高销售额。借助大数据技术，CRM 系统能够对客户信息进行整理和分析，帮助销售人员更好地识别不同的销售群体，有针对性地开展销售工作，提高销售成功率。此外，CRM 系统还能及时更新销售数据，为销售人员提供参考，帮助企业优化销售计划，提高销售绩效。

（3）CRM 系统可以完善企业的服务管理，提高客户满意度。客户服务是现代企业越来越重视的一项工作，而 CRM 系统则可以帮助企业更好地进行客户关怀。企业通过 CRM 系统发送祝福语、优惠信息等，可以增强与客户的情感联系。此外，CRM 系统还支持短信和邮件群发功能，可以设置提醒，防止遗漏重要客户，提升服务质量。

（三）跨境电商 CRM 系统的意义

跨境电商 CRM 系统具有重要意义，它为解决跨境电商客户管理问题提供了有效工具，提升了企业自身的竞争力，增加了企业的收益。以下是跨境电商 CRM 系统的主要意义：

（1）解决管理问题。跨境电商经营涉及复杂的订单处理、客户管理和物流跟踪等问题，而 CRM 系统可以帮助企业系统化地管理客户信息、订单信息和物流信息，提高管理效率，降低管理成本。

（2）提升客户满意度。CRM 系统可以对客户进行跟进和管理，及时响应客户问题和需求，提供个性化服务，从而保证客户满意度，增强客户忠诚度，促进重复购买。

（3）定制化管理。跨境电商 CRM 系统可以根据企业的实际需求进行定制，针对跨境电商的特点，提供定制化的产品管理、订单管理和物流管理等解决方案，满足企业的具体业务需求。

（4）提高效率。通过自动化处理订单、跟踪物流信息等功能，CRM 系统可以提高企业的运营效率，减少人力资源的浪费，从而提高企业的整体效率和管理水平。

（5）增加收益。通过提升客户满意度、提高效率和降低成本，跨境电商 CRM 系统可以帮助企业提升销售额和利润水平，增加收益。

（四）通过跨境电商 CRM 系统企业可以实现的目标

（1）有效管理客户信息。通过系统化地管理客户信息，包括客户联系方式、购买记录等，帮助企业更好地了解客户需求，提供个性化服务。

（2）管理订单和物流。CRM 系统可以自动化处理订单，跟踪物流信息，提高订单处理效率，减小出错率。

（3）增强市场营销能力。CRM 系统提供了各种营销工具，如邮件营销、客户分析等，帮助企业更好地吸引客户、促进销售。

（4）提升客户满意度。通过及时响应客户问题、提供优质的售后服务等方式，提升客户满意度，增强客户忠诚度。

二、跨境电商 CRM 系统介绍

（一）跨境电商 CRM 系统的主要内容

跨境电商 CRM 系统涉及多个方面的工作。以下是跨境电商 CRM 系统的主要内容。

（1）管理团队建设。建立专门的跨境电商 CRM 系统团队，包括系统管理员、数据分析师、客户服务人员等，明确各自的职责和工作流程，制定相应的管理制度和规范，定期进行培训和学习，提升团队的专业技能和业务水平。

（2）数据来源监控。建立跨境电商数据监控系统，监测和收集跨境电商全过程数据，包括客户信息、订单信息、物流信息等，确保数据来源的准确性和完整性。

（3）数据处理流程。对收集到的数据进行清洗、分类、归纳、分析和建模等处理工作，提取有效信息，识别客户需求和市场趋势，为管理决策提供数据支持。

（4）管理决策支持。利用跨境电商 CRM 系统提供的数据分析结果，制定有效的管理策略和决策方案，优化产品推广、客户服务和供应链管理等业务流程，提高企业的竞争力和市场占有率。

（5）数据存储和安全。搭建稳定、安全的系统平台，确保跨境电商数据的存储和备份安全，采取有效的数据加密和权限管理措施，防止数据泄露和损坏。

通过以上管理措施，跨境电商 CRM 系统能够有效地管理和利用跨境电商数据资源，为企业的业务发展提供有力支持。

（二）跨境电商CRM系统的发展趋势

随着跨境电商市场的迅速扩大和不断发展，跨境电商CRM系统的发展呈现出以下几个趋势：

（1）智能化和自动化。跨境电商CRM系统将越来越智能化，通过人工智能、大数据分析等先进技术，实现客户数据的自动化收集、分析和应用，提供个性化的营销推广、客户服务和供应链管理方案。

（2）多元化功能支持。跨境电商CRM系统将不断扩展和完善其功能模块，包括客户关系管理、产品管理、订单管理、营销推广、数据分析等多个方面，以满足企业在跨境电商业务中的各种需求。

（3）与其他系统的整合。跨境电商CRM系统将与其他相关系统（如ERP系统、物流系统、支付系统等）进行无缝连接和整合，实现信息的共享和流通，提高数据的一致性和准确性，提升企业的管理效率和决策水平。

（4）移动化应用。随着移动互联网的普及，跨境电商CRM系统将更加注重移动端应用的开发和优化，提供便捷的移动化管理工具，让企业管理人员随时随地都能方便地进行业务管理和监控。

（5）安全性和隐私保护。跨境电商CRM系统将更加注重数据安全和隐私保护，采取更加严格的数据加密、权限管理和访问控制措施，确保客户数据的安全性和合规性。

跨境电商CRM系统作为一种先进、可靠的管理工具，在跨境电商市场中得到了广泛应用。跨境电商CRM系统将向智能化、多元化、整合化、移动化和安全化的方向发展。跨境电商CRM系统将利用人工智能和大数据分析技术，提供更加便捷、高效、精准的功能支持，同时，与其他相关系统的整合以及移动端应用的优化也将成为发展的重点。

（三）跨境电商CRM工具分析

在跨境电商平台中，选择合适的CRM工具对于管理和维护客户关系至关重要。这些CRM工具能够帮助企业更好地管理客户关系、提供个性化的客户服务，提高销售效率。以下对常用的CRM工具作简要介绍。

（1）Salesforce。Salesforce是功能强大的CRM平台，适用于各种规模的企业。它提供广泛的客户管理功能，包括销售流程管理、客户服务和市场营销自动化。它的定制性和可扩展性使其成为中小型和大型企业的理想选择。

（2）HubSpot。HubSpot提供了一整套CRM工具，提供包括客户管理、销售自动化、市场营销和客户服务等功能。它的免费版本适用于小型企业，提供基本的CRM功能，并可根据需要升级到付费版本。

（3）Zoho CRM。Zoho CRM是一款易于使用且功能齐全的CRM工具，适用于各种规模的企业。它提供客户管理、销售流程、市场营销和客户服务等功能，并具有可定制的界面和报告功能。

（4）Microsoft Dynamics 365。Microsoft Dynamics 365 是微软提供的综合性业务应用解决方案，其中包含 CRM 模块。它提供销售管理、客户服务、营销自动化等功能，并与其他微软产品集成。

（5）Pipedrive。Pipedrive 是一款简单直观的 CRM 工具，侧重于销售流程管理和销售团队协作。它提供交易管道、销售活动跟踪、报告分析等功能，适用于中小型企业。

选择合适的 CRM 工具取决于企业的规模、需求和预算。这些 CRM 工具都提供了丰富的功能和定制化选项，帮助企业有效管理客户关系，提升销售绩效。

（四）挑选 CRM 工具时考虑的关键因素

（1）功能需求。企业需要明确自身业务所需的 CRM 功能，如销售管理、客户服务、市场营销等。在选择 CRM 工具前，务必对业务需求有清晰了解，以确保所选 CRM 工具能够满足企业的具体需求。

（2）用户体验。选择易于使用、用户友好的 CRM 工具，有助于员工快速上手，提高工作效率。直观的界面设计和简单的操作流程能有效促进团队合作，提升工作积极性。

（3）定制性与扩展性。CRM 工具应具备一定的定制性和可扩展性，以适应企业不断变化的业务需求。考虑到业务的多样性，选择能够灵活定制且与其他系统无缝集成的 CRM 工具尤为重要。

（4）价格是不可忽视的因素。评估 CRM 工具的价格和许可模式，确保其符合企业的预算和规模。虽然高价并不总是等于更好的质量，但也需要权衡价格与性能之间的关系，选择最具成本效益的 CRM 工具。

除了上述提及的工具，还有许多其他 CRM 工具可供选择。在做出决策之前，务必根据具体需求和预算进行充分的评估和比较，以确保选择到最适合的 CRM 工具，为企业的发展提供有力支持。

（五）如何选择合适的跨境电商 CRM 系统

（1）功能完善。选择一个功能完善的跨境电商 CRM 系统可以帮助企业更好地管理客户信息。一些必备的功能包括客户信息管理、销售管理、客户服务、数据分析和报表等。

（2）易于使用。一个易于使用的跨境电商 CRM 系统可以提高员工的工作效率，减少培训成本。在选择系统时，要关注界面设计、操作流程和用户体验等方面。

（3）安全性高。跨境电商业务涉及大量敏感信息，如客户资料、交易数据等，选择一个有较高安全性的跨境电商 CRM 系统非常重要。要确保系统具备高级别的数据加密和安全防护措施，保障客户信息的安全性。

（4）灵活定制。每个跨境电商企业的业务需求和流程都不尽相同，因此，选择一个支持灵活定制的跨境电商 CRM 系统可以更好地满足企业的个性化需求。

（5）价格合理。在选择跨境电商 CRM 系统时，要综合考虑性价比。一些优秀的跨境电商 CRM 系统可能价格较高，但它们可以为企业带来更好的业务效益和发展空间。因此，要根据自身情况选择合适的 CRM 系统。

（六）如何利用跨境电商 CRM 系统提高客户满意度

利用跨境电商 CRM 系统提高客户满意度和忠诚度的方法如下：

（1）整合客户数据。通过跨境电商 CRM 系统，企业能够整合来自不同渠道的客户数据，包括线上和线下的销售数据、市场调研数据、客户服务数据等。这有助于企业更好地了解客户需求和购买行为，为制定更精准的市场营销策略提供支持。

（2）提供个性化服务。借助跨境电商 CRM 系统，企业可以根据客户的购买记录、偏好和反馈等信息，为客户提供个性化的产品推荐和服务方案。这有助于提高客户的满意度和忠诚度，推动业务发展和增长。

（3）优化客户服务。跨境电商 CRM 系统使企业能够实时跟踪客户的购买过程和服务需求，及时解决客户的问题和疑虑。这有助于提高客户对企业的信任度和满意度，促进客户复购和口碑传播。

（4）实现精准营销。通过跨境电商 CRM 系统，企业可以根据客户的购买行为和偏好等信息，制定更为精准的市场营销策略。这有助于提高营销效果和投资回报率，推动业务持续发展和增长。

（5）提升客户留存率。跨境电商 CRM 系统使企业能够建立完善的客户关怀体系，包括定期回访、节日祝福、优惠活动等。这有助于提高客户的忠诚度和留存率，为企业的长期发展奠定坚实基础。

本章小结

本章主要围绕跨境电商客户服务的概念、特点、沟通方式和纠纷处理等内容进行了全面的探讨。第一节重点分析了跨境电商客户服务的概念，需要客服挖掘并满足客户需求，不断为客户创造价值。在服务中，要正确应对客户的投诉，做好售前、售后的客服工作，运用正确的沟通技巧提升客户体验。第二节针对跨境电商客户服务纠纷处理进行了探讨。重点介绍了常见的纠纷类型及影响，有效预防产品纠纷和订单纠纷的方式方法。第三节介绍了跨境电商 CRM 系统的作用和工具等。本章使读者进一步了解跨境电子商务客户服务的重要性，为以后在实践中有效地化解纠纷、维护良好的客户关系提供可行性建议。

第6章即测即评

第7章

跨境电子商务法律法规与风险防范

| 引言 |

跨境电子商务的发展受到各国法律法规的规范和影响，面临着阳光化、合规化发展的挑战。在跨境电子商务经营过程中，了解并遵守跨境电商相关法律法规至关重要。跨境电商面临着诸多法律风险，比如，知识产权风险等。企业和消费者在进行跨境电商活动时，需要了解相关法律法规，知悉可能出现的各种风险，并及时做好防范，同时，政府也需要在体制机制、法律法规等方面不断进行完善。本章首先对我国的《电子商务法》进行解读；其次，介绍国际组织以及跨境电商主要国家对于跨境电商的立法情况；再次，分析跨境电子商务政策规则；最后，对跨境电子商务可能会出现的风险及其对应的防范措施、解决程序以及相关的法律制度进行梳理。

| 素养提升 |

1. 党的二十大报告提出，“稳步扩大规则、规制、管理、标准等制度型开放”。针对跨境电子商务，政府推动高水平对外开放，有效提升我国参与国际循环的质量和水平。

2. 完善跨境电子商务法律法规是促进我国跨境电子商务健康快速发展的重要途径。本章介绍我国跨境电商经营、支付、物流、税收、海关监管等相关法律法规，并思考未来应如何完善相关法律法规，促进我国跨境电子商务健康快速发展。

3. 规范跨境电商领域法律法规，降低风险出现概率，维护买卖双方合法利益是对以人民为中心的发展思想的充分体现。本章介绍跨境电商活动中可能出现的风险，及如何利用法律法规进行风险防范，阐释国家全面保障人民合法权益的深刻意义。

4. 党的二十大报告中强调，“加强知识产权法治保障，形成支持全面创新的基础制度”。加快建设知识产权强国，夯实知识产权法制基础是重要目标。知识产权风险是跨境电商活动中常见的风险之一，本章将介绍跨境电商企业面临的各种知识产权风险，如何增强知识产权意识，如何降低知识产权风险等，推动我国知识产权强国建设。

| 学习目标 |

1. 熟悉我国《电子商务法》的主要内容；
2. 了解各国际组织与国家的跨境电商立法概况；
3. 掌握跨境电子商务政策规则的概况，包括平台规则与相关法律法规；
4. 掌握跨境电子商务中的风险与防范措施，并了解解决争议的途径和方法。

第一节　电子商务法解读

我国的《电子商务法》对规范我国电子商务行业活动，维护消费者与企业的合法权利，加强海关、税收、市场监管等部门对电子商务的监管，促进我国电子商务健康有序发展提供了法律依据。跨境电子商务作为电子商务的境外商业活动延伸，在《电子商务法》第二十六条、第七十一条、第七十二条以及第七十三条中进行了相应的说明，虽未进行详细具体的规则制定，但对跨境电子商务提出了总括性的指导，同时表明我国对跨境电子商务行业发展的明确支持态度。

一、《电子商务法》解读

《电子商务法》是我国电子商务领域的第一部综合法律，共七章，包括总则、电子商务经营者、电子商务合同的订立与履行、电子商务争议解决、电子商务促进、法律责任以及附则。《电子商务法》中涉及以下电子商务主要活动的相关规定。

（一）电子商务经营主体登记、许可

《电子商务法》第二章第九条详细定义了电子商务的两大主体“电子商务经营者”和“电子商务平台经营者”的概念，并明确两者关系。可延伸定义跨境电子商务中的平台（第三方平台）经营者、平台内经营者以及自营（独立站）经营者。第二章第十条规定了电子商务经营者应当依法办理市场主体登记，第二十八条规定了对电子商务平台内经营者进行监管。另外，第十二条规定电子商务经营者从事经营活动，依法需要取得相关行政许可的，应当依法取得行政许可。这些条款规定了电子商务经营主体的合法性，并赋予平台经营者监督的义务，有利于电子商务市场经营环境健康发展。

（二）电子商务合同订立与履行

《电子商务法》第三章对电子商务当事人订立和履行合同作了规定，对合同的订立过

程、成立条件，合同履行过程中的支付方式、物流方式进行了说明。特别地，第四十九条规定电子商务经营者发布的商品或者服务信息符合要约条件的，用户选择该商品或者服务并提交订单成功，合同成立。当事人另有约定的，从其约定。电子商务经营者不得以格式条款等方式约定消费者支付价款后合同不成立；格式条款等含有该内容的，其内容无效。即电子商务合同在支付交易成功之后便生效，使得跨境电商经营者因海关未通过等理由提出合同不成立的行为变为违法行为，保障了消费者的权益。

（三）电子商务消费者权益保护

《电子商务法》第三十八条规定，电子商务平台经营者知道或者应当知道平台内经营者销售的商品或者提供的服务不符合保障人身、财产安全的要求，或者有其他侵害消费者合法权益行为，未采取必要措施的，依法与该平台内经营者承担连带责任。

第五十四条规定，电子支付服务提供者提供电子支付服务不符合国家有关支付安全管理要求，造成用户损失的，应当承担赔偿责任。

第四章“电子商务争议解决”第五十八条规定，国家鼓励电子商务平台经营者建立有利于电子商务发展和消费者权益保护的商品、服务质量担保机制。电子商务平台经营者与平台内经营者协议设立消费者权益保证金的，双方应当就消费者权益保证金的提取数额、管理、使用和退还办法等作出明确约定。消费者要求电子商务平台经营者承担先行赔偿责任以及电子商务平台经营者赔偿后向平台内经营者的追偿，适用《中华人民共和国消费者权益保护法》的有关规定。在第六十三条中提到建立争议在线解决机制，这对可能发生的跨境电子商务争议提供了不受地域限制的有效解决机制。

《电子商务法》从平台运营、支付方式、用户信息等可能对消费者带来损害的各方面制定了法律规则，完善政府、平台的联合监管机制，减小了消费者维权的难度，极大程度保护消费者合法权益。

（四）电子商务知识产权保护

《电子商务法》第四十一条至第四十五条规定电子商务平台经营者应当建立知识产权保护规则，依法保护知识产权。由于电子商务乃至跨境电子商务活动中存在大量侵害知识产权的行为，《电子商务法》着重强调了电子商务平台经营者应加强平台规则中对知识产权方面的规则制定，并在知识产权保护过程中发挥监督作用。

《电子商务法》从法律方面为电子商务活动中电子商务经营主体及经营方式、合同订立与履行、物流、支付方式、争议解决等多个方面提出了有效的方案，并对跨境电子商务提出了框架式的法律规定，促进了我国在电子商务方面法律制度和体系的发展。但对跨境电子商务具体问题的解决还留有许多空白，比如，偷税漏税、报关通关复杂、海关监管较弱等问题，仍缺乏专门的、详细的法律规定。

二、《电子商务法》对跨境电子商务的影响

跨境电子商务作为电子商务延伸的一部分，不仅具有与一般电子商务相通的部分，还

涉及跨境交易的特殊部分，前者可以适用《电子商务法》，而后者则需要单独规定。《电子商务法》在第二章“电子商务经营者”的第二十六条以及第五章“电子商务促进”的第七十一、第七十二、第七十三条直接提及跨境电子商务。相关条文明确将跨境电子商务经营者纳入到该法范围内，要求电子商务经营者从事跨境电子商务，应当遵守进出口监督管理的法律、行政法规和国家有关规定，并且表明国家支持跨境电子商务发展的态度，要求相关部门推进制度制定与监管体系建设，积极与各个国家、地区共同商讨跨境电子商务争议解决机制。

《电子商务法》的出台促进了跨境电子商务的经营者、平台经营者合法经营，促使跨境电子商务行业健康、有序发展，并督促相关部门加强对跨境电子商务的监管。该法使得跨境电子商务有了宏观指导意义的法律规定，强调了跨境电子商务未来的发展地位，为后续提出更加具体的指导方案和评价标准奠定了基础。

延伸阅读

统筹发展安全， 深化电子商务治理

完善电子商务法规标准体系。统筹推进电子商务相关法律法规制订修订，加快数据立法进程，探索建立数据产权制度，统筹数据利用和数据安全。加强新技术应用的规范和监管，完善市场准入规则，细化反垄断和反不正当竞争规则。强化知识产权保护，提高执法效能，探索建立新领域新业态知识产权保护制度和监管框架。积极推进电子商务新领域新业态标准化建设，进一步完善标准治理体系。推动建立覆盖全社会的信用体系，加强电子商务诚信体系建设，建立健全失信惩戒和守信激励机制，引导激励多方市场主体参与信用共建。强化消费者权益保护，在新型消费领域开展消费教育和消费警示，建立健全消费纠纷多元化解机制，加大行政执法和司法保护力度。

提升电子商务监管能力和水平。构建适应电子商务高质量发展要求的数字化监管机制，坚持包容审慎监管，以监管促规范、以规范促发展。转变监管理念，构建事前事中事后全链条监管框架，提升协同联动监管能力，进一步加强线上线下一体化的跨部门、跨区域联合执法和跨境执法协作，强化监管及时性、有效性和威慑力。优化监管方式，探索线上闭环监管、非接触监管、信用监管等新型方式，强化政企联动，推动政企间数据合法有序共享机制建设。改革监管手段，推进防假打假技术创新迭代，实现对侵权违法行为的精准、快速打击。加强反垄断与反不正当竞争执法司法，防止资本无序扩张。推进在线争议解决机制的发展，进一步提高电子商务纠纷解决效率、降低维权成本。

构建电子商务多元共治格局。推动电子商务平台经营者加强数字技术应用，完善平台规则，不断提升平台自治能力，落实网络安全等级保护制度。更好发挥政府作用，加强引导与监督，推动政企协同，实现有效市场和有为政府的良性互动。推动电子商务行业组织建设，充分发挥各类第三方行业组织力量，助力形成政府、企业、行业组织等多方共同参与的电子商务市场治理体系，构建国际一流的数字营商环境。积极参与全球电子商务治

理，坚持多边主义和共商共建共享原则，推动完善更加公正合理的全球电子商务治理体系。

资料来源：商务部、中央网信办、国家发展改革委．“十四五”电子商务发展规划．2021－10－09.

第二节　跨境电子商务政策规则概况

由于跨境电子商务活动依托互联网，交易范围覆盖全球，涉及不同国家和地区，有时会产生争端并难以解决。世界各国和地区立法背景及目的不同，现阶段也并未形成跨境电子商务行业的国际法律法规，解决争端机制尚不完善。为更好地解决跨境电子商务法律法规的国际协调问题，国际组织以及主要国家和地区都在不断探索。

一、国际组织跨境电商立法现状

（一）WTO

世界贸易组织（WTO）发表《全球电子商务宣言》后，宣告了 WTO 成员对电子传输暂免关税的开始。在 1988 年，数字产品跨境交易等相关的电子商务议题被 WTO 正式列入全球贸易政策制定议程中。

WTO 作为国际贸易相关国际组织，其协定、协议涉及电子商务的相关内容，对现阶段电子商务发展有较大影响。现阶段跨境电子商务通过互联网进行贸易往来，大多以实物交易，因此 WTO 的部分法律规则依然适用。除此之外，《1994 年关税与贸易总协定》中的《信息技术协定》对信息技术产品的关税减让为全球电子商务的发展奠定了信息技术基础。在《服务贸易总协定》（GATS）中，《基础电信协议》（GATS 第四议定书）和《金融服务协议》（GATS 第五议定书）中确立了一些与数字产品跨境贸易相关的规则。TRIPS 协定因只是保护知识产权的最低标准，未来电子商务的发展会给 TRIPS 协定带来一定的挑战。

随着数字经济和电子商务的发展，WTO 作为制定国际贸易规则最主要的国际组织，付出了诸多努力。2017 年 WTO 部长级会议上，发表了《电子商务联合声明》。2019 年，包括中国在内的 76 个 WTO 成员发表了《关于电子商务的联合声明》，确认启动与贸易有关的电子商务谈判，尽可能在现有 WTO 协定基础上建立高标准的电子商务国际规则。2023 年 12 月 20 日，WTO 电子商务谈判宣布达成“实质结论”，涵盖网络安全等 13 个条款，包括电子认证和电子签名、电子合同、无纸化交易、开放式政府数据、在线消费者保护、非应邀商业电子信息、透明度、电子交易框架、网络安全、开放式互联网接入、电子发票、单一窗口和个人数据保护。WTO 在跨境电子商务方面，制定了跨境电商及数字贸易的相关规则，为成员提供良好的贸易条件，提高贸易自由化，使得成员间可以平等公正地进行跨境电子商务交易。

（二）UNCITRAL

联合国国际贸易法委员会（UNCITRAL）作为联合国系统内国际贸易法领域的核心法律机构，致力于协调国际组织、区域组织以及各国在国际贸易法这一领域的法制建设。跨境电子商务作为一种“跨境性”的新型贸易方式，受到 UNCITRAL 的重视，UNCITRAL不断为国际范围内跨境电子商务规则做出贡献。

1996 年，UNCITRAL 颁布了《UNCITRAL 电子商务示范法》，该法是世界上第一个电子商务的统一法规，其中根据不歧视使用电子手段、功能等同和技术中性的基本原则，确立了关于电子信息和纸介信息一视同仁以及法律承认电子交易及程序的规则。随后，《UNCITRAL 电子签字示范法》（2001 年）提供了关于使用电子签字的规则。《联合国国际合同使用电子通信公约》（2005 年）以 UNCITRAL 先前存在的法规文本为基础，成为第一个为国际贸易电子订约提供法律确定性的条约。《UNCITRAL 电子可转让记录示范法》（2017 年）促成和便利使用电子形式的可转让单据和票据，如提单、汇票、支票、本票和仓单等。2019 年，UNCITRAL 核准出版了《关于云计算合同所涉主要问题的说明》，继续开展工作，旨在制定一项关于跨国界承认电子身份管理服务（身份管理服务）和认证服务（信托服务）的新文书。

近年来，信息和通信技术的进步以及数字化贸易中新技术的出现，提出了新的法律问题。UNCITRAL 不断在法律上促成采用人工智能、数据交易、数字平台和数字化资产等新兴技术，包括在涉及解决争议、担保权益、破产和国际货物运输以及更广义的数字化贸易等其他工作领域发挥作用。特别是由于跨境交易急速增加，由跨境电商引起的纠纷、争议不断增多，UNCITRAL 建立了网上争议解决机制，并于 2016 年通过了《关于网上争议解决的技术指引》，为很多国家的网上争议解决机制提供了良好的示范。

UNCITRAL 的示范法和技术指引并不具有强制约束力，只是对各国和地区的电子商务、跨境电子商务立法与规定具有说明性的借鉴意义，UNCITRAL 不断尝试，为促进跨境电子商务国际规则的一致性和协调性做出了一定贡献。

（三）欧盟

欧盟是较早研究和发展电子商务的国际组织，具有较为完善的跨境电商法律体系。

早期为了发展电子商务，欧盟采取免税政策，随着电子商务在欧盟的规模不断扩大，欧盟后期开始推动电商税收（增值税）的制定，欧盟各国针对增值税制定了不同的法律法规，并推行强制纳税一站式制度。另外，欧盟制定的《电子商务指令》（欧盟 2000/31/EC 号指令）成为电子商务基本法律框架。该指令不仅规范了企业之间（B2B）电子商务法律关系，也规范了企业与消费者之间（B2C）电子商务法律关系，包括电子合同、电子签名和认证、网上支付、知识产权保护、电子商务税收、消费者权益保护及司法救济手段等。该指令通过构建灵活平衡的法律体制，消除欧盟境内跨境电子商务的障碍性因素，为欧盟内企业和公民提供更优质的电商服务法律保障，提升欧盟电商企业的竞争力。

在消费者权益保护方面，欧盟针对跨境电子商务合同管辖权制定了《布鲁塞尔条例》。在1968年，比利时、德国、法国、意大利、卢森堡、荷兰六国为了统一欧洲共同体领域内成员国之间民商事案件的国际管辖权规则，签订了《布鲁塞尔关于民商事案件管辖权及判决执行的公约》（以下简称《布鲁塞尔公约》），其中第13条至第15条规定为了保护消费者的合法权益，对消费合同确定特别的管辖权规则。2000年12月22日，欧盟理事会在《布鲁塞尔公约》的基础上通过的《关于民商事案件管辖权及判决的承认与执行的第44/2001号（欧共体）条例》（《布鲁塞尔条例Ⅰ》）与原有公约保持一致，没有作原则性修改，而是对各类标准做出了更为细致的补充。在内容上主要增加了电子商务消费合同纠纷案件的相关规定。《布鲁塞尔条例Ⅰ》为消费者合同制定了一条例外规则，为跨境电子商务买卖合同的管辖权的确立提供了新思路，即第18条规定，消费者在一定条件下可以在商家住所地或者在消费者住所地提起诉讼，而商家只能在消费者住所地对消费者进行起诉。欧盟对消费者住所地管辖标准最大的调整就在于通过确立以“定向行为”为主的商家行为分析标准来细化该管辖规则适用的前提条件，使之更好地适用于跨境电子商务买卖合同，对消费者住所地管辖标准进行补充，为跨境电子商务买卖合同管辖权的确定提供可行性的思路。

随着数字经济的不断发展，为了完善2000年《电子商务指令》，并适应现阶段的数字经济需求，2022年欧盟通过了《数字服务法》（Digital Services Act），要求数字服务提供者为消费者提供更加安全、透明的在线服务，对欧盟内的数字贸易服务者提出了新要求。

二、跨境电商主要国家立法概况

（一）美国

美国电子商务法律的制定比较早，美国也是全球跨境电子商务较为成熟的国家之一。美国在跨境电商方面制定了《统一商法典》《统一计算机信息交易法》和电子签名法等多部法律。美国各州、联邦政府以及非官方组织制定了相关的法律法规，美国犹他州在1995年制定了美国第一部关于电子签名的法律，即《犹他州电子签名法》。

在电子商务税收方面，1998年美国国会通过《互联网免税法案》，对电子商务税收做出了相关规定；2013年通过《市场公平法案》，对电子商务税收领域进行划分和规定。随着跨境电商的不断发展，美国加大对跨境电商卖家的税负规范，增加了相关税种，比如，公司所得税、关税、城市税、销售税等。

在跨境电子商务知识产权方面，美国制定了商业秘密法、商标法以及涉及外观设计专利保护等的诸多法律，对知识产权保护非常严格。

在数据安全方面，企业制定隐私政策的标准，最具代表性的为ISO/IEC29100系列标准，包括隐私保护框架、隐私体系框架、隐私能力保护评估模型、隐私影响评估、个人可识别信息保护指南等。

在政府监管方面，联邦立法层面上，美国数据保护立法多按照行业和领域进行分类，如《金融现代化法案》（GLBA）、《健康保险便携性和责任法案》（HIPAA）、《外国投资风险评估现代化法案》(FIRRMA)、《出口管制条例》(EAR) 等。美国各州也陆续出台了相应的数据隐私法案，如《加利福尼亚州消费者隐私法案》(CCPA)、《加利福尼亚州隐私权法案》(CPRA)、《弗吉尼亚州消费者数据保护法案》(VCDPA)、《科罗拉多州隐私法案》(CPA) 等。2018 年美国还制定了《合法使用境外数据明确法》等相关法律，对其他国家企业的数据合规化及其他国家的数据安全带来了很大影响。

在解决纠纷方面，美国有比较特殊的“长臂管辖权”制度。美国的长臂管辖权规定只要被告与法院所管辖区域有某种“最低联系”，即可进行诉讼行使管辖权。在跨境电商案件中，有部分卖家提出自己在美国没有实体，自己也从未去过美国，因此不存在“最低联系”，但有部分美国法院认为即使被告“仅通过其网站和第三方网站在线销售产品”，也形成了“最低联系”。因此，涉及美国跨境电商的消费者和卖家必须关注美国的相关法律规定，否则可能会因长臂管辖权而发生法律属地纠纷。

（二）英国

英国跨境电子商务发展迅速，市场规模巨大，跨境电商市场较为成熟。英国对跨境电子商务的立法，既满足本国跨境电子商务发展的实际需要，又借鉴了欧盟立法的优秀做法和经验，立法相对细致和完备。

英国的电子商务法主要对跨境电子商务交易主体进行规范，要求交易主体对服务接收者与政府监管部门提供直接、清晰的信息，并对缔约合约的内容进行规定。2000 年，根据网络销售情况制定《消费者保护（远程销售）规章》(The Consumer Protection (Distance Selling) Regulations)，对报价、运输、退货等方面规定了具体做法。《数据保护法案》规定了个人数据的保护和处理原则，包括数据存储、加工、传输等方面。《隐私和电子通信法》则关注个人隐私权和电子通信的保护。《电子通信法》(2000) 规定了电子签名的认证、效力和法律效果，为电子商务提供了法律保障。《反不正当竞争法》主要限制了在电子商务领域中的不正当竞争行为，包括虚假广告、商业诋毁等行为，对以上行为提出了禁止和处罚措施。

（三）日本

日本电子商务起步较晚，但发展迅速，在发展初期日本政府采取了相对宽松的法律政策。为加强监管，日本从 21 世纪初期针对电子商务平台监管出台了一系列法律法规，包括《关于消费者在电子商务中发生纠纷的解决框架》《电子消费者合同法》《日本电商与信息交易准则》《特定交易商相关法律》等。为构建全方位的电子商务综合法律体系，保障卖家和消费者的合法权益，对电子商务活动中涉及的物流、支付、结算、市场、推广等方面的法律法规进行了大规模的修改和更新。

2021 年《特定电子平台透明性及公平性促进法》正式实施，为防止数字平台利用其优势地位与卖家和消费者签订不公平合同的行为、开展不正当竞争活动，对日本境内的跨境电商平台，比如谷歌、亚马逊、日本乐天、雅虎等进行了一定程度的管制。

第三节　跨境电子商务政策规则分析

跨境电子商务高速发展的过程中，交易活动中的每一个环节都会面临一些法律法规问题。比如，合同签订问题、物流问题、通关问题、跨境支付方式问题、知识产权保护问题等。我国针对各环节可能产生的问题持续出台相应的法律法规政策，营造良好的运营环境，在跨境电子商务活动中为经营者及消费者保驾护航。

一、跨境电子商务平台规则

跨境电子商务平台规则主要是指跨境电子商务平台运营者和消费者应遵守的相关规则和政策。平台作为跨境电商交易的载体，主要义务包括对卖家信息审核，向消费者传输信息；监督卖家完成市场准入、许可；信息公示、披露；制定和修改服务协议与交易规则；保护知识产权和禁止限制竞争；保障消费者权益；保障网络安全和消费者个人信息等。针对以上义务，各跨境电商平台均制定了平台规则和政策，并依法承担相应的责任。

1. 卖家规则

平台中卖家的任何行为都应遵守相关国家的法律法规、政策等规范性文件，卖家应当对买方负责，了解且切实履行一系列义务，遵守平台的产品、经营、知识产权保护、消费者权益保护等规则，平台对卖家具有一定的市场监督权利。

2. 买家规则

有些平台会列出买家消费期间所要遵守的平台规则，主要包括公正诚信规则、修改和废弃订单、禁止发布虚假及欺诈信息规则、交易纠纷处理规则、评论规则等。要求买家严格遵守平台的相关规定，遵循公正诚信的原则，在获得良好购物体验的同时，保护自己的合法权益。

3. 交易规则

交易规则主要规定从卖家进入平台后所发生的注册、准入、许可、发布产品、订单、评价、纠纷、售后服务等交易全流程的基本规则。交易规则中对平台卖家的主体状态进行严格的审核，认证后的卖家会按系统流程进入招商准入环节并开通店铺。随后，依照各平台的产品规则进行定价并发布产品、处理订单。平台会依据销售后的评价、服务规则对卖家进行管理，处理有可能发生的纠纷。

4. 处罚规则

为保障平台经营者、卖家与买家的权利，平台对相应的违规、违法行为制定处罚规则。处罚规则主要对商品信息质量、交易过程、知识产权等方面的违规行为进行相应的管理和处罚。

5. 禁限售规则

平台内经营者依据禁限售规则不得发布任何违反国家、地区及司法管辖区的法律规定或监管要求的商品。平台禁限售规则规定禁止发布或限制发布部分产品信息，并依据各国最新违禁信息，及时修改相应条款。

6. 知识产权规则

近几年知识产权保护越来越受到重视，各大平台在规则中对平台内经营者制定了知识产权规则，主要包括商标侵权规则、著作权侵权规则、专利侵权规则。商标侵权是指未经权利人许可使用他人商标或使用相似或相同商标的违法行为。著作权侵权是指未经权利人授权，擅自使用受版权保护的作品材料，如文本、照片、视频、音乐和软件的侵权行为。专利侵权是指侵犯他人外观专利、实用新型专利、发明专利等违法行为。针对以上知识产权侵权行为平台规则中规定相应的处罚规则。

7. 国家特定规则

除了卖家基础规则以及常见产品规则之外，跨境电子商务平台因其跨国性，平台中各个国家的站点规则会根据国家合规要求进行设置。比如，亚马逊的美国站规则中要求卖家在任意一个月总销售额超过 1 万美元，需要购买商业责任险并持续保险，否则商品销售会受限；日本站卖家需要按照日本消费税（JCT）合规发票留存政策，注册申报；欧洲站卖家需要申请增值税（VAT）税号，完成税号注册、税金缴纳、纳税申报等。

亚马逊、eBay、全球速卖通平台规则框架见表 7－1。

表 7－1　亚马逊、eBay、全球速卖通平台规则框架

全球速卖通平台规则
基础规则： 1. 卖家基本义务 2. 交易规则（注册、认证准入及开通店铺、商标准入及经营、发布产品、搜索排序、订单超时、物流、纠纷、售后服务、评价、放款、提现、佣金、拒付） 3. 违规及处罚规则（违规处理措施、违规类型分类及处理、四类违规及处罚） 4. 行业标准、知识产权规则、禁限售规则、营销规则、招商规则、物流规则、卖家保护政策、搜索规则、特定国家规则
亚马逊平台规则
卖家行为规则（企业信息和商品信息公平合法的规则，产品、排序、评价、价格、沟通、销售流程规范规则） 卖家资质审核 违规侵权相关政策 产品合规政策（禁限售商品政策、产品安全政策、物流、危险品、贸易合规）
eBay 平台规则
卖家规则、买家规则、销售限制、反馈规则、行为政策、退款政策、销售政策、违反政策规定、招商政策、支付政策、营销政策

二、跨境电子商务合同的法律法规

（一）跨境电子商务合同的定义

跨境电子商务合同是通过网络交易平台进行买卖的合同。由于我国在跨境电子商务合同方面并没有相应的立法和明确的法律规则，跨境电子商务合同又存在虚拟性、跨境性等特点，平台中的买卖合同多数为格式合同，因此，跨境电子商务合同所存在的合同定性问题，使得管辖权争议、格式合同效力等问题都有待解决。

跨境电子商务合同属于电子商务合同，根据《电子商务法》中第四十九条规定，电子商务经营者发布的商品或者服务信息符合要约条件的，用户选择该商品或者服务并提交订单成功，合同订立。第五十条规定，电子商务经营者应当清晰、全面、明确地告知用户订立合同的步骤、注意事项、下载方法等事项。这些条款同样适用于跨境电子商务合同，明确了跨境电子商务合同生效的条件及注意事项。

（二）跨境电子商务合同的特征

1. 虚拟性

跨境电子商务合同区别于传统买卖合同最显著的特征之一是虚拟性。跨境电子商务买卖双方交易活动在不进行现实接触的情况下，经历磋商、要约、承诺、履行等交易环节，借助互联网完成超越国界的交易。虽然减少了交易成本和运营成本，但也为跨境电子商务合同埋下诸多隐患，比如，身份真实性、信息公开等问题。

2. 复杂性

跨境电子商务交易中参与主体较多，包括平台经营者、消费者、提供支付服务的金融机构以及物流公司等。交易合同涉及主体资质、支付方式、运输方式以及纠纷归责等法律问题，具有一定的复杂性。

3. 跨境性

跨境电子商务合同具有跨境性，消费者通过跨境电商平台购买境外商品并签订电子合同，支付并完成交易，最终获得商品和服务。当跨境电子商务电子合同双方当事人发生纠纷时，由于交易双方所属地域不同，会引起双方不同国家法院的管辖权争夺，各国为保障国民的合法权益就会发生管辖权冲突。

（三）跨境电子商务合同相关法律

针对跨境电子商务合同的特征及涉及的相关问题，总结了我国现阶段跨境电子商务合同适用的法律法规，如表 7－2 所示。

表 7－2　我国现阶段跨境电子商务合同适用的法律法规

类型	名称
法律	《中华人民共和国电子商务法》第三章
法律	《中华人民共和国民法典》第三编 合同
法律	《中华人民共和国涉外民事关系法律适用法》
法律	《中华人民共和国消费者权益保护法》
法律	《中华人民共和国电子签名法》
法规	《最高人民法院关于涉外民商事案件诉讼管辖若干问题的规定》

三、跨境电子商务物流的法律制度

物流是跨境电子商务的重要环节，我国并没有现行的、明确的跨境电商物流法律，规范跨境电子商务物流方面行为的多为传统法律与行政法规。凡涉及跨境电商物流的仓储、运输、装卸、包装、配送等环节中可能出现的问题会对应相关的法律规定。比如，物流运输过程中，涉及跨境通关和国际运输问题，会根据国际海运规则、《中华人民共和国海关法》、《中华人民共和国民法典》对违法行为进行相应处罚。在仓储方面，作为近期跨境电商重要仓储模式创新的海外仓，会在货物运输过程中按照海关进出口监管规定进行约束，并在货物到达后按照当地相关法律法规经营。

在跨境电商物流监管方面，海关总署制定了多项制度。通过《关于跨境贸易电子商务进出境货物、物品有关监管事宜的公告》（海关总署公告 2014 年第 56 号）、《关于跨境电子商务零售进出口商品有关监管事宜的公告》（海关总署公告〔2018〕194 号）、《关于完善跨境电子商务零售进口监管有关工作的通知》（商财发〔2018〕486 号）等多项法规对跨境电商物流实施监管。

跨境电子商务物流涉及的法律法规见表 7－3。

表 7－3　跨境电子商务物流涉及的法律法规

类型	名称
法律	《中华人民共和国海关法》
法律	《中华人民共和国民法典》
法规	《关于跨境贸易电子商务进出境货物、物品有关监管事宜的公告》（海关总署公告 2014 年第 56 号）
法规	《关于跨境电子商务零售进出口商品有关监管事宜的公告》（海关总署公告〔2018〕194 号）
法规	《关于完善跨境电子商务零售进口监管有关工作的通知》（商财发〔2018〕486 号）
政策	《关于促进跨境电子商务寄递服务高质量发展的若干意见（暂行）》（国邮发〔2019〕17 号）

四、跨境电子商务支付的法律制度

支付是跨境电子商务中的重要环节，跨境资金流动需要强有力的法律法规支持。针对现有支付方式，颁布了相应的法律法规规范跨境支付业务。比如，《中国人民银行关于支持外贸新业态跨境人民币结算的通知》加大对外贸新业态跨境人民币结算业务的支持力度，规范相关跨境业务的交易信息、交易主体等方面；《中华人民共和国外汇管理条例》确保跨境交易的真实合法性；《关于实时获取跨境电子商务平台企业支付相关原始数据有关事宜的公告》（海关总署公告〔2018〕165 号）要求参与跨境电子商务零售进口业务的跨境电商平台应向海关开放支付相关原始数据，供海关验核，保证支付数据的安全性。

五、跨境电子商务的知识产权保护

知识产权是基于创造成果和工商标记依法产生的权利的统称。随着跨境电子商务的发展，我国部分跨境电商卖家对于知识产权保护因自身不重视和意识缺乏而出现很多纠纷。跨境电商这种“跨境性”和“线上性”的贸易新模式，给电商企业的知识产权保护带来诸多挑战。我国正在不断加强在跨境电商领域的知识产权保护法律的制定和完善。

（一）知识产权保护纠纷的种类

跨境电子商务的知识产权主要涉及专利著作权、版权和商标权。所产生的知识产权保护的纠纷主要包括以下三种。

1. 专利侵权纠纷

专利侵权纠纷是指专利权人与未经其许可实施其专利的侵犯行为人发生的争议。在跨境电子商务交易中，专利侵权案例并不多，但对于相关商家的处罚力度较大。例如，2015 年的“亚马逊下架平衡车事件”，主要原因就是专利的归属问题，由于该商品制造商主要为中国公司，中国卖家损失惨重，这场专利侵权诉讼至今未有定论。

2. 版权侵权纠纷

版权侵权纠纷主要包括未经权利人同意擅自出售、传播作品的行为；未经著作权人许可擅自适用权利人的图片、宣传语、音乐等进行的宣传行为；未经权利人同意，擅自修改他人作品的行为。版权侵权纠纷在跨境电商发展过程当中较为普遍，例如，著名的“小猪佩奇”版权侵权纠纷案中，中国公司非法使用著作权人的卡通形象，在海外平台销售未经权利人同意的卡通玩具等。

3. 商标侵权纠纷

跨境电子商务活动中商标侵权是知识产权纠纷中的“重灾区”。由于跨境电子商务交易是在线上完成的，除了卖家在平台披露的相关信息之外，买家无法判断所购产品的真伪，因此很多跨境电商卖家利用他人知名商标的影响力欺骗消费者，仿造商标权人的商标，销售仿冒产品，损害商标权人与消费者的权利。

（二）适用于知识产权保护的法律法规

为了减少跨境电商的知识产权纠纷，我国对跨境电商知识产权的保护主要依据《中华人民共和国电子商务法》《中华人民共和国著作权法》《中华人民共和国专利法》《中华人民共和国商标法》以及《中华人民共和国知识产权海关保护条例》等法律法规与相关部门的通知公告对跨境电商知识产权问题进行规范。

由于跨境电商商品销售到世界各地，除了遵守我国的知识产权相关法律外，还须根据实际情况遵守其他相关国家或地区的知识产权法律法规。

延伸阅读

加强知识产权保护

创新是引领发展的第一动力，保护知识产权就是保护创新。全面建设社会主义现代化国家，必须更好推进知识产权保护工作。知识产权保护工作关系国家治理体系和治理能力现代化，只有严格保护知识产权，才能完善现代产权制度、深化要素市场化改革，促进市场在资源配置中起决定性作用、更好发挥政府作用。……知识产权保护工作关系国家对外开放大局，只有严格保护知识产权，才能优化营商环境、建设更高水平开放型经济新体制。知识产权保护工作关系国家安全，只有严格保护知识产权，才能有效保护我国自主研发的关键核心技术、防范化解重大风险。

党的十八大以来，我多次强调，要建立高效的知识产权综合管理体制，打通知识产权创造、运用、保护、管理、服务全链条，推动形成权界清晰、分工合理、责权一致、运转高效的体制机制；要实行严格的知识产权保护制度，提高知识产权审查质量和审查效率，坚决依法惩处侵犯合法权益特别是侵犯知识产权行为，引入惩罚性赔偿制度，显著提高侵权代价和违法成本，震慑违法侵权行为，等等。

知识产权是国际竞争力的核心要素，也是国际争端的焦点。我们要敢于斗争、善于斗争，决不放弃正当权益，决不牺牲国家核心利益。要秉持人类命运共同体理念，坚持开放包容、平衡普惠的原则，深度参与世界知识产权组织框架下的全球知识产权治理，推动完善知识产权及相关国际贸易、国际投资等国际规则和标准，推动全球知识产权治理体制向着更加公正合理方向发展。要拓展影响知识产权国际舆论的渠道和方式，讲好中国知识产权故事，展示文明大国、负责任大国形象。要深化同共建"一带一路"沿线国家和地区知识产权合作，倡导知识共享。

资料来源：习近平．全面加强知识产权保护工作 激发创新活力推动构建新发展格局．求是，2021（3）.

六、跨境电子商务海关监管和检疫规章

跨境电子商务作为对外贸易新业态，同样要受到海关在通关、关税、商检等方面的监管。海关、监管部门也在不断创新监管模式和完善相关法律法规。

（一）跨境电子商务海关监管

跨境电子商务是境内个人或电子商务企业在经海关认可的电子商务平台实行跨境交易，我国海关依法对跨境电子商务的进出口货物和物品进行监管。跨境电子商务通常会采用全口径方式通关，即通过一般货物贸易报关方式或通过个人物品名义进出境。因此，跨境电子商务货物和物品接受海关的通用监管法律法规，即《中华人民共和国海关法》，同时针对跨境电商出台了新型监管模式进行监管。但对于新型监管模式监管并没有法律规定，大多使用行政文件进行规范。跨境电商进出口海关监管模式见图 7－1。

1．跨境电商零售进口海关监管政策

跨境电商进口商品现阶段只限于零售，包括消费者个人、商品用途为自用，有合理数

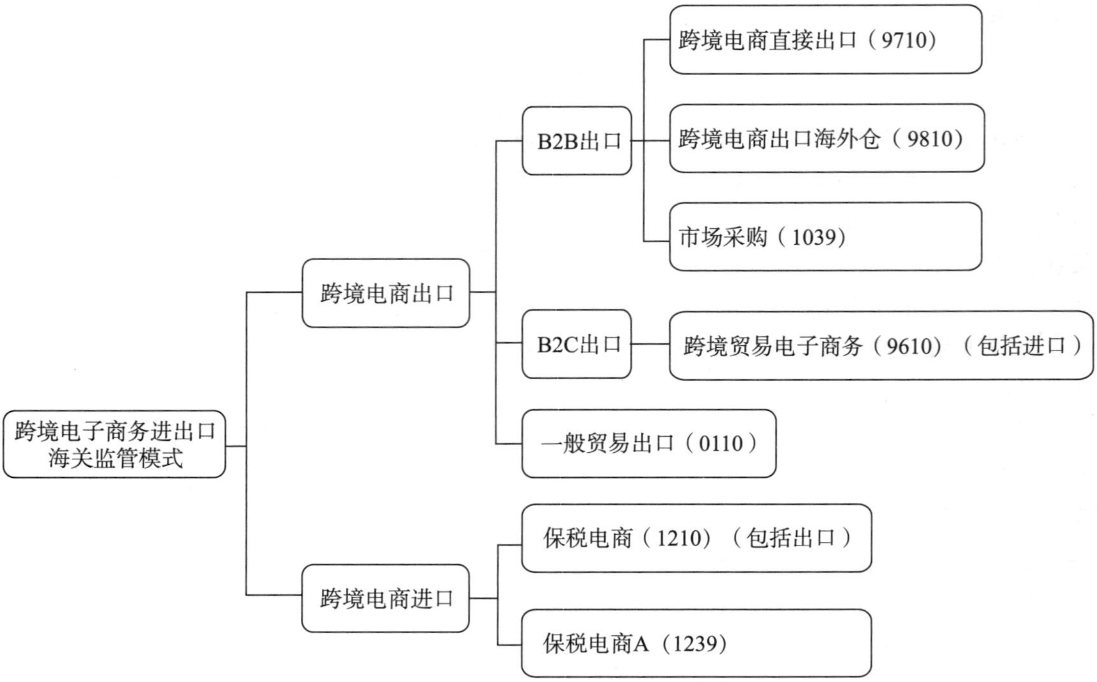

图 7－1　跨境电子商务进出口海关监管模式

量限额，不得进行二次销售。主要依据《关于调整跨境电子商务零售进口商品清单的公告》对零售进口按个人自用进境品进行海关监管，不执行有关商品首次进口许可批件、注册或备案要求，不按货物实施法定检验。

跨境电商零售进口监管模式包括以下三种：

（1）保税电商（1210）。全称“保税跨境贸易电子商务”，适用于境内个人或电子商务企业在经海关认可的电子商务平台实现跨境交易，并通过海关特殊监管区域或保税监管场所进出的电子商务零售进出境商品。此监管方式用于进口时仅限经批准开展跨境贸易电子商务进口试点的海关特殊监管区域和保税物流中心（B 型）。

（2）保税电商 A（1239）。全称“保税跨境贸易电子商务 A”。适用于境内电子商务企业通过海关特殊监管区域或保税物流中心（B 型）一线进境的跨境电子商务零售进口商品。

（3）跨境贸易电子商务（9610）。俗称“直邮模式”。适用于境内个人或电子商务企业通过电子商务交易平台实现交易，并采用“清单核放、汇总申报”模式办理通关手续的电子商务零售进出口商品（通过海关特殊监管区域或保税监管场所一线的电子商务零售进出口商品除外）。

为优化跨境电商进口商品的退货流程，2021 年发布了《关于全面推广跨境电子商务零售进口退货中心仓模式的公告》，退货中心仓的设立不仅提升全流程监管效率，解决跨境退货难的问题，也有利于降低企业经营成本和时间成本。

2. 跨境电商出口海关监管政策

跨境电商出口监管主要涉及一般贸易出口（0110）、B2C 出口和 B2B 出口三大类。针对跨境电商专门的出口监管模式中，B2C 出口有 9610 和 1210 两种监管模式，B2B 出口有 9710、9810 和 1039 三种监管模式。

（1）跨境贸易电子商务（9610）。以“9610”海关监管方式开展电子商务零售进出口业务的电子商务企业、监管场所经营企业、支付企业和物流企业应当按照规定向海关备案，并通过电子商务通关服务平台实时向电子商务通关管理平台传送交易、支付、仓储和物流等数据。“9610”模式只针对跨境电商企业出口商品进行审核，是最传统的跨境电商 B2C 模式，极大地提升了跨境电商通关效率，降低了企业成本。因此，多数跨境平台会选择“9610”的模式进行通关，将商品直邮到境外消费者手上。

（2）跨境电商 B2B 直接出口（9710）。全称“跨境电子商务企业对企业直接出口”，是指境内企业通过跨境电商平台与境外企业达成交易后，通过跨境物流将货物直接出口至境外企业，并向海关传输相关电子数据的模式。此监管方式适用于跨境电商 B2B 直接出口的货物，通过跨境物流将货物运送至境外企业适用“9710”模式。

（3）跨境电商出口海外仓（9810）。全称“跨境电子商务出口海外仓”，适用于跨境电商出口海外仓的货物。该模式指境内企业通过跨境物流将货物以一般贸易方式批量出口至海外仓，经跨境电商平台完成线上交易后，再将货物由海外仓送至境外消费者的一种货物出口模式。出口海外仓模式能够缩短物流时间，将跨境运输环节前置完成，提升消费者的购买体验。

（4）市场采购（1039）。该模式是指在经认证的市场集聚区采购商品，单票报关单的货值在 15 万美元以下，由符合条件的经营者办理出口通关手续的贸易模式。市场采购模式适合多品种、多批次、小批量的跨境电商贸易，利用这种模式解决了中小微企业无票买单出口、非法外汇、出口骗税等问题。

跨境电商进出口海关监管政策汇总见表 7-4。

表 7-4　跨境电商进出口海关监管政策

类型	名称
法律	《中华人民共和国海关法》
法规	《关于完善跨境电子商务零售进口监管有关工作的通知》（商财发〔2018〕486 号）
法规	《关于跨境贸易电子商务进出境货物、物品有关监管事宜的公告》（海关总署公告 2014 年 56 号）
法规	《关于调整跨境电子商务零售进口商品清单的公告》
法规	《关于跨境电子商务零售进出口商品有关监管事宜的公告》（海关总署公告〔2018〕194 号）
法规	《关于跨境电子商务零售进口商品退货有关监管事宜的公告》（海关总署公告〔2020〕45 号）
法规	《关于全面推广跨境电子商务零售进口退货中心仓模式的公告》（海关总署公告〔2021〕70 号）
法规	《关于跨境电子商务出口退运商品税收政策的公告》（财政部 海关总署公告〔2023〕4 号）
法规	《关于修订市场采购贸易监管办法及其监管方式有关事宜的公告》（海关总署公告〔2019〕221 号）
法规	《关于扩大跨境电子商务企业对企业出口监管试点范围的公告》（海关总署公告〔2020〕92 号）

3. 跨境电商税收政策

现阶段，我国制定的跨境电商税收政策仅限于财政部、税收部门的公告及通知，缺乏专门的法律。跨境电商的税收变化较多，缺乏稳定性，为海关监管增大了难度。

在跨境电商出口税收方面，主要缴纳消费税和增值税，企业符合一定条件的情况下可以享受退（免）增值税、消费税的政策。涉及跨境电商出口税收的政策主要包括：《关于跨境电子商务零售出口税收政策的通知》（财税〔2013〕96 号）（见表 7－5）、《关于跨境电子商务综合试验区零售出口货物税收政策的通知》（财税〔2018〕103 号）、《关于跨境电子商务出口退运商品税收政策的公告》等。

表 7－5　跨境电子商务零售出口税收政策

适用政策	应符合条件
增值税、消费税退（免）税政策	1. 电子商务出口企业属于增值税一般纳税人并已向主管税务机关办理出口退（免）税资格认定； 2. 出口货物取得海关出口货物报关单（出口退税专用），且与海关出口货物报关单电子信息一致； 3. 出口货物在退（免）税申报期截止之日内收汇； 4. 电子商务出口企业属于外贸企业的，购进出口货物取得相应的增值税专用发票、消费税专用缴款书（分割单）或海关进口增值税、消费税专用缴款书，且上述凭证有关内容与出口货物报关单（出口退税专用）有关内容相匹配。
增值税、消费税免税政策	1. 电子商务出口企业已办理税务登记； 2. 出口货物取得海关签发的出口货物报关单； 3. 购进出口货物取得合法有效的进货凭证。

进口税收方面，跨境电子商务企业采用上述监管模式进口后，税收征管要求按照《关于完善跨境电子商务零售进口税收政策的通知》（财关税〔2018〕49 号）和《关于跨境电子商务零售进口税收政策的通知》（财关税〔2016〕18 号）征收关税及进口环节的增值税、消费税。跨境电商进口征税方式有两种：个人物品行邮税和跨境电商综合税。

（1）个人物品行邮税。行邮税是行李和邮递物品进口税的简称，是海关对入境旅客行李和邮递物品征收的进口税，其中包括关税以及进口环节的增值税、消费税。进境物品纳税义务人是指携带物品进境的入境人员、进境邮递物品的收件人，以及以其他方式进口物品的收件人。行邮税是进口关税的一种，其为综合税种。通常个人代购、个人海淘都需要缴纳行邮税。

为了维持进境物品与进口同类货物的税负公平，保证行邮税率与同类进口货物的综合税率大体一致，国务院关税税则委员会发布《国务院关税税则委员会关于调整进境物品进口税有关问题的通知》，自 2019 年 4 月 9 日起实施，修改后的行邮税税率如表 7－6 所示。

表 7－6　中华人民共和国进境物品进口税税率表

税目序号	物品名称	税率
1	书报、刊物、教育用影视资料；计算机、视频摄录一体机、数字照相机等信息技术产品；食品、饮料；金银；家具；玩具，游戏品、节日或其他娱乐用品；药品	13%

续表

税目序号	物品名称	税率
2	运动用品（不含高尔夫球及球具）、钓鱼用品；纺织品及其制成品；电视摄像机及其他电器用具；自行车；税目 1、3 中未包含的其他商品	20%
3	烟、酒；贵重首饰及珠宝玉石；高尔夫球及球具；高档手表；高档化妆品	50%

注：1. 对国家规定减按 3%征收进口环节增值税的进口药品，按照货物税率征税。
2. 税目 3 所列商品的具体范围与消费税征收范围一致。

（2）跨境电商综合税。跨境电商综合税包含按照货物或保税模式进口的商品，征收进口关税和进口环节产生的增值税、消费税。购买跨境电子商务零售进口商品的个人作为纳税义务人，实际交易价格（包括货物零售价格、运费和保险费）作为完税价格，电子商务企业、电子商务交易平台企业或物流企业可作为代收代缴义务人。跨境电子商务零售进口税收政策适用于从其他国家或地区进口的、《跨境电子商务零售进口商品清单》范围内的商品。现阶段，跨境电子商务零售进口商品的单次交易限值由人民币 2 000 元提高至 5 000 元，个人年度交易限值由人民币 20 000 元提高至 26 000 元。在限值以内进口的跨境电子商务零售进口商品，关税税率暂设为 0；进口环节增值税、消费税取消免征税额，暂按法定应纳税额的 70%征收。完税价格超过 5 000 元单次交易限值但低于 26 000 元年度交易限值，且订单下仅一件商品时，可以自跨境电商零售渠道进口，按照货物税率全额征收关税和进口环节增值税、消费税，交易额计入年度交易总额，但年度交易总额超过年度交易限值的，应按一般贸易管理。一般情况下，跨境电商的大部分产品没有消费税，跨境电商综合税率＝[(消费税税率＋增值税税率)/(1－消费税税率)]×70%。

例如，小红在某跨境电商平台上买了一罐奶粉，平台购买价格为 300 元，进口环节需要缴纳多少跨境电商综合税呢？

跨境电商综合税率＝[(0＋13%)/(1－0)]×70%＝9.1%

跨境电商综合税＝300×9.1%＝27.3(元)

（二）跨境电子商务检疫规章

海关依法对跨境电商的商品按照现行动植物检疫法和进出口商品检验法对进出境动植物、动植物产品和其他检疫物、食品、化妆品、服装等实行监管。目前，海关主要依据《中华人民共和国进出境动植物检疫法》《中华人民共和国进出口商品检验法》以及《中华人民共和国进出口商品检验法实施条例》进行监管。同时，针对快递等检验检疫制定了《进出境邮寄物检疫管理办法》和《出入境快件检验检疫管理办法》等。另外，《关于促进跨境电子商务健康快速发展的指导意见》中规定，对跨境电子商务进出口商品实施集中申报、集中查验、集中放行等便利措施。加强跨境电子商务质量安全监管，对跨境电子商务经营主体及商品实施备案管理制度，突出经营企业质量安全主体责任，开展商品质量安全风险监管。进境商品应当符合我国法律法规和标准要求，对违反生物安全和其他相关规定的行为要依法查处。

第四节　风险防范与争议解决

一、跨境电子商务的风险及防范措施

随着跨境电子商务的规模不断扩大，跨境电子商务交易模式的多样化、经营环境的复杂性和不确定性不断提升，跨境电商经营者会面临大量的合规风险，如何进行风险管理和解决争议尤为重要。以下是跨境电子商务活动中可能会产生的风险以及应采取的防范措施。

（一）走私风险

在跨境电子商务通关过程中，夹藏、藏匿走私；伪报品名、商品编码；伪报商品价格、数量；伪报贸易性质、征免税性质，偷运监管货物出特殊监管区都属于走私违规行为。以上是跨境电商与传统贸易共通的走私行为，而“刷单”“提供虚假物流信息”等行为则是跨境电商特有的走私行为。

跨境电商企业应加强自身合法规范经营理念，依照海关规定如实申报货物或商品，选择合规的商业模式。管控跨境电商环节包括第三方平台、物流公司、支付公司等上下游参与者，各环节企业应承担相应的责任和义务。

（二）支付风险

跨境电商支付风险主要包括冻结封号风险，拒收、退单风险，汇率风险等。其中最严重的支付风险为店铺操作不当，产生纷争，进行诉讼期间，支付平台会对支付账号进行冻结甚至封号。当商家无法应对诉讼或解除危机时，支付平台可能进行账户清零处理。

由于网络交易与面对面交易的差异性，跨境电商支付过程中消费者在使用信用卡进行支付时，卖家会面临一些支付风险。在销售过程中难免会有消费者拒付或退单情况。如果情况在合理范围之内，可以通过售后服务解决，非正常理由的拒付或退单会造成商家的利益损失。

在支付中可能会出现拒付或退单的情况，包括消费者使用未经授权的信用卡，通常为持卡人信用卡被盗或受欺诈使用；持卡人未收到产品或未在约定时间收到产品；收到产品与卖家描述不符；重复对同一商品进行了两次付款；付款金额和实际产品价格有差异。

另外，汇率风险是跨境贸易支付风险中不可避免的一种风险。在全球经济形势不稳定的背景下，若海外销售端定价未根据汇率进行调整，或因行业竞争等原因未及时调整，则可能导致汇率损失，特别是以薄利多销为主的中小卖家，大部分利润可能会因为汇率波动而直接损失。

针对以上可能出现的支付风险，可以采取以下防范措施：

（1）建立健全的支付风险管控机制。为了应对日益复杂的跨境支付环境，卖家需要尽快建立专业化的风险控制和监控机制，防范可能出现的支付风险。一是深入并及时学习销售平台和支付服务商的规则和条款。核对与支付安全相关的内容，查看店铺设置是否合理，并制定严密、适当的风险管控和防范机制。二是风险控制团队需要对支付行为进行监控，优化消费者个人身份验证机制，并加强与售后部门的联系，通过实时数据为售后服务团队探测潜在的风险，识别高风险订单，辨别欺诈行为，并及时预警。

（2）提高产品及售后服务水平。将产品的退单、拒付请求尽量控制在可控范围内，针对部分恶意拒付的情况，提前制定预估检测模型。将恶意退单等风险订单的成本计算到销售价格中，控制恶意拒付所带来的利益损失。

（3）掌握世界经济形势，及时了解汇率波动。通过关注全球各国的经济形势，了解影响汇率波动的诸多因素。对对象国家政府政策及时解读，了解政策对汇率的影响，同时，通过市场供求变动分析汇率变动的可能性，对汇率变动趋势进行全方面掌握。

（三）知识产权侵权风险

知识产权问题是大多数中小跨境电商出口企业可能会面临的问题。跨境电商卖家可能在未经授权的情况下，销售所谓的“网络爆款”产品，却忽视了极大的知识产权侵权风险。由于跨境电商卖家对目标市场的贸易政策、法律法规不太熟悉，加上企业知识产权法律意识较弱，对他人品牌、专利、技术的认识较差，对自身的知识产权疏于管理，容易引发知识产权纠纷。此外，出口主要地区的知识产权法律大多较为复杂，对知识产权保护要求较高，除了正当维权之外，还会出现跨境恶意维权的情况，为跨境电商卖家增加了风险。知识产权侵权的风险主要集中在版权侵权、专利侵权、商标侵权三大部分。

应对以上知识产权侵权风险，可以采取以下措施减少侵犯知识产权所导致的封号或限制销售情况的发生。

首先，跨境电商卖家应当提高知识产权保护意识，高度自律，从根源上预防权利人提起侵权诉讼。在企业开展跨境电商业务前，应当对目标市场的知识产权保护环境做充分的调查以安排知识产权风险防范的相关计划与措施。自主研发设计商品的跨境电商企业，应事先对商品所涉的商标、专利技术与外观设计进行详细的调查检索，了解同类竞争者的知识产权情况；如检索发现商品有侵权可能，应对专利技术与商标设计做规避处理。跨境电子商务经营者进入目标市场前，可聘请当地的中资国际律所的律师等专业人员对出口商品在当地出售是否侵犯知识产权出具意见书，防范知识产权纠纷。

其次，为保护自身合法的知识产权，企业可以通过查询在海关总署备案的知识产权情况，初步判断自己的商品是否侵权，并向中国海关备案以实现知识产权的边境保护。如果企业对查询的结果仍然判断不准，还可以利用海关预确认制度进行咨询。这种做法虽暂无明确的法律依据，但具有良好的实践效果。对于企业而言，预确认属于法律咨询，产品尚未进出口，因此即使涉嫌侵权也不会受到任何处罚。一般而言，企业办理知识产权预确认需要提交以下材料：注册市场监管登记资料、海关备案信息；商标、专利证书；授权委托书，即他人委托申请人生产/出口相关货物的授权文件；拟出口的货样；

预确认申请书。为了让海关能有充分的审查时间，企业应于不晚于货物出口的 1 个月前向海关申请。

若跨境电商经营过程中出现知识产权侵权行为，企业应积极应诉。对于跨境电商来说，若其已收到知识产权侵权投诉，应当予以高度重视，切不可置之不理。在与权利人沟通协商之前，被投诉商家应在专业人员的帮助下对权利人的知识产权有效性进行全面检索、分析，并与自己售卖的产品进行侵权对比分析，确定是否落入对方知识产权的保护范围，根据分析结果来确定后续与对方沟通的策略。

如果跨境电商不应诉或者消极应诉，在境外法院缺席判决的情况下，中国跨境电商的败诉率是极高的，往往会导致巨额赔偿、账户冻结等对跨境电商卖家非常不利的后果，合法权利难以得到保障。因此，面对侵权诉讼，跨境电商不应采取逃避的态度，而应当积极应诉，维护自身的合法权益，将损失降至最低。

除此之外，中国跨境电商品牌商家应对他国的知识产权侵权行为进行积极的申诉，依据相关知识产权有效性和产品侵权的分析，向有管辖权的境外法院提起知识产权诉讼，积极保护我国企业的合法权利。

（四）用户个人数据保护风险

在跨境电商经营过程中，会存在收集和使用大量用户隐私数据的行为，用户的个人信息有未经允许被获取、滥用或泄露的风险。这些风险可能来自黑客攻击、数据泄露、数据存储不当或第三方非法使用数据等。对于跨境电商企业来说，如果不能充分保护用户个人数据，可能导致承担法律责任、声誉受损以及经济损失。为了保护用户隐私数据，企业必须遵守相关隐私法规，加强数据安全措施，并及时通知用户数据使用政策。此外，企业必须定期进行数据安全评估和风险监控，及时发现和应对潜在的数据安全问题。

（五）税务合规风险

跨境电商税务合规风险包括但不限于跨境电商交易中的增值税、关税、进出口税收等方面的合规问题。由于全球国家和地区的税收政策存在差异，跨境电商交易中可能面临一系列的复杂税务合规挑战。未能遵守相关税务法规可能导致罚款、税务调查以及声誉受损。企业在跨境销售时，必须了解目标市场的税务法规，确保合规申报并缴纳税费。应对这一系列可能出现的税务风险，企业需要建立税务合规管理体系，配备专业的税务人员，及时了解和适应目标市场的税收政策和法规。

二、跨境电子商务纠纷解决程序

（一）跨境电子商务纠纷解决程序

跨境电子商务纠纷基本可以通过调解、仲裁和诉讼等程序进行解决。解决的基本程序分三个阶段。第一，调解协商。根据双方的纠纷情况，当事人双方可以自行谈判或者选择由第三方参与的协商方式进行调节。第二，提请仲裁。根据双方合同相关规定将调解纠纷工作交由仲裁机构或者法律机构处理，申请仲裁既可减少法院与律师的参与，又可依照法律保护消费者的合法权益。第三，当调解和仲裁均未能解决纠纷时，还可以通过提起诉讼程序，将跨境电子商务纠纷进行司法审理，最终由审判庭决定纠纷责任人和责任程度。

（二）跨境电子商务争端解决机制

跨境电商的争端解决机制主要包括三种，即在线纠纷解决机制、第三方机构调解机制、国际仲裁机制。

1. 在线纠纷解决机制

通常跨境电商产生的纠纷大多采取非诉讼的手段来解决，又因跨境电子商务的“跨境”性质，双方面对面解决纠纷有一定困难，所以形成了在线纠纷解决机制（ODR）。ODR 是由非诉讼纠纷解决机制（ADR）演变而来的一种在线纠纷解决机制，将 ADR 运用到全球电子商务环境中，进行在线协商、在线调解、在线仲裁。

在线协商可以分为两种。一种为自助式在线协商，即不公开报价处理，在处理纠纷程序中，双方的报价和请求对另一方都不公开，由计算机程序自动化处理；另一种为辅助性在线协商，是指网站提供虚拟环境供纠纷双方直接协商，最后当事人达成协议，非计算机软件直接根据报价生成协议（即不完全使用计算机自动化处理）。

在线调解指利用网络信息技术，由第三人实质性参与争议解决，避免双方当事人直接会面，第三人通过网络电子设备和技术进行调节，最终达成争议解决协议。

在线仲裁指利用网络对包括立案、受理、审理到裁决过程中的资讯进行处理和交换以完成最终的仲裁。利用在线仲裁可以快捷、经济地解决跨境电商纠纷，解决跨境所带来的无法现场仲裁的不便。

中国国际贸易促进委员会于 2009 年成立仲裁委员会网上争议解决中心，旨在解决电子商务相关争议，服务内容包括在线仲裁、在线调解和在线和解，但目前发展陷入停滞。另外，还有中国国际经济贸易仲裁委员会网上争议解决中心，专门受理域名等纠纷。

2. 第三方机构调解机制

当卖家与消费者产生线上无法调解的纠纷时，可以向第三方机构提交申诉，需要第三方机构介入帮助解决纠纷。第三方机构包括国际机构、国内机构或者国际机构的下属机构。比如，国际商会仲裁院以及各国国际仲裁院或仲裁中心提供全球范围内的调解服务，帮助卖家和消费者解决跨境电商纠纷。

3. 国际仲裁机制

当商家与消费者之间的纠纷无法通过第三方机构调解时，可以向国际仲裁机构提起仲裁要求，由于跨境电商案件经常涉及多个国家，需要由买卖双方协商选择仲裁机构。上文提到的国际商会仲裁院和各国国际仲裁院是常见的国际仲裁机构。

另外，各大主要电商平台均对争议解决机制有所说明。比如，亚马逊明确规定了与商家争议的仲裁方式、仲裁机构和管辖法律；eBay 平台拥有内部解决机制，在提交争议 30 天后未得到解决的情况下，可启动仲裁程序。

三、跨境电子商务争议解决的法律制度

针对跨境电子商务所产生的合同纠纷、知识产权纠纷、消费者纠纷，各国制定了相关的法律制度。卖家企业选择解决争议的适用法律时，需要考虑合同签署地、交易内容、交易性质等因素。提前合理选择仲裁或诉讼解决争议依据，与供应商或消费者签订合同时，明确约定相关国家的争议解决机制和适用法律，以避免争议发生后出现属地不明等问题，影响跨境电商活动正常运作。如果跨境电商交易中没有确定具体的适用法律，适用法律将由相关法院做出认定。

现阶段争议解决方面并没有统一、具体的国际法律制度框架和内容，各国只能在现有法律法规的基础上添加相关的争端解决政策。因此，当对争议进行调解时，通常会按照争议解决所属地的相关法律制度，针对合同签署、知识产权、支付方式、售后服务等争议采用相应法律法规进行解决。比如，我国争议解决时所适用的法律包括：《中华人民共和国电子商务法》《中华人民共和国货物进出口管理条例》《中华人民共和国进出口商品检验法》《中华人民共和国专利法》《中华人民共和国商标法》《中华人民共和国著作权法》《中华人民共和国消费者权益保护法》等。

本章小结

本章主要对我国的《电子商务法》、国际组织以及主要国家跨境电子商务的法律、政策情况、跨境电子商务的相关政策规则体系以及跨境电子商务活动中可能会出现的风险类型、防范措施、解决程序等进行讨论。第一节主要对我国的《电子商务法》进行解读。《电子商务法》作为我国第一部电子商务领域的综合法律，对我国电子商务的经营者、合同、争议解决、法律责任等进行规范，并对跨境电子商务活动提出了总括性指导，表明我国对跨境电子商务发展的明确支持态度。第二节梳理了国际组织和主要国家的跨境电商立法现状。现阶段各国际组织和主要国家虽都未完全形成跨境电子商务行业的法律体系，但都在进行积极探索和完善相关法律和政策。第三节对跨境电子商务政策规则进行系统梳理。在跨境电商活动中，卖家与消费者不仅需要遵循平台规则，更需要了解国家相关法律法规，包括跨境电商合同、物流、支付、知识产权、海关监管、检验检疫、税收等诸多方面的法律和政策。最后一节讲述了跨境电子商务的风险防范与争议解决。跨境电商经营过程中存在大量的合规风险，比如，走私风险、支付风险、知识产权侵权风险、个人数据保护风险等，必须了解风险出现的可能以及解决纠纷的途径和方法。

第7章即测即评

实践篇

第 8 章

跨境电商平台介绍及优势分析

| 引言 |

跨境电子商务将传统线下跨境交易方式转变为线上跨境交易方式。跨境电商平台作为线上跨境交易流程中的重要媒介和销售端口，随着跨境电商活动的进行，成为连接全球市场的重要桥梁。本章将介绍跨境电商活动的重要媒介——跨境电商平台。跨境电商平台以第三方平台和独立站两种经营模式为主。本章首先介绍第三方平台的基本概念、特点和优势，帮助读者了解第三方平台的独特优势。在全球视角下，了解各主要地区跨境电商平台的发展特点。随着跨境电商企业对品牌的重视，独立站（自营）经营模式兴起，本章将介绍独立站零售模式的概念与优势。通过本章学习，读者可以理解独立站与第三方平台的不同之处，全面加深对跨境电商平台的理解和认知。

| 素养提升 |

1. 党的二十大报告提出推动高质量发展。跨境电商的快速发展是外贸发展的一个亮点，而跨境电商平台是培育外贸新动能的一个重要力量。本章将介绍跨境电商常用平台及独立站，以及跨境电商平台在跨境电商发展中的重要媒介作用。

2.《国务院办公厅关于推动外贸稳规模优结构的意见》提到，推动跨境电商健康持续创新发展。因此，引导跨境电商平台主体健康发展非常重要，跨境电商平台的健康稳定运行能够保障企业与消费者的合法权益。

3. 习近平总书记在庆祝中国共产党成立95周年大会上提出坚持“四个自信”。党的二十大报告提出必须坚持胸怀天下。因此，跨境电商企业需要坚持开放的胸怀，利用跨境电商平台讲好中国故事。

4. 跨境电商平台积极鼓励和支持中小企业品牌化经营。本章通过中国跨境电商平台中企业品牌出海案例，讲解“中国产品”向“中国品牌”转变的成功模式。

|学习目标|

1. 掌握第三方平台的概念和特点；
2. 掌握主要跨境电商第三方平台的优势特点；
3. 了解全球主要地区跨境电商平台发展特点；
4. 掌握独立站的概念及优势；
5. 理解第三方平台与独立站的异同点。

第一节　第三方平台

一、第三方平台的概念

根据跨境电商平台建设主体的不同将平台分为第三方平台和独立站（自营式平台）。其中，第三方平台的建设主体为非买方、卖方的第三方企业，主要为跨境电商买方、卖方提供跨境电子商务服务。第三方平台是买方和卖方的跨境交易平台，吸引卖方入驻平台后，收取一定费用为卖家提供选品、定价、推广、物流、支付等服务资源，仅帮助卖方与买方进行对接，为买卖双方提供交易场所，并不直接涉及产品的销售和购买等交易过程（见图 8-1）。

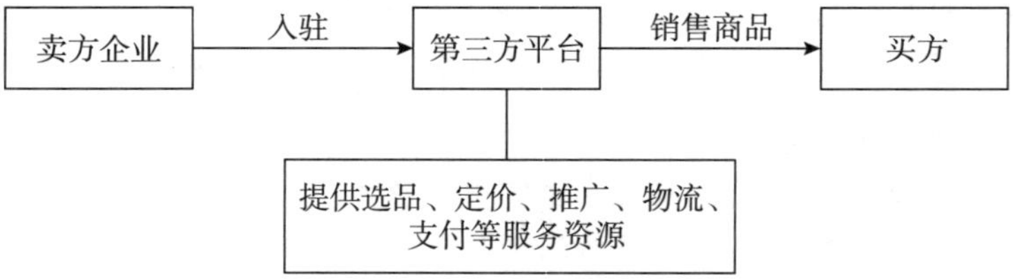

图 8-1　第三方平台服务流程

二、第三方平台的分类及特点

（一）第三方平台的分类

根据电子商务模式划分，第三方平台可以分为 B2B、B2C 和 C2C 三种第三方跨境电子商务平台，其中，B2B 第三方平台是指企业与企业的跨境交易平台，B2C 第三方平台是指企业与消费者直接交易的平台，而 C2C 第三方平台则是指卖家个人与消费者个人的跨境交易平台。目前跨境电商的第三方平台中，B2C 电子商务平台占大多数。

另外，也可根据产品交易方向将第三方平台分为进口和出口第三方平台，其中，进口第三方平台是指进行境外商品进口活动的电子商务平台，即帮助企业通过电子商务渠道将境外产品销售至境内的企业或个人的平台，而出口第三方平台是指为卖家企业提供商品出口销售活动的电子商务平台，即为企业提供电子商务服务将境内产品销往境外企业和消费者的平台。

第三方平台分类及代表企业见图 8-2。

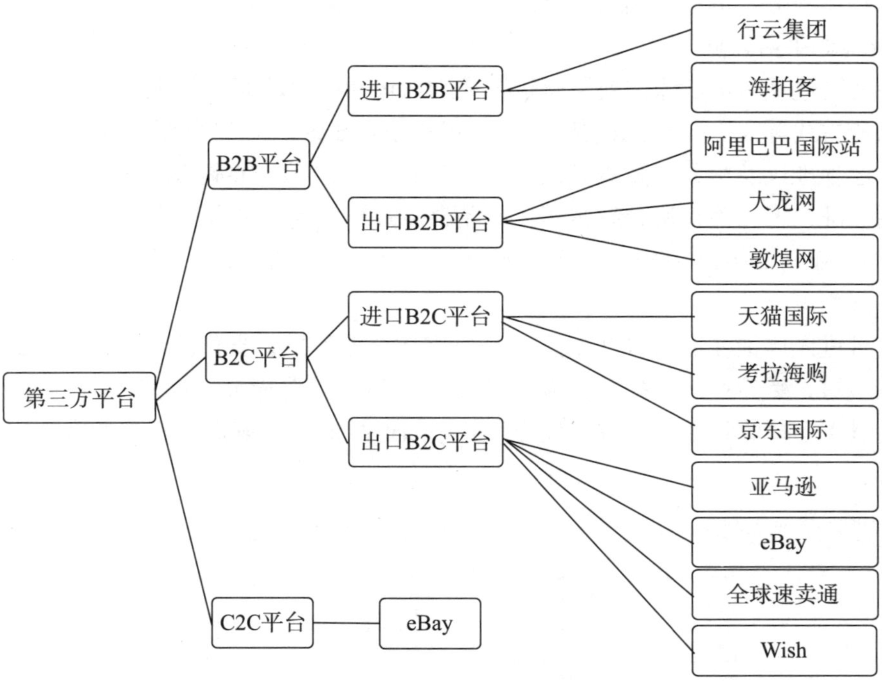

图 8-2　第三方平台分类及代表企业

（二）第三方平台的特点

第三方平台具有专业性、独立性、高效性三个特点。

第一，专业性。第三方平台作为跨境电商业务服务平台，能够给卖家提供专业化的技术支持，从订单管理、商品货源、支付管理、物流管理到售后管理，提供具有平台特色的满足卖家、买家双方需求的专业服务。对于电商新手来说专业服务可以提高其进入市场的安全性。第二，独立性。第三方平台作为交易的中介平台，既不是买家，也不是卖家，独立于交易当事人。此特点能够让第三方平台更加公平地处理买卖双方的利益纠纷。第三，高效性。第三方平台利用互联网，能够高效地匹配买家与卖家的交易信息，使数据快速共享，提高交易双方的成功率。

三、主要第三方平台及其优势特点

（一）亚马逊及其优势特点

1. 亚马逊平台介绍

亚马逊（Amazon）成立于 1995 年 7 月，是美国最大的网络电子商务公司，为典型的

B2C第三方平台。亚马逊通过互联网平台，为卖家提供跨境线上销售的服务，销售的商品种类从最初的图书类商品逐渐拓展到数码电子产品、食品、服装、家具、日常用品等领域。据 Marketplace Pulse 报道，截至 2022 年亚马逊第三方卖家数量已超过 600 万，第三方卖家销售额占亚马逊总销售额的 60%。亚马逊于 2019 年 7 月停止为亚马逊中国站的第三方卖家提供服务，但中国卖家仍可入驻北美站、欧洲站、日本站等站点。

2. 亚马逊平台入驻

入驻亚马逊平台前卖家需要了解运行准则，包括一般政策、知识产权政策、产品合规政策、物流方式等。一般政策包括亚马逊卖家行为准则、信誉与评价政策、销售佣金政策、供应链标准以及交易保障索赔政策等；知识产权政策包括防伪政策、知识产权政策、商标使用标准、不当库存调查政策等；产品合规政策包括公平定价政策、参考商品价格政策、ASIN（亚马逊标准识别号）创建政策、分类和商品限制、受限商品和禁售商品政策等。

卖家可进入店铺注册入口（见图 8－3）完成企业信息、支付信息、包装服务、配送和退货信息填写，然后按照正确分类发布商品，并确定运费标准、销售定价，进行促销等，通过亚马逊平台接收订单后，按时发货，并按照退款退货政策提供相应的客户服务，如图 8－4 所示。

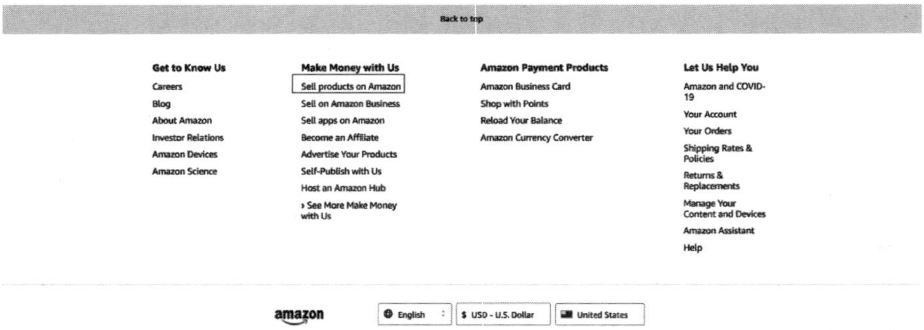

图 8－3　亚马逊店铺注册入口

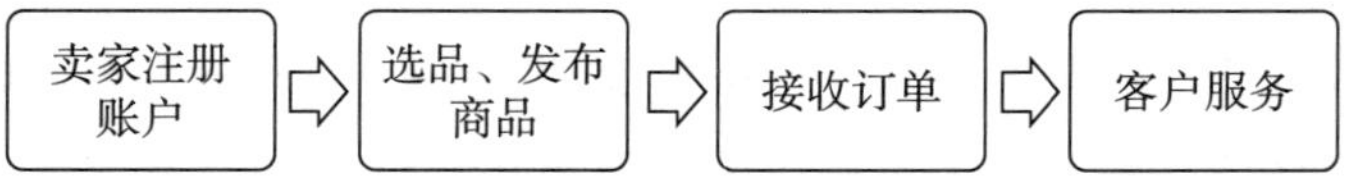

图 8－4　亚马逊开店运营流程

亚马逊的物流方式主要包括 FBA、第三方海外仓、自行发货三种，卖家可自行选择。FBA 是亚马逊物流服务，作为平台自身物流服务，物流速度快，客户信任度高，出现纠纷时平台承担物流责任。第三方海外仓需要卖家自行寻找，能够加快物流时效。自行发货则完全由卖家选择，操作较为灵活，但需要卖家承担物流风险。

3. 亚马逊盈利模式

入驻亚马逊的成本除了月租服务费外，不同站点根据不同的商品收取一定比例的销售佣金。以美国站为例，亚马逊按照适用的销售佣金或按照销售价格计算出每件产品的最低销售佣金，最后取二者中的较高者扣除销售佣金。

4. 亚马逊平台优势特点

亚马逊平台优势特点主要包括：平台商品种类丰富，平台流量大，全球站点多，面向的买家群体规模庞大，搜索热度高；平台规则较为严格，入驻门槛高，入驻企业的信用程度高，且平台将顾客价值放在最重要的位置，重点解决顾客需求，为顾客提供优质服务，因此顾客黏性高；平台物流运输条件较为成熟，亚马逊的 FBA 物流应用互联网技术和先进的库存管理，提供物流配送、仓储运营等一系列服务，配送效率高，出错率低，降低了卖家物流成本；平台针对不同国家和地区采用具有当地特色的第三方支付方式，更好地贴近当地消费者的消费习惯。

（二）eBay 及其优势特点

1. eBay 平台介绍

eBay 是一家创立于 1995 年的美国跨国电子商务公司，是一家集合 C2C 和 B2C 两种销售方式的第三方平台。eBay 最初为拍卖式销售，随着公司发展壮大，形成了在全球范围内买卖商品和提供服务的跨境电子商务公司。2022 年 eBay 全年总交易额为 739 亿美元。目前 eBay 在 190 多个市场开展业务。eBay 以 B2C 垂直销售模式为主，主要销售数码产品、时尚服装、家具、园艺品、汽车配件等品类产品。

2. eBay 平台入驻

入驻 eBay 前同样需要了解卖家规则与政策、会员行为政策、上市政策、销售政策等相关政策。eBay 平台允许以企业卖家和个人卖家两种方式入驻，企业卖家入驻会拥有较高的权限和较高的额度，并能得到招商经理一对一的指导和市场建议。通过 eBay 店铺注册入口，可注册入驻 eBay 平台（见图 8-5）。

图 8-5　eBay 店铺注册入口

3. eBay 盈利模式

eBay 平台通过向卖家收取两种基础费用盈利，包括创建产品 Listing 的刊登费和产品售出时的成交费，费用会根据刊登多少条产品信息、账户表现等来确定。对于国际站点上以非美元计算的刊登费或成交费，eBay 会将其换算成美元，收取相应的货币兑换费，作为另一种盈利途径。

4. eBay 平台优势特点

eBay 相较于亚马逊，开店门槛较低，开店手续较为简单；eBay 在定价方式上较为多样，比如，无底价竞标、有底价竞标、定价出售、一口价成交等；支付系统强大，以 PayPal 为主要支付方式，拥有多种支付方式；拥有完整且多样化的多阶段培训工具和多项卖家特色分析，包括卖家成绩表分析、不良交易分析、货运表现分析、跨国销售相关报告等，为卖家市场分析提供依据；对大中华区企业卖家提供便捷的入驻服务，提供专门的绿色通道。

（三）全球速卖通及其优势特点

1. 全球速卖通平台介绍

全球速卖通（AliExpress）是 2010 年成立的阿里巴巴旗下的面向国际市场的 B2C 跨境出口电子商务平台。目前，全球速卖通主要交易市场为俄罗斯、美国、巴西、法国等国家，覆盖全球 230 个国家和地区，海外成交买家数量突破 1.5 亿。

2. 全球速卖通平台入驻

入驻全球速卖通平台应遵守平台基础规则、招商规则、知识产权规则、产品规则等。个体工商户或企业均可入驻平台，需要通过企业支付宝账号或企业法人支付宝账号在全球速卖通完成企业身份认证（见图 8－6）。

与其他平台不同，一个企业可以开通 6 个全球速卖通店铺账户。对于新商家，全球速卖通提供“速卖通大学”在线教育和培训平台以及“神器阁”等特色学习课程，帮助跨境电商新手快速入门。

全球速卖通主要有线上发货、线下发货和海外仓发货三种物流方式。线上发货是全球速卖通、菜鸟及第三方物流商合作的发货方式。线下发货是在买家下单后卖家自己找物流商发货。大部分卖家会选择海外仓的方式发货，卖家将货物运输到指定的海外仓，当买家下单后，直接由海外仓打包发货。

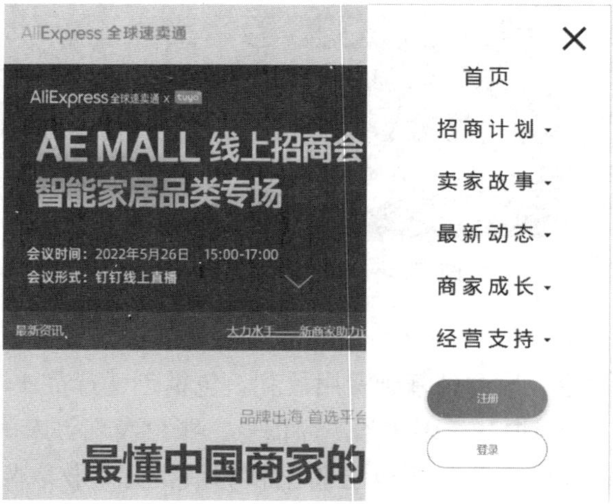

图 8－6　全球速卖通店铺注册入口

3. 全球速卖通盈利模式

全球速卖通主要通过向商家收取佣金、年费和推广费获取利润。佣金是全球速卖通最主要的盈利方式。佣金比例按照商品类别分为8%和5%两种。特别类型、服装配饰、电子用品等收取8%的佣金，家用电子、计算机等消费类电子产品收取5%的佣金。卖家还需缴纳年费，但根据“年费返还”制度，每个自然年年底按照服务质量和经营规模排名实行年费返还的奖励。现在，全球速卖通已经用保证金制度替代了年费返还制度，按照经营产品类别缴纳一定的保证金。除此之外，广告推广、淘宝直通车等服务推广费也是全球速卖通获取价值的方式之一。

4. 全球速卖通平台优势特点

全球速卖通平台上卖家以低价、小包裹的形式经营，成本低，平台入驻门槛低，对中小型企业吸引力较大；交易流程简便，操作与国内淘宝相似，买卖双方的交易流程全部在线上完成；平台产品选择品种多，价格低廉，价格优势明显。

（四）其他第三方平台及其优势特点

1. Wish

Wish是一家基于移动终端App的跨境零售电商平台。Wish最初是根据“推荐算法”向用户推荐商品的软件，在2013年正式进入跨境电子商务领域，主要面向发达国家的年轻群体和中低收入群体，通过愿望清单的模式为消费者提供家居装饰、服饰、电子产品等生活类产品。区别于亚马逊、eBay和全球速卖通等传统的PC端第三方平台，Wish以移动终端的特殊“推荐算法”向消费者推荐相关产品。Wish作为新兴跨境电商平台，相对于传统平台，具有更强大的娱乐性和用户互动性。

目前Wish商户入驻从“注册制”变为“邀请制”，Wish平台会通过调查问卷的形式对想要入驻的企业进行年收入、主营产品、SKU等情况的调查，再与符合条件的企业进行入驻相关事宜的协商（见图8-7）。

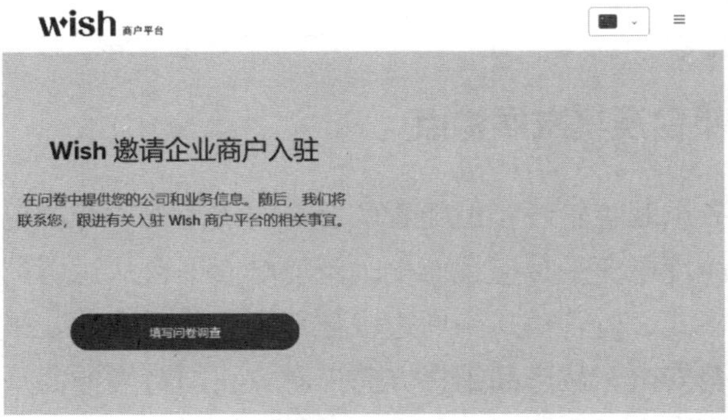

图8-7　Wish店铺“邀请制”入口

Wish的盈利模式是在商品售出时从商家抽取一定比例的佣金。佣金模式分为欧盟阶梯式佣金结构和非欧盟阶梯式佣金结构。Wish拥有自己的统一、综合物流解决方案——“A+物流计划”。只要卖家在Wish平台中开启的配送/地域属于“A+物流计划”所支撑的，卖家就会自动加入该计划，卖家只需将包裹送达指定的国内仓库，后续物流将由Wish负责，这极大地减小了卖家的物流成本压力。Wish平台主要有PayPal、支付宝、UMPAY，易联支付（PayEco）、Payoneer（派安盈）、PingPong六种支付方式。

Wish平台优势包括卖家入驻门槛低，后台操作简单，运营难度低；平台通过“推荐算法”精准对接客户的需求和喜好，使卖家在Wish平台中可以进行精准营销；消费者通过移动端购物，方便快捷。

2. 天猫国际

天猫国际是阿里巴巴旗下的B2C进口跨境电子商务平台，是中国最大的进口跨境电商平台之一。入驻平台的商家主要为有中国大陆以外公司实体、有海外零售资质的品牌。其产品原产于海外或在海外销售，通过国际物流经中国海关正规入关，并遵守天猫国际的市场管理、商品发布、品质管控等规则进行经营。

天猫国际主要有六类店铺，包括品牌旗舰店、卖场旗舰店、行业卖场旗舰店、专卖店、专营店以及银河专营店。入驻卖家会按照产品所属不同行业和不同店铺类型缴纳保证金和资费（技术服务费年费和实时划扣技术服务费）。

天猫国际主要采用保税模式和直邮模式两种物流方式。保税模式是通过国际海运、空运从国外大宗采购，进行保税报关，随后由保税区集中储存。用户下单后，直接从保税仓分拣、包装，报税通关后通过国内物流运输。直邮模式是国内用户下单后国外卖家进行分拣、包装，通过国际空运到达海关通关，通关后进行国内物流配送。

天猫国际作为国内规模较大的进口跨境电商平台，商品种类多、知名度高、客户流量大；依靠阿里巴巴生态链下的物流仓储，支付方式相对便捷和安全；服务体系较为完善，消费者体验感和满意度相对较高。

第二节　主要市场与新兴市场跨境电商平台及其发展特点

一、中国跨境电商平台及其发展特点

我国跨境电子商务虽起步较晚，但随着政府部门的重视，跨境电子商务进入快速发展阶段后，多种多样的跨境电商平台应运而生。跨境电商平台从运营的规范化管理、技术支持、物流服务、支付模式、监管模式到周边服务不断优化和完善，平台不仅服务企业，也保障消费者的跨境消费安全。从产品销售方向来看，我国跨境电商平台可分为进口跨境电商平台和出口跨境电商平台。

（一）进口跨境电商平台

目前，我国进口跨境电商平台根据平台经营范围主要分为综合类和垂直类进口跨境电商平台。综合类进口跨境电商平台集合了大量品牌商家和自营模式，销售产品范围非常广

泛，基本覆盖所有类目。比如，天猫国际、考拉海购、京东国际、唯品会、小红书等。

考拉海购是跨境电子商务市场上一个相对较新的平台，于 2019 年被阿里巴巴集团收购，是阿里巴巴旗下以跨境进口业务为主，官方自营、全球直采的第三方平台。销售类目涵盖母婴、美容彩妆、家居生活、营养保健、环球美食、服饰箱包、数码家电等。参见图 8-8。

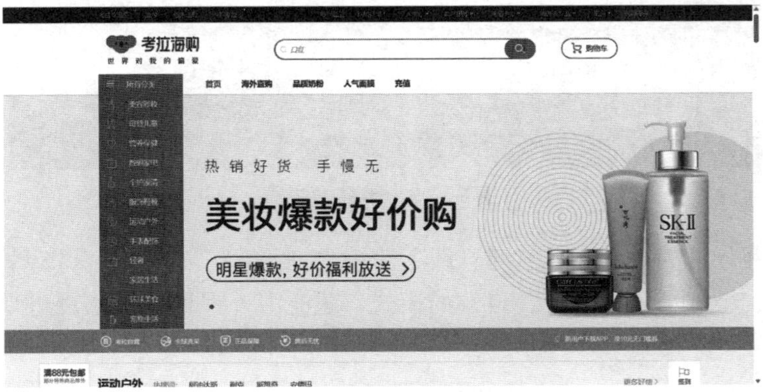

图 8-8　考拉海购主页

京东国际的前身为京东的“海囤全球”和“京东全球购”（见图 8-9）。京东国际是中国第三大进口业务的跨境电商消费平台，京东国际拥有近 20 000 个不同的品牌，涵盖从时尚、美妆到汽车用品等产品类目，并且沃尔玛、山姆、现代百货等海外超市、百货店都进驻了京东国际。另外，由各国、各地区政府授权，在中国成立的以国家或地区形式呈现的进口电商店铺入驻京东，宣传各地特色文化和品牌，成为海外品牌开拓中国市场的优质窗口。

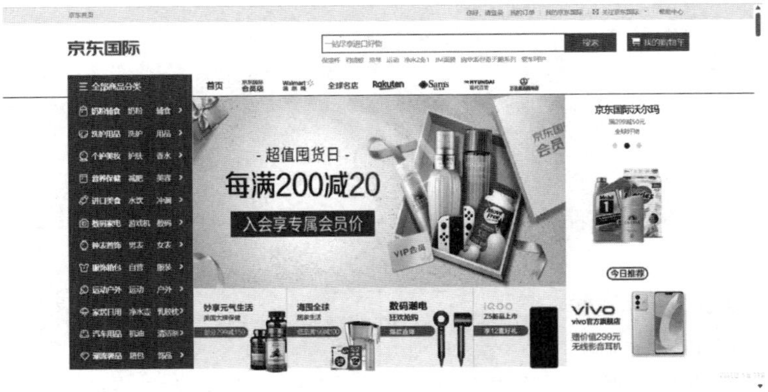

图 8-9　京东国际主页

唯品会成立于 2008 年，采用直接采购、全链路自营模式。唯品会是国内最早布局海外业务的电商平台，拥有国际货品仓，业务覆盖法国、韩国、美国等国家和地区，跨境业务的基础设施和运营能力较为扎实（见图 8-10）。

小红书是一个 2013 年成立的产品评论平台。随着“内容电商化”理念的发展，“UGC 社区＋购物”模式的跨境电商平台小红书成为很多消费者的选择。所谓 UGC 社区，指的

图 8－10　唯品会主页

是用户原创内容分享的社区，通过建立线上跨境电商平台“福利社”，将 UGC 功能与跨境电商有机结合。小红书采用平台、自营的模式，建立海外保税仓，拓展进口跨境电商模式（见图 8－11）。

图 8－11　小红书福利社主页

垂直类进口跨境电商平台是指专门销售某一品类产品的进口跨境电商平台。这类平台相比综合类平台受众范围更加精准，平台卖家数量较少且竞争小，订单转化率较高。中国垂直类跨境电商平台因流量不断受综合类平台挤压，流量大幅下降，正处在转型阶段。比如，蜜芽——中国首家进口垂直类母婴品牌平台在 2022 年关闭了 App 服务。从整体来看，垂直类跨境电商平台的广度和深度都无法与综合类跨境电商平台相比，若没有特色的产品和服务，很难立足于市场。

（二）出口跨境电商平台

随着中国跨境电商的快速发展，中国国内的电商参与到全球竞争中，很多国内电商积极出海，形成出口跨境电商平台，将中国产品销往海外。中国出口跨境电商平台主要包括全球速卖通、敦煌网、Temu、TikTok Shop 等。

Temu 是拼多多的跨境电商平台，采用 C2M（customer to manufacturer，从消费者到生产者）模式，这是平台与厂商合作组织产销的一种模式。在这种模式下，消费者直接通过平台下单，厂商接收消费者的个性化需求订单，根据需求设计、采购、生产、发货，极大地节约了产品经销的中间成本。Temu 于 2022 年登陆美国市场，其 App 下载量位居谷歌应用商店排行榜第一名，赶超了亚马逊，是 2022 年跨境电商界最大的黑马。之后，Temu 不断开拓市场，拓展至加拿大、澳大利亚、新西兰、英国、德国等发达国家，将拼多多的中国国内商业模式延伸至跨境电商国际市场（见图 8－12）。

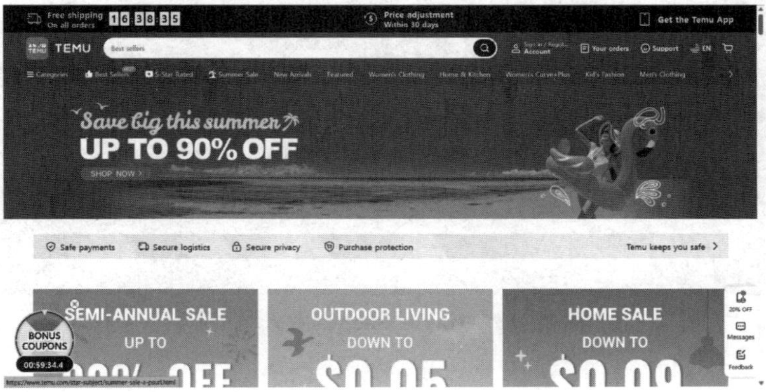

图 8－12　Temu 主页

延伸阅读

解码 Temu 速度：从中国制造出海迈向中国品牌出海

2022 年 9 月，Temu 正式在美国上线。Temu 作为新平台为商家提供的流量红利以及全托管模式的创新合作形式，成为加速外贸代工厂转型的重要催化剂。

全托管模式能够为商家打通跨境运营、仓储和物流全链路通道。区别于传统模式，商家不需要自建营销、物流以及售后等团队，擅长外贸代工模式的工厂能够以仅负责供货的模式转入零售业。对于消费者而言，全托管模式缩短了产品更新周期，减少了消费成本。借助全托管平台的优势，Temu 通过在大量供应商中挑选最具性价比产品的方式掌握定价权，通过与船运公司合作实现“以量换价”从而减少物流成本。

中国制造乃至中国品牌的出海是大势所趋。中国制造出海虽然具备良好的产业基础，但缺乏进入海外市场所需的营销、运营等能力，随着全托管模式等创新模式为出海商家提供全新的商业基础设施，预计中国制造将能触达更多的海外消费者。

跨境电商平台正步伐一致地树立中国制造的核心优势。在广阔的全球市场中，各平台在细分市场中各有侧重，在互补中实现良性循环，为中国制造的品牌化提供强大支撑。

资料来源：李乔宇. 解码拼多多 Temu 速度：从中国制造出海迈向中国品牌出海 . 证券日报，2023-12-18.

TikTok Shop 是在 TikTok 社交平台基础上拓展的跨境电商工具平台，TikTok Shop 与传统的跨境电商平台不同，采用“个性化推荐+直播”，以视频播放获取流量的方式进行转化。传统跨境电商以图片方式向消费者展示商品，消费者对产品的感知度较低，流量不容易转化为销售量，TikTok Shop 通过视频使消费者多维度、立体化地了解商品，并实时解决消费者对产品的困惑。2022 年，TikTok Shop 开放泰国、越南、马来西亚、菲律宾跨境电商入驻，2021 年 TikTok Shop 在英国上线（见图 8-13）。

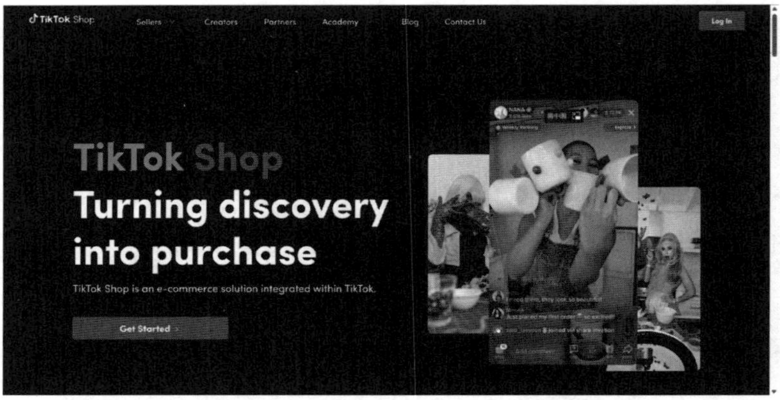

图 8-13　TikTok Shop 卖家入驻页面

二、欧美跨境电商平台及其发展特点

（一）欧洲跨境电商平台及其发展特点

随着欧洲互联网普及率的稳步上升，跨境电商卖家涌入欧洲电商市场，大量的跨境电商卖家依托跨境电商平台销售产品。欧洲除了像亚马逊和 eBay 这类头部跨境电商平台企业之外，大多为地区性的跨境电商平台，比如，Cdiscount、OTTO. de、FNAC 等。这些平台的地区性能够使跨境电商卖家快速把握当地消费者特点，提供本地化服务。

Cdiscount 成立于 1998 年，是法国第二大电子商务平台，销量仅次于亚马逊。目前，Cdiscount 发展迅速，拥有 15 000 名卖家、销售产品类目非常广泛，市场发展潜力巨大。Cdiscount 是最早对中国卖家开放的欧洲本土平台，近几年不断吸引海外卖家，将国际供应商与当地市场整合，拓展跨境电商服务。海外卖家入驻对语言（法语）要求较高，需要具备欧洲跨境电商平台店铺运营经验，新手门槛较高，但海外入驻店铺较少，竞争相对较弱（见图 8-14）。

OTTO. de 是德国欧图集团（OTTO 集团）旗下最大的在线时尚和生活用品电商平台，主要销售家具用品、厨具、家用电器等，在欧洲市场具有较高的知名度。平台支持自

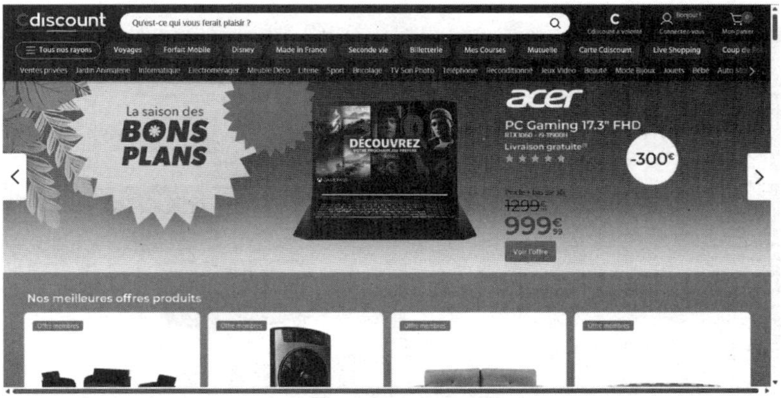

图 8-14　Cdiscount 主页

营和第三方卖家入驻两种模式。2020 年 OTTO 中国正式成立，中国成为其继德国之后第二个开放第三方商家合作模式的国家。OTTO. de 平台自然流量较多，在没有大量开放其他国家卖家入驻的前提下，竞争较小，但对于入驻卖家要求必须使用德国当地的公司注册 OTTO. de 平台的卖家账号，且对发货地址和支付方式有所限制，因此对于新手卖家来说门槛相对较高（见图 8-15）。

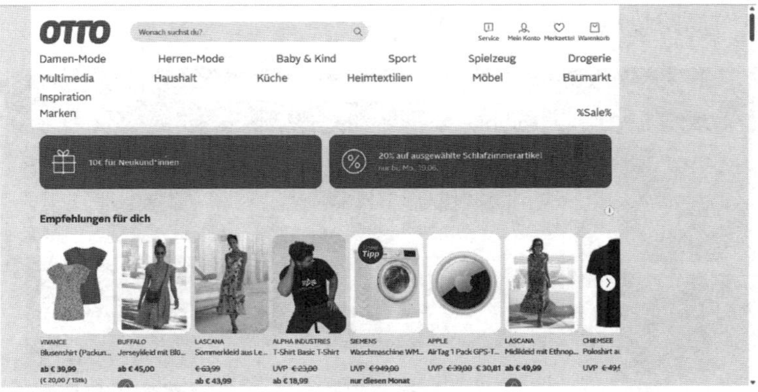

图 8-15　OTTO. de 主页

FNAC 是法国知名的零售商，成立于 1954 年，最初主要销售文化产品，如书籍、音像制品和电子产品。经过多年的发展，FNAC 已经从传统的零售商转变为欧洲重要的跨境电商平台之一。FNAC 的业务遍布法国、比利时、巴西、摩纳哥、葡萄牙、西班牙和瑞士等国家，是欧洲增长最快的平台之一，也是继亚马逊和 Cdiscount 之后，法国访问量第三的电商网站。目前，FNAC 平台上的中国跨境电商卖家数量较少。店铺入驻要求较高，优先考虑具有欧洲跨境电商市场经验的店铺，售后服务语言要求较高，对于新手卖家门槛也比较高（见图 8-16）。

（二）美国跨境电商平台及其发展特点

美国作为全球主要的跨境电商消费市场之一，跨境电商平台的发展十分多元化。除了主流的亚马逊、eBay、Wish 平台之外，还有沃尔玛、Newegg、Best Buy 等跨境电商平

图 8-16　FNAC 主页

台。美国跨境电商平台正从主流平台向生态型平台转化，并且平台从业者多元化，从大型品牌公司入驻变为中小企业及个人卖家入驻，垂直类跨境电商平台不断增加，商品、服务进一步深化。

沃尔玛电商平台于 2009 年推出，目前已经覆盖美国、英国、墨西哥、加拿大、中国等多个国家和地区，在全球范围内有超过 1 亿的活跃用户。沃尔玛平台主要销售电子产品、家居用品、服装鞋帽、美妆个护、食品饮料等多个品类。随着跨境电商的快速发展，沃尔玛也在积极布局跨境电商平台（见图 8-17）。

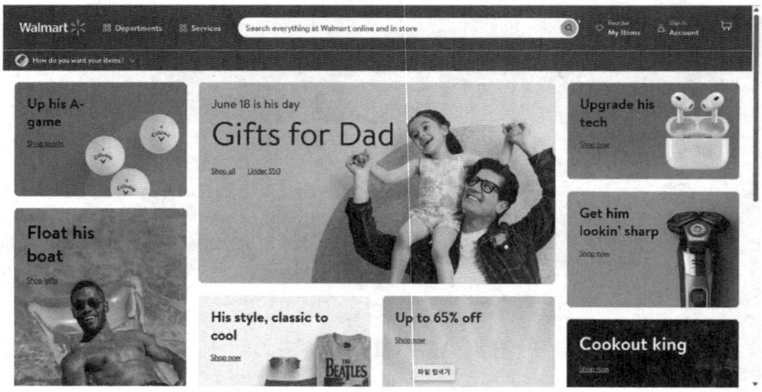

图 8-17　沃尔玛主页

沃尔玛运营跨境电商平台有诸多优势：拥有庞大的全球采购网络，跨境电商平台供应链完整；作为全球最具影响力的品牌，能够提供更多的流量和销售机会；支付方式多样化等。

Newegg 是美国一家主要经营 3C 产品的电子商务平台，Newegg 销售的商品品类不仅限于 3C 类产品，还涵盖了全方位的产品品类，目前业务涉及全球 80 多个国家和地区，是美国十大网络销售商之一。Newegg 不断拓宽平台产品品类，为跨境电商卖家提供优质的海外电商支付环境、全流程物流和多语言的客户服务。Newegg 偏向于垂直类跨境电商平台，流量集中在科技产品上，其他品类的流量并没有优势，虽然竞争较小，但并不一定在短期获得流量转化（见图 8-18）。

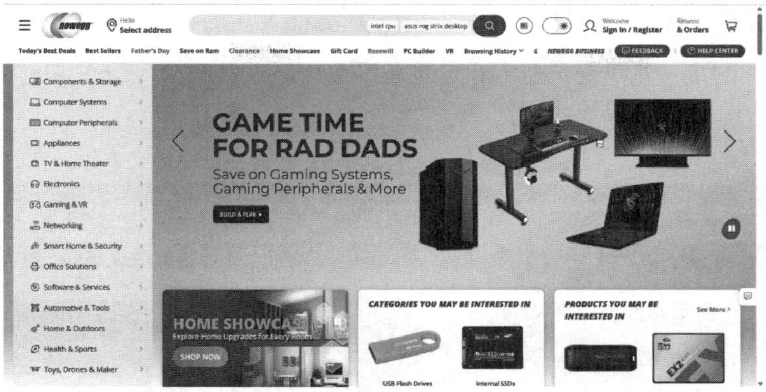

图 8－18　Newegg 主页

三、日韩跨境电商平台及其发展特点

(一) 日本跨境电商平台及其发展特点

与欧美地区相比，日本的跨境电商行业起步较晚，但发展速度快，跨境电商市场出现了大幅增长，并与其国内的线下企业有机结合。日本跨境电商平台强调高品质产品，较为注重消费者体验。雅虎（日本）、亚马逊（日本）、乐天（Rakuten）为日本三大主要跨境电商平台，占据日本跨境电商约一半的市场份额。除此之外，还有 Kakaku、ZOZO、Qoo10 等跨境电商平台。

雅虎（日本）是日本的第一搜索门户，旗下经营 Yahoo Shopping 电商平台。雅虎是最早在日本站布局电商平台的企业，客户流量较大，客户信任度高。平台品类多样，借助雅虎搜索引擎的流量来引流，能够增大商家产品的曝光率。雅虎（日本）看重评论的好坏，更看重品牌声誉，这与日本的消费习惯相吻合。因此，新手卖家虽不需要担心客户流量，但需要在产品质量、评论维护等方面着重关注（见图 8－19）。

图 8－19　Yahoo Shopping（日本）主页

乐天（Rakuten）是日本的第一大本地跨境电商平台，产品品类多种多样，包括电子产品、服装、家居用品、食品等，在日本本土平台中拥有庞大的用户群体，客户流量较大，颇受日本消费者喜爱。日本乐天采用第三方卖家入驻的销售模式，平台上有 5 万多个商家。日本乐天的跨境电商卖家有一定入驻门槛，比如要求有一年以上日本市场经验，日语语言要求等，且申请时间较长（见图 8－20）。

图 8－20　Rakuten 主页

（二）韩国跨境电商平台及其发展特点

韩国跨境电商市场非常活跃，电商市场规模不断扩大，随着韩国的智能手机普及率和线上消费比例不断提高，消费者对海外产品的需求不断增加，电商平台开始提供跨境电商服务。韩国主要的跨境电商平台包括 Coupang、11Street、Gmarket、LOTTEON 等。

Coupang 是一家成立于 2010 年总部位于韩国首尔的电子商务平台。Coupang 的产品品类非常丰富，包括电子产品、美容产品、家居用品等，是韩国最大的电商平台之一。Coupang 的平台活跃人数较多，消费群体较为年轻化，女性占 70%，促销活动较多，品牌曝光率高。Coupang 的入驻难度相对较低，对新手卖家较为友好，但 Coupang 面向韩国本土市场，市场规模受到限制（见图 8－21）。

图 8－21　Coupang 主页

11Street 是韩国移动通信巨头 SK 旗下的知名电商平台，在韩国本土电商平台中排名第二。11Street 销售品类包括时装、美容产品、运动产品、汽车、杂货、家居用品等。2017 年正式推出跨境电商平台，提供全球购物服务，向海外企业开放入驻，支持多种支付方式并提供全球配送服务。运营范围从韩国本土扩大到土耳其、马来西亚以及泰国等国家（见图 8 - 22）。

图 8 - 22　11Street 主页

Gmarket 是韩国领先的电子商务网站，成立于 2000 年，2009 年被 eBay 收购，2022 年改名为 Gmarket Global。作为韩国最大的在线购物网站，Gmarket 拥有韩国最高的电子商务成交总额和销量，覆盖 64%的韩国人口。Gmarket 的用户主要是千禧一代，每天有大量用户访问，为卖家提供了良好的销售机会。Gmarket 不仅服务于韩国市场，还为卖家提供国际销售的机会，业务覆盖全球近 100 个国家，帮助卖家拓展国际市场。它支持多种支付方式，包括信用卡和支付宝等，并与多家物流公司合作，提供快速的配送服务，提升了消费者的购物体验（见图 8 - 23）。

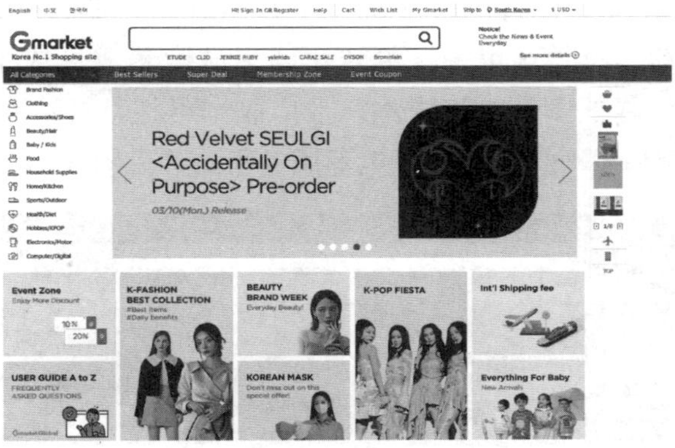

图 8 - 23　Gmarket 主页

LOTTEON 是韩国乐天旗下的电子商务平台，整合了乐天百货、乐天超市、乐天免税店等平台，于 2020 年 4 月推出。凭借乐天的品牌影响力和线下资源，LOTTEON 迅速成为韩国重要的电商平台之一。LOTTEON 能够利用 AI 分析会员的购买数据，精准推送商品，提供个性化的购物体验，提高了商品的销售转化率。它积极扶持中小企业，通过品牌活动和营销工具帮助卖家提升销售额和品牌影响力，为中小企业提供了良好的发展平台（见图 8 - 24）。

图 8-24　LOTTEON 主页

四、东南亚跨境电商平台及其发展特点

东南亚跨境电商市场属于新兴跨境电商市场的中心。随着东南亚的跨境电商市场空间和市场容量扩大，东南亚有望成为未来跨境电商市场的主力消费地区之一。“一带一路”倡议提出后，中国大型互联网公司纷纷对东南亚本土跨境电商进行投资，大量中国卖家开始入驻东南亚本土跨境电商平台。东南亚跨境电商平台主要包括 Shopee、Lazada 等。

Shopee 成立于 2015 年，是一家服务东南亚以及拉美地区的电商平台。Shopee 服务辐射新加坡、马来西亚、菲律宾、泰国、越南、巴西等十多个国家，利用特有的“本土化”运营策略成为东南亚发展最快的跨境电商平台。2016 年，Shopee 进入中国，全面开启中国跨境电商业务。Shopee 销售产品品类齐全，包括电子消费品、家居用品、美容保健、母婴用品等。2023 年 Shopee 总订单量达 82 亿，增势强劲。Shopee 具有全方位营销矩阵，从植入印象、强化互动、建立认可、订单转化到忠诚度养成形成了消费者转化全链路。Shopee 拥有物流服务，降低卖家物流成本，推广成本可控，打造双端支付模式，Shopee 从多方面构建一站式跨境出海生态的跨境电商服务平台（见图 8-25）。

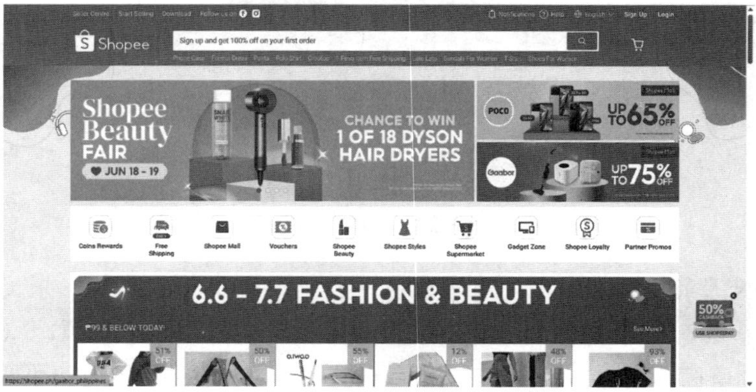

图 8-25　Shopee 主页

Lazada 成立于 2012 年，在东南亚地区有较大的市场份额，是东南亚地区最大的跨境电商平台之一，销售范围包括马来西亚、菲律宾、印度尼西亚、新加坡、泰国和越南等国家。Lazada 集中发展东南亚中高端消费群体，邀请品牌商入驻平台，对知名品牌商家的入驻会进

行重点扶持，帮助突出品牌形象，但对中小卖家来说，扶持力度欠缺（见图 8－26）。

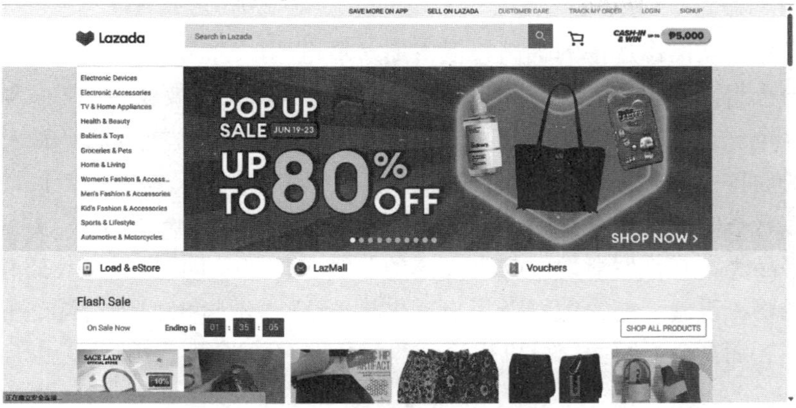

图 8－26　Lazada 购物主页

五、其他国家或地区跨境电商平台及其发展特点

随着跨境电商市场不断扩大，除了以上主流市场之外，非洲、俄罗斯、中东等国家及地区也具有非常大的发展潜力，这些市场拥有巨大的人口红利和强劲的消费需求，增量市场特征较为明显，因此，这些国家和地区将成为未来跨境电商卖家的新赛道。

（一）非洲市场

非洲市场中年轻消费者占主导地位，中低收入阶层占比较大，跨境电商的增长潜力巨大，主要集中在肯尼亚、南非、尼日利亚和加纳等国家。最知名的跨境电商平台为 Jumia（见图 8－27），Jumia 是领先的泛非洲电子商务平台，活跃在非洲大陆的 11 个国家，业务包括 Jumia 线上购物商城、Jumia 物流等，还有支付系统 JumiaPay。Jumia 有摩洛哥、南非、肯尼亚等站点，各个站点分开运营，有独立的前后台，以本地货币销售。对于海外卖家入驻门槛较高，对于企业和库存的要求较高。

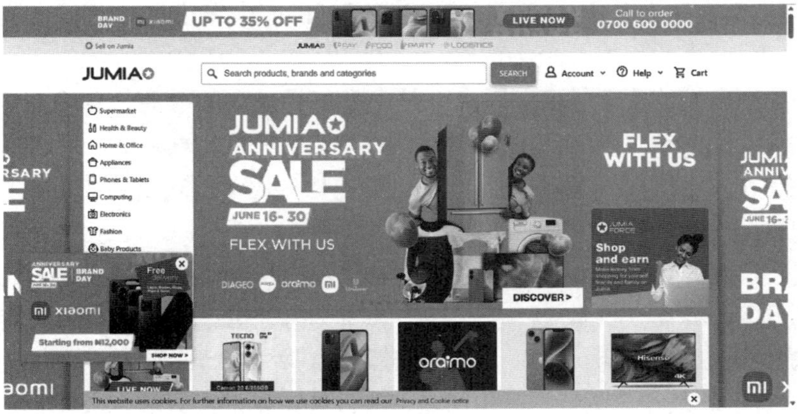

图 8－27　Jumia 主页

（二）俄罗斯市场

经过近几年互联网渗透率的提高，俄罗斯跨境电商不断发展，市场可开发潜力巨大，跨境电商平台也得到大力发展。俄罗斯跨境电商平台很多且发展较为成熟。除了国际知名跨境电商平台全球速卖通、eBay、亚马逊之外，俄罗斯本土跨境电商平台 Ozon、Joom、UMKA 等也拥有一定的用户群体和品牌影响力。比如 Ozon，Ozon 成立于 1998 年，是俄罗斯最大的综合类电商平台（见图 8－28）。Ozon 涵盖书籍、电子产品、服装、家居用品、美妆、食物等品类，在俄罗斯地区具有很高的品牌认知度。同时，Ozon 拥有俄罗斯电商行业最完善的物流设施，能为俄罗斯客户提供横跨 11 个时区的门到门配送服务。目前平台卖家较少，利润高，新手卖家可以挑选合适的品类入驻平台，比如 3C 电子类产品。

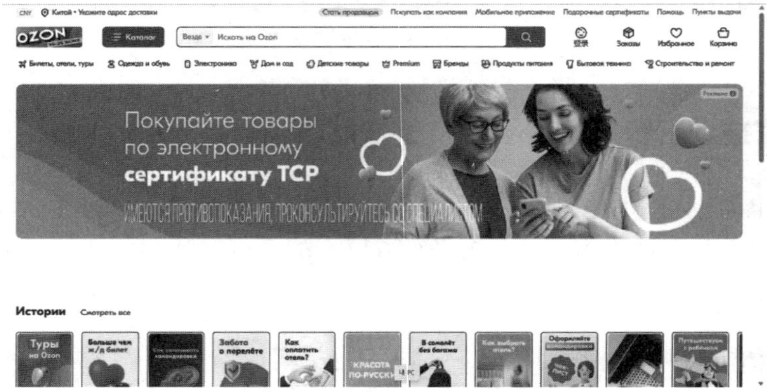

图 8－28　Ozon 主页

（三）中东市场

中东地区是全球线上消费者增速最快的地区之一，消费者群体年轻化和互联网渗透率的提升为跨境电商市场的发展奠定了基础。其中，阿联酋和沙特阿拉伯人均消费水平高，产品客单价高，购买力强劲，跨境电商发展潜力巨大。由于地理位置的特殊性和平台门槛的限制，跨境电商卖家入驻中东市场有一定难度。目前中东市场的跨境电商平台主要有 Souq、Noon、Namshi 等。

Noon 是中东市场首个电子商务平台，是中东市场最大的电商平台之一，产品类别包括美容、时尚、电子产品、家居产品、生活用品等（见图 8－29）。Noon 目前有 3 个站点，包括沙特阿拉伯站、阿联酋站和埃及站。平台的本地化运营模式较为明显，拥有一定数量的海外仓，但对于海外跨境电商卖家入驻条件较为严格。

Souq 是占有中东市场最大份额的电商平台，成立于 2005 年，总部位于迪拜。2017 年 3 月，亚马逊斥资 6.5 亿美元收购 Souq，进一步推动了 Souq 的发展。Souq 与亚马逊阿联酋站合并，统一入口为 Amazon.ae，即亚马逊阿联酋站。Souq 在中东市场的主要站点包括阿联酋、沙特、埃及和科威特，其中阿联酋和沙特站点已经开放入驻招商。同时，打造了自己的物流系统 Q Express 和支付系统 PayFort，为用户提供便捷的购物体验。Souq 平

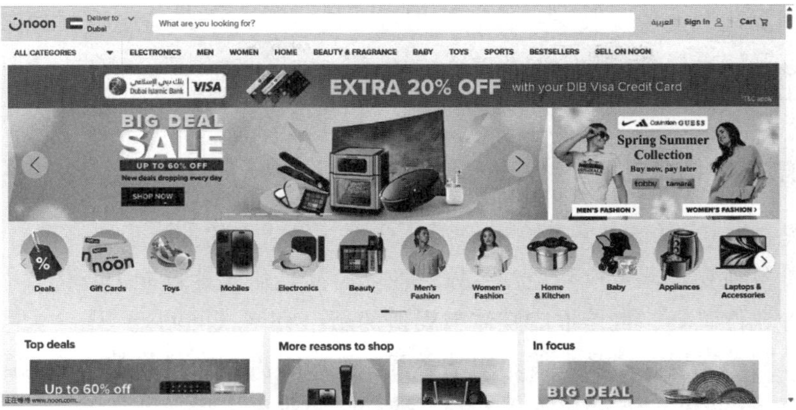

图 8－29　Noon 主页

台的用户基础庞大，可销售的商品种类丰富，但对于卖家来说，个人直接注册的难度较大。

Namshi 是中东市场知名的时尚电商平台，成立于 2011 年，定位于中高端用户群体。2021 年，Namshi 与中国零售商京东签署了合作协议，进一步拓展市场和商品线，更多中国品牌将通过 Namshi 进入中东市场。Namshi 平台对入驻品牌门槛较高，相比于 Noon 这类综合性平台来说，其产品类别较为集中，可能不适合所有类型的跨境电商卖家。

图 8－30　Namshi 主页

第三节　独立站零售模式

一、独立站零售模式的概念

目前，大多数跨境电商卖家通过主流第三方平台从事跨境电商活动。随着第三方平台卖家店铺数量暴增，逐渐出现较为严重的同质化竞争，致使原本的流量红利锐减。同时，平台不断更新的卖家规则和政策压缩了卖家原有的利润空间。比如，第三方平台佣金提高、平台规则固化、无法获取用户有效数据等，使得平台中跨境电商卖家如履薄冰。因此，很多卖家开始寻找转型升级的新模式，增强企业竞争力，独立站就是其中的一种有效解决方法。

（一）独立站零售模式定义

独立站是指基于 SaaS 技术平台、开源或自主开发建立的拥有独立域名，内容、数据、权益私有，具备独立经营主权和经营主体责任，由社会化云计算能力支撑，并可自主、自由对接第三方软件工具、宣传推广媒体与渠道的新型官网（网站）。SaaS 为独立站建站提供网站建设、网站布置、商品上传、网站运营、推广引流、支付收款、物流配送、数据分析等，主要有 Shopify、Shoplazaa 等平台。独立站企业自主建立的品牌网站，网站整体域名选择、视觉效果风格、产品种类、价格水平等由商家自行确定，流量更多依赖于自身在市场上的营销效果，品牌的发展策略和营销模式也由自己把握，品牌会以独立和成熟的姿态面向消费者。比较成功的独立站包括 SHEIN、PatPat、TYMO、科沃斯、Anker 等。

（二）独立站零售运营模式

独立站根据运营方式和产品品类不同大致分为四种运营模式。

1. 垂直品类运营模式

垂直品类独立站是只销售某单一品类产品的独立站，产品集中度较高。垂直品类独立站的优点在于企业网站专业性较强，更易获得消费者的信任，转化率和复购率比较高。由于产品针对性较强，受众相对固定，有利于积累客户和品牌声誉。但是由于品类过于单一，建站容错率较低，如果前期选择错误的产品品类，后期可能要承担较大的损失。

2. 铺货运营模式

铺货运营模式类似于杂货铺，销售产品种类繁多，杂乱无章，但客单价较低，容易引起顾客消费冲动。由于产品品类较多，无法精细化运营，客户群体针对性不强，在产品营销和广告投放等方面难度较大，不能精准投放。

3. 站群运营模式

站群运营模式中站群卖家通常拥有十几个或几百个独立站，通过大量分销，在短时间内获得大量的流量，站群卖家能迅速创造出受欢迎的产品。但是站群运营模式站点过多，推广成本较高，对卖家经济实力要求较高，中小企业运营难度较大。

4. 品牌运营模式

品牌运营模式是由垂直模式延伸而来，在某一垂直领域具有独特的专业性，较有实力的卖家通过服务、网站、品牌建设，传递给买家强烈的品牌意识，通过产品提升品牌影响力，针对专门的品牌提出精准的规划和营销手段，从而提高产品利润率和产品溢价。

二、独立站零售模式的优势

随着跨境电商市场竞争加剧，独立站逐渐成为跨境电商出海的新风向标。从跨境电商卖家发展的角度来看，拥有较为成熟产业链支持，制定标准产品策略的卖家，通过较低的商品价格，第三方平台引流吸引消费者，在前期能够实现收入增长，这也是跨境电商的传统模式。对于这些卖家来说第三方平台能够减少其运营成本，投入较少。随着实施非标准产品策略的卖家出现，这些卖家将产品差异化和品牌价值提升作为主导发展方向，独立站模式就成为其发展道路上的必要选项。第三方平台模式和独立站模式在跨境电商市场中扮演着不同的角色，市场定位具有互补性。目前，中国企业在海外建立的独立站数量已达到 20 万个，独立站在成本、安全风险、运营等方面展现出一定的优势，越来越多的跨境电商卖家开始关注独立站的发展。独立站零售模式的优势主要有以下几方面。

（一）成本相对较低

相比于第三方平台，独立站的固定成本集中于搭建服务站的成本以及支付渠道接入的成本，比如，买域名、支付服务平台的费用以及后期维护费用等，独立站的固定成本相对低廉。

独立站的变动成本包括采购、物流成本、人员成本以及推广费用。采购及物流成本方面，取决于卖家的经营模式，如果选择无货源模式，成本几乎为零；若选择有货源，独立站也可自主控制采购和物流成本的高低。人员成本和推广费用也是较为可控的。总体来说，与第三方平台相比独立站的运营成本相对较低。

（二）店铺、数据安全风险较低

独立站作为自主运营的网站，不会受到第三方平台规则限制，不会有被“封号”的风险，店铺安全风险较低。在数据安全风险方面，第三方平台掌握了大部分用户数据和卖家数据，会产生一定的数据安全问题，同时卖家也无法从平台获取准确的消费者数据，无法具体了解海外消费者行为和购物体验，无法进行有效的消费者管理。但独立站作为自营网站，网站上的交易数据由独立站运营者安全获取并控制，比如流量来源、消费者行为、特征、访问市场等。独立站通过对这些数据的收集和整理能够更准确地进行销售预测和推广宣传，也可增加与消费者的在线互动交流，从而提供更加符合消费者需求的产品和服务。

（三）运营灵活性高

在运营方式方面，独立站运营卖家不受第三方平台的制约，有非常灵活的运营空间，店铺信息、产品、服务、评论等内容可以多元化设置，在独立站内合理设计产品关键词，提高店铺的搜索引擎排名。

在品牌化方面，随着跨境电商卖家增多，卖家想要摆脱价格竞争，必须形成差异化的竞争优势，卖家通过品牌建设、客户黏性和溢价进行竞争。独立站能够更加容易地向海外消费者推广自有品牌，通过独立站域名、个性化运营、特色关键词等打造品牌影响力和传播力，起到品牌推广作用。同时，独立站具有真实的原创搜索流量，消费者群体数量的增长意味着对品牌真实的认可，从而使卖家达到对价格全面控制，获得品牌溢价。

本章小结

本章主要介绍第三方平台和独立站两种跨境电商平台的基本概念、特点及优势，还介绍了各国家、地区市场跨境电商平台的发展特点等内容。第一节对第三方平台及其优势特点进行讨论。第三方平台是由除买方和卖方外的第三方建设的，为跨境电商买方与卖方提供跨境电子商务服务，具有专业性、独立性、高效性等特点。当下较为热门的第三方平台包括亚马逊、eBay、全球速卖通、Wish 等。第二节对主要市场和新兴市场跨境电商平台及发展特点进行介绍。涉及中国、欧美、日韩等主要市场以及东南亚、非洲、俄罗斯、中东等新兴市场。第三节对跨境电商平台的另一种形式——独立站进行讨论。在第三方平台同质化竞争较为严重，卖家利润不断压缩的情况下，独立站应运而生。企业借助技术平台，自主建立品牌独立网站，形成了成本相对较低、安全风险较低、运营灵活性高的跨境电商平台。

第8章即测即评

第 9 章

跨境电子商务目标市场分析

| 引言 |

目标市场分析是跨境电子商务成功营销的关键一环。通过分析目标市场，企业可了解不同国家和地区的市场宏观情况、消费者需求和偏好，能够正确选择目标市场，有针对性地开发产品或服务，制定有效的竞争策略。本章将对跨境电子商务的目标市场进行深入分析，涉及市场规模、市场趋势、市场竞争、市场集中度、行业最佳价格波段等方面的研究，并利用思睿智训跨境电商数据化运营与决策系统[①]进行目标市场分析的实际操作。本章旨在帮助读者掌握目标市场分析的方法和重要意义，为跨境电子商务的市场拓展提供有力支持。

| 素养提升 |

1. 在十九届中央政治局第二次集体学习会上，习近平提出，“构建以数据为关键要素的数字经济”。数据作为新型生产要素，对跨境电商行业具有重大影响。本章利用新型生产要素——数据，对跨境电商目标市场进行分析，切实用好数据要素，协同技术和业态的创新。

2. 习近平在十八届中央政治局第二十次集体学习时的讲话中指出，“更加自觉地坚持和运用辩证唯物主义世界观和方法论，……增强辩证思维”。本章对跨境电子商务目标市场进行分析，秉持把握客观实际、真正掌握规律的原则，以坚持发展的眼光对目标市场各方面因素进行分析。

---

① 思睿智训平台介绍及免费试用方法详见本章即测即评中的实操练习。

3. 党的二十大报告提出，加强反垄断和反不正当竞争。跨境电商企业在经营过程中，要坚持反垄断和发不正当竞争，推动跨境电商市场中的公平竞争，优化跨境电商市场的营商与发展环境。

| 学习目标 |

1. 理解市场和目标市场分析的重要性；
2. 掌握市场规模、市场趋势、市场竞争、市场集中度、最佳价格波段的基本概念及分析方法；
3. 掌握市场规模、市场趋势、市场竞争、市场集中度、最佳价格波段的实操步骤；
4. 了解目标市场综合分析报告的撰写方法，能够运用相关操作分析某目标市场。

第一节　市场规模分析

一、市场划分方式介绍

（一）市场的定义

市场原指交易场所，“市”为买卖、交易之意，“场”为场所。因此，在某一固定空间或时间进行产品或服务买卖的场所被称为市场。狭义的市场指买卖双方进行商品交换的场所。广义的市场指买卖某些产品而与其他厂商和个人相联系的一群厂商和个人。市场也指一群具有相同购买需求的潜在顾客，他们愿意用相同价值的东西来换取相应的产品或服务，而产品或服务又可满足其需求。

市场其实是商品经济和社会分工的产物，通常具有平衡供需矛盾、交换产品或服务、实现价值、传递信息、分配利益等功能。市场运行过程中，为生产、供给、销售三方提供生产多少、供给多少以及销售多少等信息，调整资源分配和社会分工，使得市场中的利益主体可以获取相应的经济利益。

（二）市场划分方式

1. 按流通区域划分

按照商品和劳务交换的领域不同，可分为国内市场和国际市场。

（1）国内市场。国内市场是指在本国范围内的商品和劳务交换领域。随着国内市场规模的逐渐扩大，就会通过对外贸易把国内市场和国际市场连接在一起。一般来说，国内市场按照地理位置具体可分为：北方市场、南方市场、内陆市场、沿海市场等。

（2）国际市场。国际市场是指商品交换关系突破一国界限，在空间范围上拓展的商品交换。国际市场可细分为国别市场、国际区域市场和世界市场。国别市场是指商品交换的范围突破国别的界限，与某一外国之间产生的商品交换关系，如美国市场、日本市场等；国际区域市场是指产品交换关系进一步扩大，由若干国家和地区构成的统一市场，如欧盟、北美自由贸易区等；世界市场是指全球的统一市场，是世界范围内的所有国家或地区在国际分工基础上交换商品、劳务和进行资源分配的统一体。

2. 按竞争程度划分

按市场上供给方的垄断程度，可分为完全竞争市场、完全垄断市场、寡头垄断市场、垄断竞争市场。

（1）完全竞争市场。完全竞争市场又称为纯粹竞争市场，是指竞争充分而不受任何阻碍和干扰的一种市场结构。完全竞争市场必须满足以下条件：市场上有众多的生产者和消费者，且不影响市场价格；企业生产的产品具有同质性；生产者进出市场没有壁垒；市场交易自由公开且信息畅通准确；资源可充分流动。

（2）完全垄断市场。完全垄断市场是与完全竞争市场对立的极端市场结构，也称为纯粹垄断市场，是指市场中只存在一个供给者的市场类型。完全垄断市场的必备假设条件包括：整个市场的商品、劳务或资源都由一个供给者提供，而需求者众多；没有任何同质性的替代品，也不可能买到性能相似的替代品；新企业完全无法进入市场，具有绝对的壁垒。

（3）寡头垄断市场。寡头垄断市场是指某几家企业控制整个市场的生产和销售的市场结构，这几家企业在市场中占有相当大的份额，对市场的影响较大，这几家企业被称为寡头企业。寡头垄断市场在现实中较为常见，比如美国的汽车市场、日本的家用电器市场等。

（4）垄断竞争市场。垄断竞争市场是一种比较接近现实经济状况的市场结构，它介于完全竞争市场和完全垄断市场之间，且偏向于完全竞争市场。垄断竞争市场中市场集中度较低，产品具有差异性，进入和退出市场的壁垒较低，资源流动性较强。

3. 按购买者目的划分

（1）消费者市场。消费者市场又称生活资料市场、最终产品市场，是指生产经营者从事消费品经营，满足人们生活消费需要的经济活动领域。

（2）生产者市场。生产者市场一般指产业市场，由购买货物和劳务，并用来生产其他货物和劳务，并出售、出租给其他人的个人或组织组成。

（3）转卖者市场。转卖者市场又称中间商市场，是由所有以营利为目的的从事专卖或出租业务的批发商和零售商所组成。

（4）政府市场。政府市场，也称政府采购市场，是指因政府消费而形成的一种特殊市场，是国内市场的重要组成部分之一。

除此之外，还可按交易对象的具体内容不同来划分，可分为商品市场、技术市场、劳动力市场、金融市场和信息市场；按人群标准可分为妇女市场、儿童市场、老年市场等。

二、市场规模概念及分析方法

（一）市场规模定义

市场规模（market size）即市场大小，也可称为市场容量。市场规模是在不考虑产品价格或供应商的前提下，市场在一定时期内能够容纳某种产品或劳务的单位数量。

决定市场规模或市场容量的三大要素是人口、购买力和购买欲望。人口的数量是决定市场规模或市场容量的最基本因素。一般来说，人口越多，市场规模就越大，反之越小。如果人口多而购买力不高，也不能形成良好的市场。所谓购买力，是指消费者支付货币购买商品或服务的能力，是市场形成的物质基础，购买力往往由购买者的可支配收入决定。如果人口多，购买力亦强，而产品不适合消费者的需求，不能使其产生购买欲望，也不能构成现实的市场。购买欲望就是消费者购买商品或服务的动机、愿望和要求，产生购买欲望就要将潜在的购买力转化为现实购买力。因此，三大要素相互制约，缺一不可。

（二）市场规模分析方法

市场规模是由一个特定市场或者行业内的产品或服务的潜在买家总数以及销售可能产生的总收入组成的。也就是说，我们分析或描述市场规模要借助消费者数量、流量、销量、销售额、平均单价等指标进行测算。我们经常用到的是细分市场加总法，将整个行业（市场）中的不同细分领域的销售额加总，每个细分领域的销售额是销量乘以平均单价计算得出的。一般来说，市场规模越大，相对市场竞争就会越激烈；相反，市场规模越小，相对市场竞争就会较为缓和。这种算法偏宏观角度，虽然计算便捷但精准率较低，我们还应配合微观经济数据中实际用户（目标人群）的情况进行测算。

除了了解市场规模之外，还需要了解市场的发展趋势来确定市场规模是否已达到“天花板”。企业在进入市场之前应该了解整个市场规模大小，市场发展是否到达极限，分析进入市场后能否占据一定市场份额以及确定占据市场的策略。

（三）实训应用

你作为一个跨境电商商家新手，想要选择一个目标市场开始跨境电商生涯。你对于消费电子市场较感兴趣，想要知道该行业的未来发展和生存空间。因此，需要了解该行业的市场规模并做出分析。

下面分析消费电子行业类目排名，并分析消费电子市场规模。

在跨境电商数据化运营与决策系统首页（如图 9－1 所示）中，在左侧功能栏当中点击“行业分析”→“行业趋势”，进入行业趋势页面。

（1）分析消费电子行业类目排名。如图 9－2 所示，首先在行业趋势页面中的行业词云当中选择一级类目，也就是目标行业“消费电子”，并按照总销售量进行排序。在图 9－3 中，便携音视频设备所占方块面积最大，说明便携音视频设备在消费电子行业中销量最高，属于该行业中规模较大的品类，意味着市场需求量较大，成功概率较大，同时也意味着竞争较为激烈。从图 9－4 下方的消费电子行业趋势来看，销量在上涨，说明市场未饱和，可以选择进入该行业。

接下来，对“消费电子”类目按照高质量宝贝排序，并查看“便携音视频设备”的高质量宝贝排名，如图 9－5 所示，“便携音视频设备”排第三名，说明该行业的供应情况略

图 9－1　跨境电商数据化运营与决策系统首页

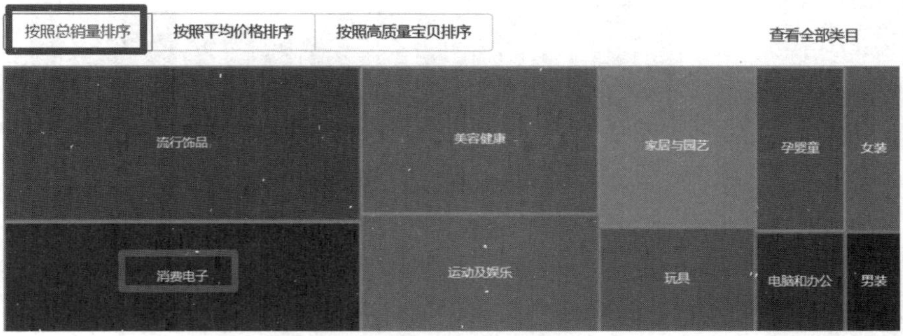

图 9－2　全部类目页面

图 9－3　消费电子行业按总销量排序

有不足。总销售量代表行业需求，高质量宝贝代表行业供给，通过两者排名的相对差异来判断企业的供需情况。“便携音视频设备”在总销量中排名第一，在高质量宝贝中排名第三，说明市场处于需求大于供给的状态，存在进入的空间。

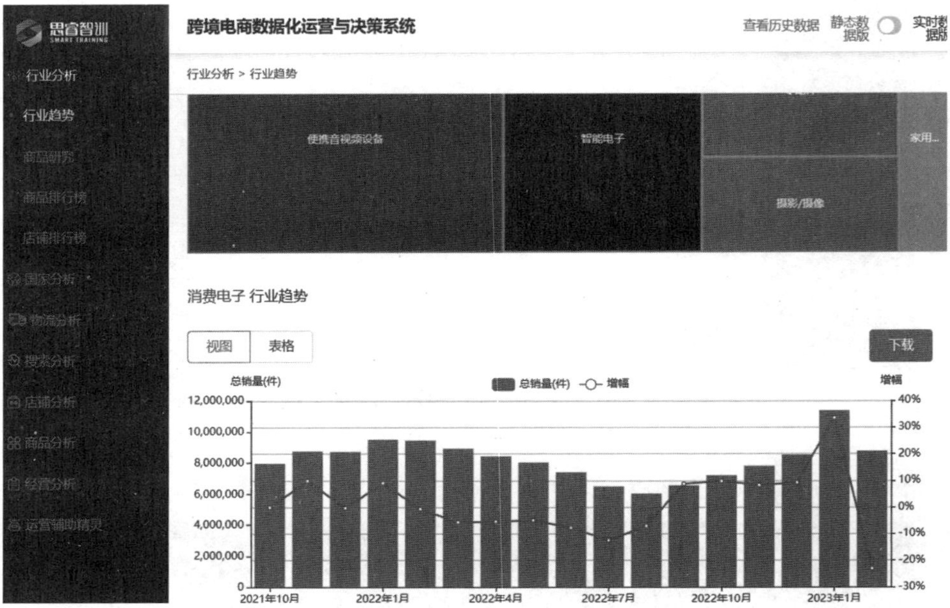

图 9-4　消费电子行业趋势

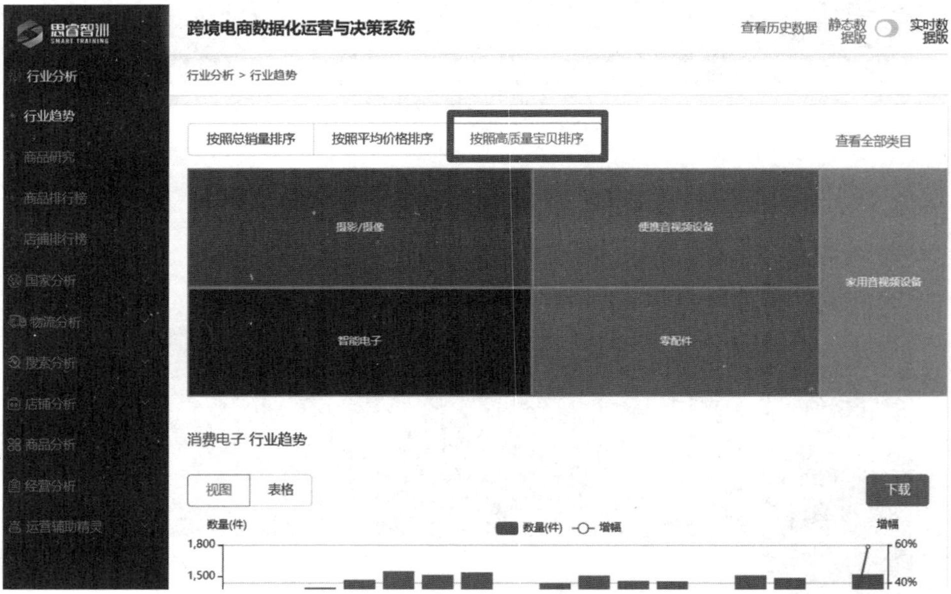

图 9-5　便携音视频设备按照高质量宝贝排序

（2）分析消费电子行业规模。将视图转换为表格，点击图 9-6 中“表格”方框，可以查看各月的平均价格等数据，如图 9-7 所示。可以将总销量和平均价格相乘得到该行业在某月或某年的总成交额，即可推算该行业的市场规模。

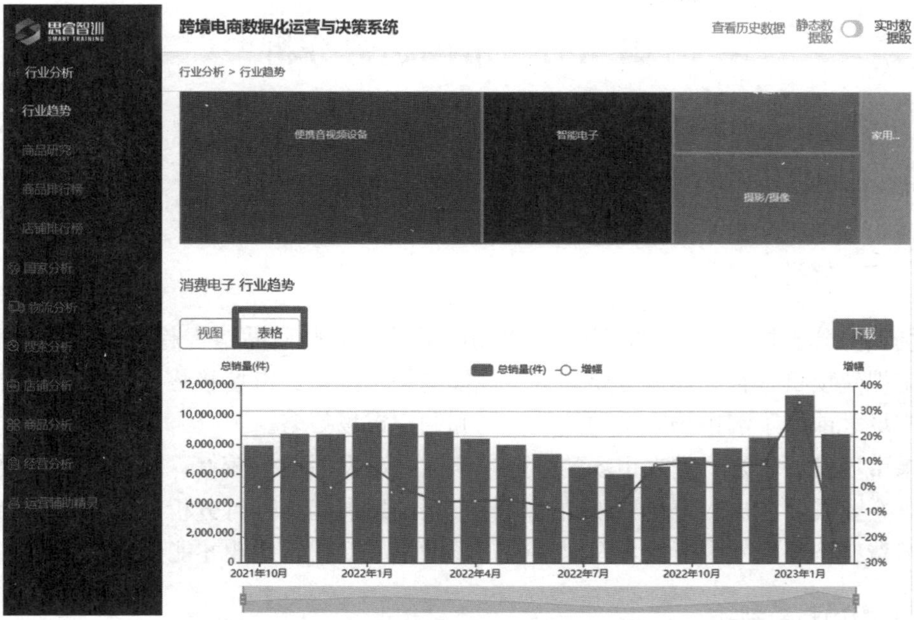

图 9-6　消费电子行业趋势（将视图转换为表格）

月份	销量(总)	价格(平均)	高质量宝贝(销量高于平均销量)
2021年10月	7944388	17.14	1366
2021年11月	8731147	19.34	1288
2021年12月	8707747	18.42	1392
2022年1月	9499557	19.78	1465
2022年2月	9436181	18.86	1548
2022年3月	8903835	19.3	1513
2022年4月	8421317	19.63	1538
2022年5月	8010108	19.58	1230
2022年6月	7392077	19.47	1436
2022年7月	6475457	19.87	1507

图 9-7　消费电子行业趋势（表格）

总的来说，通过行业总销量趋势、总销量与高质量宝贝的排序差异，可以得知该行业发展空间的大小，掌握该行业供需情况。通过行业数据中的总销量和平均价格可得到该行业的成交量和市场规模，使用以上数据对想要选择的市场的规模进行分析，并制定下一步策略。

第二节　市场趋势分析

一、掌握市场趋势的方法

（一）市场趋势分析

市场趋势分析指运用科学方法，对市场的需求和某些商品销售趋势做出估计和预测。它是决定拟建项目是否有建设必要和生产规模的关键因素。市场趋势分析，可以帮助卖家在进入市场之前，了解市场未来的发展方向和制定市场策略。

如果市场发展较好，进入市场的企业未来大概率发展前景较好；反之，则需要重新分析选择。企业需要在进入市场后不断对目标市场的发展趋势进行分析，市场趋势会随政治环境、消费经济环境发生改变，及时掌握市场的发展变化，企业才能长盛不衰。

（二）市场趋势判断

市场趋势可以通过增幅大小来进行判断，通过整个市场或行业的时间序列图来分析市场的发展趋势。根据图中的数据计算增幅，增幅一般计算连续的两个时段所存在的差异。增幅的计算公式为：

增幅＝增速(增长相对量)＝增长率＝(末期量－基期量)/基期量

通过市场趋势的变化可以判定增量市场和存量市场，企业在进入市场前或制定未来计划时，需要掌握市场趋势，用于确定市场是否具有潜力。当增幅连续两年超过15%，就为增量市场（朝阳产业），市场潜在份额加大，反之，为存量市场（夕阳产业），说明当前市场已饱和。

另外，通过市场趋势也可以判断市场运营节奏。市场趋势可分为四个阶段，如图9-8所示，分别为导入期、上升期、爆发期、衰退期。其中，导入期是指消费者开始产生需求

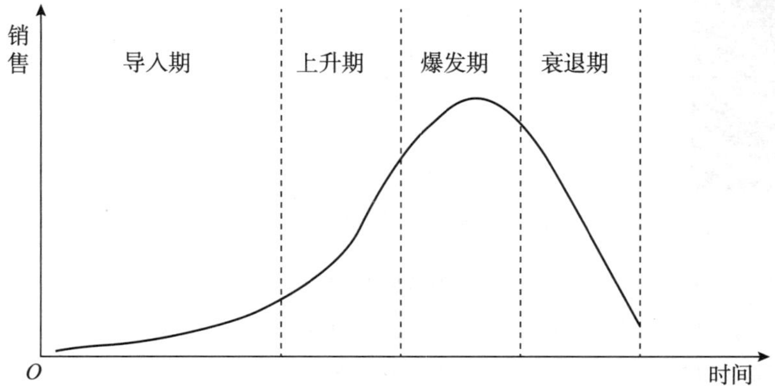

图9-8　按市场需求变化划分的不同阶段

的阶段，在导入期企业要布局好产品，将其投入市场；上升期是指消费者需求开始上升的阶段，在此阶段企业要投入足够的预算抢占市场；爆发期是指消费者需求达到顶峰的阶段，在此阶段企业要尽量地促进销售；衰退期是指消费者需求开始下降的阶段，在此阶段企业要将库存清理到安全库存的范围。

二、市场趋势实训

确定市场规模后，市场趋势是跨境电商新手进入市场前必须关注的指标。市场趋势变化的好坏，影响企业未来的获利情况。进入市场前，市场趋势可以帮助企业了解市场是否还有发展潜力，以及该行业所处的发展阶段。

例如，在上文图 9－4 中可以看到消费电子行业趋势在 2023 年 1 月呈现上升趋势，但 15％的增幅只维持了 1 个月，2 月份出现大幅下降的趋势，从长期趋势来看，消费电子行业在持续一段增长后开始下降。

点击二级类目中的“便携音视频设备”，查看便携音视频设备行业趋势。如图 9－9 所示，在 2023 年 1 月“便携音视频设备”销售量呈上升趋势，但 2 月份出现大幅下降，从长期变化趋势来看，未来会呈现一段下降的趋势。

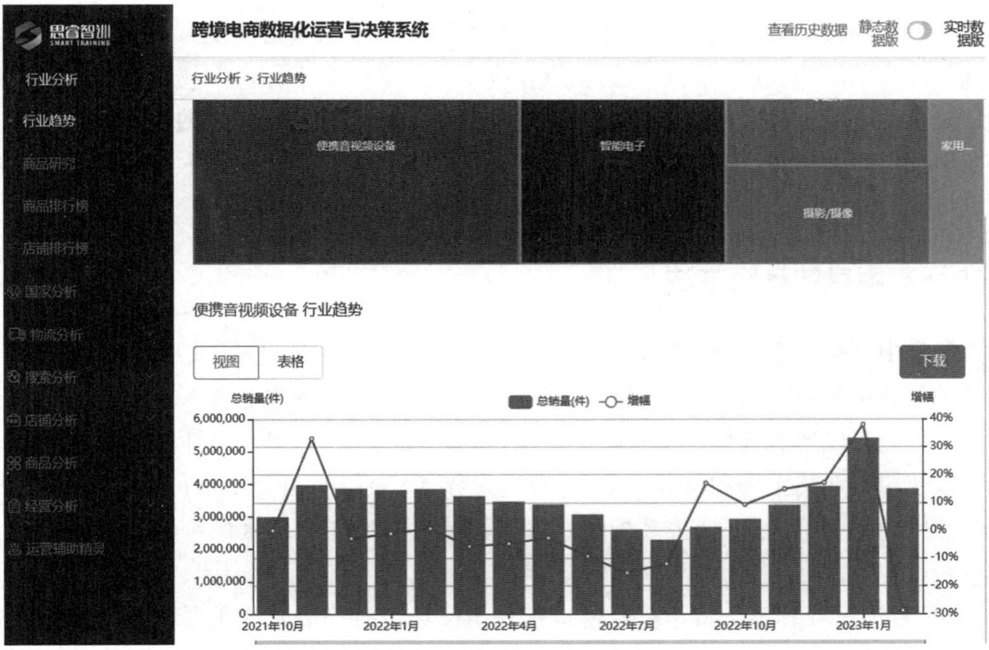

图 9－9　便携音视频设备行业趋势

总的来看，可以通过不同市场的时序图，判断并分析该市场的趋势变化。通过分析该市场的月度、季度、年度的行业趋势变化，判断市场增量、存量以及该行业的发展阶段。

第三节　分析市场竞争和竞争趋势

一、市场竞争的分析方法

市场竞争是市场经济的基本特征。在市场经济条件下，企业从自身利益出发，以增强自身经济实力为目的，为寻求更好的产销条件、更多的市场资源，排斥同类经济行为主体的相同行为，称为市场竞争。

市场竞争的分析方法主要包括 SWOT 分析（优势、劣势、机会、威胁）、五力分析模型（竞争对手、潜在竞争者、供应商、买家、替代品）和 PESTEL 分析（政治因素、经济因素、社会因素、技术因素、环境因素、法律因素）等。这些方法可帮助企业了解市场环境、竞争对手和潜在机会，从而制定有效的竞争策略。

二、市场竞争趋势的分析方法

市场竞争的趋势和程度可以用竞争强度来衡量。竞争强度是指现有企业间争夺市场地位和竞争优势的激烈程度。判断市场竞争强度主要观察两个指标，市场中竞争对手的数量和竞争对手的竞争优势。通过竞争对手、竞争商品的数量来判断竞争的激烈程度，也可以大致了解市场竞争趋势。观察竞争对手的优势是否明显，判断企业进入市场是否有独特的竞争优势。测算市场竞争程度，一般使用市场集中度。

三、市场集中度的计算方法

市场集中度是用于表示在特定市场中，市场结构集中程度的测量指标。企业规模和市场容量是影响市场集中度的重要因素。市场集中度与市场效率息息相关，如果一个行业太过分散，可能难以形成规模经济效应。相反，如果过度集中，则会产生垄断。测量市场集中度可以使用行业集中率和赫芬达尔-赫希曼指数（Herfindahl-Hirschman Index，HHI），我们最常用的是赫芬达尔-赫希曼指数，该指数是反映市场集中度的综合指标，通常被用在反垄断调查中。

HHI 是通过计算某个特定行业内 n 家公司市场占有率的平方加总的值，来衡量市场的竞争和垄断程度。HHI 范围在 $1/N \sim 1$ 之间，HHI 表示市场集中度越高，垄断程度越高。

赫芬达尔-赫希曼指数的计算公式为：

$$HHI=\sum_{i=1}^{N}(X_i/X)^2,\ i=1,\ 2,\cdots,N$$

式中，N 为市场中的企业总量；X_i 为第 i 位企业的市场份额；X 为市场总份额；X_i/X 为

第 i 位企业的市场占有率。

当市场中仅有一家公司时，$HHI=1$，市场处于完全垄断状态；当市场上有许多企业，且企业规模相似时，$HHI=1/N$，N 趋于无穷大，HHI 趋于 0。因此，HHI 可以综合地反映当前某一行业所拥有的企业数量和规模。

假设某一行业共有四家企业，市场占有率分别为 40%，30%，15%，15%，那么这个行业的 $HHI=0.4^2+0.3^2+0.15^2+0.15^2=0.295$，再将 HHI 取倒数，约等于 3，就可以说明市场份额主要集中在前三家企业。由于 HHI 给市场中前几家企业的权重较大，因此，HHI 对规模较大的前几家企业的市场份额比重变化反应较大，能真实地反映市场中企业之间的规模差异和企业支配力的变化。

企业在进入跨境电商市场时，应选取市场 TOP100 的企业或者商品计算 HHI，若 HHI 的倒数小于 20，说明市场较为集中，反之，则说明市场集中度较低。

四、实操分析市场竞争及市场集中度

企业进入跨境电商市场之前若缺少对目标市场和行业竞争程度的分析，该企业是走不远的。分析市场竞争程度是企业选择目标市场并制定战略规划的重要依据。了解市场竞争情况及趋势变化，对企业未来的发展方向有指导作用。

（一）分析市场竞争趋势

在跨境电商数据化运营与决策系统首页中，在左侧功能栏当中点击“行业分析”→“行业趋势”，进入行业趋势页面。

在功能界面中，选择“消费电子”一级类目，并选择“按照高质量宝贝排序”（高质量宝贝指销量高于平均销量的竞争产品），如图 9 - 10 所示。相对应的高质量宝贝数量越少，说明高于平均销售量的高质量商品较少，则销量较为集中，竞争度较小；反之，则说

图 9 - 10　消费电子行业的高质量宝贝排序

明销量较为分散，竞争较为激烈。消费电子行业的高质量宝贝排名较低，高质量宝贝数量较少，说明销量比较集中。

在二级类目中选择“便携音视频设备”，观察高质量宝贝数的变化趋势，分析其竞争程度，如图 9-11 所示。

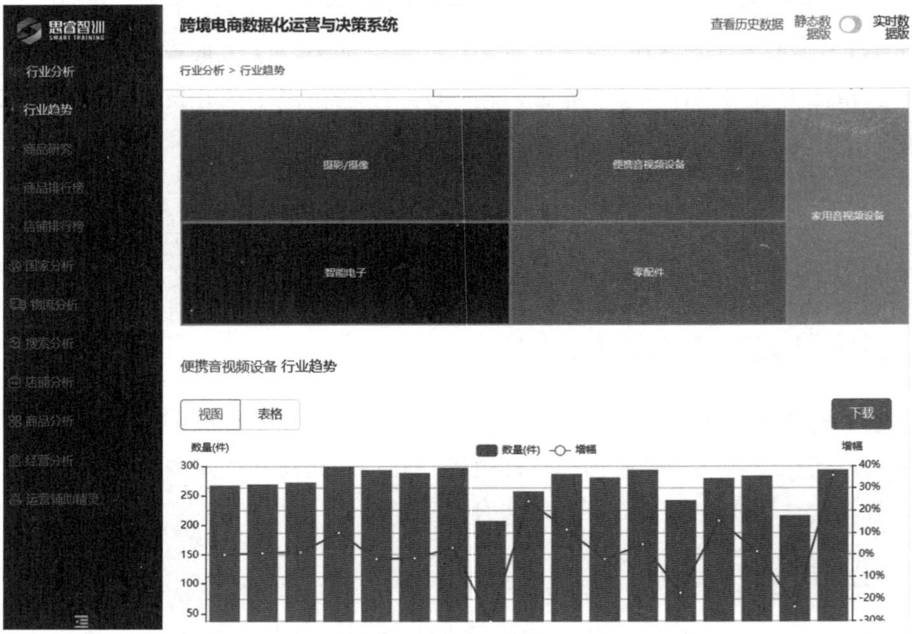

图 9-11　便携音视频设备高质量宝贝数量变化

（二）计算市场集中度

市场集中度需要选取市场 TOP 店铺进行计算。进入跨境电商数据化运营与决策系统，选择工具栏中的店铺排行榜，进入店铺排行榜页面后，选择时间、“消费电子”，点击“便携音视频设备”，得到便携音视频设备店铺排行榜数据，点击右侧“下载”按钮下载数据，如图 9-12 所示。

如图 9-13 所示，使用 Excel 软件打开消费电子市场中便携音视频设备店铺排行榜数据表，表格中显示消费电子市场中便携音视频设备 TOP100 店铺名称、订单数量、销售金额以及增幅。利用以上数据计算赫芬达尔-赫希曼指数来分析市场集中度。

我们对从网页上下载的数据进行格式修改，默认数据的每个单元格左上角有三角形，表示文本格式，在这种格式下无法对数据进行运算操作。我们选中“订单数量”列，选择工具栏中的“数据”→“分列”，弹出相应对话框，前两步默认设置，第 3 步在列数据格式中选择“常规”，最后点击“完成”。如图 9-14 所示，按顺序操作。操作后，单元格左上角的三角形会消失，此时可以正常操作。

使用 SUM 函数计算各店铺“订单数量总计”，确定市场总份额 X，如图 9-15 所示。

计算各店铺订单总数占比，即各店铺市场占有率（X_i/X），如图 9-16 所示。

店铺名称	订单数量	销售金额	增幅（%）	分析
Global Economy Store	92627	58072.61	--	店铺分析
Mobile Phone Online Store	92440	611832.9	-19	店铺分析
HATOSTEPED Security Store	88235	286661.65	--	店铺分析
Ugreen Official Store	54741	112594.82	177	店铺分析
VOULAO Speciality Accessories Store	51906	332450.8	4601.63	店铺分析
Lenovo HIFI-Flagship Store	50425	476363.36	81230.65	店铺分析

图 9-12　消费电子市场中便携音视频设备店铺排行榜

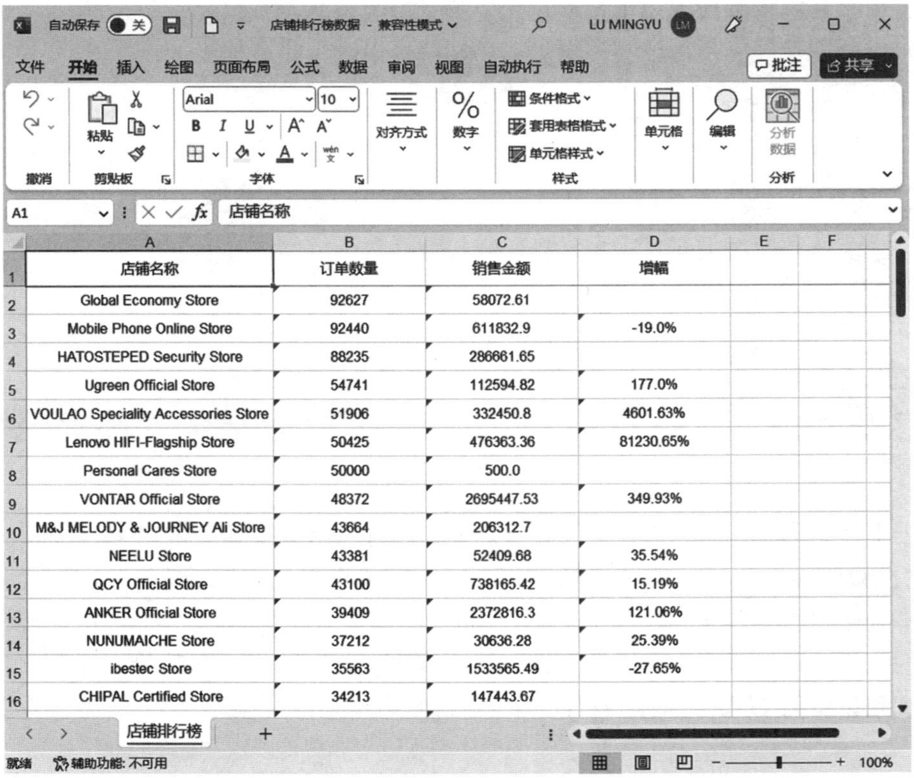

店铺名称	订单数量	销售金额	增幅
Global Economy Store	92627	58072.61	
Mobile Phone Online Store	92440	611832.9	-19.0%
HATOSTEPED Security Store	88235	286661.65	
Ugreen Official Store	54741	112594.82	177.0%
VOULAO Speciality Accessories Store	51906	332450.8	4601.63%
Lenovo HIFI-Flagship Store	50425	476363.36	81230.65%
Personal Cares Store	50000	500.0	
VONTAR Official Store	48372	2695447.53	349.93%
M&J MELODY & JOURNEY Ali Store	43664	206312.7	
NEELU Store	43381	52409.68	35.54%
QCY Official Store	43100	738165.42	15.19%
ANKER Official Store	39409	2372816.3	121.06%
NUNUMAICHE Store	37212	30636.28	25.39%
ibestec Store	35563	1533565.49	-27.65%
CHIPAL Certified Store	34213	147443.67	

图 9-13　使用 Excel 打开消费电子市场中便携音视频设备店铺排行榜数据表

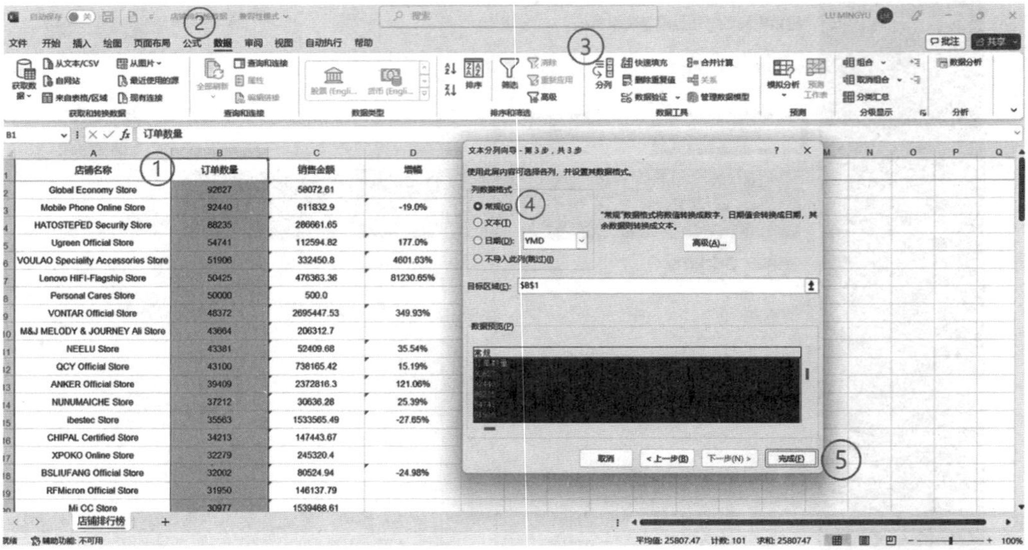

图 9-14　数据分列设置

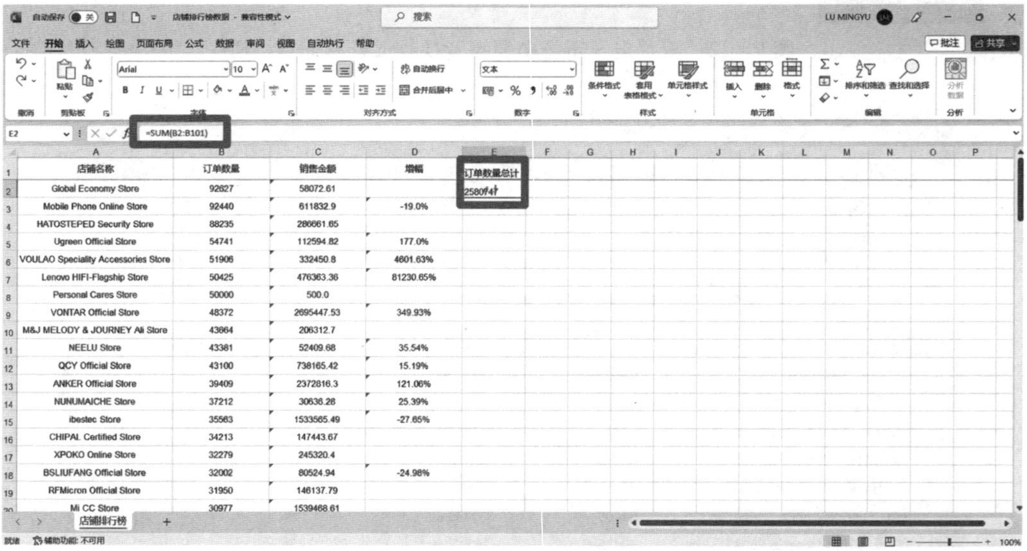

图 9-15　计算订单数量总计

根据上述 HHI 计算公式，对各店铺订单数量占比求平方和，得到 $HHI \approx 0.013$，对 HHI 取倒数约等于 76，说明该市场前 100 家店铺的销量集中在前 76 家，市场集中度不高，基本处于自由竞争状态，如图 9-17 所示。

总的来说，通过市场中高质量宝贝数量的多少来判断市场竞争趋势；通过 Excel 计算便携音视频设备的 HHI，根据 HHI 的倒数确定市场集中度。

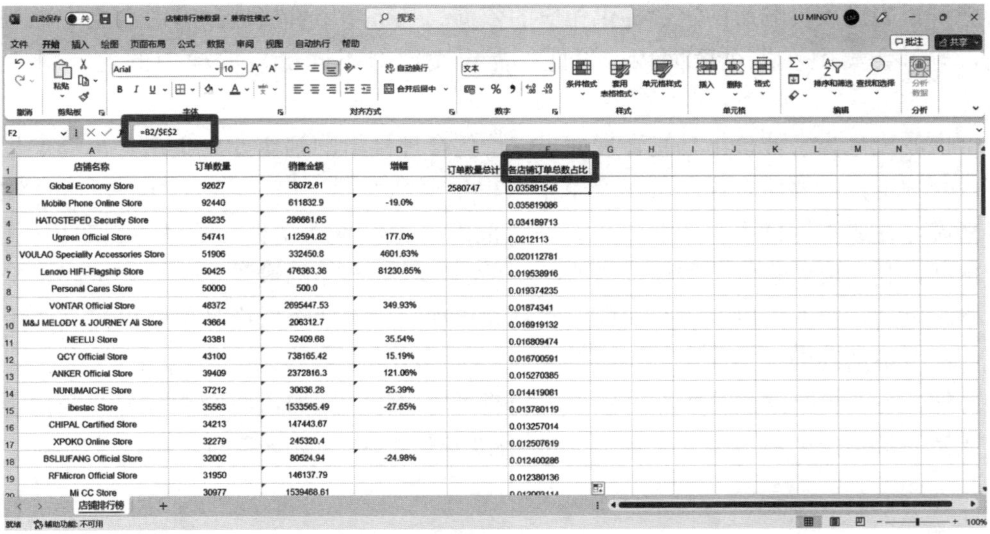

图 9－16　计算各店铺订单总数占比

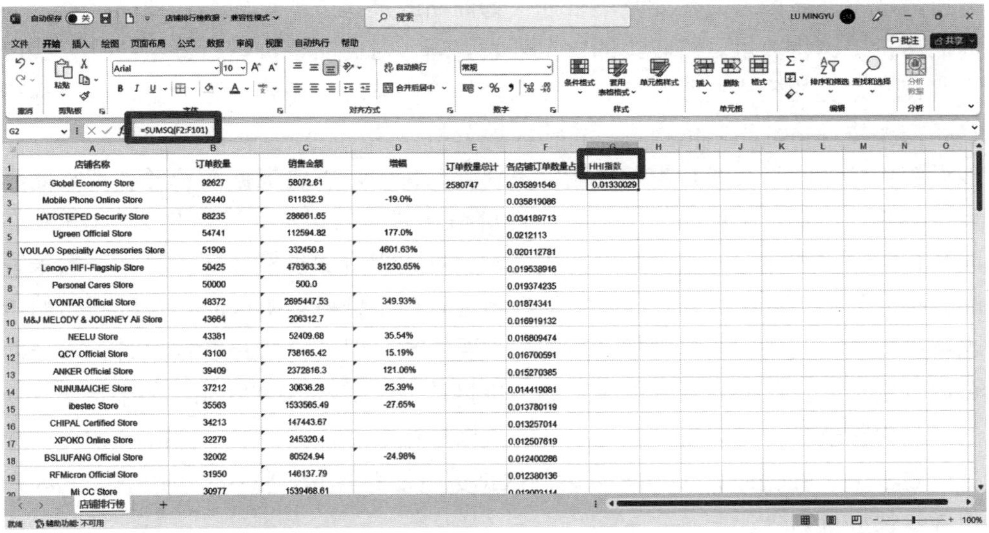

图 9－17　计算 *HHI*

第四节　分析行业最佳价格波段

一、行业价格波段的分析方法

（一）价格波段的定义

价格波段指的是某种产品在市场上的价格分布，进入市场前要对该市场内的价格波段进行分析，为进入市场后的定价提供相应的依据。某市场中价格波段有时会集中在一个区间内，有时会集中在多个区间内，因此，需要卖家对不同价格波段中的竞争对手进行分析。

价格波段是为了使价格具有合理性，定价的合理性影响到企业的生产、市场定位、利润等，合理定价能够使企业在市场竞争中求得生存和发展。定价需要考虑最佳价格波段。一般来说，在成本保持不变的前提下，一定范围内定价越高，利润越高，当超出范围后，定价越高，利润反而越低。最佳价格波段就是确定目标产品的最受欢迎价格区间，确定最佳价格波段后，企业可以在该范围内实现最大化利润，包括降低产品价格以提高竞争力或提高价格以增加利润。

另外，行业价格波段分析亦可监测市场趋势的变化。比如，消费者行为的变化会导致某种产品的最佳价格波段变化，企业可根据该变化推测市场趋势的变化，及时调整定价策略。

（二）分析价格波段的方法

分析最佳价格波段首先需要收集目标市场商品的具体数据，包括：商品名称、商品规格、商品单价、销售数量。将收集的数据列表整理，对商品售价进行分组统计，找出最受消费者欢迎并接受的价格波段，该波段即为最佳价格波段。需要注意的是，若目标产品规格较多，需要按规格分组，依次进行价格波段分析。

在设置价格区间步长时，需要遵循以下规则。首先，需要根据消费者心理和商品价格区间设置步长，比如，某产品的消费者心理价格和产品的正常销售价格为 40 元左右，价格区间步长可设置为 5 元。当销售价格较高时，可适当增加价格区间步长。一般来说，会将产品价格分为 7～10 个区间，能够更加清晰地观察出价格集中区间，若区间初始步长不合适也可进行适当调整。通常价格区间的步长要一致，但在价格跨度较大时，首尾两端的数据可以分别合并。比如，某企业某产品的价格范围是 20～20 000 元，如果价格在 500 元以下的产品份额较少，可以将 500 元以下的数据进行汇总合并；如果价格在 10 000 元以上的产品份额较少，可以将 10 000 元以上的数据进行汇总合并，将 500～10 000 元区间的价格按相等步长进行划分。

二、价格波段分析实训

基于对目标市场情况的基本分析，需要对上线产品在保证一定利润的情况下确定市场最佳价格波段，为市场定价提供参考依据。根据上述价格波段分析方法可对市场上的商品进行最佳价格波段分析并确定价格。下面分析消费电子-便携音视频设备市场最佳价格波段来加以说明。

在跨境电商数据化运营与决策系统首页中点击“行业分析”→“商品研究”，进入商品研究页面，如图 9－18 所示。

进入商品研究页面后，选择时间，例如 2023 年 1 月，选择类目，例如消费电子、便携音视频设备，得到便携音视频设备价格区间分布图，选择视图模式进行查看，可对价格

图 9-18　跨境电商数据化运营与决策系统首页

区间进行自定义设置，如图 9-19 所示。

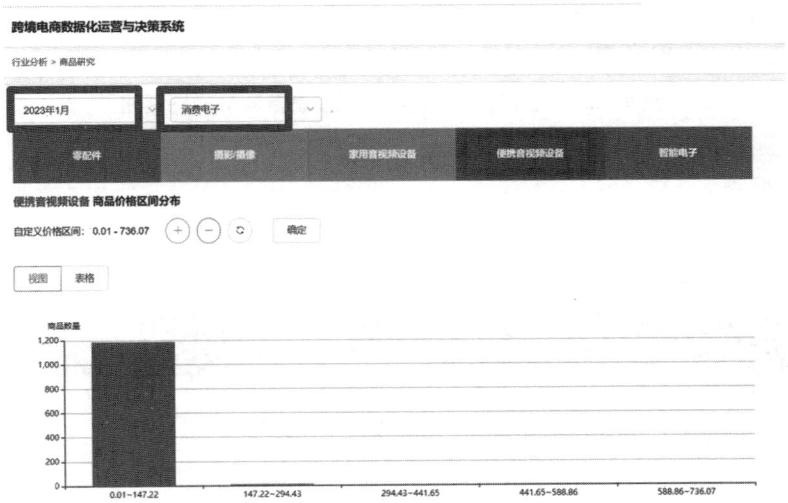

图 9-19　便携音视频设备价格区间分布柱状图

便携音视频设备自定义价格区间为 0.01～736.07 美元①，图中价格被分为 5 个区间，单个子区间内的商品数量分布并不均衡，大多数商品集中在 0.01～147.22 美元这个区间，其他区间内的商品数量在柱状图中不明显。

如图 9-20 所示，将视图模式转换为表格模式，可更直接地查看便携音视频设备各价格区间内分布的商品数量、各区间相应占比，图 9-20 中显示价格分布在 0.01～147.22 美元的商品占比高达 99.08%。最后一列详情中可以看到每种产品的具体价格。

为了让区间步长更合理，找到最佳价格波段，在自定义价格区间设置中，点击“+”或“-”按钮，调整价格区间，首先对 0.01～140.00 美元这个区间进行均分，按照 4 个

---

① 跨境电商数据化运营与决策系统中默认金额单位为美元。

区间划分，每个区间的步长为 35 美元，结果如图 9－21 所示。

图 9－20　表格模式下便携音视频设备商品价格区间

图 9－21　便携音视频设备价格区间细分（1）

细分后的价格区间与之前相比有所改善，各个区间具有明显的商品数量。其中 0.01～35.00 美元区间有 874 件商品，此区间基本处于中低价位。为得到更详细的价格区间分布，我们对该区间进一步细化。

根据上述步骤，假设将 0.01～35.00 美元均分为 5 个区间，步长为 7 美元，结果如图

9-22所示，发现商品数量最多的区间为0.01～7.00美元，说明市场上大多数商品定价集中在该价格区间。

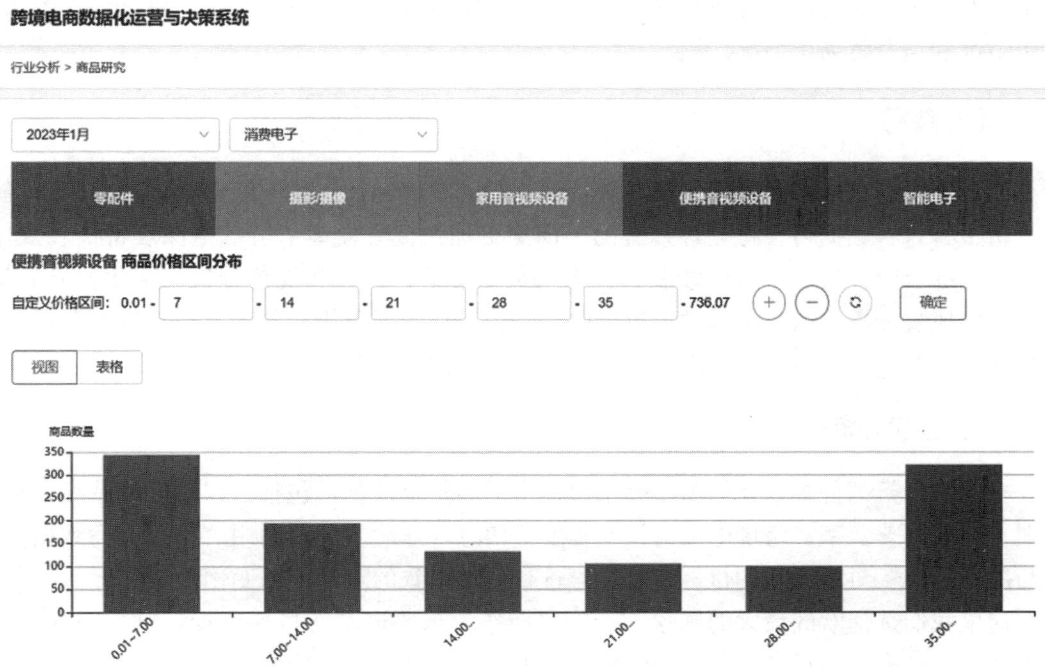

图9-22　便携音视频设备价格区间细分（2）

总的来说，定价时对目标市场上商品进行价格波段分析，通过各价格区间的商品数量柱状图观察各价格区间的分布状况，若柱状图分布均衡可直接找到热卖价格波段。若不均衡，则使用上述价格区间细分方式，找出最佳价格波段。根据最佳价格波段对商品进行定价，可以选择目标市场上价格较为集中的波段区间定价，以质量或营销方式增加商品优势。抑或避开最佳价格波段，实行商品价格差异化，结合消费者偏好进行定价和市场选择。

第五节　综合分析及报告撰写

一、目标市场的综合分析

目标市场是指跨境电子商务卖家为满足现实或潜在的客户需求，在市场细分基础上确定的将要进入并重点展开营销活动的细分市场。跨境电子商务卖家的目标市场为境外市场，每个境外市场都有所不同。因此，我们首先要进行国家分析，根据境外平台和店铺特点，进一步选择行业及最终目标市场，有助于跨境电商卖家在目标市场上更好地发展。

我们选择目标市场时，首先，需要确定国家市场的整体情况，包括国家消费水平（订单数量、价格区间）及消费者偏好（不同类目的成交额、热门店铺及商品）。其次，要对此国家目标市场的购买力（市场规模、市场趋势、市场集中度）进行分析。通过以上步骤，商家可选择目标市场，并对目标市场中的店铺、商品情况进行了解，有助于制定营销策略。对目标市场的综合分析有利于了解市场竞争情况，发掘市场机会，更好地了解店铺竞争情况和消费者需求情况。

二、报告撰写

为了使目标市场情况清晰可视，并发现其中的规律特征，我们通常会撰写目标市场综合分析报告，将数据可视化处理，有助于商家更加快捷方便地了解数据深层特征和规律。目标市场综合分析报告中一般涉及目标市场数据分析、法律和规范分析、文化差异分析、目标市场风险分析等内容，其中最重要的部分为市场数据分析，此部分包括国家分析、行业规模、行业趋势、市场集中度、最佳价格波段等内容。

（一）国家分析

在国家分析部分中，我们需要介绍目标市场的基本情况，包括人口、经济状况、消费习惯、互联网普及率、跨境电商的接受程度等信息。除此之外，利用“跨境电商数据化运营与决策系统”对所选定的目标市场国家进行更加细致的宏观市场变化趋势分析。

这里我们选择欧洲最大的国家——俄罗斯作为想要进军的目标市场，进行国家分析。俄罗斯跨境电商市场正在迅速崛起，拥有庞大的市场潜力和消费群体，为跨境电商卖家提供了较大的商机。

接下来，我们将对俄罗斯进行国家分析，判断其能否成为我们的目标市场。进入跨境电商数据化运营与决策系统首页，点击“国家分析”，进入“国家市场分析”，如图 9－23 所示。

图 9－23　跨境电商数据化运营与决策系统首页

在国家市场分析页面中，我们可以对目标市场的数据日期、国家和地区进行选择，这里我们选择“2023 年 2 月”“俄罗斯”，可以得到俄罗斯在此时间段的相关数据。我们可以使用“视图”和“表格”两种形式观察客户订单量在国家或地区的分布情况，能够看出俄罗斯是订单数量最多的国家，如图 9－24 所示。

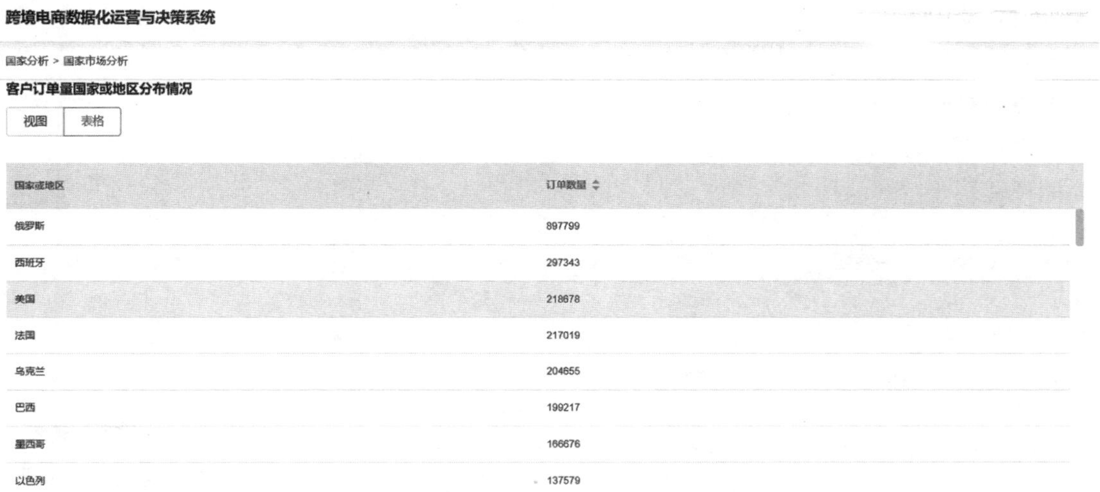
跨境电商数据化运营与决策系统

国家分析 > 国家市场分析

客户订单量国家或地区分布情况

视图　表格

国家或地区	订单数量
俄罗斯	897799
西班牙	297343
美国	218678
法国	217019
乌克兰	204655
巴西	199217
墨西哥	166676
以色列	137579

图 9-24　表格模式下客户订单量国家或地区分布情况

此外，我们可以在下滑页面中查看俄罗斯订单量变化趋势，分析目标市场订单的变化趋势、是否存在季节性变化趋势等问题，如图 9-25 所示。

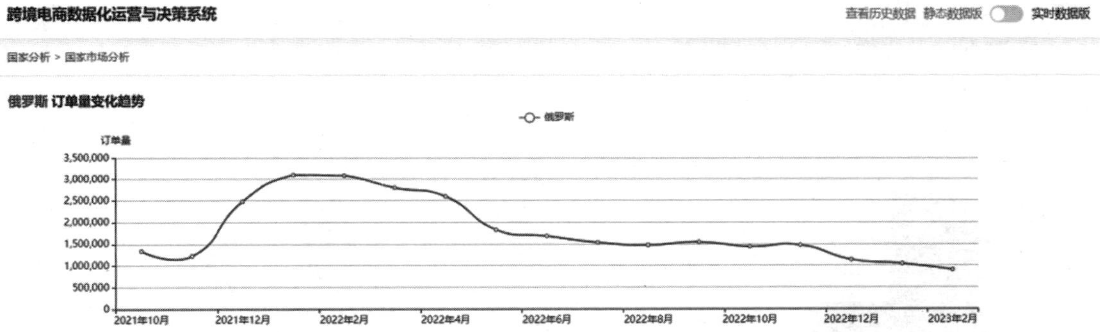

图 9-25　俄罗斯订单量变化趋势

从图 9-26 中可以看出，订单数量在 1～401 区间内的商品数量最多，超过 36 000 件，占比达 99%以上。订单数量区间越大，商品数量越少，说明数量较多的订单集中在少部分商品上。在1 601～2 004 区间内，商品数量为 2，说明这两款产品可能是爆品，我们可以通过表格最后一列中的详情查看订单数量较大的产品详细信息，分析产品类别和特征，有助于我们找到更合适的产品。

我们也可以查看商品价格区间分布，同时，可对价格区间进行自定义设置，如图 9-27 所示，俄罗斯商品价格区间主要集中在 0.01～688.01 美元之间。

为进一步查看 0.01～688.01 美元价格区间内更细致的价格分布，如图 9-28 所示，在自定义价格区间设置中，我们将 0.01～688.01 美元区间平均分为 5 个区间，区间步长约等于 137 美元。通过表格可以看出，0.01～137.00 美元区间内商品数量最多，若想探究更细致的价格区间分布，可将该区间进一步细分。

可以通过视图查看俄罗斯类目成交额对比结果。如图 9-29 所示，视图模式下，通过

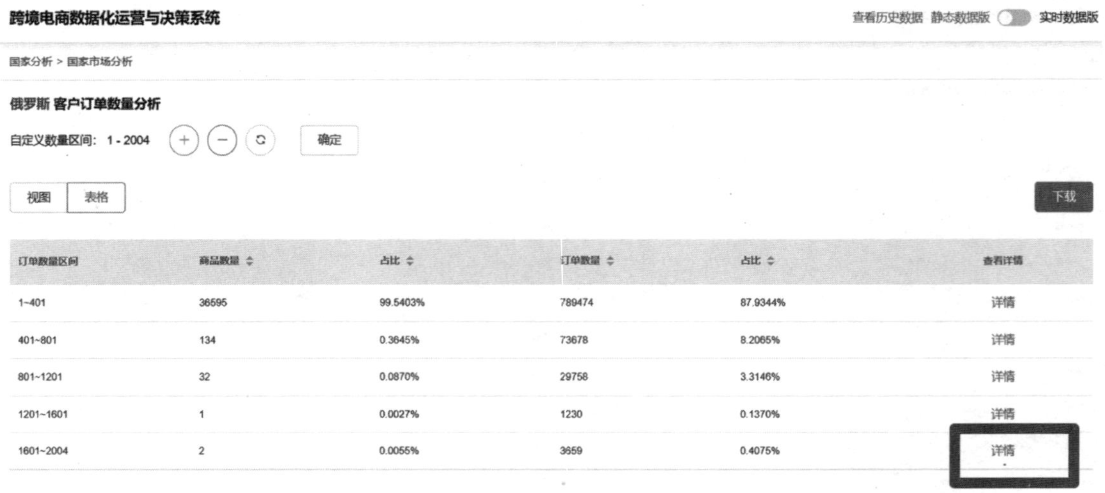

图 9 - 26 俄罗斯客户订单数量分析

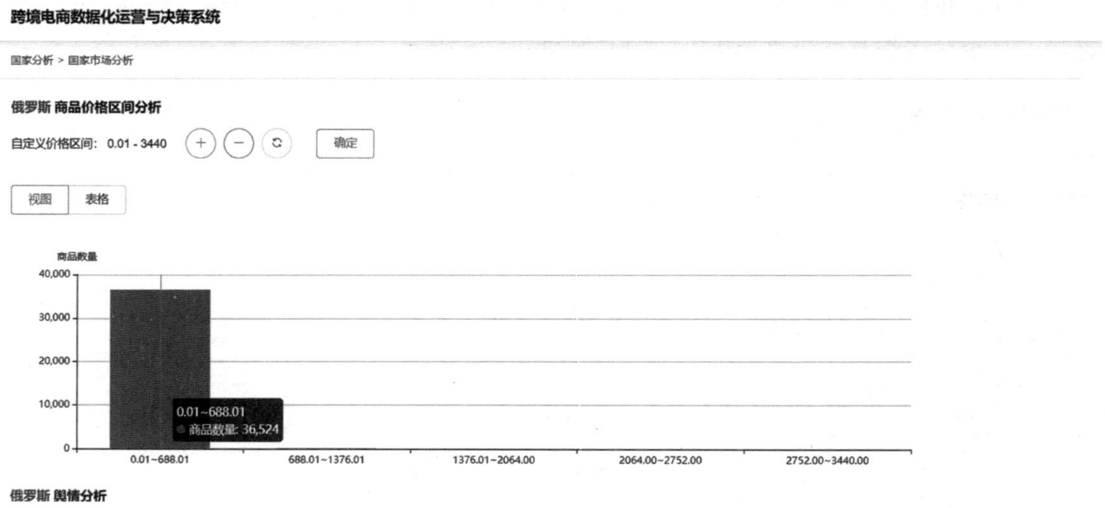

图 9 - 27 视图模式下俄罗斯商品价格区间分析

俄罗斯类目成交额对比饼状图看出，电脑和办公类目占比最大，成交额占比达 50%以上。

可查看俄罗斯热卖店铺，列表中包括店铺名称、订单数量、成交金额、分析等详细信息，点击店铺名称可查看该店铺主页，对其进行店铺分析，对新开店铺具有一定的参考作用。如图 9 - 30 所示。

如图 9 - 31 所示，俄罗斯热卖商品按照销量由高到低的顺序进行展示，可以点击商品查看相关商品信息。一般来说，销量较多的商品，可能为该行业内的销售爆品，能够在店铺选品、产品信息优化等方面给予其他店铺更多参考。

根据以上步骤，我们可以初步对目标市场所在国家的客户订单量、商品价格区间、各类目成交额以及热卖店铺、热卖商品等数据进行分析，形成目标市场综合分析的第一个部分——国家分析。

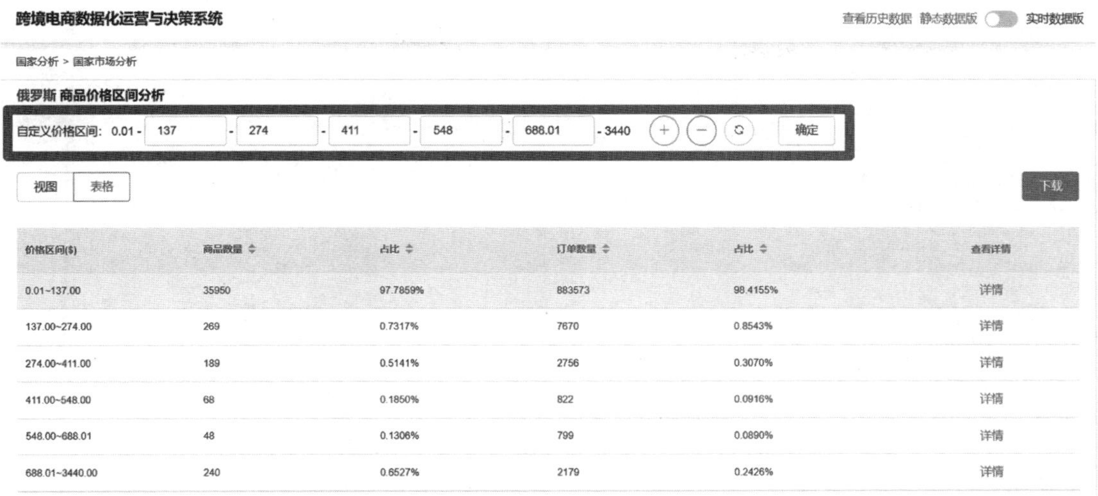
跨境电商数据化运营与决策系统　查看历史数据 静态数据版 实时数据版

国家分析 > 国家市场分析

俄罗斯 商品价格区间分析

自定义价格区间: 0.01 - 137 - 274 - 411 - 548 - 688.01 - 3440　确定

视图　表格　下载

价格区间($)	商品数量	占比	订单数量	占比	查看详情
0.01~137.00	35950	97.7859%	883573	98.4155%	详情
137.00~274.00	269	0.7317%	7670	0.8543%	详情
274.00~411.00	189	0.5141%	2756	0.3070%	详情
411.00~548.00	68	0.1850%	822	0.0916%	详情
548.00~688.01	48	0.1306%	799	0.0890%	详情
688.01~3440.00	240	0.6527%	2179	0.2426%	详情

图 9-28　表格模式下俄罗斯商品价格区间分析

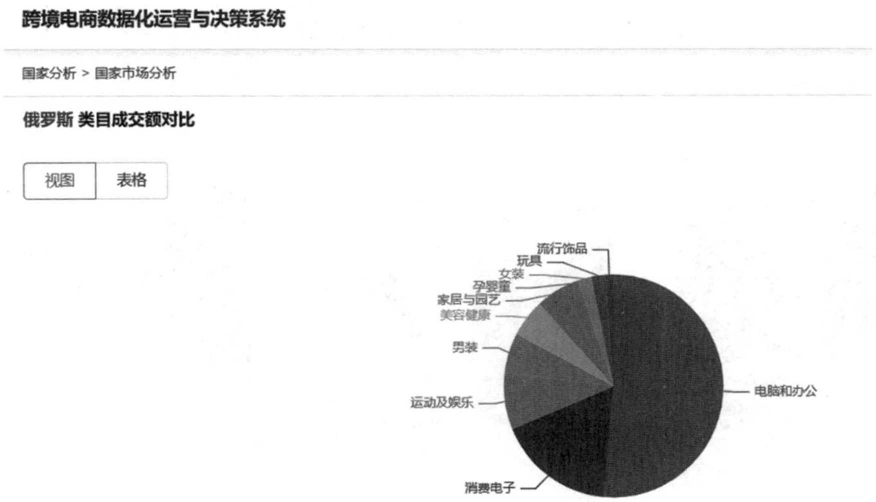

图 9-29　视图模式下俄罗斯成交额对比

(二) 目标市场的行业规模及趋势

接下来将国家市场范围缩小到行业目标市场，通过上文所述的实训步骤，总结行业目标市场规模与趋势。图 9-32 显示了全球速卖通平台俄罗斯消费电子市场一年总的成交额、各子类目的成交额与占比，以及目标市场内产品种类、市场份额等信息。

图 9-33 为目标市场行业趋势部分。此部分中描述了目标市场发展趋势和可能的机会，可以通过产品需求的波动，发现新兴的消费趋势或某因素对该目标市场的影响，找到目标市场中可能的机会，缩小选品方向。

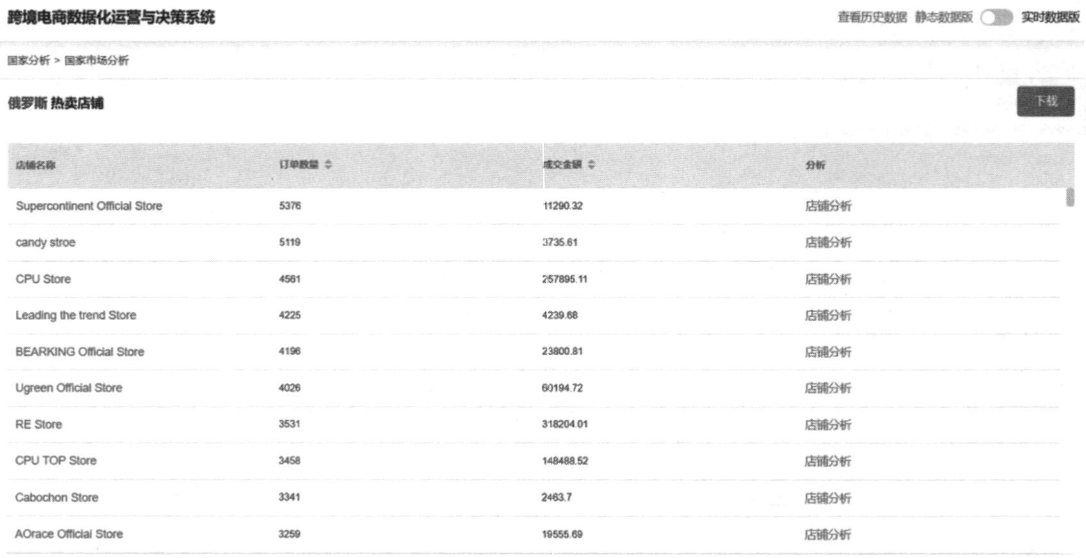
跨境电商数据化运营与决策系统　　查看历史数据 静态数据版 实时数据版

国家分析 > 国家市场分析

俄罗斯 热卖店铺　　下载

店铺名称	订单数量	成交金额	分析
Supercontinent Official Store	5376	11290.32	店铺分析
candy stroe	5119	3735.61	店铺分析
CPU Store	4561	257895.11	店铺分析
Leading the trend Store	4225	4239.68	店铺分析
BEARKING Official Store	4196	23800.81	店铺分析
Ugreen Official Store	4026	60194.72	店铺分析
RE Store	3531	318204.01	店铺分析
CPU TOP Store	3458	148488.52	店铺分析
Cabochon Store	3341	2463.7	店铺分析
AOrace Official Store	3259	19555.69	店铺分析

图 9-30　俄罗斯热卖店铺

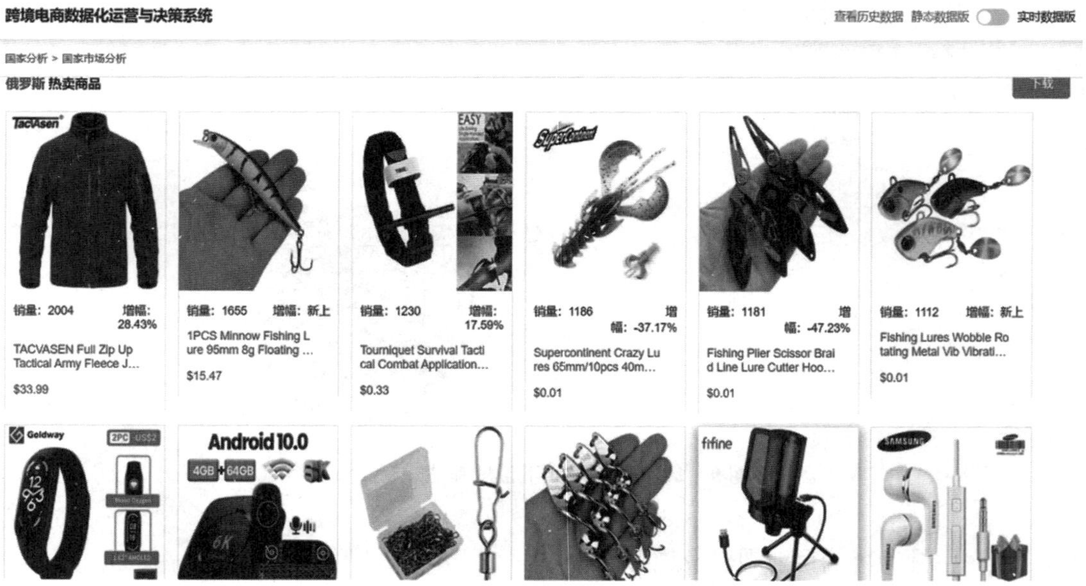

图 9-31　俄罗斯热卖商品

（三）目标市场的市场集中度

缩小目标市场范围后，通过目标市场各类目的市场集中度计算分析竞争情况，利用Excel，制作选定目标市场可视化店铺集中度分布图。如图 9-34、图 9-35 所示，我们将行业趋势分析中较为有发展潜力的便携音视频设备和智能电子作为细分目标市场，计算两者的市场集中度。俄罗斯消费电子市场中便携音视频设备市场集中度为 36、智能电子市场

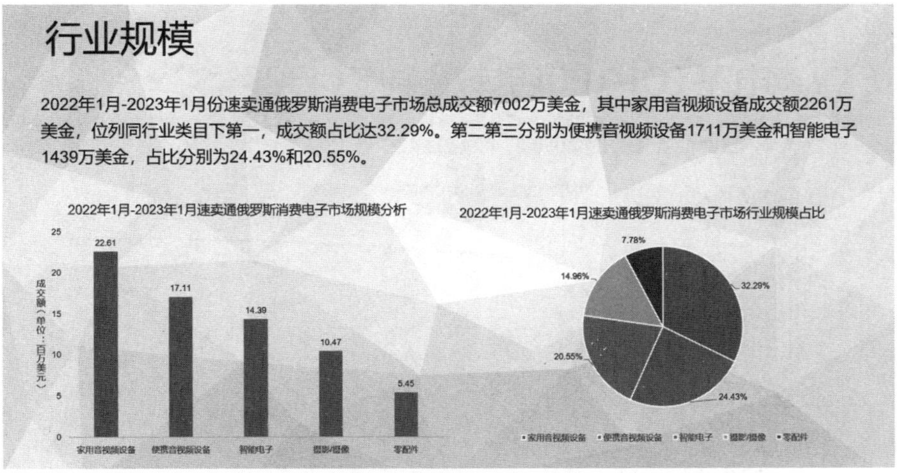

图 9-32　全球速卖通俄罗斯消费电子市场行业规模

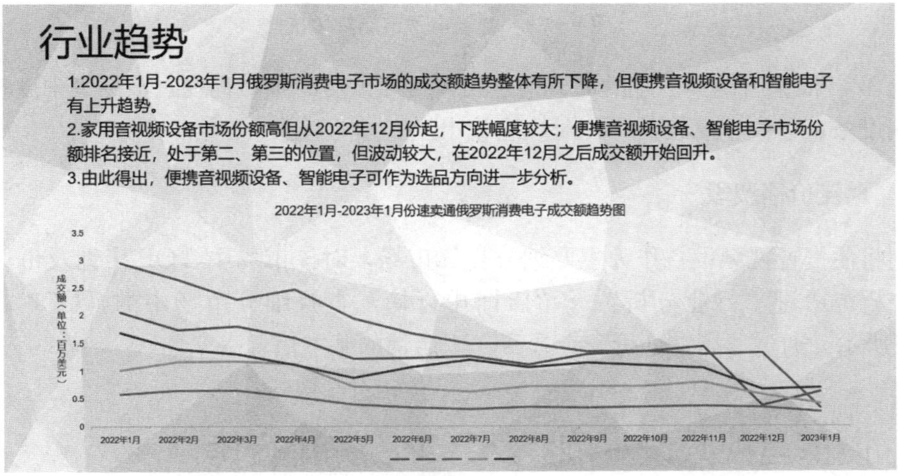

图 9-33　全球速卖通俄罗斯消费电子市场行业趋势

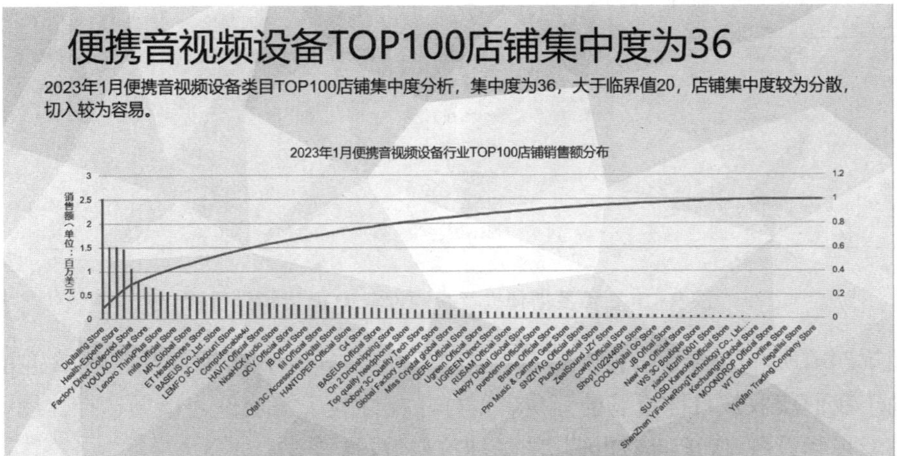

图 9-34　便携音视频设备市场集中度

图 9-35　智能电子市场集中度

集中度为32，根据店铺集中度的高低确定切入目标市场的难易程度，市场集中度较高的便携音视频设备市场竞争度较低，相对风险较小。

（四）最佳价格波段

我们将便携音视频设备作为主要细分目标市场，对该市场中 TOP 店铺及市场价格波段进行分析。通过“行业分析”→“店铺排行榜”查找细分市场中的 TOP1 店铺，如图 9-36所示。通过“店铺分析”查看 TOP1 店铺的基本信息。

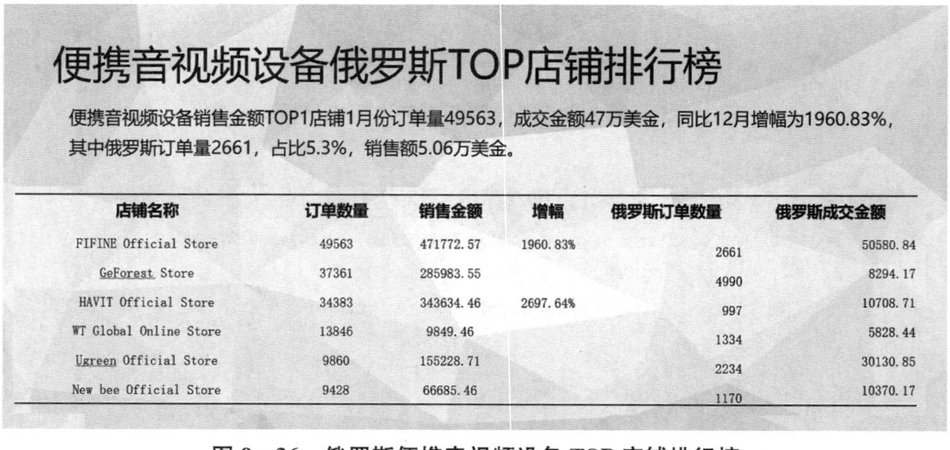
便携音视频设备俄罗斯TOP店铺排行榜

便携音视频设备销售金额TOP1店铺1月份订单量49563，成交金额47万美金，同比12月增幅为1960.83%，其中俄罗斯订单量2661，占比5.3%，销售额5.06万美金。

店铺名称	订单数量	销售金额	增幅	俄罗斯订单数量	俄罗斯成交金额
FIFINE Official Store	49563	471772.57	1960.83%	2661	50580.84
GeForest Store	37361	285983.55		4990	8294.17
HAVIT Official Store	34383	343634.46	2697.64%	997	10708.71
WT Global Online Store	13846	9849.46		1334	5828.44
Ugreen Official Store	9860	155228.71		2234	30130.85
New bee Official Store	9428	66685.46		1170	10370.17

图 9-36　俄罗斯便携音视频设备 TOP 店铺排行榜

利用第四节所介绍的分析行业最佳价格波段操作，计算店铺商品最受欢迎的价格区间，有助于我们获取该目标市场的消费者偏好，更好地了解定价和市场选择。图 9-37 显示了便携音视频设备 TOP1 店铺产品的最佳价格波段。

撰写目标市场综合报告时，报告的结构和内容可以根据跨境电商卖家的具体情况进行

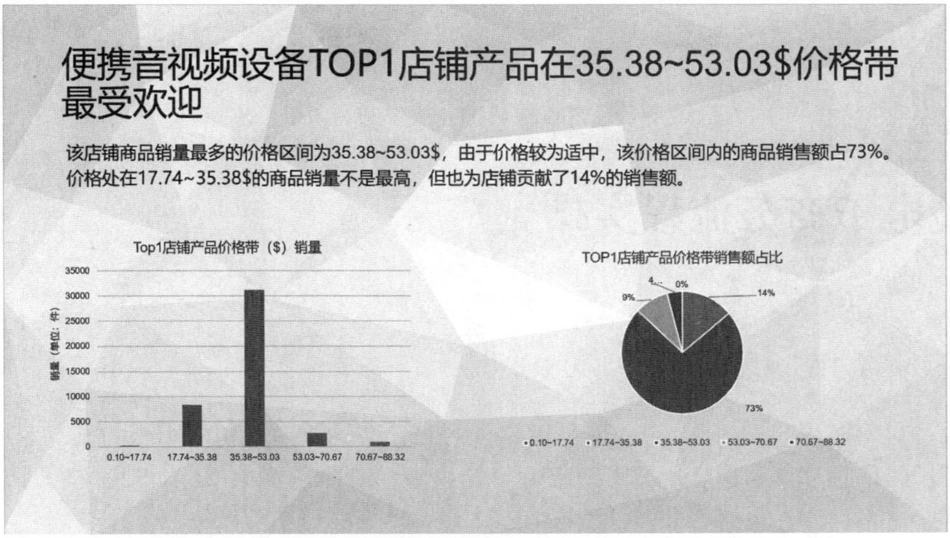

图 9－37　便携音视频设备 TOP1 店铺产品的最佳价格波段

改变。报告可采用 Word、PPT 等文件格式，尽量使用图、表等数据可视化工具呈现，使信息更易于理解和比较；使用清晰、简洁的语言表达观点和分析结果，在报告中展示重要观点和发现即可，确保结论明确、清晰。

本章小结

本章主要介绍目标市场分析的重要性和方法，涵盖了市场规模、市场趋势、市场竞争、市场集中度、最佳价格波段等方面的分析与实操过程。第一节是对市场规模的分析。市场规模是特定产品在特定地区或行业中的总销售额或总需求量，用于量化市场容量和潜力。第二节是市场趋势分析。通过增幅大小来判断一段时间内目标市场的发展变化趋势。第三节是对市场竞争和竞争趋势的分析。市场竞争主要通过市场集中度进行判断，最常用赫芬达尔-赫希曼指数测量市场集中度。第四节通过产品价格分组确定目标市场上产品的最佳价格波段，对目标市场上产品价格变化进行推测并调整定价策略。第五节讲解对目标市场进行综合分析并撰写最终报告。

第9章即测即评

第 10 章

跨境电子商务流程实操

| 引言 |

跨境电子商务流程是指通过互联网平台实现跨国交易的一系列活动。本章将使用思睿智训跨境电商 ERP 沙盒①介绍如何根据店铺的现状和商品情况选择合适的跨境电子商务平台进行销售的前期准备（跨境电商平台选择及店铺注册、店铺选品、产品货源及采购、产品定价）、中期执行（产品发布及优化、店铺引流及推广）和后期管理（订单管理、发货及报检报关、核销与税务）等活动，以 Wish 平台为例（仿真平台），帮助大家完整了解跨境电子商务全流程的实操步骤。

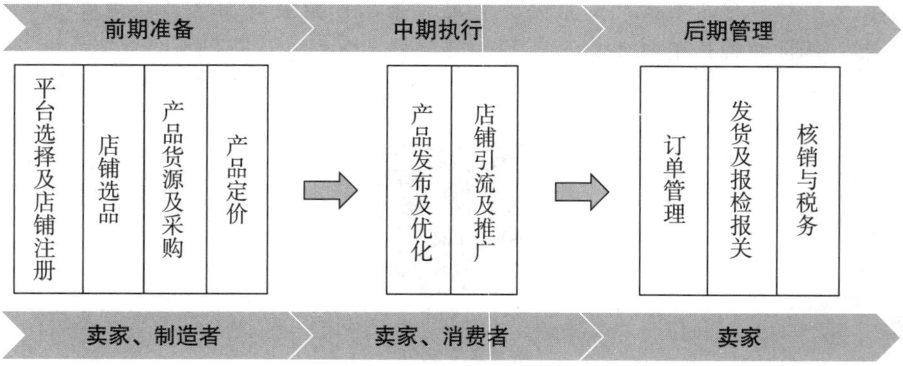

① 思睿智训平台介绍及免费试用方法详见本章即测即评中的实操练习。

| 素质提升 |

习近平总书记在全国教育大会上指出，高校要“着重培养创新型、复合型、应用型人才”。在跨境电子商务这门课程中，学生学习好基础理论的同时，要强化实际操作能力。本章将对跨境电子商务操作全流程进行详细讲解并进行实操过程展示。

| 学习目标 |

1. 掌握跨境电子商务的实际操作流程，包括注册、选品、采购、定价、产品发布、优化、引流及推广、订单管理、发货、核销及税务等；
2. 理解店铺选品、采购、产品定价的方法及实操流程；
3. 掌握产品发布及优化、店铺引流及推广的基本方法及实操流程；
4. 了解后期管理各步骤的实操步骤。

第一节　前期准备

跨境电子商务卖家选定目标市场之后，可以进入销售前期准备阶段，主要包括跨境电商平台选择、店铺注册、店铺选品、产品货源及采购、产品定价等多个步骤。我们会通过以下实操步骤进行详细说明。

一、跨境电商平台选择及店铺注册

（一）跨境电商平台选择

初入跨境电商市场，需要选择合适的销售途径，现阶段，跨境电商卖家多选择利用平台开展业务。因此，选择与企业业务相匹配的平台格外重要。需要根据以下因素确保平台能够满足卖家的各种需求。

（1）目标市场。不同跨境电商平台面对不同的国家或地区市场，企业卖家需要根据目标市场的特点以及平台所服务市场的特点进行选择。比如，亚马逊、eBay 等平台主要面向北美和欧洲市场，Wish 平台主要面向美国市场，全球速卖通主要面向俄罗斯和东南亚市场，Shopee、Lazada 等主要面向东南亚市场。

（2）商品性质。不同的跨境电商平台对商品的限制和规定不同。例如，某些平台对食品、药物监管较为严格。入驻平台前需要查看平台的商品限制规则。

（3）用户群体。不同平台的消费者特征不同，需要判断平台是否适合自己商品的潜在目标客户人群，例如从用户的年龄、性别、购买力等方面进行分析。另外，还可根据平台的服务费、信誉等级、支付方式，分析这些条件与自身企业的适配程度，选择适合自己的跨境电商平台。

(二) 店铺注册

卖家选定平台后，需要进行店铺注册。这里以 Wish 平台为例。

Wish 平台从 2022 年 1 月下旬开始暂停自由注册店铺账户的开放模式，实行“邀请制”(见图 10 - 1)。为了更好地消除平台上的恶意竞争，在卖家入驻前，Wish 平台通过问卷调查筛选卖家，以改善用户体验。问卷中主要涉及公司名称、国家/地区、从事销售时间、营业收入、SKU 数量、主营品类以及是否使用第三方平台管理商品等问题。卖家填写后，Wish 会根据评估结果发出相应的邀请。

图 10 - 1　Wish 平台的“邀请制”界面

二、跨境电子商务选品

跨境电子商务选品是跨境电商卖家开展经营前的重要准备环节之一。如果卖家想要抓住消费者，获得消费者的青睐和认可，必须做好跨境电商的产品选择。卖家进行跨境电子商务选品时应考虑以下方面。

(一) 选品基本考量维度

1. 用户维度

(1) 消费需求与偏好。选品首先需要了解目标消费者的需求、喜好和行为习惯。可根据年龄、性别、生活环境、一般爱好等选择目标消费者，确定销售对象后，通过市场调研和数据分析，对他们偏爱的产品类型、款式、颜色、功能等进行分析，掌握消费者的购买行为趋势，可以减小选择的错误率，选择能够迎合其需求的产品。例如，在英国，时装和体育用品是最受欢迎的产品类别，其次是旅游和家庭用品，其他受欢迎的产品包括音像制品、书籍、杂志等。在选择产品时，卖家要优先考虑符合消费者需求的产品。

(2) 消费者购买力。考虑目标用户的购买力水平和消费习惯，了解其对价格的敏感度和对产品价值的认知。对消费者收入水平、消费行为以及购买决策的影响因素进行分析，以确定最佳的定价策略。

(3) 文化差异。由于跨境电商活动存在跨境性，文化差异是个重要的影响因素。在选品过程中，考虑不同文化背景下的消费者行为和习惯，确保选品符合当地文化特点。文化因素如宗教信仰、节日习俗、社会观念等都会影响消费者的购物行为和产品偏好，需要在选品过程中予以重视和考虑。

2. 市场维度

（1）市场趋势与需求。分析目标市场的趋势和需求，了解消费者对不同产品类型的偏好以及消费习惯的变化。同时，关注市场上新兴产品的机会和潜在增长点，以便根据市场变化灵活调整选品策略。

（2）竞争情况。深入了解目标市场竞争对手的产品种类、定价策略、市场份额和营销手段等情况。通过竞争分析，发掘自身产品的优势和差异化点，了解自身与竞争对手的相对优势和差异，有助于选择更具竞争力的产品种类。

（3）市场规模和增长潜力。评估目标市场的规模，确定所处行业的总体市场容量，了解市场业务发展的上限。寻找市场中具有增长潜力和未开发的区域，选择适合扩大业务的产品品类。关注市场的未来趋势，预测未来的消费模式、技术变革或政策调整对市场的影响，有助于制定长远的选品战略和业务规划。

3. 技术维度

技术维度主要指跨境电商的运营能力，涉及产品质量、技术标准以及电商平台和工具的功能问题。选品过程中需要注意产品质量和技术标准，确保所供应的产品符合质量标准和目标市场的相关法规要求，建立严格的质量管理体系。对产品质量进行把控，以确保消费者满意度和品牌声誉。确保所选产品符合目标市场的质量标准和技术要求，以避免技术问题导致的限制。

4. 供应链维度

（1）供应商稳定性。对潜在供应商进行充分的背景调查和审核，包括公司资质、信誉、生产能力、质量管理体系等。确保选择的供应商具备稳定的经营能力和良好的信誉。同时，需要评估供应商的供货能力和生产能力，确保其能够按时、按量地供应产品。稳定的供货是供应链保持稳定运作的基础。

（2）物流、库存管理和风险管理。选择合适的物流合作伙伴和方案，考虑运输时间、成本、服务质量等因素。寻找高效、可靠的物流方案确保产品能够及时、安全地送达目的地。优化库存管理，确保及时供货的同时避免库存积压和资金占用。使用合理的库存管理方法和技术，以提高供应链的运作效率。在风险管理方面，识别和评估供应链中可能存在的风险，例如货物运输中的损坏、延迟以及货币波动等，制定相应的风险管理策略和备选方案。

（二）选品程序

跨境电商选品是一个较为系统的程序，如图 10－2 所示，通常包括以下步骤。

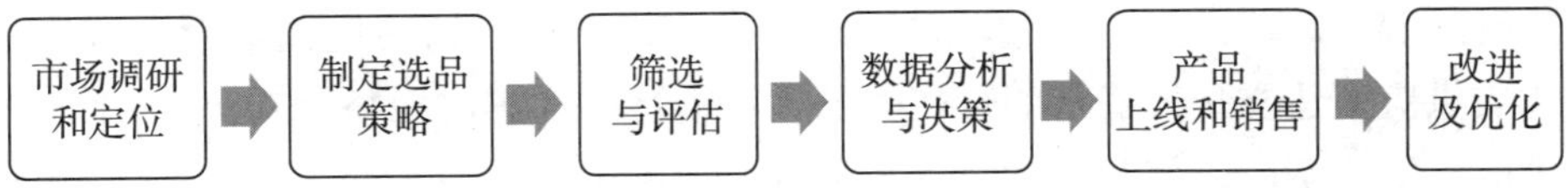

图 10－2　跨境电商选品流程

1. 市场调研和定位

首先，需要确定目标市场，基于市场规模、趋势、文化特点等进行评估。其次，明确目标客户的特征和需求，包括年龄、性别、偏好等方面，以便更好地选择产品。最后，分析竞争对手的产品种类、价格策略、市场份额等，了解市场已有产品的情况。

2. 制定选品策略

制定选品策略包括产品定位，即根据市场需求和竞争情况，确定产品定位和差异化策略，选择与目标市场和客户需求相匹配的产品；设立选品标准，包括质量、价格、供货能力、市场潜力等，以筛选符合要求的产品。

3. 筛选与评估

在确定目标市场和产品属性后，进行供应商选择，寻找并筛选合适的供应商或厂家，评估其产品质量、稳定性和交货能力。对产品样品进行验证，采购样品进行质量和性能验证，确保产品符合标准和预期。

4. 数据分析与决策

在选品初期可以使用内部与外部数据对产品信息进行分析。在外部数据分析方面，利用市场调研工具、竞争分析软件等，对选品数据进行分析，找到热门产品和市场趋势。内部数据分析是针对商家的产品信息进行分析，分析内部销售数据、客户反馈、库存状况等，结合外部数据，做出更精准的选品决策。

5. 产品上线和销售

根据选定的产品，进行大批量采购，并在电商平台上上架销售。持续监控产品销售情况，根据销售数据调整促销策略、广告投放等，优化产品销售。

6. 改进及优化

产品上线后，根据客户反馈和市场变化，对产品线进行改进和更新，持续优化选品策略，调整产品线和供应链，保持竞争力。同时，根据经验和成功案例，考虑拓展到新的市场或增加新的产品品类，扩大业务规模。

三、产品货源及采购

产品货源及采购是跨境电商活动中的重要环节之一，合适的货源和管理能保证跨境电商活动顺利开展。通过产品审查、订购、获取、支付等完整的采购手段保证跨境电商有良好的供应链。

（一）产品货源

货源是指供应商提供给采购方的产品或服务，货源的好与坏直接影响到商品质量、价格、交货时间和客户满意度等方面。良好的货源有助于降低跨境电商运营过程中的成本，通过与优质供应商建立长期稳定的合作关系，获得更为优惠的价格，提高利润率，并减少寻找新供应商所花费的时间和成本。一般来说，产品主要来源于两个渠道：实体货源和线上货源。

1. 实体货源

（1）工厂加工制造货源。工厂加工制造货源可分为两种：一种为加工制造，一种为自制。加工制造是指制造商直接为卖家生产产品，制造商可以是国内的，也可以是国外的，但国内制造商成本相对较低。加工制造适合能自行设计、自行研发，将生产外包给工厂制作的卖家，卖家能够对价格、品牌、产品品质进行把控，同时可节省在生产环节的管理时间。但产品风险和库存风险需要由卖家自行承担，产品若不符合市场需求，会加剧跨境电商卖家的库存风险。

自制是指通过手工艺人自行制作产品，在珠宝类、服装时尚类、护肤类等行业较为多见。自制产品货源灵活性较高，产品独特性较强，具有较强的市场竞争力。但自制产品生产时间较长，难以量产，出货速度较慢。如果卖家想要扩大规模，会存在一定困难。

（2）大型批发市场。大型批发市场是各类别商品的集散地，是一种常见的面对面交易货源的地点。大型批发市场是跨境电商老手或者新手经常选用的货源种类。批发产品大多经过市场买卖环节，容错率较高，且卖家无须保留太多库存产品，即卖即买，降低了库存资金压力。但批发产品同质化较为严重，批发价格相似，产品利润方面并不占优势。

这种货源的优势在于客户可以当面与老板交流，接触到真实的物品，能够参与采购的全部过程，防止产品出现质量、数量上的问题。在批发产品的过程中，线下选品会花费大量的时间和费用，新手会因经验不足无法拿到令人满意的商品，且确保稳定的提货渠道，对于新手来说较为困难。但积累经验，掌握稳定的提货渠道之后，可以节省很多时间和费用，及时以低廉的价格获取合适的产品货源。

2. 线上货源

（1）线上批发货源。线上批发是指可以在网上批发商城中进行直接购买的货源，也是采购产品最为简单的一种货源。此类货源的网站一般分为两种：综合性货源网站和垂直型货源网站。综合型货源网站提供多种类型的货源，比如，阿里巴巴、1688、Handshake 等平台。垂直型货源网站是专业经营某一品类产品的批发网站。通过这些网站，跨境电商卖家可以不受地域限制，以较为低廉的价格获得稳定的货源，但产品的真实质量无法保证。

（2）代销。代销是指跨境电商卖家为工厂向海外销售产品，卖家负责在当地市场进行推广和销售，由工厂直接向客户发货，实际属于无货源模式。这种货源模式的优势在于前期投入较少、成本低、库存风险低，便于管理。但市场竞争激烈，利润率较低。

（二）产品采购

1. 产品采购概念及分类

产品采购指从供应商处购买产品库存并转售的过程。常见的产品采购方法包括直接采购、间接采购和混合采购。

直接采购，即直接从产品的制造商或生产商处采购而不需要任何中介或代理商，采购商对采购环节有更多的控制权，但采购商需要拥有更多的资源和产品相关专业知识。间接采购是从分销商、批发商或代理商处采购，它们是采购商和制造商或生产商的中介。此种采购方式减少了采购环节中时间的耗费，能够有效降低采购中的风险，但也减弱了采购商对产品的控制和产品可见性。混合采购是指结合直接采购和间接采购两种方式，能够发挥两种方式的优势，优化采购策略，但是需要在供应链中进行更多的协调。

2. 产品采购流程

无论使用何种采购方式，采购过程中需要按照以下流程进行。

（1）确定采购需求，制订采购计划。跨境电商采购之前，需要进行需求预测，针对细分市场以及现有市场上的商品、爆品现状进行分析，保证采购的商品是消费者需要的且具有可卖性的，并需要了解国内外市场该商品的价格以及相应平台的相关规定和法律法规。对于较为特殊的产品采用合理的采购方式。比如，对于在运输、商检、通关中容易损坏的跨境电商产品，应采取小批量、高频率的采购模式。此外，还要考虑时间、环境等因素，从而降低跨境电商企业的库存和管理成本，制订合理的采购计划。

（2）寻找可靠的供应商，建立长期合作关系。制订好采购计划后，通过线上线下的货源寻找所需要的商品。在选择商品时，需要注意商品的品质、价格、数量和售后服务等方面，尤其是供应商的信誉度、支付方式、物流配送等方面，寻找可靠且可以长期合作的供应商。特别是把握长期的合作关系和货源的优惠信息能够节约采购成本。一般来说，合作之前需要订购该产品进行试单，试用一定数量的产品，根据试用时间、销售比率和消费者反馈等关键性指标判断产品是否符合企业要求，试单成功后，制订短期或长期合作计划以及确定合作方式等。

（3）产品安全检验。找到合适的供应商后，需要索要样品，通过样品更细致地观察产品并进行安全检验。索要样品是采购策略的重要组成部分，也是检验产品质量的最好方法。检测时主要针对商品的质量，具体包括材质性能、安全性能、产品外观、安全标准等各项指标。从商品质量检测、商品入库检测、成品商品检测到售后处理等多个流程进行把关。

（4）收货。在确认商品采购计划和合作方式后，需要进行支付和等待商品物流派送。支付时需要确认商品名称、数量、价格、收货地址等信息，选择合适并安全的支付方式。在运输、流通、商检、通关等过程中，要根据跨境电商产品的特点实行严格的管理程序。此外，物理相关措施，如表面清洁、防震包装等都要有相应的防范措施，以保证产品质量，减小因产品处理不当和其他相关问题造成的损失。商品到达验货时需要全面检查商品数量、质量等。

3. 采购管理

通过以上步骤，可以基本完成跨境电商的采购工作。采购的每个环节非常重要，采购管理也非常重要，它将采购的产品和服务整体进行结构化，可采用跨境电商 ERP 系统（店铺管理全流程系统）管理采购的各个环节。以下会通过思睿智训跨境电商 ERP 沙盒展示采购管理的实操过程。

采购管理是管理公司从供应商和卖主处购买商品和服务的过程。如图 10－3 所示，通常包括采购申请、订单生成、采购订货、进货检验、收货入库、退货、发票处理、供应商管理等环节，是公司运营的组成部分，也是提高公司效率和盈利能力的一种手段。

采购管理能够帮助公司合理利用空间，有效把握采购数量和时间，减少公司的空间浪

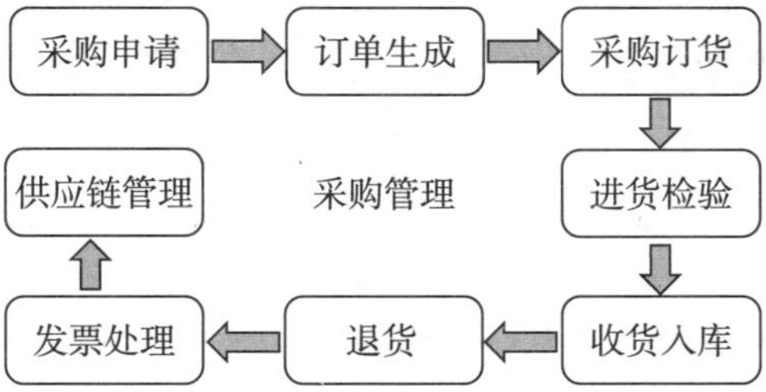

图 10 - 3　采购管理流程

费和产品闲置；能够实现准时生产，使生产和消费者的需求保持一致，及时向客户交付产品；能够控制成本，通过对供应链和市场的波动采取适当的采购管理手段，以最低的价格完成采购目标，减少成本的同时消除低效率。

4. 采购管理实操

在采购管理过程中，主要包括采购相关设置（采购单、采购价格、采购来源等）、供应商管理、采购过程、到货与结算管理等部分。

（1）采购相关设置。首先要在思睿智训“跨境电商综合实训平台”页面，选择“跨境电商 ERP 沙盒”，进入“系统配置”中对采购管理模块进行相关的设置，设置条件的不同会在一定程度上影响采购流程。

如图 10 - 4 所示，采购模块设置中“启用采购单审核”系统默认为不启用，不启用审核功能，采购员提交的采购单不需要上级审核直接进入等待到货的状态，若订单不予采纳需要全部删除。如果启用审核模式，提交采购单后会进入待审核模式，核对确认之后，方能进入等待到货的状态；若订单出现问题，则可以驳回订单，采购人员需要重新修改采购单信息，重新提交。该设置便于上级人员审核采购单，减少订单的修改工作量。

图 10 - 4　“系统配置”→“采购模块设置”→“启用采购单审核”

如图 10－5 所示，“选择采购产品价格”中包括供应商价格、标准采购价、库存平均价以及默认价格。前面三种价格可任意选择。供应商价格为系统中“采购”→“供应商管理”→“SKU 报价”中的最新报价；标准采购价为系统中“产品”→“本地产品”→“采购管理”中的销售价（采购价）；库存平均价为系统中“仓库”→“库存报表”→“仓库清单”中的库存平均价，当选定价格没有时，生成的采购产品价格则会显示为“0”。如果选定“默认价格”，默认价格会依次对供应商价格、标准采购价、库存平均价进行取值，前者没有则取后者，若三者都没有数值，则取“0”。设置此项，生成采购单时会按照该设置自动显示产品采购价格。

图 10－5 “系统配置”→“采购模块设置”→“选择采购产品价格”

如图 10－6 所示，“采购需求来源”中包含“业务人员”和“采购人员”两个选项。如图 10－7 所示，当选择“业务人员”时，创建采购计划页面只有简单的产品信息。如图 10－8 所示，当选择“采购人员”时，创建采购计划页面可以看到库存、最近采购价等详细采购信息和商品信息。

图 10－6 “系统配置”→“采购模块设置”→“采购需求来源”

图 10－7 选择“业务人员”时的创建采购计划页面

（2）供应商管理。供应商管理是采购环节中的重要一环，在采购管理中“供应商管理”模块，我们可以对供应商信息、SKU、供货信息进行管理。

当跨境电商卖家开始采购时，会选择新的供应商，通过“供应商管理”添加供应商

（如图 10－9 所示），添加供应商的基本信息，信息的详细与否由卖家决定，供应商编号可以由系统自动生成。此外，添加供应商时还可下载系统中的供应商导入模板，将 Excel 提前编写好的供应商信息直接导入。

图 10－8　选择“采购人员”时的创建采购计划页面

图 10－9　通过“供应商管理”添加供应商

导入供应商之后，如果已有导入的产品，我们可以通过“产品的供应商信息”添加供应商，如图 10－10 所示。

也可在“供应商的供货信息”中针对供应商导入相应的供货信息，如图 10－11 所示。

（3）采购过程。采购过程包括采购计划的提出、创建采购单、审核以及缺货订单等具体采购流程。首先，在“采购”→“采购管理”→“采购计划”页面中选择“创建采购计划”，然后点击“选择产品”，针对所选产品设置采购数量和采购单价，点击“提交审核通过”，如图 10－12 所示。

随后，我们有两种方法针对采购计划生成采购单。第一种方法如图 10－12 所示，可以直接在“采购计划”页面中选中计划，并“生成采购单”。第二种方法如图 10－13 所

图 10－10 “产品的供应商信息”页面

图 10－11 “供应商的供货信息”页面

图 10－12 创建采购计划页面

示，在“采购”→“采购管理”→“采购单”页面中点击“创建采购单”，然后选择供应商和产品，填写相关采购信息，最后点击“提交”。

订单配货出现缺货的情况，会有相应的订单信息出现在“缺货订单”和“缺货产品”这两个模块。为补齐产品，我们只需根据缺货的订单生成采购单即可。

（4）到货与结算管理。当生成采购单并提交后，经上级审核，采购状态会变为“等待到货”，当订单中的产品到货后，点击“到货”，采购数据便会录入系统中，如图 10－14 所示。

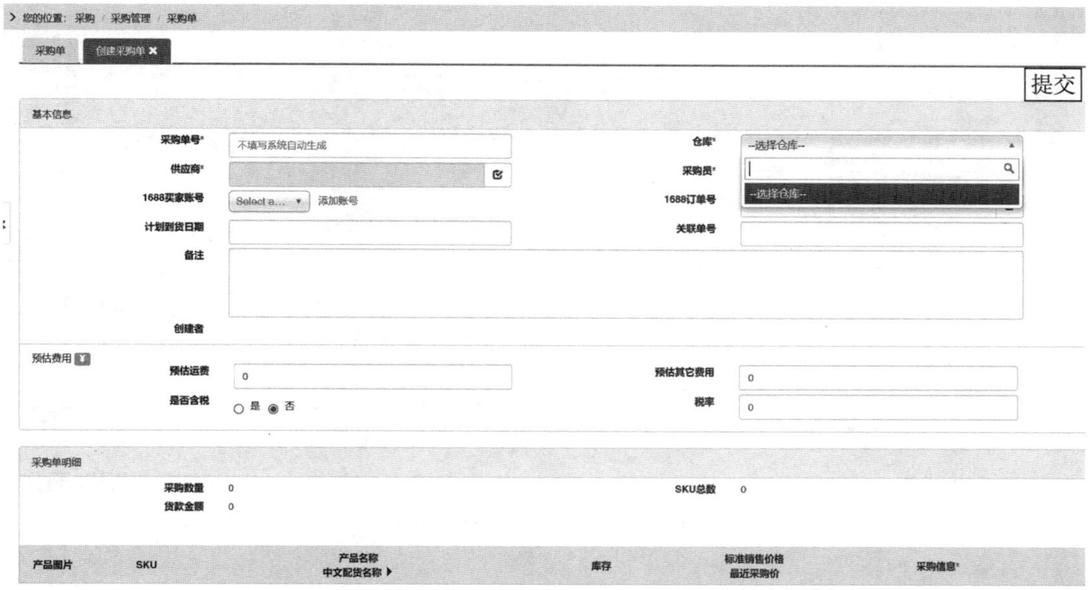

图 10－13　“创建采购单”页面

图 10－14　采购到货

点击“到货”后，会进入采购单详情，如图 10－15 所示，页面中可以选择货架位、到货数量等信息，并有“到货待入库”和“到货入库”两种状态来确认入库情况，若无须等待后续货物，点击“到货入库”，入库管理中会出现相应的数据信息。

确认收货后，可在该页面申请付款（如图 10－16 所示），进行采购单的结算，结算时需要核对付款金额，付款后，采购单付款状态会变为“已付款”，最终，完成采购入库的全部过程。

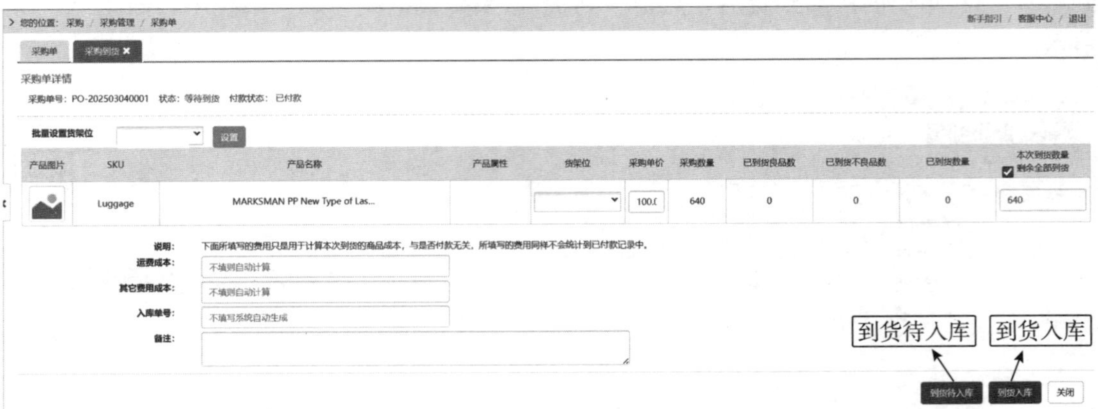

图 10－15 “到货后入库”选择页面

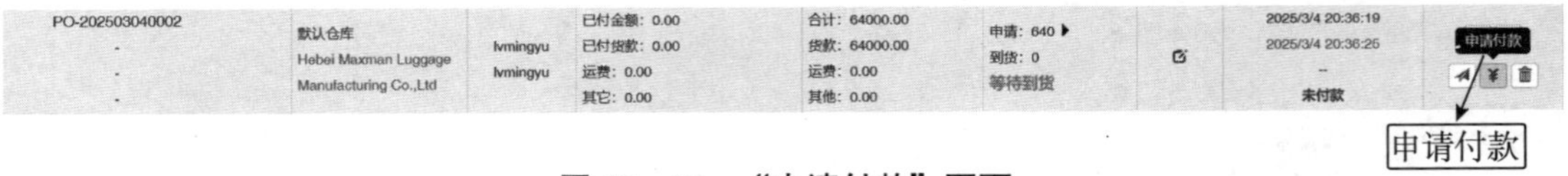

图 10－16 “申请付款”页面

四、跨境电子商务产品定价

产品定价是跨境电子商务卖家的基本决策之一，卖家需要全面了解影响定价的因素，根据盈利目标、产品成本、产品需求、市场竞争情况 、相关政策制定合理的产品定价策略。产品定价直接影响到跨境电商企业的成功，涉及企业的现金流、利润空间以及客户需求。在竞争激烈的跨境电子商务市场中，有竞争力的定价才能抢占先机。

（一）影响产品定价的因素

影响产品定价的内部因素，即产品自身或企业所涉及的产品因素。比如，产品成本、企业的营销目标（利润率等）等。外部因素则是指产品销售过程中的市场因素和环境因素。比如，市场需求、市场竞争、相关政策等。

1. 内部因素

（1）产品成本。产品成本是指产品生产、流通、售后等各个环节的可变成本和固定成本。跨境电商卖家需要创造利润，定价必须高于制造和销售产品或服务的成本。跨境电商产品涉及的主要成本为采购成本、物流成本、平台成本、售后成本和综合成本。

采购成本是从工厂采购原材料的成本或从产品供应商处采购产品的成本。采购成本很大程度上决定了产品的基本价格。在定价之前需要寻找优质的货源，降低产品的采购成本，提供更大的利润空间。

物流成本涉及跨境物流成本，除了远距离所产生的运输成本之外，还有进口国的关税和其他税费。根据商品的分类、产地、申报价值等因素进口国会征收一定关税。除了关税之外，一些国家会对跨境电商征收增值税、消费税等其他税费。定价前需要对目标市场（国家）的税费政策进行详细了解，通过降低物流成本来降低产品成本。

平台成本是指通过第三方平台销售或自建独立站所花费的成本。如果选择跨境电商第三方平台，需要支付入驻费用、平台提成费用、推广费用等。如果选择自建独立站，独立站运行期间的广告推广费用也需要考虑到产品成本中。跨境电商平台成本越高，产品定价就会越高，可能会因此削弱市场竞争力。

售后成本主要包括退换货成本和客服售后成本。当买家因为产品问题要求退换货，跨境电商卖家需要承担跨境退换货的成本，包括产品买卖价值、国际物流费用等的退换货成本。销售产品后，为了提高客户的产品使用满意度和解决产品使用所产生的问题，跨境电商卖家需要设置客服售后团队，售后成本的大小也是影响产品定价的重要因素。

综合成本包括其余的运营成本，包括雇用员工的人力资源成本、仓库费用（仓储费用、包装材料费用等）、技术成本、系统成本、办公成本、汇兑损失等。

（2）企业的营销目标。企业的营销目标其实就是利润目标，是企业预期的总销售收入和总成本的差额。我们对产品定价时需要考虑产品定价是否有利润空间，卖家对产品的预期利润越高，产品定价也会随之提高。

内部因素是影响产品定价的基础，定价需要合理覆盖产品成本和企业营销目标。

2. 外部因素

（1）市场需求。市场需求主要指产品是否有足够的需求以及消费者愿意付多少钱购买产品。产品是否有足够的需求主要取决于目标市场是供大于求、供小于求抑或是供需平衡。我们需要了解产品或服务为客户提供的价值，分析消费者的人口统计特征、消费需求和消费行为，竞争对手销售的商品，从而预估该产品是否有足够的需求。同时，也需要考虑产品需求的季节性变化。另外，通过市场调研，了解消费者的心理预期，确定该产品在消费者心目中的合理定价范围。如果产品或服务是全新的，那么针对选定消费者群体的市场需求调研更加重要，必要时还可进行销售测试。市场需求大，定价会有所提高，而消费者对产品价格的预期又限制了提价的范围。

（2）市场竞争。除非跨境电商企业为行业中唯一一家企业，否则总会有竞争对手争夺市场份额。产品定价过程中竞争对手的价格波段是需要关注的。跨境电商卖家定价时需要确定同行业竞争对手的报价，更需要关注平台内以及其他平台竞争对手的销售价格。如果同一平台销售的相同产品，你的价格高于竞争对手，竞争力会迅速降低；若在同样质量、性能的前提下，适当降低定价，则会获得事半功倍的效果。

（3）相关政策。不同国家以及平台对不同商品会有不同的规定，比如某些国家对特殊产品的标准利润有规定；对某些产品收取高额关税；产品需要提供复杂的认证书等材料，这些政策规定都会对定价有一定影响，也是需要仔细考虑的定价因素。

（二）产品定价策略

跨境电商卖家会根据以上的影响因素采用不同的定价方式，以下为常用的定价策略。

1. 基于成本定价策略

任何跨境电商业务的目标都是销售和盈利，因此成本是定价时最好的依据。基于成本定价策略是一种产品定价方法，它是用产品的生产成本作为基准，并添加额外的百分比

（“加成”）来确定最终价格。换句话说，跨境电商卖家计算出销售一种产品的成本，然后在成本之上加上利润率。跨境电商卖家面对多个市场，对于每个市场的成本计算主要集中在产品成本和营销成本上，但每个国家的运营成本是不同的，因此需要对每个国家的市场都进行成本计算，保证整体利润率不变。基于成本定价有助于卖家预留各种管理费用，抵御风险，并能够获得利润。

当跨境电商卖家销售的产品具备以下条件时，基于成本定价策略最有效：生产成本或采购成本较高；市场上几乎没有竞争对手；有能够承受价格上涨的庞大客户群。

举例来说，作为跨境电商卖家的你从阿里巴巴批发平台采购了一批电子摄像头，采购单价为158元，产品销往美国的运费为每件8元，平台收取成交价格的5%，产品推广费用为成交价格的2%，假设当日汇率为7.19元人民币对1美元，理想利润率为15%，分析一下这款产品该如何定价。

价格＝成本＋物流成本＋平台成本＋推广费用＋利润

价格＝158＋8＋价格×5%＋价格×2%＋价格×15%

价格＝(158＋8)/(1－5%－2%－15%)＝212.82(元)

＝212.82/7.19＝29.60(美元)

2. 基于价值定价策略

基于价值定价策略是基于顾客从产品或服务中获得的价值而不是生产成本来定价。采用基于价值的定价策略的公司不是关注竞争对手，而是在很大程度上根据消费者赋予产品或服务的价值（即他们愿意支付的价格）来确定价格。从理论上讲，当定价过低时，基于价值定价策略能够寻求获取额外价值。如果执行得当，这种策略可以在不牺牲销量的情况下提高价格，从而大幅提高盈利能力。基于价值定价策略的主要缺点是，它需要大量的当地市场调查来了解客户的价值感知、当地替代品定价、当地其他购买渠道的价格等，这些都需要花费大量的时间成本。

基于价值定价策略适用于以下跨境电商卖家：销售具有高感知价值的独特产品；销售轻巧高效的产品，为消费者带来指数级的收入增长；在市场上竞争者数量有限；有大量关于消费者认知的市场调查数据。

3. 基于竞争者定价策略

基于竞争者定价策略与基于价值定价策略是相反的，这是一种以同一市场中竞争对手的价格为基础的定价方法。跨境电商卖家在为自己的产品和服务定价时，考虑竞争对手的定价策略。使用该种策略时，基于竞争对手的定价并不是要确定最低的价格，而是要在消费者愿意支付的价格和公司盈利所需达到的价格之间找到平衡。要想在这种定价策略下取得成功，从理论上讲，卖家需要使用与竞争者相同的费用，但销售更高效的产品。

基于竞争者定价策略适合有以下特点的卖家：在竞争激烈的市场上销售具有相似功能的产品；客户数量有限，由于竞争，无法收取更高的价格；刚进入市场，没有太多客户数据；拥有跟踪竞争对手定价策略所需的资源；愿意收取与竞争者相同的价格，但提供更好的产品或服务。

4. 基于跨境市场定价策略

跨境电商卖家属于异地销售，需要根据当地的市场趋势和客户偏好来设定价格。该策略侧重于了解消费者的需求和行为，而不是跟踪竞争对手。使用这种策略的公司试图确定当地市场产品或服务支付的价格以及相关政策法规，并据此制定价格。需要注意的是，这种策略不仅需要设定低或高的价格，还包括了解消费者对不同定价策略的反应，并利用这些信息做出定价的决定。

因此，当跨境电商卖家拥有不同需求和偏好的庞大客户群，对客户的需求和行为有很好的理解，收集到大量的当地市场相关数据，及时掌握市场变化趋势，能够对市场的变化做出快速反应，能够坦然接受定价试单和可变定价等风险时，可采用基于跨境市场定价策略。

第二节　中期执行

一、产品发布及优化

（一）产品发布

跨境电商的产品发布是指将产品信息在跨境电子商务平台上发布，吸引全球消费者进行购买。跨境电商产品发布需要填写产品基本信息、内容描述、运费信息和其他信息等。各个平台的产品发布步骤大同小异，因此，以下我们以 Wish 平台为例，说明产品发布及优化的基本操作。

1. 产品发布方式

假设我们想要在 Wish 跨境电商平台上发布产品，有手动发布、CSV 发布、ERP 发布三种方式。

手动发布需要进入商户平台，如图 10－17 所示，点击“产品”→“添加新产品”，进入页面后需要对产品进行分类，添加产品图片、产品详情（名称、说明、状态）、产品价格、海关和物流信息、颜色和尺码、库存、运费以及合规等其他信息。

如图 10－18 所示，CSV 发布需要点击“产品”→“使用 CSV 添加/编辑产品”进入编辑页面，首先选择操作类型“添加产品”，下载 CSV 模板，填写产品信息。查看列标题，确保列标题与 Wish 属性相匹配。填写完成后保存，上传格式正确的 CSV 文件（见图 10－19），上传文件后，将列标题映射到 Wish 属性。上传文件后，产品会在 12 个小时后在 Wish 上显示。

最后一种发布方式为 ERP 系统发布产品，跨境电商平台通过 API 授权 ERP 系统，跨境电商卖家可通过 ERP 系统添加产品。例如，我们需要通过 ERP 沙盒系统在 Wish 店铺发布产品，点击“刊登”→“Wish 刊登”→“待发布库”，选择“新增商品”。填写商品基本信息，如商品标记、商品图片、商品名称等，添加商品后，便可定时刊登，如图 10－20 所示。

图 10－17　手动发布产品页面

图 10－18　CSV 编辑产品页面

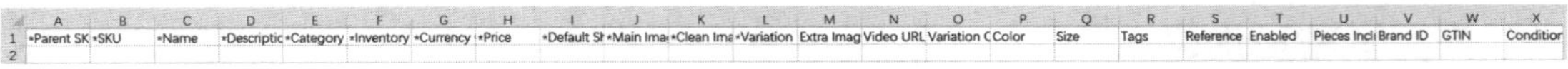

图 10－19　CSV 模板文件

图 10－20　ERP 系统发布产品页面

2. 产品信息填写

在添加产品过程中，跨境电商卖家需要在页面中输入产品的信息，如图片、库存、标签、颜色、尺寸、价格等，通过这些内容使店铺获得快速曝光和产生吸引力，因此，这些内容的填写需要遵照平台的基本要求，还需要一定的技巧。这里以 Wish 平台为例进行说明。

(1) 产品名称。产品名称告知用户产品是什么，并帮助用户识别和搜索产品。在 Wish 平台上使用以下模板填写产品名称：主品牌+子品牌、系列或产品名称 + 最多 3 个关键属性 + 产品基本类型。产品名称必须清楚简洁，且应能准确描述所售产品。要求在 200 字符以内，禁止出现无效的符号和大量的同义词。如图 10－21 所示。

以床单套装为例，“Sheet Set Bedding Queen Size 4 Piece Microfiber Dark Grey Extra

图 10－21　产品名称填写页面

Soft Deep Pockets Easy Fit Breathable & Wrinkle Free ”，其中“Sheet Set Bedding”为产品关键词，即产品系列或名称，说明该产品是什么。“Queen Size 4 Piece Microfiber Dark Grey”为产品属性，我们需要挑出关键属性，比如数量、颜色、材质等。“Extra Soft Deep Pockets Easy Fit Breathable & Wrinkle Free”为产品特性，即该产品的卖点，比如环保、防水、场景、功能等。此外，若产品有品牌，在产品名称中需要加上品牌名称、所属系列等信息。

不论在何种跨境电商平台销售，拥有好的产品名称非常关键。好的产品名称要简洁好记，避免堆砌同义词；要突出产品特点，避免出现容易混淆的产品名称；跨境电商平台上产品名称翻译要准确，避免翻译不准确影响产品曝光度；产品名称用词规范，避免使用涉及政治、宗教以及地域等敏感词汇，尊重各地文化，避免产生争议，影响产品曝光率。

（2）说明。说明为详细的产品描述，用于描述产品的功能和特点，并说明产品材质、尺码表等信息。产品描述的主要目的是向客户提供他们感兴趣的产品的重要信息，以及提供他们应该购买该产品的理由。产品描述是一个十分有价值的销售工具，好的产品描述能够吸引目标客户，增加销售额。不同平台对产品描述字数以及内容的要求略有不同，比如，Wish 平台的说明部分限 4 000 个字符，且仅前 250 个字符会显示在初始搜索页上。说明中不得包含任何 HTML 代码、详细的店铺政策信息以及店铺特定的其他文字或多行信息。见图 10－22。

图 10－22　说明填写页面

说明中需要包括产品内容（数量）、产品颜色、尺码、型号、材质、使用方法等。最重要的是说明产品的功能和优势，尽可能具体地、生动地描述重要的产品细节或功能，通过对产品功能的描述引申出客户所能获得的价值。根据产品的不同，产品描述会稍有不同，比如，对服装、鞋的描述中提供尺码、版型和尺寸等信息，有助于客户了解产品。

（3）标签。产品标签也称为产品关键词，是卖家在平台上用来搜索企业产品的短语或单词。设置与产品相关性最强的关键词，能够在买家搜索结果中获得更高的曝光率，帮助合适的买家匹配卖家的产品。每个平台的每个产品都需要设置非层次结构关键字或关键词。见图 10-23。

图 10-23　标签填写页面

在 Wish 平台上，此类元数据有助于描述商品和进行分类，且便于在 Wish. com 上浏览或搜索时再次找到。标签应用逗号分隔。添加的标签越多，标签的准确性越高，客户找到产品的可能性就越高。每个产品最多可添加 20 个标签，如果添加的标签超过 20 个，多余的标签将会被忽略。

常见的关键词类型包括：

市场细分关键词，该类关键词是与特定品牌或行业相关的通用词，此类关键词可以满足企业基本的营销需求。该类关键词为中心词汇，覆盖了大量的搜索量。例如，想买运动鞋的客户可能会搜索“sneakers”这个通用短语。

客户定义关键词，该类关键词适用于特定类别的客户。设置此类关键词时，卖家需要考虑目标受众的年龄、性别、职业、居住地等信息。例如，产品为运动鞋，那么可以使用“adult sneakers”“women sneakers”等作为关键词。

产品定义关键词，该类关键词描述和解释产品。产品定义关键词概述产品的功能和服务。买家通过通用短语搜索不到合适产品后，会添加解释类词语进一步搜索。例如，添加运动鞋的功能“running”“tennis”等。

长尾关键词为最长的搜索关键词，针对特定的受众和主题。此类关键词比其他关键词更具体，精准度较高，比大多数关键词有更高的转化率，但搜索流量相对较少。具有相似性质的关键词还有中尾关键词，词长介于短尾关键词和长尾关键词中间，与长尾关键词具有相同的优势。

除了这些常见的关键词之外，我们还可以设置精准匹配关键词、负面关键词、相关垂直关键词、区位关键词等，添加全方面与产品相关的关键词，提高转化率。

（4）产品图片。产品图片是产品展示页面当中重要的一项，清晰、高质量的图片有助于产品销售，向潜在的客户准确地展示他们将收到什么样的产品。产品图片要尽可能展示产品卖点，让客户产生购买冲动。见图 10-24。

对于产品图片，各平台有相应的要求，比如 Wish 平台会要求图片高质量，美观大方；

图 10 - 24　产品图片添加页面

不能出现虚假广告；禁止从其他店铺或第三方平台盗图；使用名人图片时必须获取授权；不可蓄意遮挡图片或模糊图片上的商标等品牌信息；不得在图片中出现误导性信息等。

上传图片后，可以拖放图片设置主图和辅图，如图 10 - 25 所示。图片的排列顺序要遵循整体功能描述、细节展示、使用效果图进行排列。主图必须清晰、分辨率高，能够展示产品的主要特征和外观，应有一定的吸引力，突出产品特点，引起消费者兴趣。辅图可以展示产品的不同角度、特殊功能或细节，例如，产品的侧面、背面、内部结构等。同时，展示产品在实际使用场景下的样子，帮助消费者更好地理解产品的用途和功能。另外，还可以展示产品的尺寸、特殊设计、材质、质地或关键部件，帮助消费者全面了解产品。

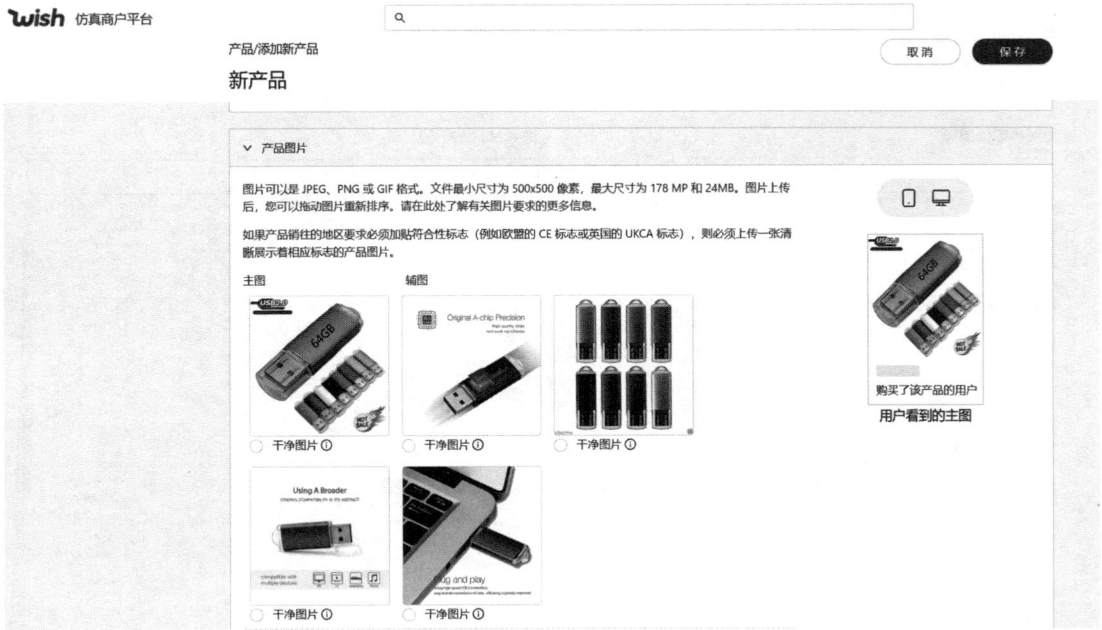

图 10 - 25　产品图片添加后主图、辅图设置

（5）产品规格。变体项目中，可以填写产品规格，具体包括颜色和尺码。产品的规格需要与产品一一对应。如图 10－26 所示。

图 10－26　Wish 变体添加页面

（6）海关和物流信息。由于产品要配送到海外，因此需要填写海关需要的相关信息，如图 10－27 所示，包括海关信息和物流信息。海关信息涉及发货国/地区、申报名称、申报的本地语言名称、海关申报价值、海关 HS 编码等；物流信息涉及产品件数、包裹尺寸和重量以及产品是否包含特殊物品。包裹的尺寸和重量务必准确，以免影响运费的计算及运输时间。

图 10－27　海关和物流信息页面

（7）产品运费设置。Wish 平台有两种运费设置，包括默认产品运费和自定义目的国/地区的运费。通过配送设置选项编辑默认产品运费，默认产品运费包括产品单独设置的运费和使用国家、地区运费（标准运费）。如图 10 - 28 所示。

图 10 - 28　运费设置

（二）产品优化

产品发布后，卖家可能会发现虽然根据目标市场的需求和消费者偏好进行选品上线，但销售量并不理想，抑或是发现新的市场变化或消费者需求。此时，卖家需要对产品的描述、图片、定价、营销策略等进行全方位优化。详情页面是跨境电商卖家吸引消费者的关键，而优质详情页需要拥有充足的流量、吸引人的商品信息和强有力的卖点。充足的流量体现在搜索量上，选择什么样的关键词至关重要；拥有吸引人的商品信息，才能获得高点击率；强有力的卖点能够提升转化率，提高销售量。下面我们将分析如何对详情页中的产品关键信息进行优化。

1. 产品标题优化

产品标题是吸引消费者、提高点击率的关键，因此优化产品的第一步需要对产品标题进行优化。优质的产品标题必须拥有核心关键词、核心卖点以及易读性。

核心关键词是消费者搜索目标商品最常用的关键词。一般来说，核心关键词通常由产品词本身或者产品词＋修饰词组合而成。在选择核心关键词后，要对关键词与产品的相关性以及关键词的流量进行检验。核心卖点是核心关键词的对应卖点，体现产品竞争优势。易读性强调清晰简洁的短句以及关键词的顺序，一般将产品名称、特点、材质等关键词排列在前，将尺寸、颜色、其他信息等放在后面。

筛选核心关键词的步骤：将某平台前端信息收集整理为 Excel 文件，包括产品标题、对应评论数量等信息；提取产品标题中高频词并匹配对应评论数总和；将关键词按照评论频率高低进行分类，包括商品词、功能词、规格词、受众词等；根据关键词的频率高低进行组合、整理。

2. 产品描述优化

当消费者看到搜索页面的关键词与主图进入产品页面时，展示良好卖点的产品描述是吸引消费者的关键。除了填写平台要求填写的基本信息之外，需要简短的段落或语句对产品进行有效的描述。可以根据同类热卖的产品进行卖点归纳，从满足消费者需求、替消费者解决问题的角度，进行卖点描述。比如，家具类产品的描述需要包括功能、材质、尺寸、使用场景、使用方法等，产品的材质、尺寸等特性能够给消费者带来怎样的便利。

3. 产品图片优化

优质的产品图片能够让消费者全面了解产品外观和细节，跨境电商卖家选择产品图片时，应重点从以下方面进行图片优化。

（1）图片质量。应提供产品的多角度和视角的图片，从正面、背面、侧面等不同角度展示产品。确保图片清晰度高，能够清晰展现产品细节，让消费者更好地了解产品特点。如图 10－29 所示。

（2）图片背景。产品图片应使用简洁、干净的背景，避免干扰消费者注意力，尽量突出产品细节。必要时，可以将产品置于实际使用环境中拍摄，有助于消费者更好地想想产品的实际效果。背景风格应保持一致，能够使产品在视觉上呈现得更加专业。如图 10－30 所示。

（3）图片排版。图片排版将最具有代表性的主图置于首位，辅图应依据描述中的功能、卖点等对应排列，方便消费者快速通过图片了解卖点。另外，图片可以配以简明扼要的产品描述，突出图片展示的产品特点、功能或者是销售折扣等。如图 10－31 所示。

图 10－29　图片示例（1）

图 10－30　图片示例（2）

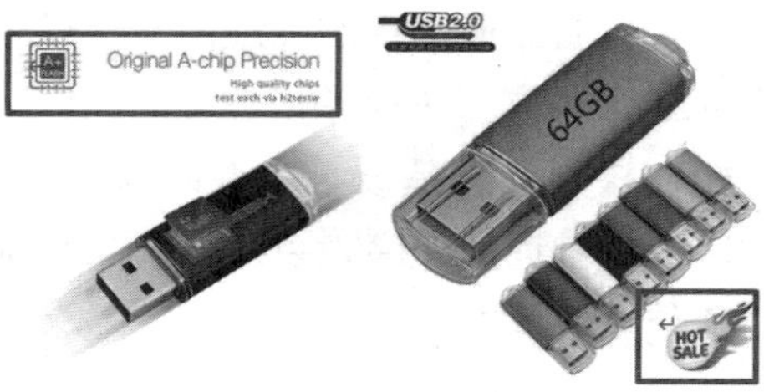

图 10－31　图片示例（3）

4. 产品价格优化

跨境电商产品价格优化是通过分析客户和市场数据，对先前已经定价的产品或服务找到更优的价格点。价格优化的主要目标是确定最优的价格，有助于吸引消费者，最大化销售，增加利润。产品价格可以参考以下方面进行优化。

（1）市场竞争对手的定价和销售策略。卖家通过参考市场竞争对手的定价和销售策略对现有产品价格进行优化。如果竞争对手的产品定价为 100 美元，而你的店铺中相同功能或品牌的产品定价为 120 美元，此时会影响产品销售，应将定价向竞品靠近，能够提高产品的竞争力。如果你的竞争对手以同样的价格出售，并提供免费送货、首次购买优惠等折扣时，同样会对自身产品造成威胁。因此，需要在优化价格时考虑定价与销售策略两方面。

（2）替代产品定价和交易价值。产品价格优化时，还需要考虑替代产品定价和交易价值。当消费者能够以更低的价格购买替代产品时，产品价格优化需要考虑替代产品的价格。另外，产品有时会由于交易价值而提高价格，此时在优化产品价格时，需要花更多的精力来讲述品牌故事，让消费者从生活方式偏好和个人身份中获得更多的交易价值，从而通过交易价值的附加值优化价格，获取更大的利润。

（3）参考当地渠道定价。各地跨境电商消费者可能会习惯从本国的不同渠道购买。例如，在美国，购买电子产品的人经常去亚马逊、百思买、Target. com 和 B&H。在进行购买时也会参考各渠道的价格。因此，若想在不同渠道中取胜，跨境电商卖家需要对相同产品的不同渠道价格进行参考，对产品价格进行优化。

（4）当地市场活动和节日日历。每个目标市场都有一些节日/活动，比如，双十一、黑色星期五、圣诞节等。卖家店铺可以在活动或节日期间对原有价格进行优化，利用优惠券、折扣等方式，优化产品价格，吸引消费者。

此外，观察活动和节日的价格对你制定日常价格也很重要。日常定价会对活动或节日期间的价格优化有一定影响。若产品定价设定一个较低的上限，当活动或节日到来时，你没有任何降价的空间。

二、店铺引流及推广

（一）引流及推广的基本思路

跨境电子商务引流是指通过不同的营销手段和不同渠道的推广方式，将潜在消费者或现有消费者从其他平台或店铺吸引到本电商平台或店铺进行购物，以增加平台或店铺访问量、提高品牌知名度并促进跨境电商销售的行为。

跨境电商店铺引流及推广一般按照以下思路进行。

首先，跨境电商店铺卖家分析市场定位。这一步骤涉及确定目标市场，包括了解目标市场的消费者特征，例如消费者的偏好、购买习惯、文化和语言等，有助于精准定位推广及引流策略和具体内容。

其次，通过站内优化或站外多渠道推广方式，做到全方面引流。站内优化包括平台内搜索引擎优化、付费广告、店内装潢、促销工具、限时优惠活动等。站外多渠道推广涉及社交媒体、搜索引擎优化（SEO）、电子邮件营销、品牌合作等方式。通过以上渠道吸引潜在客户，增加品牌曝光和网站流量。

最后，引流和推广实施一段时间后，卖家需要通过监测消费者行为数据或分析店铺流量、转化率等指标，了解哪些推广、引流策略最为有效，进而优化引流策略和提升转化率。

（二）引流工具

跨境电子商务经营中有丰富多样的引流工具，涵盖了跨境电商平台站内推广工具、搜索引擎优化工具、社交媒体平台、数据分析工具、电子邮件营销工具等。

1. 站内推广工具

站内推广工具适用于在平台或独立站内部推广产品、服务或内容。该工具旨在延长用户在某店铺上的停留时间，增加页面浏览量，促进用户参与和交易。常见的站内推广工具包括付费广告、弹出式窗口、推荐内容模块、跳转链接等。各平台店铺卖家可以根据目标受众、兴趣和行为定位广告，以提高曝光率和点击率。亚马逊、eBay、全球速卖通、Wish 等平台均提供相应的推广服务。

2. 搜索引擎优化工具

搜索引擎优化工具是指通过优化网站内容，提高在搜索引擎结果中排名的网络营销策略。通过关键词研究、内容优化和技术改进，增加网站的有机流量。比如，Google Analytics、Google Search Console 等工具通过追踪网站流量、关键词排名和用户行为，提供相应价值数据用于优化网站内容和排名。SEMrush、Ahrefs 通过分析关键词、竞争对手情况，提供 SEO 策略并监控搜索引擎排名。

3. 社交媒体平台

社交媒体平台是用于与潜在客户互动、分享产品信息和推广品牌的工具。通过发布内容、与用户互动和利用广告功能，可以扩大品牌知名度并吸引流量。比如，Google Ads、Facebook Ads、Instagram Ads、Twitter Ads 等工具可用于创建和管理广告活动，以吸引目标客户，并利用定向广告功能找到潜在消费者。

4. 数据分析工具

数据分析工具用于收集和分析网站流量、用户行为和转化数据，帮助卖家了解营销活动效果，并优化引流策略以提高转化率。Hotjar、Crazy Egg 等工具帮助了解用户在网站上的行为。Mixpanel、Kissmetrics 等工具能够提供更深层次的用户行为分析，帮助改进用户体验和销售路径。

5. 电子邮件营销工具

电子邮件营销工具用于创建和发送定制化的营销邮件，包括促销信息、新产品发布和个性化内容，以维持与潜在客户的联系并提高转化率。

（三）引流工具应用

搜索引擎优化工具、社交媒体平台、电子邮件营销工具等将在第 11 章进行详细介绍，此部分对站内推广工具中 Wish 平台的 Product Boost（PB）的应用进行实操介绍。

PB 为 Wish 的产品推广活动，是一种能为商家产品吸引更多流量的广告形式。该活动是商户自设活动预算和竞价，对每千次流量的展示进行计费的推广形式。跨境电商商家可以在Wish后台中手动添加PB活动。

在Wish商户平台中点击“广告”页面，选择“创建活动”，如图10-32所示。

图10-32　Wish商户平台中创建活动

进入创建活动页面后，如图10-33所示，需要完成“活动基本信息”的填写。页面中会显示店铺可用的预算金额，根据预算金额对活动进行安排。编辑活动名称和活动的开始、结束日期，单个活动时间最多可以设置为4周。PB活动会按照店铺设置的时间来进行，中途不可更改产品，如果产品售罄，推广活动马上停止。在活动页面可以选择是否“自动续期”。如果选择了自动续期，系统会自动复制生成一个新的相同的活动。如果开启自动续期，店铺的账户金额需要大于推广活动预算。另外，也可以选择Intense Boost，如果店铺需要在短时间内获得更高的曝光量，可以选择Intense Boost工具，但需要花费相对更高的推广费。开启Intense Boost后，店铺在Wish App应用或购物官网（wish. com）中将得到曝光度更高的优质位置展示，该功能对新上传的产品和曝光量较低的产品帮助尤其大。

图10-33　活动基本信息页面

接下来，需要店铺选择参加推广活动的产品，商户可以通过产品的 ID/SUK 或者产品名称进行编辑。可以选择热销产品，比如以前有好的销售记录的产品；如果是新产品，则需要选择高质量的产品，注意产品的季节性和图片质量，季节性产品在换季上新时推广对之后产品的爆发有很好的促进作用，好的图片能够吸引更多点击。如图 10－34 所示。

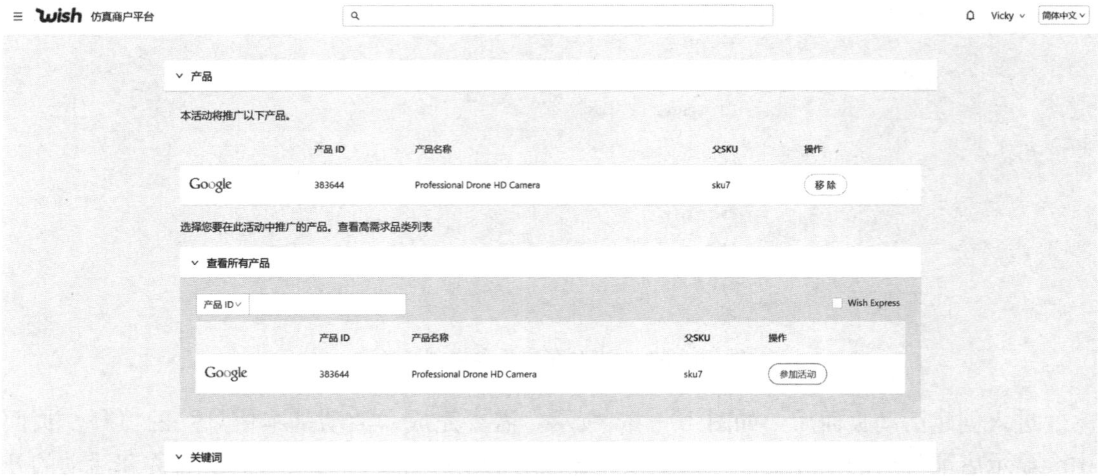

图 10－34　参加推广活动的产品选择页面

下滑页面，填写产品关键词，系统会根据产品关键词或活动关键词向买家进行产品推送与主动曝光，系统会根据不断累积的产品和买家端数据来提高产品推广的效率与精准度。因此，店铺商家要设置与产品相关的且符合消费者购物习惯的关键词，也可以使用平台提供的关键词工具进行关键词选择。见图 10－35。

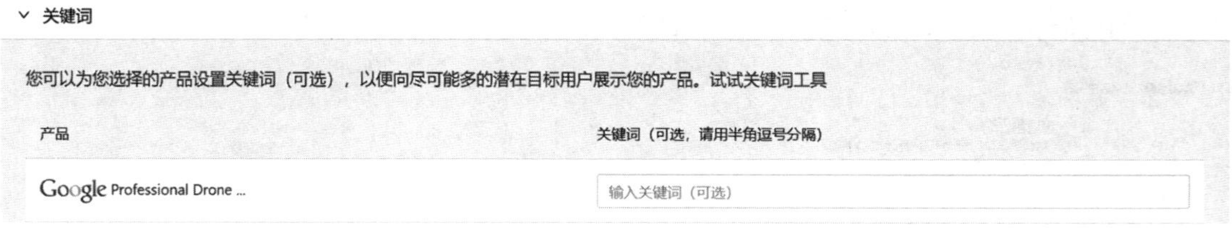

图 10－35　关键词填写页面

活动的最后部分需要设置推广活动预算，根据产品特性和店铺预期设定推广活动的预算。系统会根据商品的特性自动建议最低预算。还可以对活动设置定期追加预算，设置追加的时间和追加的金额，则在选定的日期内自动追加指定的预算金额。如图 10－36 所示。

（四）引流效果评估

为了解引流策略和引流工具的有效性，一般会在引流活动开始一段时间后使用相关指标评估跨境电商卖家店铺引流效果并进行后续优化。通常可以通过以下三个方面的评估指标来衡量店铺的引流情况。

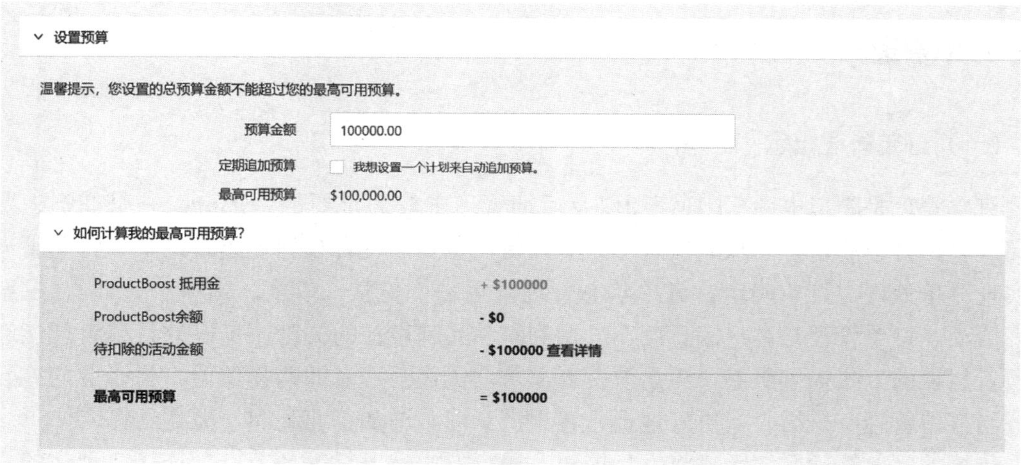

图 10－36　推广活动预算页面

1. 流量指标

访问量或页面浏览量是指在一定时间内页面被访问的数量。通过平台分析工具一般能够获取访问量和浏览量，了解店铺的整体访问情况和页面浏览情况。浏览量越高，说明引流效果越好，访问者对店铺感兴趣。

跳出率或页面停留时间是指访客进入页面后即离开的情况，跳出率的高低能够反映访客对页面内容和体验的喜好程度。高跳出率可能意味着访客对内容不感兴趣，或者说明引流的信息与用户想要的产品匹配程度较低。

2. 转化指标

转化率是指一定时间内访客执行期望动作的比率。在跨境电商店铺中访客执行期望动作也就是指实际购买。转化率可以通过购买客户数比访问量进行计算。

另外，平均订单价值可以衡量购物车平均金额和交易价值，衡量客户购买能力和购买习惯。复购率通过衡量购买过的顾客再次购买的比率，反映客户忠诚度和满意度。

3. 社交媒体和广告指标

若店铺使用社交媒体和外部广告等引流工具，可以通过使用点击率和社交媒体互动率评估效果。使用点击率能够衡量广告或内容的点击效果，反映用户对广告的兴趣程度。社交媒体互动率是点赞、评论、分享等互动行为占访问量的比重，可衡量社交媒体内容的吸引力和影响力。

第三节　后期管理

跨境电商卖家完成前期准备工作，上架产品后，卖家需要进行后期的订单管理、发货、出入境报检报关、售后服务、核销与税务工作。后期的有效管理能够更好地与客户进行连接，改善客户关系，并对短时间的销售进行总结和分析。

一、订单管理

（一）订单管理概念

订单管理是跨境电商 ERP 管理以及后期管理中较为重要的一部分。它是捕捉、跟踪和完成客户订单的过程，从消费者下订单开始，直到消费者收到包裹时结束。订单管理能够实现订单处理、订单确定、订单状态管理（运输、付款、取消、出库、查询）、发票等管理活动。订单管理是客户满意度、公司利润和品牌声誉的关键。良好的订单管理能够以消费者想要的方式提供服务，满足消费者需求，优化消费者的购物体验，将企业的差异化服务与订单管理有机结合，更好地提升客户满意度，增加企业利润，提高品牌声誉。

传统的订单管理系统无法将发货渠道、履行方式、退货等环节有效连接，现在的全链路订单管理将仓库管理与物流管理有效连接并有机结合，更好地提升跨境电商供应链服务的质量。

（二）订单管理的重要性

1. 订单准确性高，运营效率高

延迟发货或发出不正确的产品都可能影响消费者对卖家的看法。良好的订单管理能够实现订单流程每个步骤的可见性和可控性，便于卖家管理。使用订单管理，自动化和数据化能够大大减少履行订单时出现错误的机会，能够考虑到供应链中所有流程协调的效率，同时减少重复劳动、节约人力和时间。

2. 库存准确性高，降低经营成本

有效的订单管理与库存管理是相结合的。关注各种产品的库存数量能够有效地完成订单，能够准确计算存货周转率，防止库存过剩损失现金，也防止缺少库存流失客户。同时，能对各种产品的订货量、出货量、退货量进行把控，进一步分析库存周转和产品销售情况，及时找到经营中的问题，调整经营战略，降低企业经营风险。

（三）订单管理实操

一般来说，ERP 系统与跨境电商平台中的账号相连，我们使用思睿智训跨境电商 ERP 沙盒模拟订单管理过程，通过同步订单、审核订单、配货、打单、发货等环节了解订单处理的全过程。

1. 同步订单

ERP 沙盒订单管理系统能够自动同步绑定店铺内的订单详情。初次使用时，系统默认同步 7 天内的等待卖家发货的订单。卖家也可根据自身实际需求设定 1 天、7 天、15 天、30 天、60 天、90 天的订单。进入“跨境电商 ERP 沙盒”，选择“订单”→“订单流程”→“同步订单”。系统有自动同步和高级同步（手动同步）两种选项。“同步变更”即为自动同步，系统自动同步订单，第一次会同步 7 天等待卖家发货的订单；“高级同步”可根据实际需要同步订单状态，eBay 只支持同步 30 天以内的订单。如图 10－37 所示。

图 10－37　同步订单选择页面

2. 审核订单

（1）审核订单。点击“订单”→“订单流程”→“待审核”，在打开的页面中可以进行手工创建订单、分配物流、修改报关信息、合并或撤销订单、查看订单留言等操作，最后通过“审核订单”进入下一阶段。见图 10－38。

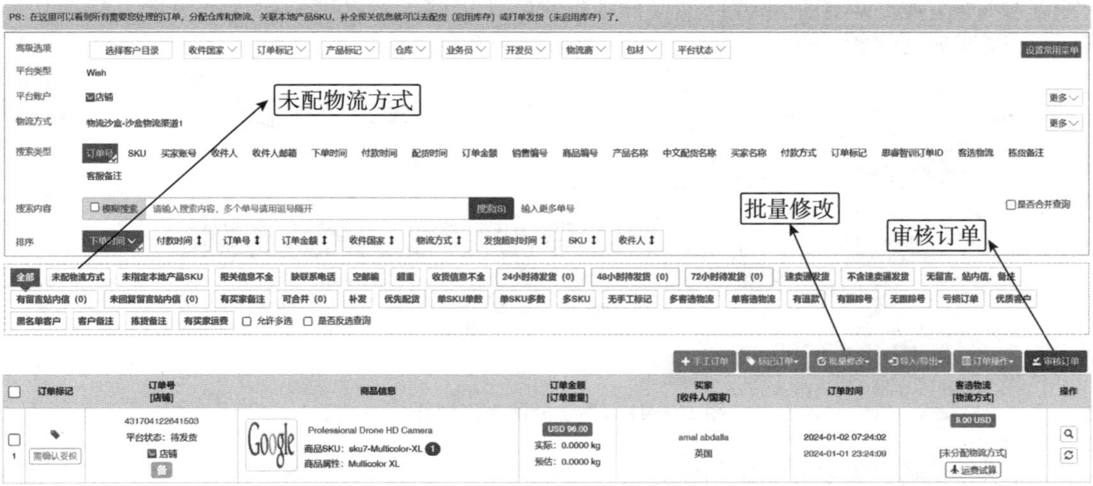

图 10－38　待审核订单页面

跨境交易中，订单出现后卖家需要进行相应的报关环节。在订单的商品信息下有报关按钮。如图 10－39 所示，点击“报关”，填写相应的报关信息，包括商品中英文报关名、价值、重量等。

当多个订单的报关信息相同时，我们还可以选择批量修改报关信息。如图 10－40 所示，待审核订单中，选定需要批量修改的订单，点击“批量修改”，选择“修改报关信息”，就可以批量修改相关报关信息，最后点击“提交”。

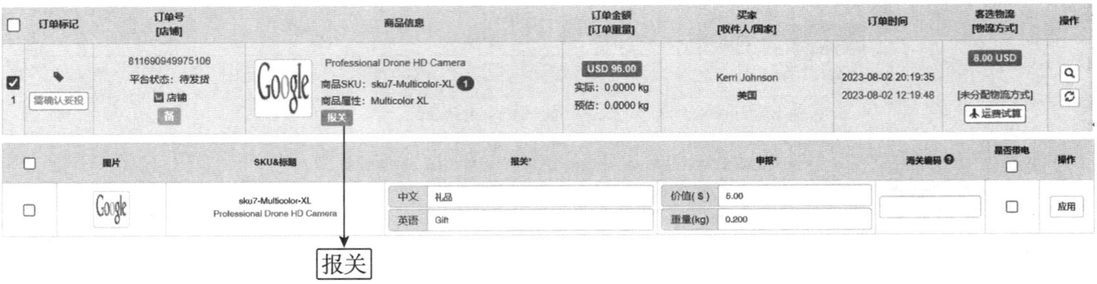

图 10 - 39　报关信息页面

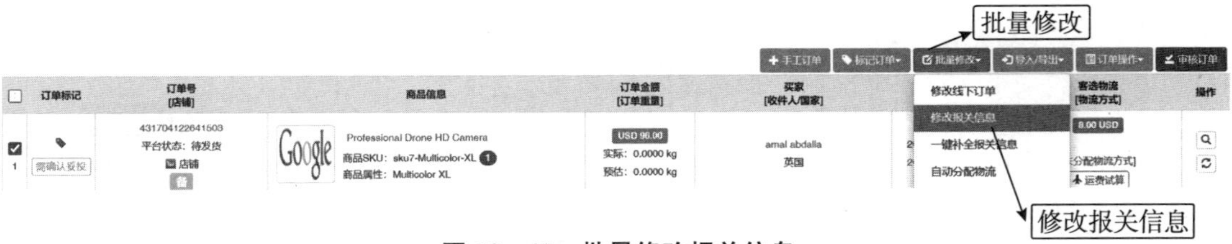

图 10 - 40　批量修改报关信息

（2）分配物流。订单物流分配分为手动分配和自动分配两种方式。手动分配即为单个订单手动分配。在待审核订单页面中选择需要处理的订单，点击“未配物流方式”，弹出“手动分配物流”页面，选择“仓库”及“物流方式”（Wish 沙盒只能通过配套物流沙盒获取单号信息），最后点击“确定”，手动分配物流即完成，如图 10 - 41 所示。若订单较多，可以选中需要分配物流的订单，选择批量操作中的手动分配物流，即可像上述操作一样批量完成分配物流。

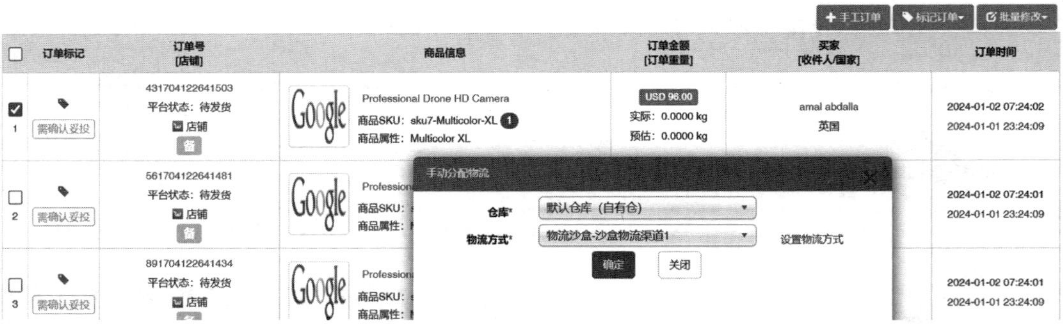

图 10 - 41　手动分配物流操作页面

自动分配物流需要先制定物流方案，根据方案中设置的具体条件进行匹配。在待审核订单中选择需要自动分配物流的订单，选择“批量修改”→“自动分配物流”，系统会自动分配物流。如图 10 - 42 所示。

（3）订单操作。订单操作包括合并订单、拆分订单、阻止发货、订单作废、优先配货等项目。当同一个店铺中出现两个或两个以上相同收货地址和收件人的订单时，可以选择“订单操作”→“合并订单”，形成新的订单号，并标记为“合并订单”，后续的打单和发货按照合并后的新订单进行。当订单需要拆分发货时，通过“订单操作”→“拆分订单”进行，拆分后会重新生成订单号，标记为“拆分订单”，见图 10 - 43。

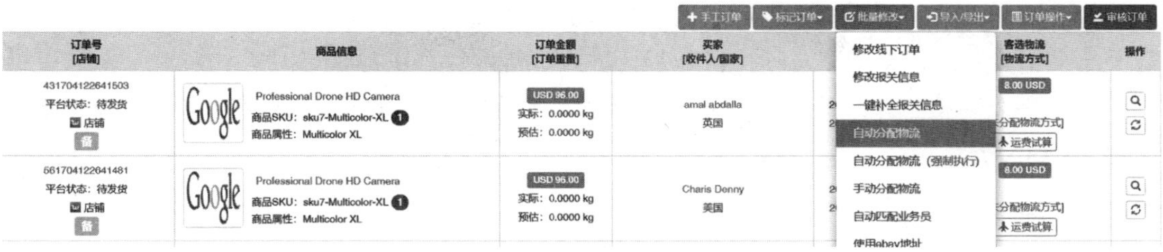

图 10－42　自动分配物流操作页面

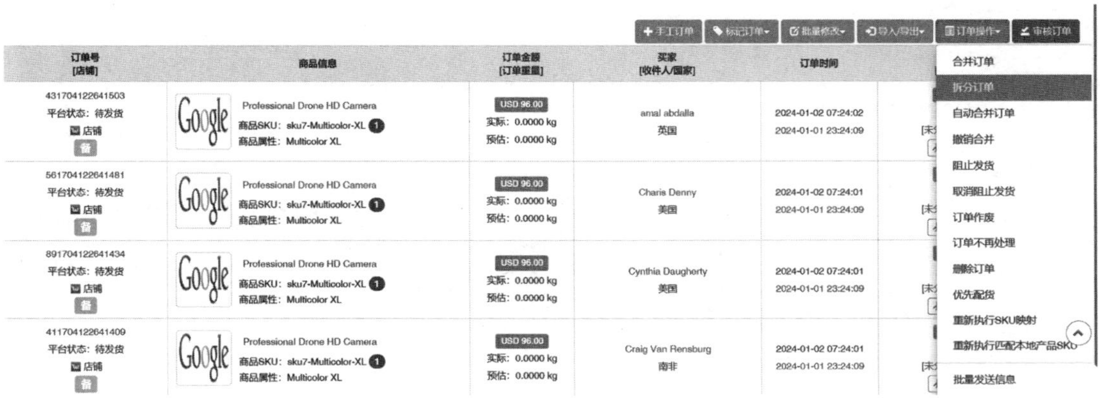

图 10－43　订单操作

3. 配货及打单

订单处理完成后，进入到配货环节。如果卖家启用库存，则需要进行配货，反之，则可以忽略。当订单审核通过后，在启用库存的情况下，进入到配货流程。点击“订单”→“订单流程”→“待配货”则显示所有未配货、优先配货以及配货异常的订单。选中待配货订单，点击“配货发货”→“配货及预报”（如图 10－44 所示），在库存充足的情况下，系统显

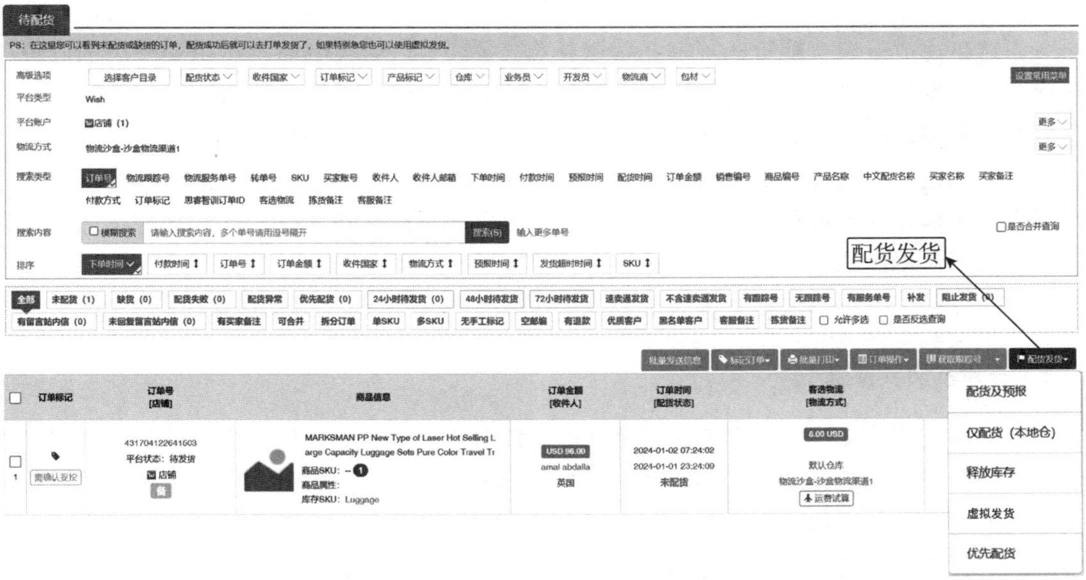

图 10－44　配货及发货管理

示配货成功，订单进入待打单流程，订单状态为“待发货”。若库存不足，系统会提示缺货，待产品采购入库后，系统会自动进行配货，进入“待发货”正常状态。

订单进入“待打单”环节后，会出现无跟踪号的情况，此时需要点击“获取跟踪号”，如图 10－45 所示。

图 10－45　获取跟踪号

获取跟踪号后，可以打印订单，包括打印地址标签、打印面单、打印报关单、打印拣货单及发票等，打印尺寸支持 A4、10cm×10cm(或 10cm×15cm)，及通过 API 接口对接货代支持的尺寸，卖家需要将各物流方式对应的打单模板准备好，点击“打印地址标签”即可。

二、发货、出入境报检报关及售后服务

当订单完成审核、配货、打单之后就进入发货环节。跨境电商发货主要采用国内传统快递、集中发货、国际快递以及海外仓储等几种方式，卖家可选择适当的模式进行物流运送。在发货前，需要向海关申报出口（进口）报检手续，包括产品备案、海关出口（进口）报关和税务申报等。申请时还需提供相关的单证和证明材料。为确保发货的安全性和及时性，需要建立物流跟踪和售后服务系统，提供随时跟踪货物位置信息和解决客户在运输过程中所提出的问题及到货后的相关售后管理。

发货、出入境报检报关及售后服务包含在 ERP 系统中的订单管理和客服管理。

（一）发货实操流程

订单进入“待发货”状态后，订单管理支持多种方式发货，包括直接发货、虚拟发货以及扫描发货。直接发货方式最简单，点击“订单”→“订单流程”→“待发货”，然后点击“配货发货”中的“标记发货”（见图 10－46），系统显示发货成功，订单状态变更为“已发货”。发货成功后在库存管理中会扣减相应的库存，并更新剩余库存数量。

如果订单缺货但发货期临近，需要紧急处理，可选择虚拟发货，点击“虚拟发货”，

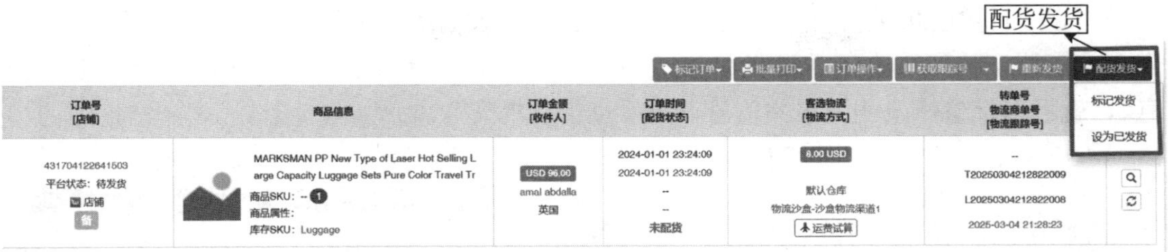

图 10－46　直接发货

提示虚拟发货成功，订单进入虚拟发货流程，标记为“虚拟已发货”。

最后一种为扫描发货，是通过对接扫描枪或电子秤，扫描跟踪号和包裹重量进行发货，是一种较为智能的发货方式。先连接扫描枪，扫描订单号或跟踪号、商品 SKU，进行验货。验货后根据不同的扫描格式，比如，跟踪号＋重量、订单号＋重量，输入扫描信息进行发货。如图 10－47 所示。

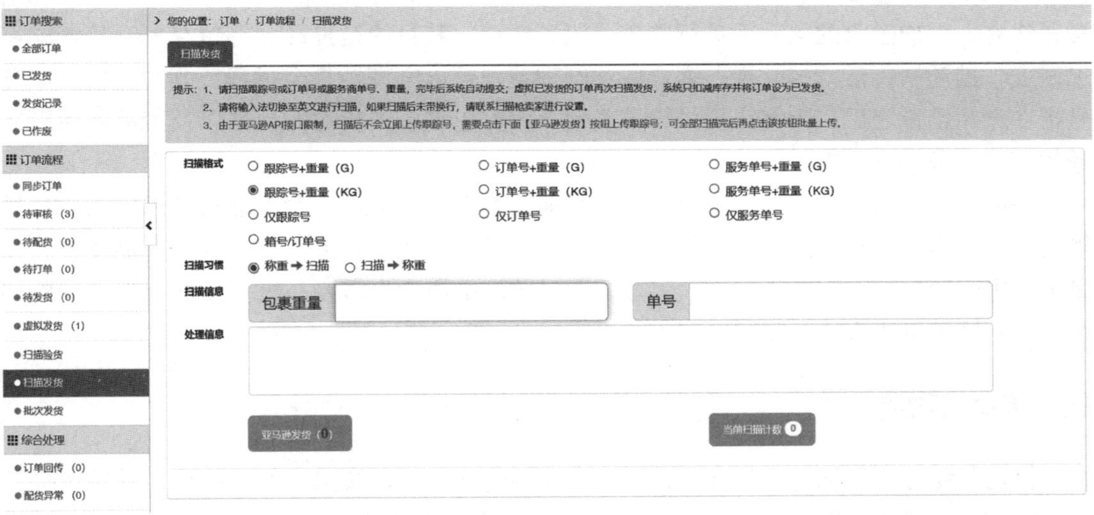

图 10－47　扫描发货

（二）报检报关实操流程

跨境交易中，订单出现后卖家需要进行相应的报关。在订单的商品信息下有报关按钮。如图 10－48 所示，点击“报关”，填写相应的报关信息，包括商品中英文报关名、价值、重量等。

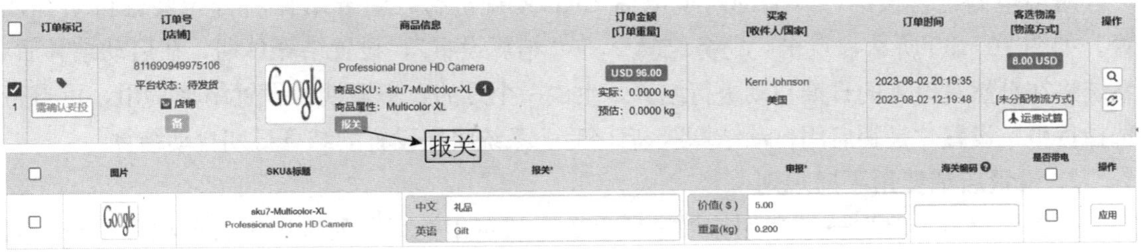

图 10－48　报关信息页面

当多个订单的报关信息相同时，我们还可以选择批量修改报关信息。如图 10－49 所示，待审核订单中，选定需要批量修改的订单，点击“批量修改”，选择“修改报关信息”，就可以批量修改相关报关信息，最后点击“提交”。

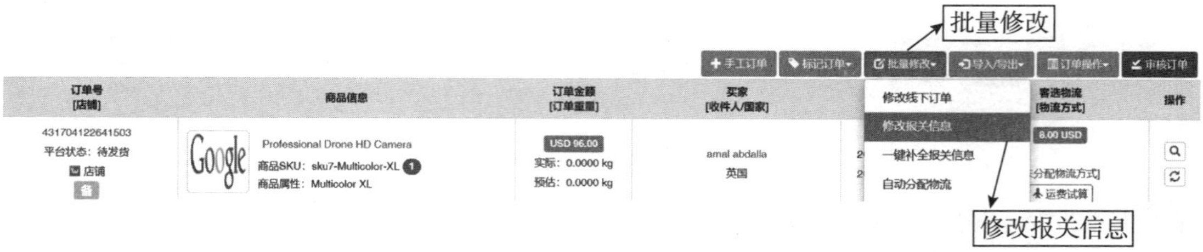

图 10－49　批量修改报关信息

（三）售后服务

售后服务属于客户服务管理的一个重要环节。客户服务管理（CSM）是为让企业与消费者建立、维护融洽的关系而进行的各项服务活动。其目的是提高顾客留存率，培养顾客忠诚度，推动销售活动的开展。客户服务管理覆盖跨境电商销售全过程。其中，售后服务是指在产品销售之后，为客户提供订单查询、跟踪包裹、到货时间预估以及产品售后等服务的客户服务部分。

一般来说，跨境电商订单下单前会进行前期的客户服务，消费者会对产品、物流费用等问题进行沟通。产品销售后的服务则集中于产品未到货、物流包装破损、产品受损、质量不好等问题，这类问题通常占大多数，此时跨境电商卖家需要积极主动地根据不同的问题提出不同的解决方法，使买卖双方都满意。

三、核销与税务

核销与税务为跨境电子商务经营过程中后期管理部分，核销一般指确认店铺跨境经营过程中的财务记录或账单，确认该记录或账单已被正式处理或结清，也可以指财务结算。税务的后期管理主要涉及税款缴纳、税务审计、税务合规、税务风险评估与控制、争议解决等方面。

（一）核销（财务结算）

1. 结算设置

跨境电商经营核销可以借助跨境电商 ERP 系统进行，财务结算前首先要进行结算设置。如图 10－50 所示，点击“财务结算”→“结算设置”，设置结算日期，在启动结算后，系统将在自然月设置的日期自动进行结算，生成一个月的财务账期；设置结算货币，可自行选择货币；设置“是否启用自动结算”，启用后，系统将在设置的结算日期自动结算。

2. 设置店铺费用平摊规则

点击“财务结算”→“费用扩展字段设置”，“费用类型”列选项是将该项费用按不同类型分摊到订单中，比如选择“店铺费用”，则将该项费用按订单付款金额比例分摊到该

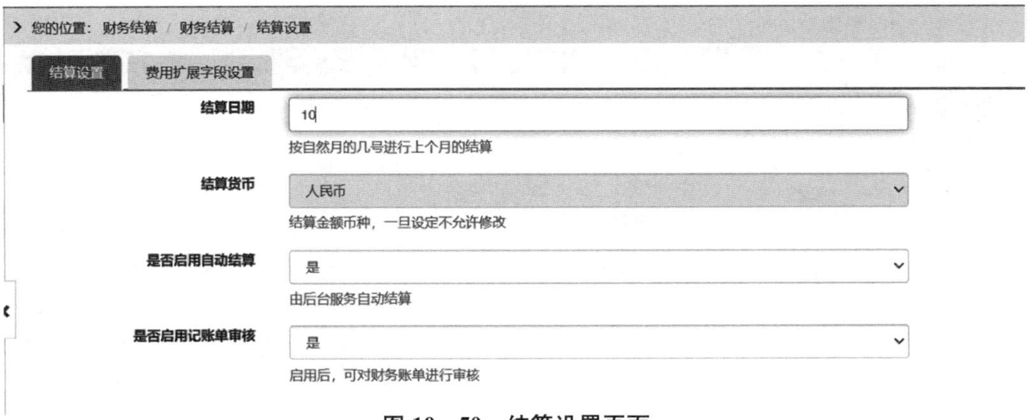

图 10－50　结算设置页面

店铺所有订单中。点击“激活”可以自行选择想要分摊的费用，“结算范围”列选项是将该项费用按订单金额所占比例计算到账期中已付款或者已发货订单中。如图 10－51 所示。

图 10－51　费用扩展字段设置页面

3. 账期管理

设置账期后，点击“财务结算”→“账期管理”，能够查询到账期内的财务数据，包括结算币种、收入/支出、毛利等信息，如图 10－52 所示。

结算分为手工结算和自动结算两种方式。前面我们在“结算设置”中启用自动结算后，系统将根据设定的结算日期自动结算，生成账期。若未启动，则需要手工结算。当设置汇率后，选择需要结算的账期，点击表格最后一列“结算”，如图 10－52 所示，进入到手工结算页面，系统显示当前账期中的所有账目情况，如图 10－53 所示。

手工结算阶段，需要手动导入店铺收支，点击“导入店铺收支”，如图 10－54 所示。该页面可以导入店铺收支，系统根据导入费用进行自动平摊，平台规则根据“结算设置”设定进行。

图 10－52　账期管理页面

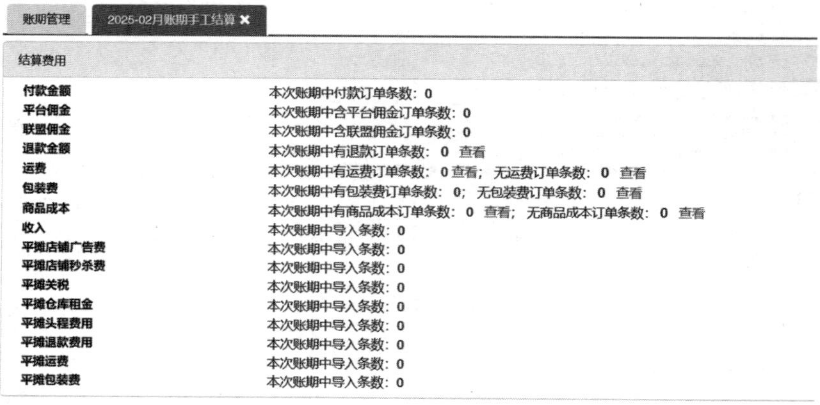

图 10－53　某月账期手工结算页面

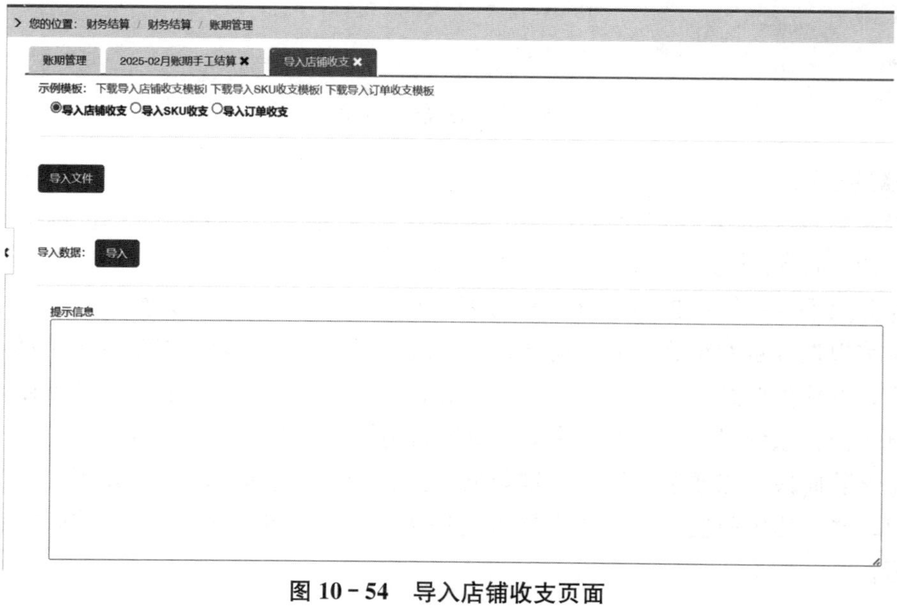

图 10－54　导入店铺收支页面

手工结算确认生成账期后，账期管理页面中会显示账期管理的相关操作，包括查看流水、重新结算、确认结算，如图 10－55 所示。

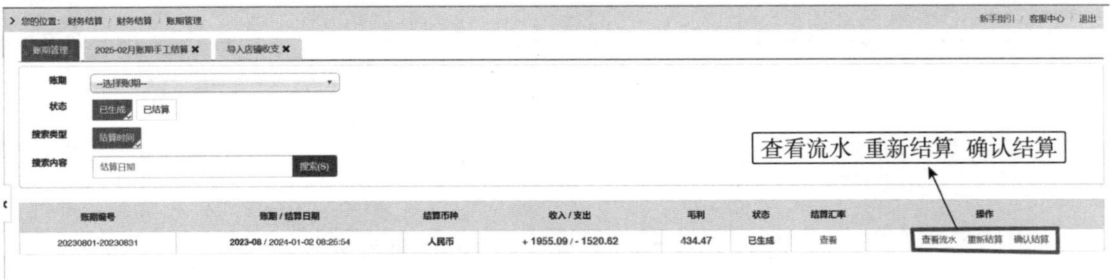

图 10－55　完成结算页面

点击“查看流水”，系统显示该账期内的流水明细，如图 10－56 所示。流水类型分为两种：一种为订单的流水，包括：付款金额、平台佣金、运费、退款金额、包装费、商品成本等；另一种为店铺平摊费用，包括：收入、平摊店铺广告费、平摊关税、平摊仓库租金、平摊头程费用、平摊退款费用、平摊运费、平摊包装费等。

图 10－56　查看流水页面

4. 平摊费用

对于流水明细中没有被核销的费用，可以在平摊费用中添加，点击“财务结算”→“平摊费用”，手动添加的费用包括平摊店铺广告费、平摊关税、平摊仓库租金、平摊退款费用等，点击“导入”，则可以按照模板进行批量导入，如图 10－57 所示。

例如，平摊店铺广告费 200 美元，如图 10－58 所示，选择费用类型、费用时间，填写金额，系统将根据费用时间自动平摊到对应的账期中。

更新店铺费用后，需要对账期内流水进行重新结算，回到“账期管理”，点击“重新结算　确认结算”，如图 10－59 所示。

图 10-57 “平摊费用”→“新增店铺收支”

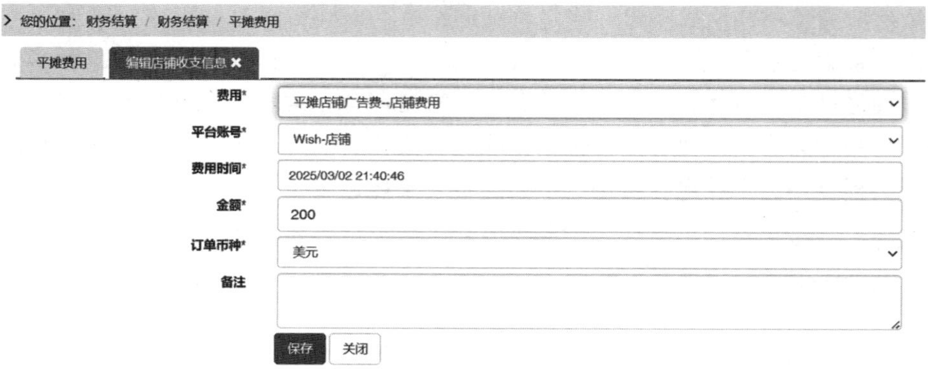

图 10-58 编辑店铺收支信息

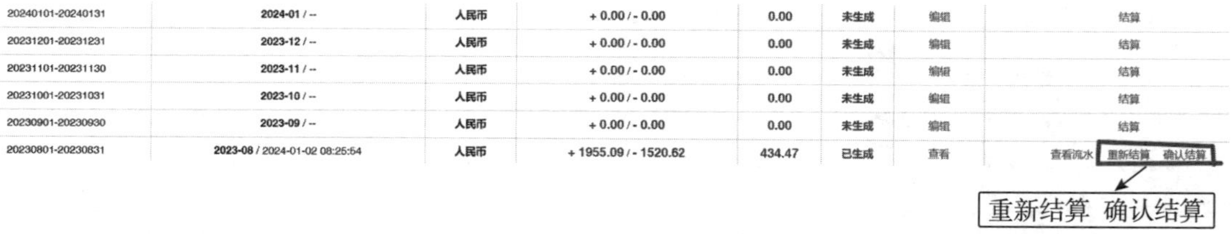

图 10-59 重新结算、确认结算

（二）税务管理

后期税务管理主要包括税务缴纳、税务审计与检查、税务争议解决、税务风险管理等。

1. 税务缴纳

卖家根据所在国家/地区的税法规定，向税务机构申报销售收入、税款等，需要按时缴纳税款。申报与缴纳是税务后期管理的重要环节，卖家需要确保申报和缴纳的准确性和及时性，避免因迟报、漏报或错报而产生不必要的税务风险和罚款。

2. 税务审计与检查

卖家后期可能会面临税务机构的审计与检查，以确保其经营活动符合税法规定。卖家需要配合税务机构的审计与检查工作，提供必要的文件和资料。同时，要建立健全的内部管理制度，确保各项记录完整、准确，以便应对税务机构的审查。

3. 税务争议解决

如果卖家面临税务争议，需要及时采取措施解决问题。了解所在国家/地区的争议解决机制，通过合法途径与税务机构解决争议，如协商、申诉等，并寻求法律援助等方式解决争议。在争议解决过程中，要遵循法律程序，维护自身合法权益。

4. 税务风险管理

跨境电商在后期申报、缴纳税款时可能会面临诸多税务风险，如政策变化、税率调整等。卖家需要加强税务风险管理，建立健全的风险预警和应对机制。要关注税收政策变化和税务环境变化，及时调整经营策略和税务管理措施。同时，要加强内部培训和管理，提高员工税务风险意识和应对能力。通过合理的税务筹划和风险管理措施，降低跨境电商的税务风险，确保经营稳定和持续发展。

本章小结

本章主要对跨境电子商务流程及实操过程进行介绍。了解跨境电商经营的规范流程，能够有效降低运营成本，提高订单处理、物流、后期管理的效率，有助于企业增强店铺竞争力。本章第一节梳理了前期准备工作，涉及平台选择、店铺注册、选品、货源采购、产品定价等步骤。第二节是对中期执行的介绍，主要对产品如何发布，如何从多角度进行产品优化，产品上线后如何进行店铺引流及推广的过程进行讲解。第三节是对产品销售后的订单管理、发货、出入境报检报关、售后服务、核销与税务等后期管理活动的介绍。借助思睿智训跨境电商 ERP 沙盒、Wish 仿真平台对各步骤进行了实操演示，使读者更好地了解流程中的细节与技巧。

第10章即测即评

第 11 章

跨境电子商务推广营销

| 引言 |

在全球化和数字化的背景下，跨境电子商务为企业拓展国际市场提供了机遇。随着跨境电商市场竞争加剧和经营环境的变化，如何在众多店铺中脱颖而出，吸引更多消费者，获得“流量密码”成为跨境电商经营者面临的主要挑战。本章探讨多种跨境电子商务推广营销的策略和方法。主要对搜索引擎营销、PPC 广告、电子邮件营销、社交媒体营销、贸易展览营销等方法及特点进行介绍，寻找如何在竞争激烈的跨境电商市场中选择最优推广营销手段，了解卖家如何更好地应对市场变化，提升品牌影响力，拓展海外客户群，实现业务增长和持续发展。

| 素养提升 |

1. 党的二十大报告提出，“加强全媒体传播体系建设，塑造主流舆论新格局”。这是新时代“推进文化自信自强、铸就社会主义文化新辉煌”的重要举措。中国跨境电商企业应运用好社交媒体进行营销推广，维护良好的营销推广秩序，营造良好的营销推广环境。

2. 基于社会主义核心价值观和习近平新时代中国特色社会主义思想，跨境电商企业要坚持推广中国产品，讲好中国故事，让中国品牌“出海”，增强中国跨境电商企业和产品的国际竞争力。

3. 习近平总书记强调，“要从维护国家政治安全、文化安全、意识形态安全的高度，加强网络内容建设，使全媒体传播在法治轨道上运行”。中国跨境电商企业应利用全球网络传播工具，增强“四个意识”，坚定“四个自信”，做到“两个维护”，秉持开放包容的理念开展海外营销推广活动。

| 学习目标 |

1. 掌握搜索引擎营销的概念、特点与具体类型；
2. 掌握 PPC 广告的营销优势和推广策略；
3. 了解电子邮件营销；
4. 掌握社交媒体营销的主要工具及其优势。

第一节 搜索引擎营销

一、搜索引擎营销概述

（一）搜索引擎营销定义

搜索引擎营销（search engine marketing，SEM）是在竞争日益激烈的跨境电子商务市场中发展业务的有效方法之一。由于有众多企业通过互联网吸引消费者，网络营销从未像现在这样重要，因此，如何利用搜索引擎营销推广产品和发展业务是跨境电商卖家关注的重要问题。

搜索引擎营销是使用搜索结果页（SERP）上的付费广告来营销的一种做法。当用户输入特定关键词，搜索引擎能够使品牌网页出现在搜索结果页中，将产品或服务展现给用户，如图 11－1 所示。通常会使用 SEM 竞价推广模式，采取搜索引擎优化（SEO）的方式和按点击次数付费（PPC）的方式进行搜索引擎营销。

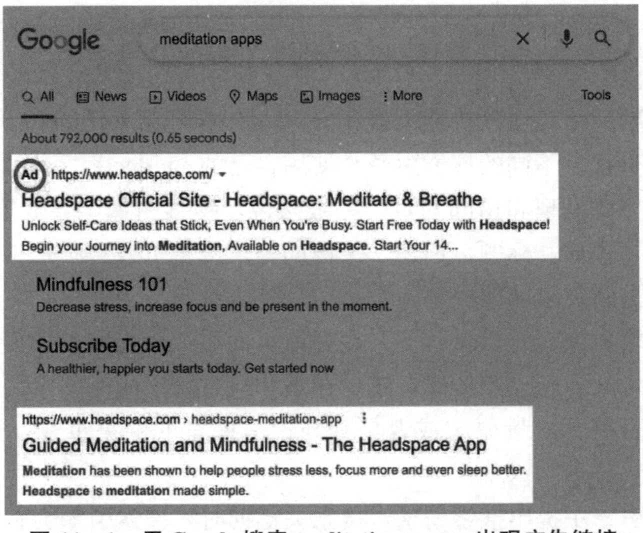

图 11－1 用 Google 搜索 meditation apps，出现广告链接

跨境电商卖家需要了解境外 SEM 的运作机制，从而掌握更优的跨境搜索引擎营销方式。比如，谷歌广告（Google Ads）是主要的搜索引擎营销工具之一，谷歌通过关键词链接广告与特定用户，通过广泛匹配、短语匹配和精准匹配，将用户输入的关键词与广告相匹配，当消费者输入关键词后，会出现相应的广告，卖家需要为每次被点击的广告支付一定费用。

必应广告（Bing Ads）是谷歌广告的一个可靠的替代方案，通过必应广告也可以接触到相当多的潜在受众。虽然与谷歌广告运作机制相似，但它对负面关键词匹配要求更严格，对广告会设置显示时长，或者广告只出现在特定的时间。各国也有相应的主流搜索引擎，比如，Yandex是俄罗斯最大的搜索引擎，Naver是韩国知名搜索引擎，为了更好地进入某个国家的市场，企业需要选用合适的当地主流搜索引擎部署搜索引擎营销策略。

（二）搜索引擎工作原理

在进行搜索引擎营销之前，我们需要了解搜索引擎的工作原理。搜索引擎技术不断更新，但搜索引擎的工作原理主要基于三个阶段：抓取页面、索引页面和展示搜索结果，如图 11－2 所示。

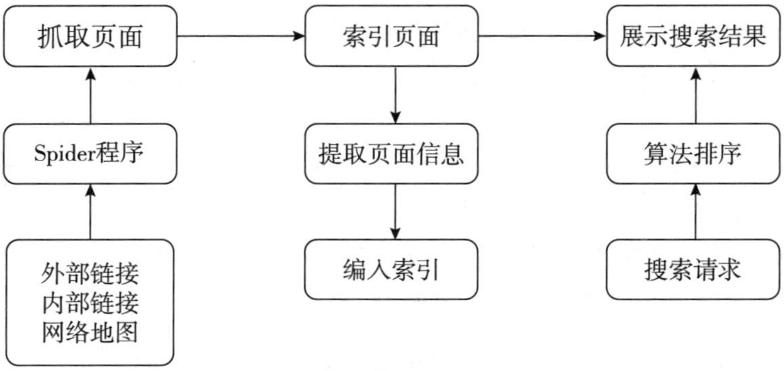

图 11－2　搜索引擎工作原理

抓取是搜索引擎网络爬虫（机器人或者 Spider 程序）用来访问和下载页面，提取链接并发现其他页面的过程。不同的搜索引擎会使用自己的 Spider 程序，通过外部链接、内部链接、网络地图等方式发现和访问网页。一般来说，搜索引擎不会获取整个网页的信息，而是获取关键信息，比如，标题、描述、关键词等。搜索引擎会制定一定的算法和规则来规定抓取的范围、重新抓取的频率等。

搜索引擎的网络爬虫（Spider 程序）在抓取页面后，会提取页面信息及关键词，并将关键词减少到核心含义，建立数据库，减少存储和检索数据所需的资源量。随后搜索引擎会判断这个页面是否符合质量要求或者是否与索引库里的网页重复，这一过程称为索引页面。

当用户在搜索引擎中提出搜索请求，搜索关键词时，搜索引擎会在索引库中检索相关网站页面，相应网站页面会根据搜索引擎公司的算法排名机制进行网页排序，向用户展示搜索结果。搜索引擎营销会根据搜索引擎的工作原理，在相应阶段进行搜索引擎优化或者竞价推广等方式来确定目标客户，提升网页排名，吸引潜在客户。

（三）搜索引擎营销的优点

搜索引擎营销的优点可以总结为以下三点：

（1）搜索引擎营销针对性强，能够为商家的网络页面带来高质量流量。跨境电商营销策略的目的之一是吸引合适的用户访问页面，搜索引擎营销在吸引用户和提高点击率方面非常有效。搜索引擎根据用户搜索的关键词进行过滤，较为准确地进行推荐，保证流量用户是由潜在兴趣客户组成的。

（2）搜索引擎营销性价比高。搜索引擎营销通过有机搜索和付费搜索来进行营销活动，提高网站在搜索引擎中的排名。其中优化关键词、优化网页质量等方式成本较低，一旦提升网站排名会吸引到较多的客户。付费广告的设置也可根据网站需要进行相应成本的设置，成本可控性较高。

（3）搜索引擎营销门槛低。大部分搜索引擎管理广告的操作都十分简单，所有操作选项都以较为直观的方式呈现给卖家，营销活动可以简单地开始或结束。针对产品或服务制定预算和目标的过程也相对简洁明了，新手卖家容易上手操作。

随着搜索引擎营销的使用普遍化，公司间竞争水平不断提高，许多公司竞争相同关键词的排名，导致在关键词竞价时成本上升，有时会很难获得良好的投资回报率。另外，搜索引擎营销的广告可能会“入侵”用户的私人空间，提供一些他们并不需要的内容，用户如果使用广告屏蔽功能，商家的广告将无法投放，出现中断的现象。

二、SEM 竞价推广

SEM 竞价推广是一种通过竞价的方式提升网站在搜索引擎结果中排名的网络营销技术模式，也是搜索引擎营销最常见的模式。我们在设定活动目标、关键词之后，需要制定广告的竞价策略，正确的竞价策略会使得卖家提升搜索排名，获得最大的收益，完成营销目标。

搜索引擎平台上的 SEM 竞价策略大致有两种：手动竞价策略和自动竞价策略。

手动竞价策略让卖家有权为广告设定最高竞价价格，更进一步，可以制定与广告相关的个别关键词的竞价价格。手动竞价策略可以控制推广活动的预算，及时调整 CPC（每点击成本）出价。但是手动竞价策略很费时间，花费大量的时间调整出价，但并不一定会推动推广活动的转化率。

自动竞价策略主要依靠搜索平台自动设置和调整出价。如果你的关键词出价太低或太高，搜索引擎平台会提高或降低价格，优化竞价价格。竞价是根据一天中的时间、地点、设备、语言等因素波动，有些关键词竞争过于激烈，竞价会不断变化，自动竞价会自动调整，节省时间。但由于是自动调节，卖家无法控制搜索引擎的管理方式，搜索引擎的 AI 也有可能做出错误的调节。自动竞价策略一般有六种，包括目标 CPA（每次获取成本）、目标 ROAS（广告支出回报率）、最大限度提高点击率、最大限度提高转换率、最大化转换价值、目标印象份额。

SEM 竞价推广是提升网站排名的一种方式，以 Google Ads 为例，广告质量得分也是搜索引擎营销中需要关注的关键指标之一。高分数可以帮助卖家以较低的成本获得更好的广告位置。根据 Google Ads 的算法，广告排名=CPC 竞价×质量得分。向搜索引擎营销最终支付的费用不等于竞价推广的出价，广告费用=后一名广告排名/自身质量得分+0.01 美元。例如，有四个跨境电商卖家参与同一个关键词的竞价排名，其出价和质量得分如表 11-1 所示。我们可以看出，竞价价格最高的卖家，如果广告质量并不高，实际支付的广告费用也会很高。

表 11-1　四家跨境电商卖家参与同一关键词竞价的实际广告费用

跨境电商卖家广告	最大竞价价格（美元）	质量分数	广告排名	实际广告费用
广告 1	2.00	10	20	16/10+0.01 美元=1.61 美元
广告 2	4.00	4	16	12/4+0.01 美元=3.01 美元
广告 3	6.00	2	12	8/2+0.01 美元=4.01 美元
广告 4	8.00	1	8	最大费用

三、搜索引擎优化

搜索引擎优化（SEO）是指结合网络技术和数字营销管理对网站进行优化使得企业网站在搜索引擎上排名提升的方式。SEO 是一种从搜索引擎驱动有机流量的重要营销方式。所谓有机流量（organic traffic），是顾客通过搜索引擎等方式自然来到网站的流量，这也是跨境电子商务最重要的流量来源之一。跨境电商卖家会通过 SEO 来提高有机流量。SEO 具体包括技术性优化、站内优化、站外优化三种类型。

（一）技术性优化

技术性优化是对网站技术方面的优化，优化网站的技术元素是 SEO 成功的关键和基础。技术性优化也可称为结构性优化，旨在创建一个对搜索引擎友好的网站结构。

要确保网站使用的是 HTTPS，HTTPS 是 HTTP 的一个安全版本，有助于保护敏感的用户信息不被泄露。确保用户和抓取爬虫只能访问网站的一个版本，比如，如果 https://yourwebsite.com 和 http://www.yourwebsite.com 两个版本都能访问，就会产生重复内容，重复内容会浪费抓取的预算，在不受欢迎的 URL 排名中出现，降低网站反向链接的有效性。尽可能提高网页速度，网页速度也是排名的主要因素，要提高网页速度，可以压缩网页的照片，使用 CDN（内容分发网络）在全球的服务器上存储网页副本，将访问者链接到最近的服务器，减少 HTML、CSS 和 JavaScript 文件的大小，优化代码中不必要的字符和空白。使用结构化数据，结构化数据可以将网站上某个页面的详细信息告知搜索引擎，使搜索引擎更好地理解网页内容，使用该信息创建信息丰富的搜索结果，提高排名。

（二）站内优化

站内优化也称作页面搜索引擎优化，是指优化网页页面部分的过程，包括关键词优化、标题标签优化、URL 优化、内部链接优化等。搜索引擎会对页面信息进行抓取，页面的各种因素都会影响排名，因此我们需要通过站内优化，正确地传递给搜索引擎相关信息。

关键词优化。关键词是搜索引擎营销的基础，用户大多通过在搜索引擎中输入产品相关的部分关键词来寻找产品。优化过程中找到相关的主题和目标关键词，可以集中使用高搜索量的关键词，但这些关键词竞价较为激烈，也可以瞄准竞争不激烈的长尾关键词，关键词难度较低可能更容易获得排名。将关键词自然而然地融入网页内容，确保你的内容符合目标关键词的搜索意图，并且能够提供给用户竞争对手没有的东西。目标关键词的放置也很重要，一般放置在 H1、H2、H3 部分，有利于搜索引擎快速抓取页面主题，用户也能迅速判断页面是否符合他们的搜索意图。

标题标签优化。标题标签是 HTML 代码的一部分，是搜索引擎中显示的标题，能够影响用户是否决定点击此页面。一般来说，标题标签应保持简短，保持在 50～60 个字符之间，必须要包含目标关键词，避免重复的标题标签。可以使用标题和副标题构造层次结构页面，比如，H1 为页面标题，下面包含 H2 副标题、H3 小标题等结构层次，也可帮助页面提升排名。

URL 优化，又称网址优化。网址的设置最好使用与网页内容相关的词语，尤其是布局关键词，避免使用随机数字、发布日期或者是完整的句子。

内部链接优化。内部链接指的是同一网站上不同页面，内部链接可以帮助搜索引擎了解网站结构和页面之间的关系，链接更多自身网站页面，使用户在你的网站上停留更长时间。

（三）站外优化

站外优化的主要工作是建立网站的声誉，高声誉的网站往往排名更高，因为搜索引擎会认为这类网站有更高的专业性、权威性和可信性。展现这些因素的最好方式就是站外优化，比如反向链接、评论和推荐。

主要通过链接优化这种方式进行站外优化。链接优化是指让其他网站链接到你自己网站上的网页，这种链接称为反向链接。一个页面如果来自高权威的网站的反向链接较多，搜索引擎就会认为该页面声誉高，就可以获得更高的排名。因此，需要购买链接、交换链接等方式，增加高声誉的反向链接。也可以使用内容营销获得反向链接，获得媒体关注，包括公关、社交媒体、相关者营销、客人发帖等方式。

四、PPC 广告

PPC（pay-per-click）广告，即按点击次数付费广告。这是一种在线广告模式，跨境电商卖家在搜索引擎投放广告，根据点击广告或电子邮件信息的用户数量来付费的网络广告定价模式。

PPC 作为一种营销渠道涵盖了不同的广告平台，这些平台基于相应的搜索引擎或社交平台，比如 Google Ads、Microsoft Ads、YouTube 等。平台中有不同的广告格式，包括搜索广告、购物广告、视频广告等，无论平台还是广告格式，PPC 的工作原理基本是一样的。一般来说，卖家需要在搜索引擎平台上注册广告账户，创建广告并通过添加关键词、选择广告类型等确定合适的目标。使用 PPC 广告设定你愿意为每次点击支付的价格上限。

随后，你的广告将与其他竞价相同的关键词的广告进入竞价模式。最后每当有人点击你的广告时，就需要相应付款。图 11－3 为 Google Ads 新广告 PPC 设置。

图 11－3　Google Ads PPC 设置

PPC 广告是搜索引擎营销的常用方法，具有诸多优势。

（1）PPC 广告门槛低。广告账户经平台批准后即可快速开始推广，广告上线后，只要竞价足够高，很快就可以收到点击，操作简单，能够快速看到回报。

（2）PPC 广告能够很容易地被测量和追踪。搜索引擎会对订单和投资回报率进行统计，并允许进行跟踪转化，卖家可以有效地改进广告活动的效率和性能，以提高 PPC 广告的投资回报率。

（3）PPC 广告可控性较强。卖家可以控制广告的运行时间，根据卖家意愿打开或关闭广告。同时，卖家可以控制每天（或每月）的广告费用，即每次点击支付的费用。

第二节　电子邮件营销

一、电子邮件营销的定义

电子邮件营销（email direct marketing，EDM）是指企业通过电子邮件建立用户数据库，通过电子邮件渠道接触到目标客户，以建立个人关系，产生线索并增加销售的营销推广方式。电子邮件营销相对于社交媒体营销能够更大程度地实现个性化。考虑到电子邮件营销的覆盖面和转化率，电子邮件营销的成本比其他渠道的低。电子邮件营销针对性较强，能够较为精准地投放到潜在目标人群中。

二、电子邮件营销流程

电子邮件营销一般包括以下三个步骤。

1. 确定目标

电子邮件营销的具体目标是什么？例如，你想通过电子邮件说服用户购买产品，你想让用户点击电子邮件中的链接查看产品。每封电子邮件都应该确定目标，才能更好地进行设计。

2. 建立一个电子邮件列表

发送电子邮件之前需要对目标用户进行分类，需要通过人口统计特征信息和销售历史确定不同类型的用户，针对不同的用户需要设计不同类型的电子邮件。

3. 设计电子邮件

针对目标市场和目标人群，设计相应的电子邮件，包括电子邮件发送的数量、发送的频率、电子邮件类型、内容等。发送给目标人群的每一封电子邮件都要获得最大的利益。

三、电子邮件营销类型及评价指标

电子邮件营销可以根据不同类型、目的进行设计。

（一）欢迎电子邮件

此类电子邮件主要是欢迎客户并鼓励他们进一步了解你的产品或服务。主要向潜在的新客户介绍产品或服务。

应编写吸引人的主题词。一封精心设计的电子邮件的主题行可以抓住读者的注意力。第一印象非常重要，而主题行是人们在收件箱中首先看到的。主题行应该说服你的读者打开电子邮件。例如，“Welcome to（brand）! Useful links to help you get started”“Welcome to（brand）! Enjoy \$10 off your first order”等。待客户打开欢迎电子邮件后，可以通过客户确认、视频、写感谢信、介绍品牌故事、赠送新人礼物等方式吸引客户。

（二）促销电子邮件

此类电子邮件是最常见的，通常会大量地发送给潜在用户。促销电子邮件需要有一个清晰和简洁的主题行，能够让受众直截了当地知道电子邮件的内容，字符长度不应超过 50 个字符，涉及特定产品或服务以及促销方式即可。例如，“（X）% off（product or service name）today only”。

还有一种季节性促销电子邮件，利用节日等特殊场合，向现有客户和潜在客户宣传即将到来的营销活动信息，情人节、母亲节、父亲节或者是“双十一”“618”等都可以开展促销活动。

（三）客户培养电子邮件

这类电子邮件通过一系列的介绍类内容对特定受众进行兴趣培养，或是通过收集到的特定用户的兴趣，提供更多相关信息或促销活动，主要是为了将用户从考虑阶段推向购买阶段。

（四）个性化电子邮件

对所有客户的营销电子邮件进行个性化处理。发送个性化电子邮件是至关重要的。通常个性化电子邮件会以用户的名字作为开头，或者在特殊事件中给用户发送电子邮件，比如他们的订阅纪念日或生日。此类电子邮件在维护客户关系方面起到了很重要的作用。

发送电子邮件后，需要定期监测和分析相关数据，并通过以下指标衡量电子邮件营销的效果：

（1）打开率。打开率是指发送的电子邮件被用户打开的次数，用打开次数除以发送的电子邮件数量来计算打开率。

（2）点击率。点击率是指用户点击电子邮件的百分比，用发送电子邮件收到的点击次数除以电子邮件的收件人数。

（3）退订率。退订率即收件人收到电子邮件后选择退订的人数占发送电子邮件数量的百分比。退订率高说明电子邮件并没有很好地吸引到潜在目标人群。

第三节　社交媒体营销

社交媒体营销（social media marketing）是利用社交媒体（即用户建立的社交网络和分享信息的平台）来宣传公司品牌，强化与消费者的关系，增加销售量和网站流量。跨境电子商务可以利用的国际知名社交媒体平台包括 Facebook、Twitter、YouTube、Instagram 等。

一、Facebook

（一）Facebook 流量及广告系统

Facebook 由马克·扎克伯格创立于 2004 年，是全球最活跃的社交平台。对于跨境电子商务卖家来说，较大的流量能提供更多的推广机会，并激发大量的潜在消费者，有大量的企业通过 Facebook 进行营销宣传。

2023 年 5 月 Facebook 单月访问量达到 174 亿人次，访问量相对稳定，如图 11－4 所示。主要访问者来自美国、越南、波兰、菲律宾、英国等国家，美国访问者占比最大，如图 11－5 所示。男女访问者的比例较为均衡，主要访问者的年龄在18～44岁，其中 25～34 岁的访问者占 30.25%。

Facebook 拥有专门的广告管理工具，主要用于创建广告、管理广告投放时间和版位，以及追踪广告在实现营销目标方面的表现。Facebook 的广告创建流程主要由三个不同层级组

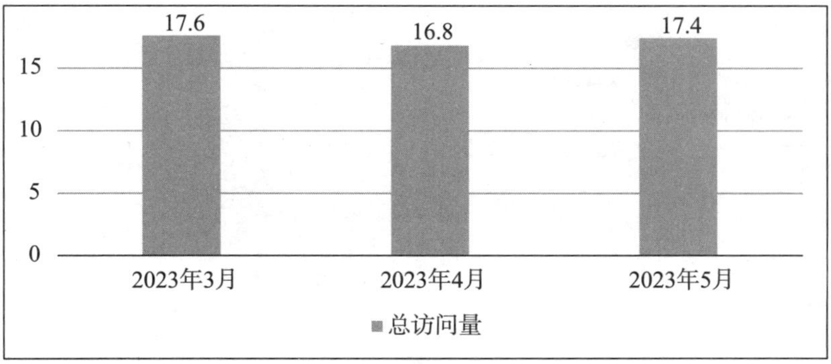

图 11-4　2023 年 3—5 月 Facebook 总访问量（单位：十亿）

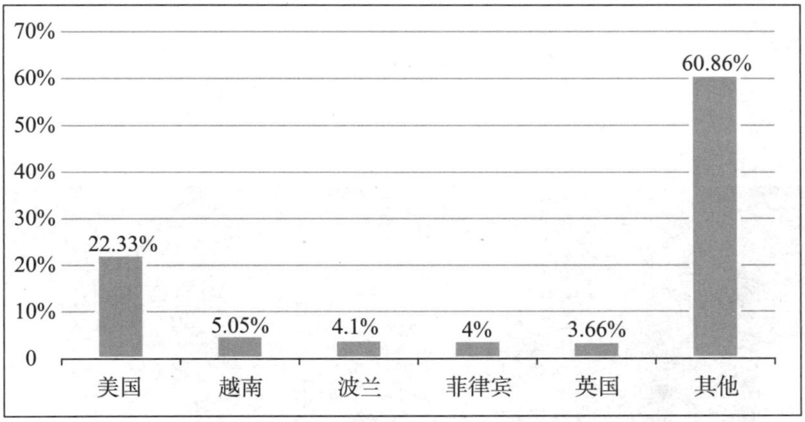

图 11-5　Facebook 访问者来源国家比例

成，包括：广告系列层级、广告组层级、广告层级。广告系列层级是整个营销活动的整体目标；广告组层级是定义想要覆盖的受众、选择广告版位、确定预算以及设定排期；广告层级指的是在广告格式、上传图片和视频、添加文本、链接等方面自行设计广告的步骤。

（二）如何使用 Facebook 进行推广

跨境电商卖家想要通过 Facebook 进行推广，首先要创建 Facebook 个人账号，建立公共主页，Facebook 公共主页是营销宣传的开始，对于企业来说公共主页相当于企业简介。如图 11-6 所示，创建公共主页，可以选择企业或品牌、社区或公众人物两大类主页。卖家需要填写店铺的名称或品牌名称、类别、相关业务等基本信息。随后，需要卖家上传资料照片，最好是用户能够识别的东西，比如品牌名称和销售的产品。除了资料照片外，还有封面照片，封面照片可以根据特殊产品、活动和季节优惠经常进行更新。另外，还可以添加简短的企业描述、企业基本信息（电话、网站、电子邮箱等）、页面标签等。通过填写基本信息，形成企业的公共主页。

图 11-7 为 Anker 品牌的公共主页，是 Facebook 官方认证主页，能够提升用户信赖度，封面照片对 Anker 企业理念进行宣传，在相关页面中添加了 Twitter、Instagram、抖音、YouTube 等关联链接，以增加粉丝量。

图 11-6　Facebook 公共主页创建页面

图 11-7　Anker 的 Facebook 公共主页

完成设置后，就可以选择诸多方式增加粉丝量，以达到推广宣传的效果。比如，增加页面活跃度，及时发布与品牌产品相关的内容，让潜在用户和关注者喜欢并愿意分享，增加页面上的评论互动；使用页面插件在企业网站上轻松嵌入和推广 Anker 的 Facebook 主页，使访问者可以在不离开网站的情况下关注 Anker 的 Facebook 页面；加入 Facebook 小组，通过小组里的发言和回答问题提高账号的活跃度和知名度，也可以自己创立小组，邀请其他专业人员进入；利用 Facebook 直播展示公司产品和文化，提高用户参与度。也可以在 Facebook 中使用广告管理工具。如图 11-8 所示，我们在建立公共主页之后进入广告管理工具，在该页面中可以创建广告系列，实现营销目标。

首先，创建广告系列，在知名度、流量、互动、潜在客户、应用推广和销量中选择适合自身的广告目标，如图 11-9 所示。

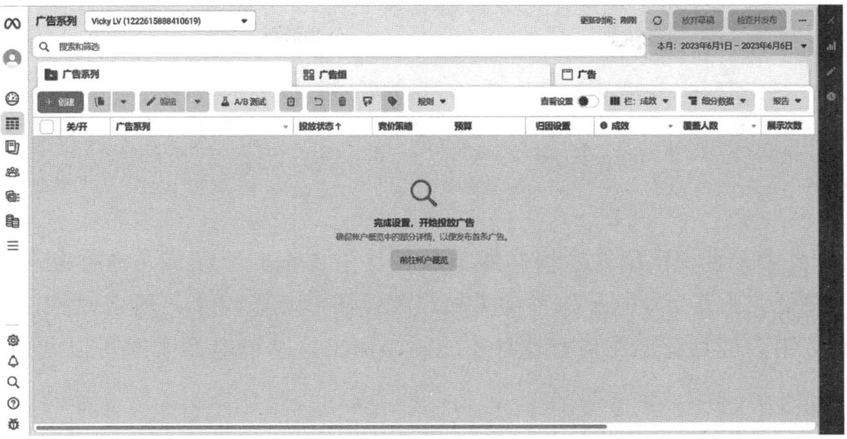

图 11－8　Facebook 广告管理工具页面

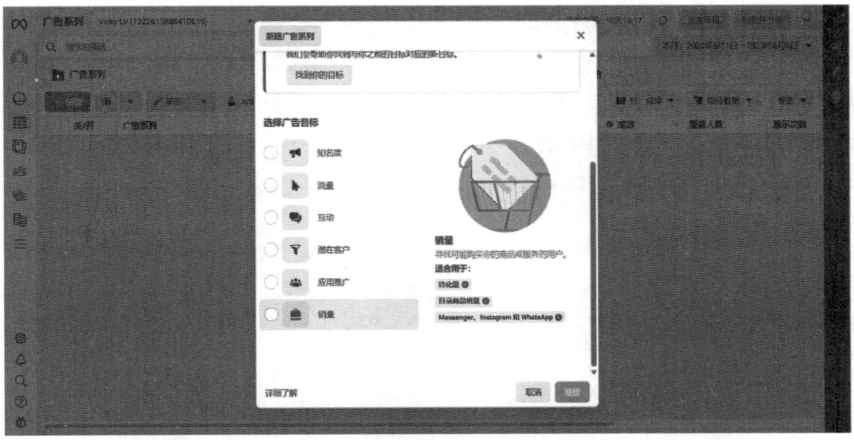

图 11－9　Facebook 新建广告页面

随后，在窗口中可以创建广告组和广告，并设置相应的细节内容，比如转化发生位置、成效目标、费用目标、排期、受众（地区、年龄、性别、细分定位、语言等）、版位等内容。接下来，针对具体的广告页面进行广告设置，包括创意来源、形式、文案、目标位置等。最后，发布完成的广告，并在投放广告后实时追踪广告效果，查看相应的数据。

延伸阅读

创新国际传播　讲好中国故事

党的二十大报告明确提出，“加快构建中国话语和中国叙事体系，讲好中国故事、传播好中国声音，展现可信、可爱、可敬的中国形象”“加强国际传播能力建设，全面提升国际传播效能，形成同我国综合国力和国际地位相匹配的国际话语权”。

党的十八大以来，习近平总书记对国际传播工作作出了一系列重要论述和重大部署，提出“下大气力加强国际传播能力建设”“加快构建中国话语和中国叙事体系”“采用贴近不同区域、不同国家、不同群体受众的精准传播方式，推进中国故事和中国声音的全球化表达、区域化表达、分众化表达，增强国际传播的亲和力和实效性”“向世界展现真实、立体、全面的中国”等要求。

资料来源：中国新闻社．创新国际传播 讲好中国故事．求是，2023（19）．

二、Twitter

Twitter 是一个社交网络及微博客服务软件，主要偏向于新闻、时事和公共话题，用户平均年龄较低。由于 Twitter 每秒钟大概会产生 6 000 条推文，所以对推广内容要求比较高，只有营销内容具有创意且有趣时才能脱颖而出。跨境电商卖家可以利用 Twitter 吸引潜在用户。

（一）Twitter 流量

2023 年 5 月 Twitter 单月访问量达到 66 亿人次（见图 11－10），访问量相对稳定，但远不如 Facebook 的访问量。Twitter 的主要访问者来自美国、日本、英国、巴西、加拿大等国家，美国访问者占比最大（见图 11－11）。访问者中男性访问者居多，占 67.68%，女性访问者占 32.32%。访问者年龄在 18～44 岁，其中 25～34 岁的访问者占 30.46%。

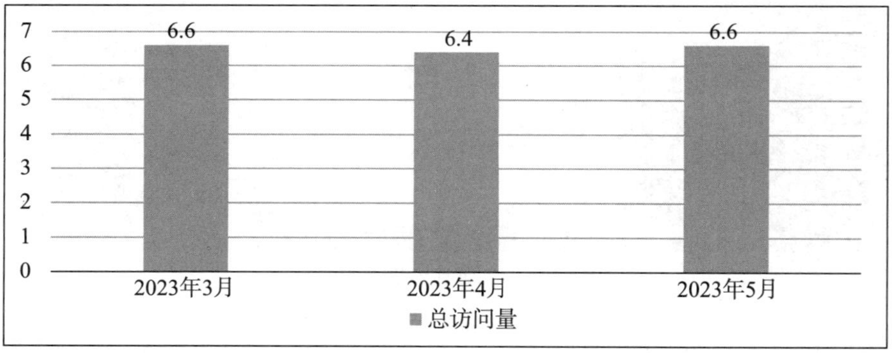

图 11－10　2023 年 3—5 月 Twitter 总访问量（单位：十亿）

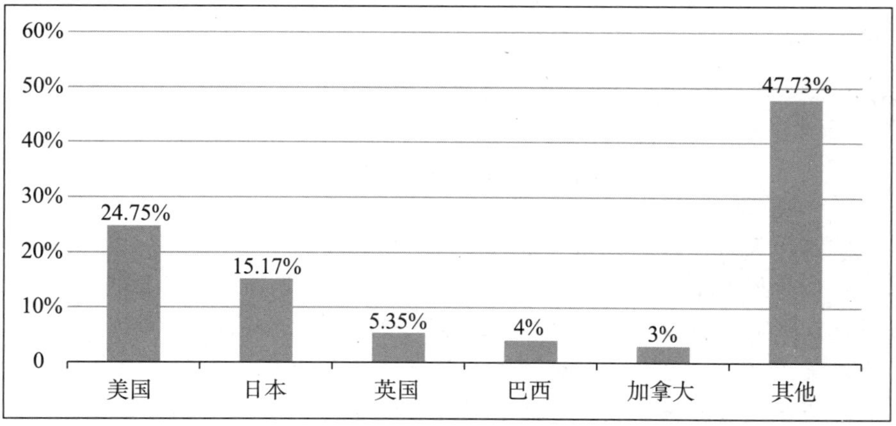

图 11－11　Twitter 访问者来源国家比例

（二）如何使用 Twitter 进行推广

跨境电商卖家使用 Twitter 进行宣传推广，可以根据企业的目标、规模和行业的特点完成以下步骤并进行调整。首先注册 Twitter 账号，填写企业资料，使用可识别和可记忆的细节来充实 Twitter 简介，简介内容包括用户名、标题、图片、关联网址等。图 11－12 为 SHEIN 品牌的 Twitter 页面。

图 11－12　SHEIN 的 Twitter 页面

卖家可以创建 Twitter 列表和关键词。Twitter 列表是一个由卖家选择的 Twitter 账户组成的团体，将特定类别的用户和企业放在一起。可以将给予你商业灵感的企业、竞争对手和目标受众形成不同的列表，及时查看相对应的互动和内容。另外，可以尽可能多地创建属于自己品牌或与自己品牌相关的关键词，使更多用户在发送推文时使用“＃＋关键词”，提升品牌曝光度。

也可以发起 Twitter 聊天，发起话题，创造社区感，吸引粉丝对正在进行的活动提出意见和建议，每个参加 Twitter 聊天的人都可以通过搜索独特的标签，查看所有相关主题、问题和评论，也可以在他们的推文中加入标签，分享自己的想法，这样的方式可以拉近用户关系，在目标受众和企业之间形成更加人性化的体验。Twitter 也提供收费广告，将推广的推文以文字、图片、视频的形式发出，对广告竞价，帮助卖家提高影响力和关注度。

三、YouTube

YouTube 是全球最大的视频分享和观看网站，面向全球用户提供上传、观看、分享视频等功能，YouTube 视频内容覆盖多个领域，内容多种多样，能够使用多种语言进行访问，是一个极具魅力的全球娱乐视频分享平台。它不仅能满足用户的娱乐需求，更能满足用户的社交需求，对于跨境电商卖家来说，YouTube 是推广营销战略中重要的一部分。

（一）YouTube 流量

YouTube 在 2023 年 5 月单月访问量达到 334 亿人次，访问量较大（见图 11－13）。主要访问者来自美国、俄罗斯、印度、巴西、英国等国家，美国访问者占比为 21.26%（见图 11 - 14）。访问者中女性访问者偏多，约占 59.83%，男性占 40.17%。访问者年龄集中在 18～34 岁，占比为 55.64%。

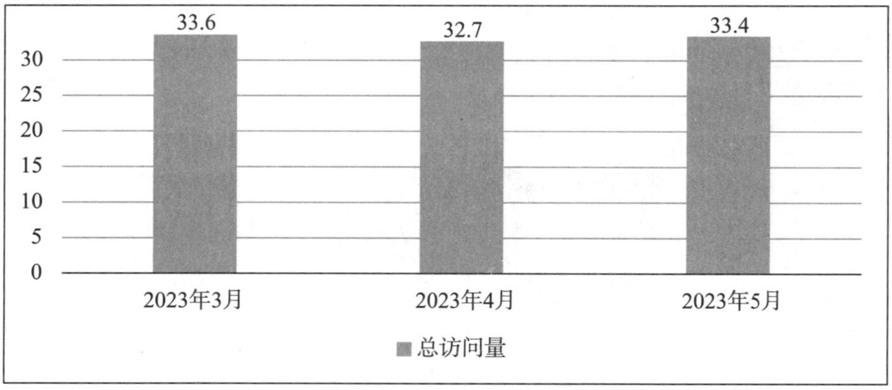

图 11 - 13　2023 年 3—5 月 YouTube 总访问量（单位：十亿）

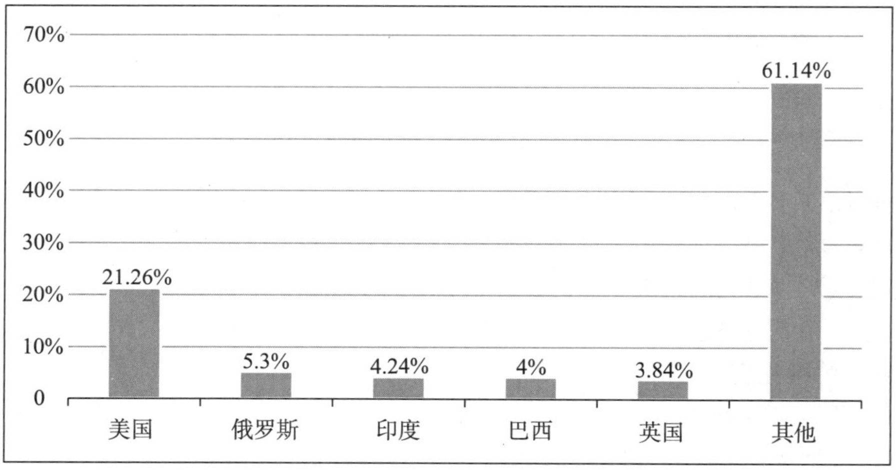

图 11 - 14　YouTube 访问者来源国家比例

（二）如何使用 YouTube 进行推广

YouTube 实际上是搜索引擎和媒体形式结合的一种推广方式，因此需要掌握创建 YouTube 频道、优化视频以及运用 YouTube 广告活动等内容。与其他社交媒体平台不同，YouTube 只承载视频内容，因此在确定品牌目标后，需要卖家留出时间来计划、拍摄、编辑、营销和持续分析，才能创造出有吸引力、可分享的视频内容并实现推广目标。

YouTube 属于 Google 公司，因此需要注册 Gmail 账户，自动获得 YouTube 账号。接下来，登录 YouTube，点击账户模块，在下拉菜单中创建频道，如图 11 - 15 所示。添加频道简介照片、横幅图片、视频水印、电子邮箱、公司网站以及其他社交平台链接。

创建频道后，需要创建和优化视频的元数据，包括视频标题、描述、标签、类别、缩略图等视频信息。视频中的元数据提供正确的信息能够确保视频被 YouTube 正确索引，

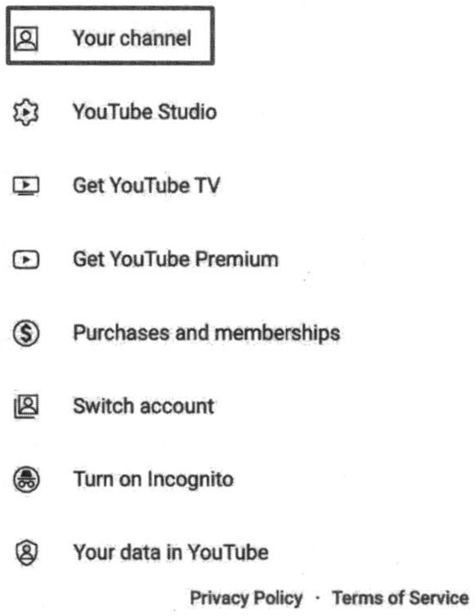

图 11－15　在账户下拉菜单中创建频道

当人们搜索类似关键词时你的视频会出现。

视频标题要清晰且有说服力，让搜索者对内容感到好奇，标题保持在 60 个字符左右，最好包括最重要的信息和关键词。视频描述通常只显示约 100 个字符，因此开头要包含重要的链接，以便推动浏览与参与。标签要突出主要关键词，将最常见的关键词和长尾关键词结合，标签可以将你的视频和类似的视频联系在一起，从而扩大影响力。视频缩略图要突出拍摄的重点，缩略图吸引力的强弱对视频的点击量和浏览量有很大影响。

视频内容要展示企业真实的信息，可以通过拍摄公司历史、客户评价、客户体验、产品介绍等内容，提高品牌的真实性和可信度。视频上传后需要追踪分析关键指标，包括浏览量、参与度以及观看时长，不断优化视频内容。

除了视频本身带来的有机流量，还有付费广告可以推广视频内容。YouTube 主要采用每次观看成本（CPV）模式，当有人观看视频广告时，进行收费，如果被跳过，便不需要付费。每次点击成本是关键词的竞价基础，大多数企业从每天 10 美元左右的成本开始，YouTube 根据广告成本推送广告视频。一般来说，YouTube 广告分为两种：一种是视频发现广告，出现在主页和搜索结果中的广告；另一种是流动广告，一般出现在视频播放中。

四、Instagram

Instagram 是仅次于 Facebook 的第二大社交媒体平台，每天有 5 亿个 Instagram 故事上传。平台上约 59%的活跃用户每天访问网站，每周花至少 7 小时浏览内容并和品牌方、朋友互动。因此，跨境电商卖家可以利用 Instagram 推广品牌和产品，提高品牌知名度。

（一）Instagram 流量

Instagram 在 2023 年 5 月单月访问量达到 66 亿人次，访问量较为稳定，如图 11－16 所示。主要访问者来自美国、巴西、印度、阿根廷、英国等国家，美国访问者占比为

19.10%（见图 11-17）。访问者中男性访问者约占 42.98%，女性访问者约占 57.02%。访问者年龄集中在 18～34 岁，占比约为 59%。

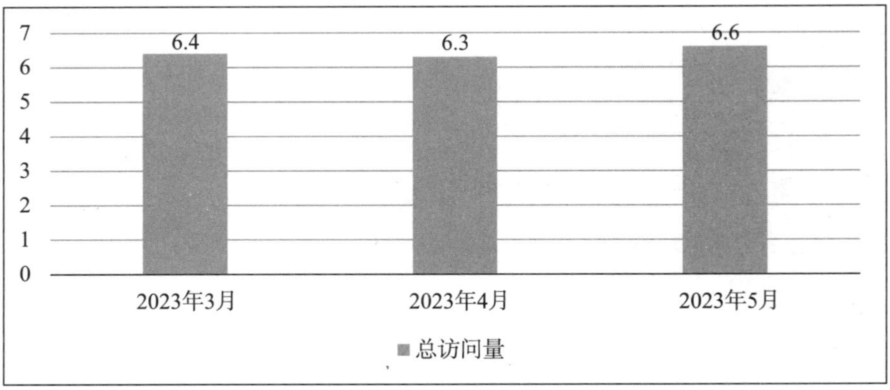

图 11-16　2023 年 3—5 月 Instagram 总访问量（单位：十亿）

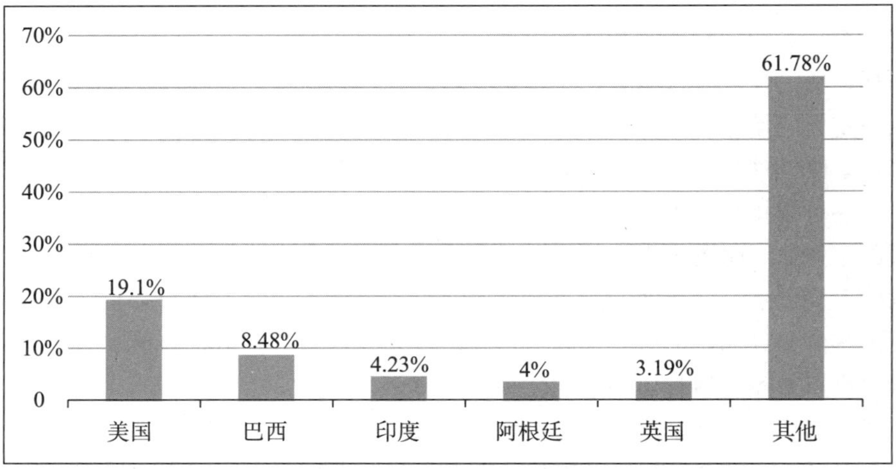

图 11-17　Instagram 访问者来源国家比例

（二）如何使用 Instagram 进行推广

首先，需要通过手机号或者电子邮箱注册 Instagram 账户，选择可识别度较高的用户名。注册页面如图 11-18 所示。

进一步优化 Instagram 账户，Instagram 默认会将简介图片裁剪为圆形；简介最多填写 150 个字符，可以在简介中添加可点击的 URL 将平台流量引向网站。图 11-19 为 Anker 的 Instagram 简介页面，简介简短，包含了电子邮箱、电话、关键词、网站等信息。

随后，可以创建并优化 Instagram 账户上的内容，吸引潜在客户。Instagram 允许发布包括照片、视频以及故事三种内容。图片是最常见的，多样性的图片会展示品牌的多样化，并以不同方式吸引潜在消费者。也可以通过公司日常和幕后花絮来展现企业文化。比如，耐克的 Instagram 内容不仅包括产品照片，还大量展示了运动员、音乐会等其他类型的内容，体现耐克品牌个性。也可以分享客户使用产品的照片和故事，这不仅拉近与客户之间的距离，还表明企业对客户的关注。这些创建和优化内容的方式都是品牌或产品推广的有力武器。

图 11－18　Instagram 注册页面

图 11－19　Anker 的 Instagram 简介页面

Instagram 中的标签也是一种推广工具，标签最早由 Twitter 推广，现在在 Instagram 上也被广泛应用，标签会将 Instagram 内容中的关键词标出，使用户能够简单而容易地找到标记的内容。因此，营销推广时，将一般的、趋势性的标签和特定的标签融合在一起，以提高帖子的影响力和相关性。

Instagram 也可以使用收费广告工具，Instagram 的广告是通过 Facebook 的广告平台完成的。因此，如果拥有 Facebook 的广告，可以与 Instagram 进行关联，操作方法与上文 Facebook 的广告设置方法相同。

第四节　贸易展览营销

贸易展览营销是指在大规模的、特定行业的活动中展示和推广产品和服务的方式。贸易展览营销针对的主体主要为跨境电商平台、店铺与供应商。跨境电商卖家可以作为参展商参加贸易展览，获得大量的曝光和全新的受众，也可以认识所在领域的其他专业人士和新的客户，了解竞争对手的发展情况，并能够深入了解所在行业的发展趋势、产品和服务现状。由于较多的潜在客户聚集在同一个空间，贸易展览能够提供更多的营销机会。

在跨境电商行业中，以国际或国内跨境电商展览会为主。跨境电商展览会一般集聚海内外大量权威的电商平台、产品、仓储、物流、支付系统、软件、培训机构等跨境电商全产业链企业，设置主题展区，以满足跨境电商企业的各种需求。图 11－20 为跨境电子商务展览会现场。

图 11－20　跨境电子商务展览会现场

企业参与贸易展览需要确定相应的推广目标。大多数企业会设置以视频展示、印刷标志、宣传材料和资深的销售代表为特色的展位，以突出公司的示范性和吸引力。同时，也可提供有趣的展位活动，如游戏、互动和奖品，在强调企业特色的同时给关注者带来娱乐。最后需要评估营销情况，通过衡量参观展台的人数、提供联系信息的人数、赠送奖品的人数以及后期与企业联系的人数进行分析。

本章小结

本章主要对跨境电子商务推广营销的主要方法及特点进行讨论，良好的跨境电子商务推广营销策略能够扩大市场，提升品牌知名度，吸引更多国际消费者。本章第一节是对搜索引擎营销方法的讨论。作为跨境电子商务市场中最常见、最有效的营销手段之一，利用搜索引擎优化以及搜索引擎结果页上的付费广告（PPC），店铺通过竞价方式提升搜索排名，达到推广的效果。该方法虽然针对性强、性价比高、操作简单，但存在店铺间竞价过于激烈的情况。第二节梳理了电子邮件营销方法。电子邮件营销通过电子邮件投放接触目标潜在客户并利用打开率、点击率、退订率等指标衡量电子邮件营销效果。第三节是对社交媒体营销方法的介绍。跨境电子商务店铺经常会通过 Facebook、Twitter、YouTube、Instagram 等社交媒体进行品牌宣传，增加与消费者间的互动和联系。第四节主要介绍贸易展览营销，通过大规模的活动，展示和推广相关产品，以获得大量的曝光，适合跨境电商平台和企业的推广与宣传。

第11章即测即评

第 12 章

跨境电子商务物流实务

| 引言 |

目前，我国跨境电子商务交易额在不断攀升，跨境电子商务发展很快，但是我国物流行业起步晚，我国适合于跨境电子商务发展的物流体系还不是很完善，物流基础设施还不是很完善，连接不同运输方式的交通枢纽比较少，与跨境电子商务相配套的物流服务还没有真正建立起来，而跨境电子商务对物流要求很高，涉及跨境的仓储、配送、报关、核税等多方面内容，这就需要大型的、专业化程度较高的能够提供跨境物流服务的企业，而有效发展我国跨境电子商务物流是促进跨境电子商务发展的重要举措。

| 素养提升 |

1. 跨境电商在我国经济发展中发挥着日益重要的作用，其成功运作离不开高效可靠的物流服务。党的二十大报告强调了高质量发展、坚决打赢关键核心技术攻坚战以及以人民为中心等重要理念，这些理念对跨境电商物流服务的发展具有深远的指导意义。我们要结合这些理念，探讨跨境电商物流服务的发展与应用。

2. 党的二十大报告提到，高质量发展是全面建设社会主义现代化国家的首要任务。在跨境电商领域，高质量发展涵盖跨境物流服务的提升，包括运输效率的提高、货物安全的保障以及配送服务的优化。通过引入智能化技术、优化运输网络，跨境电商物流可以更好地适应高质量发展的要求，为经济发展注入新动力。

3.《“十四五”国家信息化规划》提出，推动互联网、大数据、人工智能等同各产业深度融合。跨境电商物流服务作为数字经济的重要组成部分，应当运用新技术，例如大数据分析优化仓储管理、人工智能提升配送效率等，实现跨境电商物流服务与实体经济深度融合，为传统产业转型升级提供支持。

4. 党的二十大报告提出了推进高水平对外开放的重要战略，跨境电商物流服务需要积极响应国家对外开放政策，拓展国际合作，提升物流服务水平。通过加强国际物流合作、优化跨境通关流程等措施，推动跨境电商物流服务向更高水平迈进，为我国融入全球经济体系作出积极贡献。

| 学习目标 |

1. 熟悉邮政物流以及服务范围；
2. 了解国际商业快递的类型以及特点优势；
3. 了解专线物流的特点、种类和服务内容；
4. 熟悉海外仓的类型和服务特点。

物流服务是跨境电商领域面临的一个重要限制因素。在这个行业中，配送速度和质量直接影响消费者的购物感受。在跨境电商行业快速发展的背景下，物流模式也发生了巨大变化。从最初的单一物流模式逐渐演变为邮政物流、海外仓、国际专线物流等多种模式并存的新格局。这种变化不仅是规模化发展，更是向合规合法发展的方向迈出坚实步伐。跨境电商物流不再是简单的运输问题，而是在全球范围内探索各种灵活、高效的解决方案。随着跨境电商物流新模式的出现，整个供应链的效率逐步提高，为消费者创造了更加有效和便利的购物体验。

第一节 邮政物流

一、万国邮政联盟

万国邮政联盟（Universal Postal Union，UPU）也称为“万国邮联”，是邮政物流中最受跨境电商经营者重视的一个国际组织。这个国际组织商定国际邮政事务，旨在组织和改善国际邮政业务，促进国际合作，为会员提供所需的邮政技术援助。这个组织规定了国际邮件转运自由的原则，并统一了国际邮件处理手续和资费标准，简化了国际邮政账务结算办法，确立了各国（地区）邮政部门争端的仲裁程序。截至 2023 年 10 月，万国邮政联盟有 192 个成员国。因为有这个组织存在，我们才能通过万国邮政系统将一个包裹或一封信件从我国寄送到其他国家或地区。万国邮政成员国高贡献代表国家见表 12 - 1。

表 12 - 1 万国邮联成员国高贡献代表国家

国家	加入时间	贡献单位
美国	1875 年 7 月 1 日	50
法国	1876 年 1 月 1 日	50

续表

国家	加入时间	贡献单位
英国	1875 年 7 月 1 日	50
日本	1877 年 6 月 1 日	50
德国	1875 年 7 月 1 日	45
加拿大	1878 年 7 月 1 日	40
中国	1914 年 3 月 1 日	25
意大利	1875 年 7 月 1 日	25
西班牙	1875 年 7 月 1 日	25
沙特阿拉伯	1927 年 1 月 1 日	20
澳大利亚	1907 年 10 月 1 日	20
印度	1876 年 7 月 1 日	20
巴西	1877 年 7 月 1 日	20
俄罗斯	1875 年 7 月 1 日	15
韩国	1900 年 1 月 1 日	15
荷兰	1875 年 7 月 1 日	15
瑞典	1875 年 7 月 1 日	15
瑞士	1875 年 7 月 1 日	15
比利时	1875 年 7 月 1 日	15

UPU 是全球唯一的有关国际邮政服务的国际组织，UPU 通过促进各国邮政管理机构之间的合作与协调，确保全球范围内的邮政服务能够高效、便捷地运作，为人们的通信和贸易活动提供支持。其目标和职责主要包括：一是促进全球邮政服务的发展和合作。通过制定国际邮政条例和协定，协助各成员国相互之间建立邮政服务合作机制，确保邮政服务的连通性和高效性。二是设定国际邮政标准。制定和推动全球邮政标准，涵盖邮费计算、投递时间、国际邮件交换等方面，促进国际邮政服务的规范化和统一。三是推动发展中国家邮政事业。支持发展中国家和地区改善邮政服务，提高其邮政基础设施和技术水平，促进经济和社会发展。四是解决邮政服务相关的国际事务。处理各种涉及国际邮政服务的问题，如国际邮资、邮政运输、清关等方面的合作与协商。五是促进新技术的应用。推动邮政领域内新技术的应用，提高邮政服务的效率和质量。

国际邮政包裹主要用于跨境电商邮政物流，如跨境电商可选择中国邮政、新加坡邮政等服务。国际邮政包裹价格实惠，适合个人操作通关，然而，这种包裹也存在一些缺点，比如递送时间长、丢失率高、非挂号件无法查看进度等。另外，国际邮政包裹只适用于轻、小型商品，并在体积、重量、形状等方面有限制。由于一些国家通关政策的变化，国际邮政包裹在一些地区受到限制，比如俄罗斯邮政从 2015 年起停止接收平邮小包。

二、中国邮政

（一）中国邮政航空大包

中国邮政航空大包（China Post Air Parcel），俗称“航空大包”或“中邮大包”，是一种适用于寄送重量较大（超过 2kg）且体积较大的包裹的邮寄方式，覆盖全球 200 多个国家和地区。中邮大包采用全程航空运输，可达世界各地，只要有邮局设施的地方均可派送。中邮大包具有以下特点：全球覆盖范围广，价格相对较低，且具备强大的清关能力。对时效性要求不高且稍重的货物，选择使用中邮大包是一种经济实惠的发货方式。

1. 中邮大包的资费标准

中邮大包的资费标准是根据中国邮政网页上的计费方式确定的。计费方式为：首重 1kg 的价格＋续重 1kg 的价格×续重的数量，包裹重量不能超过 30kg（部分国家/地区不能超过 20kg）；航空包裹需要支付 8 元挂号费。

由于不同目的地和运输物品重量的限制标准有所不同，详细的资费标准可在中国邮政网站上查看（见图 12－1）。

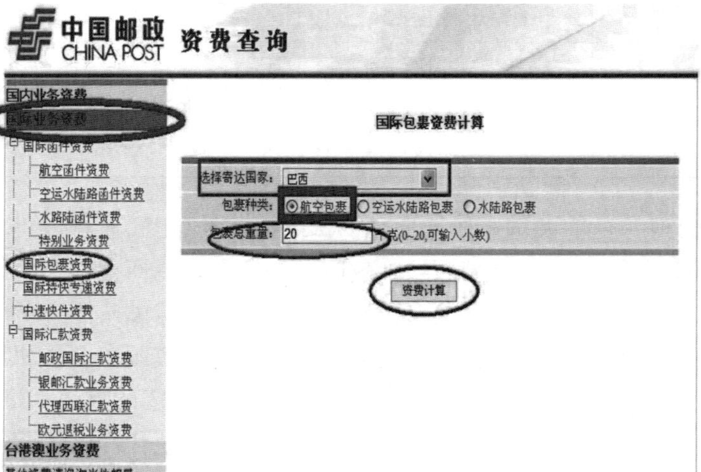

图 12－1　中国邮政资费查询

2. 中邮大包的寄件限制

（1）重量限制：0.1kg≤重量≤30kg(部分国家（地区）不超过 20kg，每票快件不能超过 1 件)。

（2）体积限制：①单边≤1.5m，长度＋长度以外的最大横周≤3m；②单边≤1.05m，长度＋长度以外的最大横周≤2m。

（3）中邮大包最小尺寸限制为：最小边长不小于 0.24m，宽不小于 0.16m。

3. 中邮大包的时效性

（1）发送范围在亚洲临近国家的时效为 4～10 天。

（2）发送范围在欧美主要国家的时效为 7～20 天。

（3）发送范围在其他国家和地区的时效为 7～30 天。

4. 中邮大包的优点

（1）成本低。价格比 EMS 稍低，且和 EMS 一样不计算体积重量，没有偏远附加费，相对于其他运输方式（如 EMS、DHL、UPS、FedEx、TNT 等）来说，中邮大包有较好的价格优势。在跨境电商竞争日益激烈的背景下，采用此种发货方式可最大限度地降低成本，提升价格竞争力。

（2）交寄相对方便，只要有邮局的地方都可以到达，邮寄范围基本可覆盖全球各地。

（3）运单方便、快捷，统一由公司打印，为客户提供了便利。

（4）包裹离开当天可在中国邮政网查询到信息，邮寄出的包裹可以进行全程跟踪。

5. 中邮大包的缺点

中邮大包虽然成本较低，受到多数跨境电商商家的青睐，但是依然有不足之处，比如，中邮大包妥投速度慢，查询信息更新较慢，发送的部分国家（地区）限重 10kg，最重不能超过 30kg。

（二）中国邮政航空小包

中国邮政航空小包（China Post Air Mail），俗称“中邮小包”“空邮小包”或“航空小包”，是中国邮政提供的一项国际和国内邮政小包服务业务，属于邮政航空小包范畴。这是一项经济实惠的国际快件服务项目，可以寄送到全球 230 多个国家和地区的各个邮政网点。中邮小包的特点是重量在 2kg 以下（阿富汗除外），外包装尺寸需要满足长度、宽度、高度之和小于等于 90cm，且最长边小于等于 60cm。通过邮政的空邮服务寄往境外的小邮包也称为国际小包。国际小包可以分为中国邮政平常小包（China Post Ordinary Small Packet Plus）和中国邮政挂号小包（China Post Registered Air Mail）两种。这两种小包的主要区别在于：挂号小包提供了物流跟踪条码，可以实时追踪邮包在大部分目的地的实时状态。平常小包只能通过面单条码以电话查询的方式获取邮包在目的地的状态。

1. 中邮小包的资费标准

中国邮政航空小包
新资费表

中国邮政挂号小包的运费是根据包裹重量按克计费，起步重量为 1g，每个单件包裹的重量限制在 2kg 以内。此外，每单（每个包裹）需要支付 8 元的挂号费；中国邮政平常小包的运费也是根据包裹重量按克计费，起步重量同样为 1g，对于包裹重量在 30g 及以下的情况，运费按照 30g 的标准计算，而对于包裹重量在 30g 以上的情况，运费则按照实际重量计算。每个单件包裹的重量限制同样在 2kg 以下，不收取挂号费。

2. 中邮小包的参考时效

正常情况下，到亚洲邻国为 5～10 天，到欧美主要国家为 7～15 天，到其他国家和地区为7～30 天。

特殊情况下也可能需要 35～60 天到达目的地，例如，节假日、政策调整、旺季运力不足、因暴风雪延误、目的地偏远等。

3. 中邮小包的寄送要求

中邮小包的重量和体积限制如下：

（1）重量限制：限重 2kg（阿富汗除外）；

（2）体积限制：非圆筒货物：长＋宽＋高≤90cm，单边最长为 60cm，最小尺寸单边长度≥17cm，宽度≥10cm。

4. 中邮小包的优点

（1）价格实惠。相对于其他运输方式（如 DHL、UPS、FedEx、TNT 等），中国邮政小包具有绝对的价格优势，价格也比香港小包更为经济。

（2）邮寄方便。可以寄达全球各地，只要有邮局的地方都可以送到（少数国家和地区除外）。

（3）安全可靠。中邮小包的安全性较高，掉包率低，并且通过挂号服务，可以全程跟踪包裹的状态。

（4）速度优势。由于直接交接中国邮政，无须中转香港，包裹交邮局后当天可在中国邮政网查到包裹状态，具有较快的速度。

5. 中邮小包的缺点

（1）重量限制。中邮小包的最大重量限制为 2kg，但对阿富汗的包裹有更严格的限制，最大重量为 1kg。在超过这些限制时，一些卖家可能需要将包裹分成多个寄递，或者选择其他物流方式。

（2）运送时间较长。总体而言，中邮小包的运送时间相对较长，特别是对于一些国家，如俄罗斯、巴西等，超过 40 天才显示买家签收是正常现象。

（3）跟踪服务有限。许多国家和地区不支持全程跟踪服务，即使在支持跟踪的地区，邮政官方网站也只能跟踪境内部分，境外部分无法实现全程跟踪。因此，卖家可能需要通过社会公司的网站或登录寄达地的查询网站来进行跟踪，信息查询相对不太方便。

三、境外邮政国际小包

境外邮政国际小包是指其他国家或地区的邮政航空国际小包，主要提供平邮和挂号两种服务类型。境外邮政国际小包（邮政小包）一般以国家或地区名称作为开头，如比较常用的有荷兰邮政小包、新加坡邮政小包、瑞典小包等。境内的跨境电商商户通常会去掉“邮政”二字，使其名称简单易读，如荷兰邮政小包简称“荷兰小包”。

境外邮政国际小包作为一种广泛采用的国际物流方式，依托于万国邮政联盟网点，实现全球覆盖。在不同国家和地区，这种物流方式在重量、体积、寄送禁限物品等方面存在相似之处，但不同区域的价格和时效标准可能有所不同，对于承运物品的限制也存在一定差异。与中国邮政国际小包相比，境外邮政国际小包在带电产品、纯电池、液体及固体化妆品等寄送限制方面更为宽松，在我国跨境电商出口零售领域具有极为重要的地位，成为一条重要的跨境物流渠道。下面对常用的境外邮政国际小包的特点做简要介绍。

(一) 新加坡小包

新加坡小包是一个价格适中、服务质量高于一般邮政小包的选择，尤其是对于手机、平板等含锂电池产品的运输。这种邮政服务由新加坡邮政推出，又称为新加坡邮政航空小包裹或新加坡挂号小包，专为货物重量在 2kg 以下的邮政小包提供服务，具备出色的时效性和通关能力，可以覆盖全球各个邮政网点。

1. 新加坡小包的优点

● 价格低廉。相较于其他运输方式（如 DHL、UPS、FedEx、TNT 等），小包服务拥有明显的价格优势。

● 快速服务。正常情况下，到达多数国家的运输时间为 7～15 个工作日。

● 高安全性。新加坡邮政的国际小包服务备受认可，包裹遗失率低，确保了迅速和安全的运输。

2. 新加坡小包费用

(1) 基本运费：

—平邮：基本运费（元）×重量（kg）+处理费。

—挂号：基本运费（元）×重量（kg）+处理费+挂号费。例如，寄往澳大利亚 1kg 的新加坡邮政小包，基本运费为每千克 90 元，处理费每票 13 元，挂号费为每票 2 元，那么基本费用为 90×1+13+2=105（元）。

(2) 其他费用：关税、清关费用等。

新加坡小包出关不产生关税或清关费用，但在目的地国家进口时可能会有进口关税，具体费用依据每个国家海关税法规定而异。

(二) 瑞典小包

瑞典小包，又称瑞典邮政航空小包，或瑞典邮政小包，是瑞典邮政推出的一种针对货物重量在 2kg 以下的邮政小包服务，具有时效好、通关能力强的特点。瑞典邮政在新加坡设处理中心，邮件处理能力大幅提高，相对于其他邮政小包，寄往亚太地区及欧洲速度更快，包裹跟踪更有保证。颐龙与瑞典邮政合作，是瑞典邮政在中国区的一级代理。瑞典小包经香港上航班，货物先到达瑞典邮政在新加坡的邮件处理中心，处理后再转运至全球 210 个国家和地区。大部分西欧国家可以全程跟踪包裹状态。

1. 服务优势

● 覆盖范围：瑞典邮政小包可寄达全球 210 个国家和地区，尤其在西欧国家时效较快，通常 7～11 个工作日即可完成派送。

● 全程跟踪：挂号服务支持全程跟踪，可在瑞典邮政官网或目的地邮政网站查询包裹状态。

● 价格优势：相比香港小包和新加坡小包，瑞典小包价格更具竞争力，适合跨境电商卖家。

2. 寄件要求

- 单票实重或者材积最大重量都不能超过 2kg。
- 体积限制：方形：长＋宽＋高≤90cm，单边长度≤60cm。轴状：直径×2＋长≤104cm，单边长度≤90cm。
- 客户在填写报关单时尽量填写真实的物品名、申报价值和物品实际价值吻合（瑞典邮政不接收品名笼统如 gift、accessory 等申报品名的查件）。
- 禁寄物品：国家明令禁止出口货物，如武器及危险物品、毒品及违禁药品、文物及珍贵艺术品等；如果客户邮寄航空、海关明令禁止的物品，一经发现，作没收处理，并且不退还运费。

（三）荷兰邮政小包

荷兰小包，是荷兰邮政（TNT POST）专门为电子商务卖家推出的一项欧洲快捷小包业务。该服务立足于荷兰，辐射整个欧洲，依托荷兰邮政的网络和清关系统，打造高品质的区域性小包服务，清关好、派送快、查询优，最主要的优势是它可邮寄电池件。

1. 荷兰小包的优势

- 邮政清关。一般的专线服务是由当地清关代理清关，稳定性较差。该服务由荷兰邮政负责清关，稳定性较好。
- 重货有价格优势。在欧洲主要国家，500g 以上的货物相对于市场上主要的小包服务有一定的价格优势。
- 派送时效好。市场上主流的小包服务的时效一般是 7～15 个工作日，荷兰小包到欧洲主要国家只需 5～10 个工作日。
- 跟踪查询好。欧洲主要国家，如英、法、德、意等国，都可以查询。跟踪轨迹详尽，接近快递。

2. 清关注意事项

- 必须如实申报。如实申报可以保证快捷高效清关，否则可能导致清关延误。
- 申报详细。申报过于笼统可能导致清关延误。

四、国际 e 邮宝

国际 e 邮宝（ePacket），隶属于中国邮政速递物流股份有限公司，是中国邮政为适应跨境轻小件物品寄递需求而推出的标准类直发寄递服务。该业务借助中国邮政庞大的网络资源，与境外邮政合作伙伴紧密合作，为客户提供价格优惠、时效稳定的跨境轻小件寄递服务。其主要提供对轻小件物品的空邮服务，为中国电商卖家提供发向美国、加拿大、英国、法国、澳大利亚等国家和地区的包裹寄递服务。

（一）国际 e 邮宝的参考时限

（1）正常情况：7～10 个工作日到达目的地，到达俄罗斯、乌克兰、沙特为7～15 个工作日。

（2）特殊情况：如旺季（例如“双十一”期间）、节假日、政策调整、偏远地区等，时限可能延长至 15～20 个工作日。

（二）国际 e 邮宝的重量和体积限制

重量限制：单件最高限重为 2kg。

体积限制：

- 最大尺寸：单件邮件长、宽、高合计不超过 90cm，最长一边不超过 60cm。圆卷邮件直径的两倍和长度合计不超过 104cm，长度不得超过 90cm。
- 最小尺寸：单件邮件长度不小于 14cm，宽度不小于 11cm。圆卷邮件直径的两倍和长度合计不小于 17cm，长度不少于 11cm。

（三）国际 e 邮宝的优势

（1）在线打单：提供在线订单管理服务，方便快捷。

（2）时效稳定：重点路向全程平均时效 7～15 个工作日，服务可靠。

（3）全程跟踪：提供主要跟踪节点扫描信息和妥投信息，让客户安心、放心。

（4）平台认可：是主流电商平台认可和推荐的物流渠道之一，具备品牌保障。

五、国际 EMS

邮政特快专递服务（EMS）是万国邮联管理下的国际邮件快递服务，由各国邮政合作提供。它主要用于寄送国际紧急文件、商品样品等物品，相比于其他商业快递服务，EMS 清关能力强，投递速度快，并且不收取燃油附加费。EMS 拥有强大的航空和陆路运输网络。在中国提供 EMS 服务的为中国邮政速递物流公司，依托中国邮政航空公司，建立了全夜航集散网，南京是其中心，拥有超过 20 000 辆专用速递车辆，EMS 拥有领先的信息处理系统，建立了覆盖国内 300 多个城市的信息处理平台，并与万国邮政联盟查询系统连接，实现全球 EMS 邮件的跟踪查询。同时，EMS 建立了网站、短信、电话三位一体的实时信息查询系统，为客户提供全面及时的服务。

1. 国际 EMS 的重量和体积限制

—重量限制：单个包裹的计费重量通常不得超过 30kg，但在不同地区略有差异。

—体积限制：单个包裹的长、宽、高三个边中的任一边必须小于 1.5m，长度和长度以外的最大横周合计不得超过 3m，但在不同地区略有差异。

2. 国际 EMS 的优势

（1）覆盖范围广。国际 EMS 服务覆盖全球 200 多个国家和地区，能够满足广泛的国际寄送需求，尤其适合寄往偏远地区。作为邮政系统的一部分，国际 EMS 享有万国邮联的优先通关权，清关能力强，被税概率低。

（2）价格实惠。EMS 不收取燃油附加费和偏远地区附加费，价格相对于其他国际快递更具竞争力。对于体积大而重量轻的货物，EMS 只按实际重量计费，适合寄送此类物品。

（3）通关能力强。EMS采用批量通关方式，清关效率高，尤其适合寄送食品、药品、化妆品等敏感物品。私人包裹通常免税，商品包裹被税概率较低。

（4）寄送限制少。EMS对物品的限制较少，可以寄送其他国际快递禁运的物品，如食品、药品、化妆品等。无普货和敏感货之分，物品可以混合邮寄。

（5）退件无忧。若包裹在国外被退件，不会产生第二次国际运费，降低了寄送风险。

3. 国际EMS的劣势

（1）时效不稳定。运输时间受航班、海关及当地邮局效率影响较大，时效波动明显，不适合对时效要求高的用户。

（2）重量和尺寸限制。单个包裹重量通常不能超过30kg（部分国家不超过20kg），不适合寄送大件货物。

（3）网站查询待改进。EMS的网站查询功能有待进一步改善，可能存在用户体验不佳的问题。

第二节　国际商业快递

跨境电商除了邮政小包外，国际商业快递也是重要的物流方式之一。国际商业快递是指跨越国界提供的快递服务，主要用于国际贸易中的商品流通以及企业之间的文件传递。这种快递服务通常由专业的快递公司提供，具有高效、安全和可靠的特点。全球主要的国际快递公司有UPS、FedEx、DHL等，它们建立了完善的全球物流网络，覆盖国际关键区域。国内参与国际商业快递的代表性公司有顺丰速运、申通快递、韵达速递等，这几家公司发展迅速，正在深入参与全球跨境电商物流业务，并推动该领域的发展。

国际商业快递对信息的提供、收集和管理有很高要求，依托于全球自建网络和国际化信息系统。国际商业快递的优点在于货物运输时效性高，提供实时物流信息，丢包率较低；建立的全球网络能够实现报关、保险等辅助业务，提供货物包装和仓储等服务，从而实现门到门服务以及货物跟踪服务。国际商业快递的缺点在于成本较高，因为各国计费依据、标准、服务时限和售后服务标准不同，在一定程度上提高了成本。另外，在一些国家和地区，某些货物可能是禁运品或限运品，在欧美等很多国家，某些货物被列入禁运目录，例如新鲜、罐装的肉类与肉制品，植物种子等。

1. 国际商业快递的分类

根据快递物品不同，可分为以下几类：

（1）货物快递：主要包括国际贸易商品、样品等的快递服务。

（2）文件快递：包括商业发票、合同、信用证等商务文件的快递服务。

（3）礼品快递：为跨国送礼提供的快递服务，如生日礼物、节日礼品等。

2. 国际商业快递的特点

（1）速度快：采用空运、海运等快速运输方式，确保快递物品迅速送达目的地。

（2）安全性高：在运输过程中采取严格安全措施，确保快递物品不丢失、不损坏、不泄漏。

（3）服务定制化：可根据客户需求，提供个性化服务方案，满足多元化需求。

（4）专业度高：国际商业快递公司具有丰富的国际物流经验，能为客户提供专业物流咨询和解决方案。

3. 国际商业快递的优势

（1）提高物流效率：通过优化快递流程，提高物流效率，降低物流成本。

（2）保障交易安全：安全性高，降低交易风险，保障国际贸易顺利进行。

（3）提升客户满意度：提供便捷、快速的快递服务，提升客户满意度，增强企业竞争力。

（4）促进全球贸易：为全球贸易提供便捷物流通道，促进国际贸易发展。

一、联邦快递（FedEx）

联邦快递（FedEx）是总部位于美国田纳西州孟菲斯的一家国际性速递集团，主要提供隔夜快递、地面快递、重型货物运送、文件复印以及物流服务，在全球范围内运营。FedEx 亚太区总部设在香港，在上海、东京和新加坡设有区域性总部。FedEx 为顾客和企业提供包括运输、电子商务和商业运作等在内的全面服务。通过相互竞争和协调管理的运营模式，联邦快递提供一套综合的商务应用解决方案。

（一）FedEx 的快递服务

FedEx 提供两种主要的快递服务，分别是 FedEx IP（International Priority（IP），联邦快递国际优先型服务）和 FedEx IE（International Economy（IE），联邦快递国际经济型服务）。

1. FedEx IP 的特点

- 时效快，递送时间为 2～5 个工作日，具体时效取决于目的地海关通关速度。
- 具备强大的清关能力。
- 覆盖全球 200 多个国家和地区。

2. FedEx IE 的特点

- 价格更加优惠，相对于 FedEx IP 更有价格优势。
- 时效较快，递送时间一般为 4～6 个工作日（需要考虑目的地海关通关速度），通常比 FedEx IP 慢 1～3 个工作日。
- 清关能力强，FedEx IE 和 FedEx IP 使用同样的团队进行清关处理。
- 为全球 90 多个国家和地区提供快捷、可靠的快递服务，使用相似的派送网络，只在少部分国家和地区有不同的运输路线。

（二）FedEx 的重量和体积限制

单件货物最长边不能超过 274cm，最长边加上其他两边长度的两倍不能超过 330cm。

单件包裹的最大重量为 68kg，货物总重量不限。

对于单件或者一票多件中单件包裹有超过 68kg 的，需要提前预约。

（三）FedEx 的优点

（1）适宜递送 21kg 以上的大件，尤其是到南美洲的价格更有竞争力。

（2）通常 2～4 个工作日可送达。

（3）有较快的网站更新速度，网络可覆盖全球，可以快速查询快递。

（四）FedEx 的缺点

（1）价格相对较高。FedEx 相较于其他快递公司，其费用较高。FedEx 采用体积重量计费方式，对于轻而大体积的物品，可能实际费用与重量不成比例，增加了物流成本。

（2）对托运物品的限制较为严格。FedEx 在托运物品的规定上相对严格，对于一些特殊物品或受限制的货物，可能需要遵循更严格的规定或寻找其他快递服务。

二、美国联合包裹运送服务公司（UPS）

美国联合包裹运送服务公司（United Parcel Service，UPS）是一家全球领先的物流企业，成立于 1907 年，总部位于美国佐治亚州亚特兰大市。UPS 致力于提供多种解决方案，包括包裹和货物运输、国际贸易便利化以及先进技术部署，旨在提高全球业务管理效率。

UPS 的业务网络覆盖全球 220 多个国家和地区。2021 年，UPS 的营业额达到了 973 亿美元。在中国，UPS 的服务范围覆盖了 330 多个商业中心和主要城市，每周连接近 200 个班次的航班，实现了中国与美国、欧洲以及亚洲其他国家和地区的紧密联系。

（一）UPS 的快递服务

UPS 旗下的货代公司通常提供以下 4 种主要的快递服务：

（1）UPS Worldwide Express Plus（全球特快加急）：提供高资费的全球特快服务。

（2）UPS Worldwide Express（全球特快）：提供全球的特快快递服务。

（3）UPS Worldwide Saver（全球速快）：为全球提供高速的快递服务。

（4）UPS Worldwide Expedited（全球快捷）：相较前三种服务，速度较慢，资费较低。

其中，前三种快递服务是用红色标记的“红单”，而第四种快递服务则是用蓝色标记的“蓝单”。

（二）UPS 的参考时效

UPS 国际快递通常提供的参考派送时间为 1～4 个工作日。这个派送时间是指从快件上网到收件人收到快件的整个过程。然而，如果遇到海关查验等不可抗力的因素，派送时间将以海关放行时间为准。

（三）UPS 的重量和体积限制

UPS 国际快递的小型包裹服务，一般不递送超过重量和体积标准的包裹。如果接收到此类超重或超长的货件，将对每个包裹收取额外的超重超长附加费，费用为 378 元。UPS 规定的重量和体积标准如下：

—单个包裹的最大长度为 274cm。

—单个包裹的最大重量为 70kg。

—单个包裹的最大尺寸为长度加周长（其中周长等于 2 倍的高度和宽度之和）不超过 400 厘米。

（四）UPS 的优点

（1）运输速度快，服务质量高。

（2）更适合美洲线路，特别是发往美国、加拿大等地的快递。

（3）一般情况下，2～4 个工作日即可送达。将货物送往美国大约 48 小时送达。

（4）货物可以送达全球 220 多个国家和地区，并提供在线发货和上门取货服务。

（5）查询网站信息更新快，问题解决及时。

（五）UPS 的缺点

（1）价格较贵，需要计算产品包装后的体积重量，更适合递送 6～21kg 或 100kg 以上的货物。

（2）对托运物品的品类限制比较严格。

三、敦豪（DHL）

敦豪（DHL）是全球著名的邮递和物流集团 Deutsche Post DHL 旗下的公司，主要包括以下几个业务部门：DHL Express、DHL Global Forwarding、DHL Supply Chain 和 DHL eCommerce Solution。1969 年，DHL 开设了第一条从旧金山到檀香山的速递运输航线，很快 DHL 航空货运公司把航线扩展到中国香港、日本、菲律宾、澳大利亚和新加坡。DHL 是全球快递、洲际运输和航空货运的领导者，也是全球第一的海运和合同物流提供商。DHL 为客户提供从文件到供应链管理的全系列物流解决方案，快递可寄达 200 多个国家和地区，拥有涵盖超过 120 000 个目的地的网络。

（一）服务范围

DHL 快递服务范围极为广泛，覆盖全球 200 多个国家和地区。DHL 提供的主要服务类型包括：

（1）国际标准快递。适用于对送达时间没有特别要求的客户，通常在 3～5 个工作日内完成运输。支持门到门、门到机场等多种配送方式，满足不同客户的需求。

（2）国际优先快递。为需要紧急送达的客户提供服务，通常能在 1～3 天内完成送达。

除了门到门服务外，还支持机场到机场、机场到门等配送方式。

（3）国际经济快递。适用于对成本控制敏感的客户，运输时间一般为4～8个工作日。支持门到门和机场到门两种配送方式。

此外，DHL还提供全球物流解决方案、海运、空运、跨境电商等多种服务，以满足不同客户的多样化需求。

（二）服务价格

DHL快递的价格相对较高，但在速度和服务方面表现出色。具体价格受货物重量、体积、目的地、时效等因素影响。表12-2显示了部分DHL国际标准快递和国际优先快递的参考价格。

表12-2 DHL国际标准快递和国际优先快递的参考价格（部分国家）

目的地	国际标准快递	国际优先快递
美国	350元/kg	480元/kg
英国	360元/kg	500元/kg
德国	340元/kg	490元/kg

说明：需要注意的是，以上价格仅供参考，实际价格可能因多种因素而有所变动。

（三）DHL的重量和体积限制

（1）DHL国际快递的重量限制一般较为灵活，通常在0.5kg～500kg之间，没有明确的固定限制。当货物重量超过68kg时，一些快递渠道可能会选择不接收货物，而其他渠道则可能会收取额外的超重附加费。

（2）DHL的体积限制。DHL国际快递对包裹的尺寸有一定限制，其中单边长度不得超过119cm，长宽高的总和不得超过300cm。若包裹超出规定长度，可能会收取超长附加费。

（3）DHL国际快递在货物方面也有一定的限制。在中国内地DHL的服务中，通常只接受一般货物，而在中国香港DHL服务则较为灵活，可以接受一些特殊货物，例如内置电池、配套电池以及知名品牌物品。

（四）DHL的参考时效

DHL快递具有出色的时效性。其国际标准快递通常在3～5天内完成送达，而其国际优先快递则能在1～3天内将货物送达目的地。尽管受到天气、海关等因素的影响，但总体而言，DHL快递的运输速度是非常可靠的。

（五）DHL国际快递的优点

（1）时效快。DHL国际快递在北美、欧洲、大洋洲能够实现2～5个工作日完成签收，而在东南亚地区，1～3天即可完成签收。

（2）不易排仓、稳定性好。DHL 国际快递拥有充足的航空航班资源，具备强大的运力，使其不容易发生排仓现象，保持稳定性。

（3）安全性高。采用直飞模式，减少中转次数，降低丢件率，安全性高。

（4）通邮范围广。DHL 快递可承运物品抵达全球 200 多个国家及地区，通邮范围极为广泛。

（5）赔偿效率快。相较于其他物流方式，DHL 快递的赔偿效率较快。

（六）DHL 国际快递的缺点

（1）价格高昂。DHL 快递的资费相对较高，起运重量大，附加费用也较多。

（2）清关能力弱。DHL 快递采用自然模式清关，清关能力相较于专线物流和邮政物流较弱。

（3）适用物品范围小。DHL 快递不接受敏感物品，适用物品范围较为有限，且不提供清关服务。

（4）部分国家服务无优势。在一些国家，如南美洲的巴西、阿根廷、智利等，DHL 快递的服务质量较差，航班资源有限，价格昂贵，清关效率低。

四、荷兰 TNT 快递

荷兰 TNT 快递是荷兰邮政集团的子公司，成立于 1946 年，服务覆盖 200 多个国家和地区，提供全球整合性物流解决方案。在亚洲、欧洲、南美洲和中东等地区设有航空和公路运输网络。

运费包括基本运费和燃油附加费，经济型时效为 5～7 个工作日。单件包裹重量不能超过 70kg、最长边不得超过 1.2m，超出体积重量按实际重量计费。

（一）TNT 国际快递的优势

（1）重量优势。TNT 对于重量在 21kg 以上的物品有价格优势。

（2）时效优势。在欧洲的西欧及部分中东国家，TNT 能够提供较好的物流时效，例如英国、荷兰、比利时等国家，能提供 3～6 天的物流时效。

（3）清关优势。TNT 在西欧及中东地区具有强大的清关能力，但在其他地区的清关上优势较小。

（4）整体价格优势。在小货、大货上均有价格优势，尤其在小件货物和重量在 21kg 及以上的大货到达中东、欧洲地区有明显的价格优势。

（5）区域优势。区域优势主要集中在欧洲、中东地区。

（6）跟踪查询优势。在跟踪查询上有独特的优势，跟踪信息反应速度快，能够拦截及更改错误。

（二）TNT 国际快递的劣势

（1）整体时效慢。相对于 DHL、FedEx、UPS 等商业快递，TNT 的整体时效较慢。

(2) 优势区域少。TNT 的优势区域相对较少，主要在西欧及部分中东地区，而 DHL、FedEx、UPS 在全球范围内的优势更为明显。

(3) 货运限制大。与其他商业快递一样，TNT 国际快递有较大的货运限制，一般仅可承运一般普通货物，对于液体、膏体、电池等物品有明确的限制。

五、顺丰国际

顺丰国际是顺丰速运旗下的跨境物流子公司，专注于提供国际快递、物流和供应链解决方案。顺丰国际成立于 2012 年，经过十几年的发展，其跨境运输业务快速扩张，建立了全球覆盖广泛的物流网络，能够为企业和消费者提供全球范围的物流服务。顺丰国际的服务包括标准快递、特惠快递、小包、重货、保税仓储、海外仓储、转运等多种物流服务。通过与国内外航空和海运公司合作，顺丰国际能够提供多样化、灵活性强的物流选择，确保货物便捷、可靠的国际运输。

(一) 主营业务

顺丰国际的主营业务涵盖多个领域，可以满足客户在跨境物流中的不同需求。具体包括以下主要业务：

(1) 国际标准快递。顺丰国际提供全球覆盖的国际标准快递服务，特别关注北美、欧洲、亚洲和大洋洲等主要经济体。该服务能够在全球 48 小时内实现快速送达，同时还提供更实惠的国际特惠服务。

(2) 国际小包服务。针对跨境电商的小型货物运输需求，顺丰国际提供国际小包服务，覆盖全球 180 多个国家和地区。该服务提供门到门的快速清关和派送服务，以满足卖家的小型货物运输需求。

(3) 国际重货服务。顺丰国际的国际重货服务适用于大型货物的运输，包括大件物品、机器设备和医疗器材等。该服务支持海运和空运两种模式，并可根据客户需求进行个性化定制。

(4) 保税仓储服务。在中国、新加坡、荷兰、美国、日本等地设有保税仓库，为卖家提供一站式保税仓储服务。这使得卖家可以将货物存放在保税仓库中，直到买家下单后再进行出口。

(5) 海外仓储服务。顺丰国际提供海外仓储服务，帮助卖家实现全球本地化的仓储管理。通过将货物存放在当地的仓库中，卖家能够实现快速派送和降低运费的目标。

(6) 转运服务。顺丰国际还提供转运服务，支持卖家将货物从一个国家或地区运输到另一个国家或地区。该服务涵盖多种运输方式，包括海运、空运和陆运等，以满足客户的不同需求。

(二) 顺丰国际的优势

(1) 全球覆盖。顺丰国际与全球 200 多个国家和地区的航空和海运公司建立了长期合作关系，具备广泛的国际网络，能够提供全球范围内的物流服务，这使其成为一个全球性的跨境物流服务提供商。

（2）多样化服务。顺丰国际提供多种物流服务，包括标准快递、特惠快递、小包、重货、保税仓储、海外仓储、转运等，以满足不同类型卖家的多样化需求。多样性的服务使得顺丰国际能够灵活应对各类跨境物流需求。

（3）快速通关。顺丰国际注重快速通关服务，通过专业的通关团队和流程优化，帮助卖家提高通关效率，减少通关成本。

（4）优质客服。顺丰国际提供 24 小时客服支持，能够及时解决客户的问题和需求。优质的客户服务有助于提高客户满意度，同时为客户提供及时的支持和信息。

六、国际邮政与国际快递比较分析

在跨境运输领域，选择合适的承运方对于企业来说至关重要。除了费用、运输周期、服务和商品属性外，运输时效以及海关通关效率也是影响选择的重要因素。对于一些对时效要求较高的产品，比如新品、季节性商品等，选择国际快递公司如 UPS、DHL 等可能是不错的选择。这些国际快递公司虽然费用较高，但有优秀的时效性和可靠的物流服务。它们能够提供全球范围内的运输服务，保证商品快速送达目的地，为企业节省时间成本，满足客户对快速配送的需求。此外，国际快递公司通常拥有完善的跟踪系统和客户服务，可以确保商品在途中的安全性和可追溯性，为企业提供更多保障。

对于一些对时效要求不高、货物价值较低的产品，选择中国邮政或其他平邮服务可能更加经济实惠。尤其是一些 B2C 电商企业，它们通常需要批量发送货物，对运输成本极为敏感，选择中国邮政或其他平邮服务可以有效降低运输成本，并且在一定程度上保证正常的物流服务（参见表 12－3）。

表 12－3　国际快递和国际邮政比较分析

承运方	费用	运输周期	货物查询	适用商品	运费计算
EMS	一般	一般	可查	时效要求不高、体积大、注重运费成本	“直达”：只算包装后的实重；“非直达”：实重和体积运费从高
FedEx、DHL、TNT、UPS	高	短	可查	价值高、时效要求高、服务质量高	实重和体积运费从高
中国邮政、香港邮政	低	长	可查	时效要求不高、价值低、体积较大	只算包装后的实重

在选择跨境运输方时，企业需要全面考量各种因素，选择适合自身需求和特点的承运方。无论是选择国际快递公司、中国邮政、新兴的跨境电商物流公司，还是选择其他运输服务提供商，企业都应当基于自身的实际情况和物流需求进行选择。只有综合考虑费用、运输周期、服务、商品属性、运输时效和海关通关效率等因素，才能选择合适的承运方，为企业的跨境物流运营提供更好的支持和保障。

第三节 国际专线物流

国际专线物流是主要的跨境电商物流模式之一，过去通常指特定地区间专门负责国际段运输的代理和组织，现在国际专线物流指针对特定国家或地区推出的跨境专用物流线路。国际物流专线一般是通过航空包舱方式将货物运输到国外，再通过合作公司进行目的国的派送，是最常用的运输方式。国际专线物流的优势在于其能够集中大批量到某一特定国家或地区的货物，通过规模效应降低成本。

一、国际专线物流概述

（一）国际专线物流的特点

国际专线物流是跨境电商物流中的一种重要模式，它具有以下特点：（1）五个固定特征。国际专线物流具有“五固定”特征，即物流起点、物流终点、运输工具、运输线路、运输时间基本固定。这使得整个物流过程更加可控和稳定。（2）跨境专用线路。国际专线物流是针对特定国家或地区推出的跨境专用物流线路，这些专线包括航空专线、港口专线、铁路专线、大陆桥专线、海运专线及固定多式联运专线等。（3）多种运输方式。国际专线物流涵盖多种运输方式，包括航空、海运、铁路等。例如，郑欧班列、中俄专线、渝新欧专线等是常见的国际专线物流产品。（4）成本优势。由于国际专线物流能够集中大批量到某一特定国家或地区的货物，通过规模效应降低成本，因此，其价格一般比商业快递低。（5）稍慢于商业快递。尽管国际专线物流在时效上稍慢于商业快递，但相比邮政包裹，其速度仍然较快。

目前市面上常见的国际专线物流产品包括美国专线、欧洲专线、澳洲专线、俄罗斯专线等。此外，也有一些物流公司推出了中东专线、南美专线、南非专线等，以满足不同市场的需求。

（二）国际专线物流的优势

（1）时效快。国际专线物流公司拥有自主专线，采用固定航班，因此时效性较高。相比于淡旺季配送时效差别大的情况，国际专线物流时效更为稳定，通常比邮政小包更快。

（2）成本低。国际专线物流能够集中大批量货物到特定国家和地区，通过规模效应降低单位成本。整体成本可控，服务相对稳定，而且物流成本一般较国际商业快递低。

（3）安全性高。国际专线物流通常提供额外的赔偿和保险服务，丢包率较低。由于在目的地有合作物流商负责单件配送，配送距离相对较近，进一步降低了丢包风险。

（4）可追踪。国际专线物流服务通常提供详细的追踪信息，买家可以在国内获得目的地配送物流商的单号，实现从国内到境外妥投的全过程追踪，提升了物流可见性。

（5）易清关。国际专线物流运输批量货物至目的地，对货物进行统一清关并有专业人员跟进。这有助于减少清关时可能出现的问题，同时提升了买家服务体验和清关效率。由于不需要买家来解决清关环节，整体流程更为简便。

（三）国际专线物流的劣势

（1）通达地区有限。国际专线物流服务主要覆盖物流体量较大的国家和地区，导致可选择的物流方案受到限制。揽件范围在国内相对有限，目前只有几个重点城市提供上门揽件服务，市场覆盖面需要进一步扩展。

（2）运费成本略高。相对于中邮小包等传统邮政渠道，国际专线物流的运费成本略高。虽然整体成本相对较低，但在运费方面可能会有一定的差距，这对一些对成本敏感的业务来说可能是一个劣势。

（3）可托运产品有限。国际专线物流服务公司逐渐增多，但其可托运的产品种类较为有限。由于受限于航空运输方式，一些物品仍然被禁止托运，这限制了一些大宗商品批发商采用国际专线物流，它们可能会选择使用邮政包裹或其他方式将物品运往境外。

需要在选择物流渠道时权衡这些劣势，根据具体业务需求和产品特性做出合适的决策。在跨境电商与国际贸易领域，常用的国际专线物流有如下几个。

二、燕文专线（Special Line-YW）

Special Line-YW 即航空专线燕文，俗称燕文专线，是北京燕文物流公司旗下的一项国际物流业务。燕文专线目前已开通南美专线和俄罗斯专线。燕文南美专线小包和俄罗斯专线小包是燕文物流旗下的两项国际物流业务，它们分别针对南美洲和俄罗斯地区提供物流服务，具有以下特点。

（1）燕文南美专线小包：

—通过调整航班资源实现一程直飞欧洲，再利用欧洲到南美洲航班货量少的特点，进行快速中转。

—采取这种方式可以避免在旺季发生爆仓情况，同时大幅缩短了妥投时间。

—该专线服务旨在提供高效的南美洲小包运输解决方案，适用于跨境电商和个人用户。

（2）燕文俄罗斯专线小包：

—与俄罗斯合作伙伴系统内部互联，实现全程无缝、可视化跟踪。

—包裹在国内快速预分拣，经过快速通关，并在国内分拨后迅速派送。

—在正常情况下，俄罗斯全境派送时间不超过 25 天，人口 50 万人以上的城市派送时间通常低于 17 天。

—这个专线旨在提供快速可靠的俄罗斯小包运输服务，适用于需要快速送达的货物。

这两个专线均注重提供高效、可追踪、低风险的小包物流服务，以满足特定地区客户的需求。在选择物流服务时，用户可以根据具体的发货地、目的地和时效需求来选择合适的专线服务。

1. 燕文专线包裹要求

—单件包裹重量限制为 0～30kg。

—体积限制最长边≤150cm 或 120cm（部分国家），长、宽、高总和≤310cm 或 220cm（部分国家）。

2. 燕文专线运输时效

—正常情况下，燕文专线通常在 16～35 天可到达目的地。

—特殊情况下，如节假日、特殊天气、政策调整或偏远地区等，可能需要 35～60 天才能到达目的地。

案例拓展

燕文物流打造多元化产品体系，为客户提供精细化跨境出口物流服务

燕文物流是中国领先的跨境出口电商综合物流服务商。公司成立于 1998 年，专注于为全球跨境出口电商企业和消费者提供综合物流服务。公司积极整合全球物流资源，以自主研发的综合物流信息管理平台为支撑，打造多元化物流产品服务体系，与全球速卖通、亚马逊、Wish、eBay 等跨境电商第三方平台和独立站建立了长期稳定的合作关系。

截至 2022 年底，燕文物流已在全国设置六大分拨中心和 38 个集货转运中心，业务覆盖全国 17 个省市，服务通达全球 200 余个国家和地区。公司物流产品种类丰富，业绩呈稳步增长态势。根据招股说明书，燕文物流主营业务包括国际快递全程业务、国际快递揽收及处理业务等，近年来实现较快增长。其中，国际快递全程业务贡献了公司主要营收来源，主要包括标准类、专线类和国际商业快递三大产品线，每大类产品根据送达地区、时效、服务内容和价格等又可细分为若干子产品，产品种类齐全，具有多样化竞争优势。燕文物流构建技术驱动的全球智慧物流体系，助力综合竞争力提升。

燕文物流打造智慧物流体系。燕文物流通过搭建物流信息管理系统、引入自动化分拣设备，建立了高度协同的智慧物流体系，从而实现揽收、分拣、运输、通关、派送等跨境电商物流各环节数据信息的实时交互，致力于以数字技术助力高效物流作业和低成本生产运营。

燕文物流自研物流信息管理系统，快速响应客户需求。公司持续加强信息系统基础架构建设投入，搭建了以专有云为基础、公有云为扩展的混合云架构，并依托多年跨境电商物流领域业务经验和技术积累，建成模块化、高可用、易扩展的业务中台系统和敏捷灵活的前台业务系统，实现各环节资源高效调配和产品不断迭代创新，更好地满足客户需求。

运用智能物流设备助力降本增效。公司较早引入自动化分拣设备，实现仓内作业全流程高度智能化，在提高工作和管理效率、保障物流服务时效性的同时，有助于控制运营成本，进而助力公司综合竞争力提升。

资料来源：作者根据北京燕文物流股份有限公司《首次公开发行股票招股说明书》整理。

三、中欧班列

中欧班列（China Railway Express，CRExpress）是由中国国家铁路集团有限公司组织，按照固定车次、线路、班期和全程运行时刻开行的集装箱等铁路国际联运列车，运行于中国与欧洲及“一带一路”共建国家间。

目前，中欧班列拥有西、中、东三条通道。

（1）西部通道——从中国中西部地区经阿拉山口（霍尔果斯）出境。阿拉山口口岸通行的中欧班列线路可到达德国、比利时、波兰等国家和地区，实现“连点成线”“织线成网”。其中出口货物主要为汽车及配件、电子产品、百货等，返程货物主要为汽车及配件、机械产品、棉纱等。

（2）中部通道——从中国华北地区经二连浩特出境。内蒙古二连浩特铁路口岸是中蒙俄经济走廊和中欧班列中线通道上的关键节点，途经二连浩特铁路口岸的中欧班列已连接德国、波兰、俄罗斯、白俄罗斯、蒙古国等国家和地区。国内覆盖全国中欧班列大部分首发城市并集聚了天津、安徽、湖南等省市的货源。

（3）东部通道——从中国东北地区经满洲里（绥芬河）出境。2023 年全年满洲里铁路口岸通行中欧班列 5001 列，同比增长 3%，自 2013 年中欧班列东部通道——满洲里口岸开行首列中欧班列至 2023 年，班列通行量、货物运送量实现了连续增长。

每条通道都有固定的运输路径，使中欧班列成为一个可靠的陆路运输选择，为参与国家和地区提供了高效的物流连接。中欧班列的运行有助于促进我国对外经济与贸易的合作，推动“一带一路”倡议的实施。我国幅员辽阔，通过海路或者港口通往西部地区距离相对较远，而铁路运输具有省时间以及低成本的优势，吸引了大量欧洲客户。中欧班列自运行以来，已经在我国许多城市开通了中欧班列线路，数量和频次都在持续稳步增加。

1. 主要线路班列开行情况①

（1）中欧班列（重庆—杜伊斯堡）。从重庆团结村站始发，经阿拉山口出境，途经哈萨克斯坦、俄罗斯、白俄罗斯、波兰至德国杜伊斯堡站，全程 11 000 公里，运行时间约 15 天。

（2）中欧班列（成都—罗兹）。从成都城厢站始发，经阿拉山口出境，途经哈萨克斯坦、俄罗斯、白俄罗斯至波兰罗兹站，全程 9 965 公里，运行时间约 14 天。货源主要是本地生产的 IT 产品及其他出口货物。

（3）中欧班列（西安—华沙）。经由阿拉山口出境，穿越哈萨克斯坦、俄罗斯、白俄罗斯，最终抵达波兰华沙站，全程 9 048 公里，运行时间约 12 天。

（4）中欧班列（郑州—汉堡）。从郑州圃田站始发，经阿拉山口出境，途经哈萨克斯坦、俄罗斯、白俄罗斯、波兰至德国汉堡站，全程 10 245 公里，运行时间约 15 天。

（5）中欧班列（苏州—华沙）。从苏州始发，经满洲里出境，途经俄罗斯、白俄罗斯

---

① 以下内容参见：中欧班列的全球崛起：32 条线路见证贸易新机遇。（2025－03－25）. https：//baijiahao.baidu.com/s?id=1827566741337127941&wfr=spider&for=pc.

至波兰华沙站，全程 11 200 公里，运行时间约 15 天。货源主要来自苏州及周边地区，包括笔记本电脑、平板电脑、液晶显示屏、硬盘、芯片等 IT 产品。

（6）中欧班列（武汉—捷克、波兰）。从武汉吴家山站始发，经阿拉山口出境，途经哈萨克斯坦、俄罗斯、白俄罗斯到达波兰、捷克、斯洛伐克等国家的相关城市，全程 10 700公里，运行时间约 15 天。

（7）中欧班列（长沙—杜伊斯堡）。始发站在长沙霞凝货场，具体实行“一主两辅”运行路线。“一主”为长沙至德国杜伊斯堡，全程 11 808 公里，运行时间约 18 天。“两辅”中，一条是经霍尔果斯出境，最终抵达乌兹别克斯坦的塔什干；另一条是经二连浩特（或满洲里）出境，到达俄罗斯莫斯科。

（8）中欧班列（义乌—马德里）。自义乌铁路西站始发，到西班牙马德里，经阿拉山口出境，全程 13 052 公里，运行时间约 21 天。

（9）中欧班列（哈尔滨—俄罗斯）。从哈尔滨出发经滨洲铁路到达满洲里口岸站出境，再经俄罗斯西伯利亚大铁路到达比克良站，全程 6 578 公里。

（10）中欧班列（哈尔滨—汉堡）。从哈尔滨出发，经满洲里、俄罗斯后贝加尔到赤塔，再转入俄罗斯西伯利亚大铁路，经叶卡捷琳堡、莫斯科到达波兰的马拉舍维奇并继续前行至德国汉堡，全程 9 820 公里。

2. 中欧班列的优势

（1）运输时间。中欧班列介于空运与海运之间，是对传统海运、空运市场的补充，正常运行时间为 15～18 天。

（2）运量优势。在中欧班列运行之前，海运赶交期或者高附加值的货物只能选择走空运，但是空运运量很有限，而且运输成本很高。中欧班列的运行弥补了两者的不足。中欧班列班次稳定，采用集装箱运输方式，适合大宗货物集中运输。

（3）价格优势。中欧班列运输成本介于空运与海运之间，有时候运价甚至低于海运。有时拼箱货物会提供小货特价，运价可以按照快递的价格执行。

（4）网点分布广。传统海运散货拼箱点往往集中在港口，而中欧班列的铁路拼箱点分布在中国以及欧洲各个内陆城市。

3. 中欧班列的劣势

（1）口岸拥堵与换装影响。有时口岸会受到货物数量增加、检验检疫程序变化、天气变化或其他运输网络中的问题影响而拥堵。另外，中欧班列通常在过境口岸时需要进行车辆的换装，以适应对方国家的铁路轨距标准。这个换装过程可能受到多种因素影响，包括疫情控制措施、人员调度等。这些因素都会导致换装流程减缓，进而影响整个运输时间。

（2）货物种类限制。铁路运输对一些特殊性质的货物限制较多，例如运输货物不能含油、含电、含磁、含液压等，此外，液体类、粉末类货物等也可能不被铁路接受。这些限制可能使得一些特殊种类的货物无法选择中欧班列进行运输。目前主要使用中欧班列发运的货物包括机械设备、日用品、小家电、服装、五金等。这些通用货物符合铁路运输的限制和要求。

(3) 地理位置影响价格。铁路发运价格受到发运站点地理位置的影响。偏内陆的发运站点价格一般较为便宜，而靠近沿海的发运站点价格相对较高。这一差异主要与陆运费用相关，因为内陆地区到达港口或铁路出发站点可能需要更长的陆运距离，而且内陆运输成本相对较低，相反，沿海城市可能有更短的陆运距离，但陆运费用较高。

四、Russian Air（中俄航空专线）

Russian Air（中俄航空专线）是国内快速集货、航空干线直飞、在俄罗斯通过俄罗斯邮政或当地落地配运行的物流专线的合称。中俄航空专线下的代表性专线有 Ruston。Ruston（俄速通）是由黑龙江俄速通国际物流有限公司提供的一条连接中俄两国的航空小包专线服务。这条专线以国内快速集货、航空干线直飞为特点，通过俄罗斯邮政或目的地的当地落地配送，实现快速配送。Ruston 也称为中俄航空小包专线，专门为跨境电商客户提供快速稳定的小包航空专线服务，并提供全程物流跟踪服务。

1. 资费标准

Ruston 中俄航空专线的计费以克为单位精确计费，无起重费。除按照货物实际重量计算的配送服务费之外，Ruston 中俄航空专线还收取每单 8 元的挂号服务费。

2. Ruston 的重量和体积限制

Ruston 中俄航空专线根据包裹的形态对相关的尺寸做了规定。若所寄包裹为方形包裹，则要求长＋宽＋高≤90cm；单边长度不超过 60cm；如果所寄包裹为圆柱形包裹，则要求 2 倍直径及长度之和≤104cm，单边长度≤90cm。在重量方面，Ruston 要求货物重量不超过 2kg。

3. Ruston 的参考时效

- 正常情况下 15～25 天到达俄罗斯目的地。
- 特殊情况下 30～60 天到达俄罗斯目的地。

4. Ruston 的优点

- 经济实惠，以克为单位计费，无起重费，为卖家将运费降到最低。
- 可邮寄范围广，覆盖俄罗斯全境。
- 运送时效快，开通中俄航空专线货运包机。
- 全程可追踪，提供 48 小时内上网，货物全程可视化追踪。

五、Aramex（中东专线）

Aramex 是中东地区知名的快递公司，提供全球范围的综合物流和运输解决方案。Aramex 与中外运于 2012 年成立了中外运安迈世（上海）国际航空快递公司，在国内也称为“中东专线”，是发往中东地区的国际快递的重要渠道。

1. 体积和重量限制

单件包裹限重 30kg，体积常规限制在 120cm×50cm×50cm 以内。

2. 派送范围

可派送到达阿拉伯联合酋长国、科威特、沙特阿拉伯、土耳其、埃及、以色列、巴林、伊朗、伊拉克、阿曼、卡塔尔、约旦、黎巴嫩、叙利亚、也门、巴勒斯坦等。

3. 服务优势

（1）价格优势。运费低至 EMS 公布价的四折，没有偏远附加费用。

（2）时效优势。时效有保障。

（3）全程跟踪。包裹可在 Aramex 官网跟踪查询实时更新信息，收、寄件人可跟踪包裹最新动态。

（4）增值服务。可提供货物保险、退件安排等增值服务。

六、速优宝芬兰邮政

速优宝芬兰邮政挂号小包（“速优宝芬邮挂号小包”）是由芬兰邮政针对 2kg 以下小件物品推出的香港口岸出口的特快物流产品，派送范围为俄罗斯、白俄罗斯、爱沙尼亚、拉脱维亚、立陶宛、波兰、德国全境邮局可到达区域。

1. 收费方式

速优宝芬兰邮政挂号小包的收费方式是按照正向配送费和挂号服务费来计算，单件包裹的重量限制为 2kg。包裹自揽收起 16～35 天可妥投至买家地址对应的邮局。在全球速卖通下单时，只有商品折后价乘以数量再加上运费小于或等于 23 美元的商品，买家才能选择速优宝芬兰邮政挂号小包，如果超过 23 美元则无法显示这个物流选项。

2. 参考时效

—正常情况：16～35 天到达目的地。

—特殊情况除外（包括但不限于：不可抗力、海关查验、政策调整以及节假日等）。

七、中俄快递- SPSR

SPSR Express 是俄罗斯最优秀的商业物流公司之一，也是俄罗斯跨境电子商务行业的领军企业。“中俄快递- SPSR”提供经北京、香港、上海等地出境的多条快递线路，可寄送重量 100g～31kg，尺寸为长宽高之和小于 180cm、单边不超过 120cm 以内的包裹，运送范围为俄罗斯全境。

1. 资费标准与限制

中俄快递- SPSR 的资费标准与中邮挂号小包的资费计算项目一致，包括配送服务费和挂号服务费两部分。运费按照每 100g 计费，不足 100g 按 100g 计算，单件包裹限重 31kg。中俄快递对于包裹体积限制为长＋宽＋高≤180cm，单边长度≤120cm。

2. 参考时效

俄罗斯境内 75 个主要城市（包含莫斯科、圣彼得堡等）11～14 日到达，其他偏远地区 31 日内可到达（不可抗力除外）。此外，“中俄快递- SPSR”提供国内段交寄及目的国妥投等跟踪信息。

3. 中俄快递- SPSR 的优势

（1）交寄便利。北京、深圳、广州（含番禺）、东莞、佛山、杭州、金华、义乌、宁波、温州（含乐清）、上海、昆山、南京、苏州、无锡、郑州、泉州、武汉、成都、葫芦岛兴城、保定白沟提供上门揽收服务，非揽收区域卖家可自行寄送至揽收仓库。

（2）派送便利。默认送货到门服务，如果买家愿意，可以选择自提（SPSR 在俄罗斯境内 260 多个城市有 900 多个方便的自提点）。

第四节　海外仓和保税仓

一、海外仓

海外仓是指在海外建立的仓储设施。在跨境电商贸易中，国内企业将商品通过大宗运输的形式运往目标市场国家或地区，通过建在当地的仓库储存商品，再根据当地的销售订单第一时间做出响应，直接从当地仓库进行分拣、包装、配送以及退换货等。很多电商平台和出口企业通过建设海外仓来布局境外物流体系，让出口企业能够将货物批量发送至国外仓库，实现在国外当地的销售和配送。海外仓通过实现本地化快速配送和服务，提升消费者的购物满意度，并有效控制出口企业的成本，从而提升企业在海外市场的竞争力和市场份额。

根据《2023 海外仓蓝皮书》数据，截至 2022 年年末，海外仓数量前十的国家或地区为美国、德国、英国、加拿大、日本、大洋洲、俄罗斯、西班牙、法国、意大利，合计 2 365个仓库（如图 12－2 所示），较上年末增长 30.17%，面积合计约 2 600 万平方米，较上年末增长约 58%。其中，美国市场 2022 年新增 253 个海外仓，新增面积 653.5 万平方

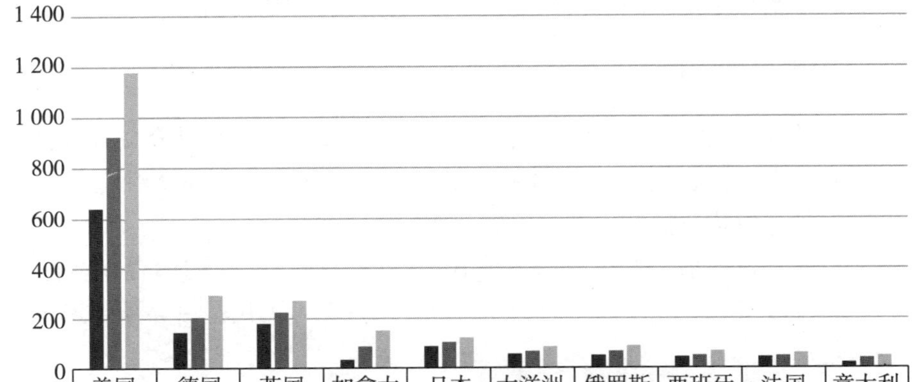

	美国	德国	英国	加拿大	日本	大洋洲	俄罗斯	西班牙	法国	意大利
■2020年数量	639	145	178	34	87	56	50	43	43	22
■2021年数量	925	203	224	87	104	66	67	49	47	39
■2022年数量	1 178	293	271	151	122	84	89	68	61	48

■2020年数量　■2021年数量　■2022年数量

图 12－2　2020—2022 年主要国家和地区海外仓数量（个）

米，平均单仓面积达到1.41万平方米，呈现一定的规模化趋势。

相较于成熟市场，东南亚等新兴市场的海外仓扩张势头更为迅猛。数据显示，新兴市场（东南亚、中东、拉美、印度、非洲）的海外仓数量合计268个，较上年增长56.72%。除印度外，增速均超过30%，东南亚的增速更是高达91.55%。

（一）海外仓的优势

海外仓的优势主要体现在以下几个方面：

（1）到货速度快。从海外仓发货可以节省报关、清关和跨境运输等的时间，与国内直发相比，可有效减少订单响应时间50%～70%，大大提升了用户体验，缩短了商品周转时间，而且海外仓发货回款快，可以提高资金周转率，节省资金成本。

（2）物流成本更低。海外仓打破了一般国际快递对物品重量、体积和价值等的限制，而且将货物批量发送至国外目的地，费用比国际快递要便宜，一定程度上降低了物流成本。

（3）提高产品曝光率和下单率。如果平台或店铺在海外有自己的仓库可以本地发货，那么当地的消费者在购物时会优先选择，从而支持更广泛的营销，提升产品的曝光率和订单量。

（4）提升退换货处理响应。通过海外仓可以在当地进行退换货处理，节省了时间，提升客户满意度和品牌信誉度。

（5）避免旺季物流排仓、爆仓。在物流旺季，各个物流渠道不仅价格大幅上涨，而且经常出现爆仓的问题，这是令跨境电商卖家头疼的问题。海外仓可以很好地避免这些问题，提前备货，预防旺季爆仓。

（6）加强仓库管理和货物处理。海外仓及其货物管理可由第三方代理，操作简单，而且库存管理及盘点更加清晰，每月的销量及剩余库存详情可由信息系统直接获得。

（二）海外仓的劣势

（1）仓储成本较大。自建海外仓成本很高，租用第三方海外仓成本要低许多，但还是会产生一定的费用。仓储成本费用因国家而异，卖家选择海外仓时应重视成本费用的计算，与非海外仓方式所需费用进行比较，然后做出选择。

（2）有库存量要求。卖家采用海外仓，就需要保有一定的库存量，往往产生库存压力，占压其许多资金。如果商品滞销，留存在海外仓，无论是丢弃还是退运回国都是令人头疼的事情。

（3）对商品的种类有限制。第三方海外仓对小件商品、铺货型商品等不太友好，样式繁多的小件商品需要很多的人力和时间来管理仓储和处理订单。

（4）可控性较差。海外仓受当地法律政策、社会因素、自然因素等不可控因素影响较大，出现意外很难处理，导致货物派送出现延误，甚至引起仓库被查、货物没收以及高额赔款等情况。

（三）海外仓的模式分类

海外仓的模式大致有三种，分别是平台海外仓、第三方海外仓以及自营海外仓。此外，还有虚拟海外仓。

1. 平台海外仓

这是跨境电商平台为卖家提供的一项物流服务，例如亚马逊的 FBA（Fulfillment By Amazon，即亚马逊物流），卖家需要提前将货物放置到海外仓，这样有助于提高产品在亚马逊页面的排名，但也占用资金比较多，灵活性较差。FBA 仓是亚马逊提供的包括仓储、拣货打包、派送、收款、客服与退货处理的一条龙式物流服务。FBA 仓的日发货量、商品种类、服务的消费者数量以及服务质量都远超一般的第三方海外仓，但是其运费更贵，退货也较麻烦。

2. 第三方海外仓

第三方海外仓模式是指由第三方企业（多数为物流服务商）建立并运营的海外仓，并且可以提供多家跨境电商企业的清关、入库质检、接受订单、商品分拣、配送等服务。有的海外仓还可提供仓储、转运、分销、供应链金融等一站式服务。相对来说，卖家采用第三方海外仓付出的费用更低，灵活性也比平台海外仓更强。

3. 自营海外仓

目前，第三方海外仓的服务水平还比较初级，不能满足客户的个性化需求，有不少电商企业选择自建海外仓。这些跨境商家自己建立并运营海外仓，仅为本企业的产品提供仓储、配送等服务。自营海外仓的成本较高，一般只有少数有实力的公司才能承担。另外，通过自建海外仓，整个跨境物流过程都可由商家自己控制。

4. 虚拟海外仓

虚拟海外仓是指没有实际物理仓库，但利用技术和合作伙伴网络，在全球范围内提供类似于海外仓的物流解决方案。这种模式依托于数字化技术和合作伙伴关系，实现了与传统实体海外仓类似的功能，但不需要实际的仓库设施。

虚拟海外仓通过与合作伙伴或第三方物流网络合作，在全球范围内提供仓储、订单处理和配送服务，无须投资建造或租赁实际的仓库，从而减少了实体仓库的运营成本和风险。虚拟海外仓依靠先进的技术和数字化系统，实现了远程仓储管理和订单处理，能够根据需求快速扩展或缩减仓储和物流服务，更具灵活性和适应性。

虚拟海外仓通常适用于那些希望拓展国际业务，但又不希望承担实际仓储和物流管理成本的企业。通过数字化技术和合作伙伴关系，能够为企业提供全球化的物流解决方案，满足跨境贸易和电商发展的需求。

（四）对于海外仓的选择

主流跨境贸易平台都提供海外仓服务。比如亚马逊提供 FBA 服务，会为卖家的产品提供一定的优惠服务，如更多的曝光、更低的运费等。但平台的政策机制也存在风险，亚马逊将卖家的账号与仓储货物紧密捆绑，一旦账号或运营出现问题，违反了平台规则，可能会导致封店或其他处罚，造成更大的损失。

是否选择第三方海外仓，要考虑第三方的 IT 系统提供的订单管理系统是否符合企业的订单管理要求，还要关注这些第三方海外仓除了提供海外仓储服务之外，有没有其他的附加服务，比如整柜出口、清关、退税和仓储地法律支持等。另外，第三方海外仓可能鱼龙混杂，除了考虑价格外，也要重视海外仓的物流和仓储支撑能力以及可靠性。

至于是否选择自建海外仓，要看跨境电商企业能否承受自建仓的高昂成本，一般只有资金实力较大的商家才能承担建设成本。对于选择自建海外仓的商家来说，如果出售的产品成交量小、利润低、不具备规模优势，那么自建海外仓运营的风险会加大，甚至导致严重损失。

（五）海外仓的作业流程

海外仓的整个作业流程分为三个部分，头程运输、仓储管理和尾程派送。

1. 头程运输

头程运输是指国内商家通过海运、空运、陆运或者联运将商品运送至海外仓库。其作业流程如图 12-3 所示。

图 12-3　海外仓作业流程

（1）货物揽收。目前，海外仓服务商揽货的方式包括：海外仓服务商上门取货；客户将货物送至海外仓国内指定的头程仓库；海外仓企业有客户当地的头程渠道资源，帮助客户实现当地拼柜/整柜发货。

（2）货物装卸。首先安排合适的运输车辆进行揽货，在司机揽货时需要和客户确认货物信息；在司机提货回来后，头程仓收货人员在收货完成后需要确认收货数据并签字。

（3）货物查验。首先检查货物的数量等是否与入库单信息一致，然后拆箱对此票货物每箱的 SKU 种类和数量进行清点，数据录入系统，对每种 SKU 取样进行长、宽、高和重量的称量，将有差异的数据在信息系统中修改，最后对 SKU 产品重新装箱，并测量每个箱子的尺寸和重量，将数据填入系统。

（4）货物入库。根据入库单的目的国以及运输方式，将货物放到仓库指定区域进行存放。一般仓库会根据海外仓分为美国、德国、英国等国家和地区，然后进一步分为海运、空运以及快递区域。

（5）货物出库。海外仓服务商根据客户选择的物流计划（即运输方式和时间）进行订舱，然后通知头程仓库联系实际物流承运商进行提货出库。

2. 仓储管理

海外仓仓储管理指国内商家通过物流信息系统，远程操作海外仓储货物，实时管理库存。其作业流程如图 12-4 所示。

（1）入库预约送仓。如果是跨境电商卖家通过自己的头程渠道将货物运输到海外仓，

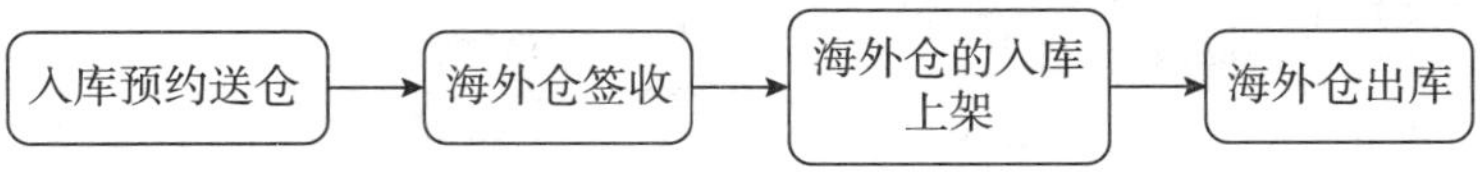

图 12－4　海外仓仓储作业流程

需要提前联系海外仓预约送仓时间。如果是海外仓服务商自身帮助电商卖家进行头程运输，则无须电商卖家进行预约。

（2）海外仓签收。对于整柜送仓的货物，需要核对集装箱号，确认是否预约过送仓。然后检查集装箱的封条是否完整，确认完整后可以直接签收。

（3）海外仓的入库上架。包括：收货区货物的查验；将所有货物拆箱，对于每箱内的货物 SKU 种类和数量进行清点；收货 SKU 数量和种类确认后，进行实际货物的系统和实物上架。

（4）海外仓出库。其流程是：客户在订单管理系统建单；订单同步到仓库管理系统，仓库进行订单的下架，生成下架单；仓库安排人员根据下架单进行 SKU 的拣货；根据订单进行货物的分拣并打包，打印订单的物流面单以及签出，等待物流商上门提货派货；对物流商原路返回或者退货产品进行处理。

3. 尾程派送

尾程派送是指海外仓储中心根据订单信息，通过当地邮政或快递将商品配送给客户。尾程派送的时效取决于两个部分：一个是海外仓库与收货地址之间的距离；另一个是合作物流公司的配送效率。

（六）适合海外仓的商品

虽然海外仓已经成为跨境物流的热门选择，但并不是所有商品都适合海外仓销售。选择海外仓，需要重视商品品类的选择，否则容易出现库存滞销、成本飙升的风险。一般来说，适合采用海外仓的商品有：

（1）尺寸、重量大的商品。这类商品若用邮政小包或专线物流，其规格会受到限制，而使用国际快递费用又比较贵，这时使用海外仓能够突破产品的规格限制和降低物流费用。

（2）单价和毛利高的商品。优质的海外仓储服务商可以将破损率和丢件率控制在很低的水平，为商家销售高价值的商品降低了风险。

（3）周转率高的商品。也就是常说的畅销品。对于畅销品来说，卖家可以通过海外仓更迅速地处理大规模订单，提升用户体验，减少库存占用，加快资金回笼。比如衣服、鞋子等快消品，借助海外仓分销，不仅能提高商品的销量，还不用担心资金回笼慢的风险。

另外，运营海外仓需要特别注意商品的滞销问题。做海外仓属于提前备货，存在商品滞销的风险，因此在选择做海外仓时，需要对出售商品的前景有一个预判，如果不能确信商品有良好的销售前景，在初期可以采取适量发货并将先发的一部分商品进行试销，之后根据市场反馈的数据进行分析，再合理补货。对于滞销品，通常为了避免再次进口不会再将滞销产品返运回国，而是通过各种促销手段处理掉。

二、保税仓

保税仓是指经国家或地区海关批准设立的专门存放保税货物的仓库。储存于保税仓内的进口货物经海关批准可在仓库内进行改装、分级、抽样、分拆、拼装等简单加工，这些货物若再出口则免缴关税，若进入国内市场则须缴关税。保税仓是一国海关设置的或经海关批准申请注册、受海关监管和管理的可以长时间储存货品的仓库。保税仓的商品是从国外批量进口的货物，而国内的产品无法进入保税仓。从 2013 年跨境电商开始试点，保税仓发展日益加快，保税进口已经成为跨境电商的重要物流模式。

保税仓按照使用对象不同，分为公用型、自用型和专用型三种。公用型由主营仓储业务的中国境内独立企业法人经营，专门向社会提供保税仓储服务。自用型由特定的中国境内独立企业法人经营，仅储存供本企业自用的保税货物。专用型指专门用来储存具有特定用途或特殊种类商品的仓库。

保税仓物流的具体流程是：商品到岸→报关报检→进海关监管仓（保税仓）→店家销售产品→商家进行发货→购买者确认收货。保税仓系统图参见图 12－5。

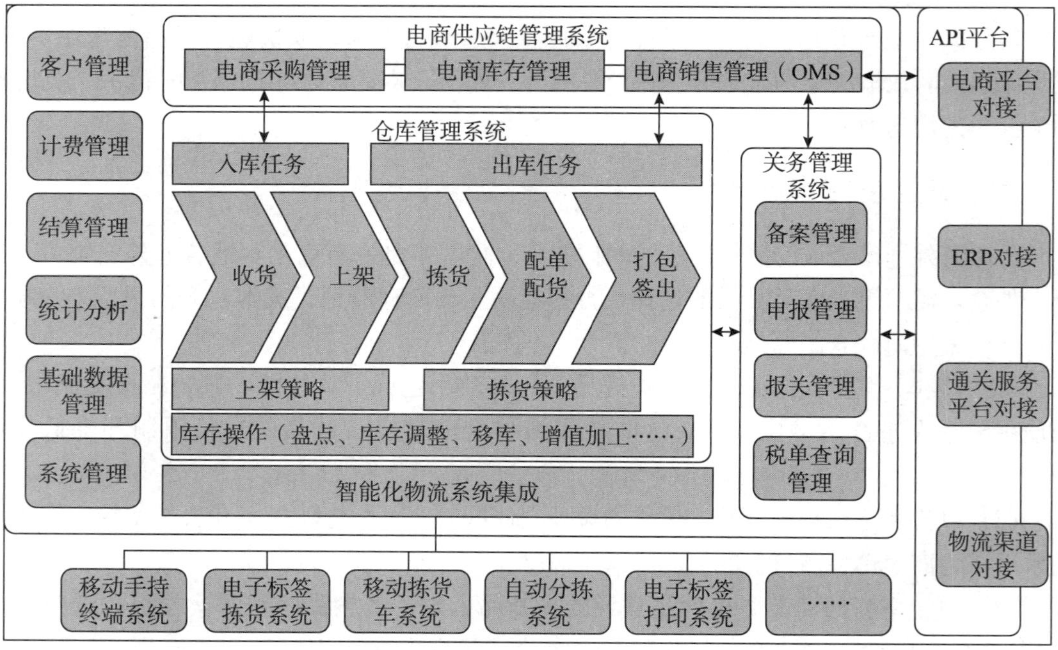

图 12－5　保税仓系统图

（一）保税仓的优势

（1）采用货物暂存模式。消费者在电商平台下单之后，商品直接从保税仓发出，省去了国际运输的时间，使得消费者能够较快获得商品，提升消费体验。

（2）采用保税进口和集中采购模式。保税进口大幅降低了进口环节税，而集中采购能大量降低商品的采购成本和物流成本，从而为进口商品销售带来更具竞争力的价格和更高的销售利润。

（3）监管严格。保税进口备货的商品在进口通关、仓储等全方面接受严格检查和监控，对商品的原产地、商品质量等进行检验，各流程环节阳光透明，能够更好地保证商品的质量和消费者的利益。

（4）退货有保障。当发现选购商品有问题时，购买者可将商品退至保税仓或平台，受到国家消费者相关法律的保护。

（二）选用保税仓的困难

（1）因保税仓为备货存货模式，往往需要大批量采购，而卖方对市场需求及其变化的把握很难做到精准，进口货物的类别和数量等难以准确契合当时的市场，货进多了会积压，货进少了怕爆仓。

（2）保税仓对进口的产品品类及其规格型号限制较多，且保税仓入驻要求及流程非常烦琐，影响了跨境电商对保税仓的应用。

本章小结

本章主要讲解了常见的物流方式。第一节对跨境电商物流的内涵展开讨论，主要分析了跨境电商物流的特点。第二节重点探讨了邮政物流。第三节主要介绍了国际商业快递的种类以及主要业务。第四节介绍专线物流特点、种类以及服务范围。最后一节介绍海外仓的种类、运作方式、种类和规则。

第12章即测即评

第 13 章

跨境电子商务支付与退税

| 引言 |

随着互联网、物流网等基础设施建设的加快和移动互联网、大数据、云计算等技术的推动，以及经济全球化的深入发展，电子商务在国际贸易中的地位和重要作用日益凸显，我国跨境电子商务呈现如火如荼的发展趋势。在跨境电子商务中，涉及资金的环节主要包括货款的支付与退税。支付方式不仅会影响买家的购物体验，还会影响卖家获得货款的时间和提现的成本，因此，选择合适的支付方式对于卖家来说非常重要。此外，跨境电子商务卖家合理利用出口退税，可以有效降低运营成本，提高经济利润。

| 素质提升 |

1. 跨境支付作为新型业态，对我国现代化经济体系构建产生重要影响。随着我国经济发展步入高质量发展阶段，跨境支付不仅是促进外贸降成本、提效率的重要途径，也是助力扩大内需、促进消费升级的有效方式。因此，了解和掌握跨境电商的支付方式，对于推动我国经济高质量发展，实现共同富裕目标具有重要意义。

2. 跨境电商支付有着丰富的支付渠道，以满足不同国家和地区的消费者需求。要推进互联网、大数据、人工智能与实体经济深度融合，而跨境支付作为数字经济的重要组成部分，正是这种深度融合的体现之一。高效便捷的跨境支付是跨境电商企业连接全球消费者，促进跨境贸易发展的重要保障。

3. 第十四届全国人民代表大会第二次会议上所作的《政府工作报告》中指出，“推动外贸质升量稳。加强进出口信贷和出口信保支持，优化跨境结算、汇率风险管理等服务，支持企业开拓多元化市场。促进跨境电商等新业态健康发展”。通过学习本章内容，学生能够掌握跨境电商支付的常见方式、售后服务及争议处理。

| 学习目标 |

1. 掌握跨境电子商务四种主要支付方式。
2. 了解信用卡付款、信用卡收款、PayPal、电汇、西联汇款等相关概念。

第一节　跨境电商主要支付方式

跨境支付方式有两大类：一类是线上支付，包括各种电子账户支付方式和国际信用卡，由于线上支付手段通常有交易额的限制，所以比较适合小额的跨境零售；另一类是线下汇款模式，比较适用于大金额的跨境 B2B 交易。不同的跨境收款方式差别很大，有不同的金额限制和到账速度，各自都有优缺点和适用范围。

一、线下支付工具

（一）西联汇款

西联汇款（Western Union）是享有盛誉的特快汇款服务提供商，拥有超过 150 年的悠久历史。其全球电子汇兑金融网络是目前国际上最大最先进的，代理网点遍布近 200 个国家和地区。作为美国《财富》500 强之一的第一数据公司（FDC）的子公司，西联汇款在全球金融领域拥有显赫地位。在中国，西联汇款的合作伙伴包括中国光大银行、中国邮政储蓄银行、中国建设银行、浙江稠州商业银行、吉林银行、哈尔滨银行、福建海峡银行、烟台银行、龙江银行、温州银行、徽商银行、浦发银行等多家银行。

1. 西联汇款的优点

—金额准确：汇出金额等同于汇入金额，无中间行扣费，确保资金准确到账。

—安全保障：西联全球安全电子系统保障每笔汇款安全，以操作密码和自选密码核实汇款，确保资金安全交付到指定账户。

—快捷便利：利用先进的电子技术和全球电子金融网络，收款人可在几分钟内如数收到汇款，手续简单高效。

—手续费透明：汇款手续费由买家承担，卖家无须支付额外费用。

—代理网点分布广：公司代理网点广泛分布，包括银行、邮局、外币兑换点、机场等，可以为交易双方收汇款业务提供便利。

2. 西联汇款的缺点

—手续费较高：汇款手续费按笔收取，小额收款手续费较高，增加了交易成本。

—交易信任：对于第一次交易或大额交易的买家来说存在信任风险，如果卖家要求买家在发货前先打款，有可能导致买家放弃交易。

—线下操作：买家和卖家需要进行线下柜台操作，增加了交易的时间和步骤。

—交易模式：汇款属于传统型的交易模式，不能很好地适应跨境电商支付的发展趋势，缺乏灵活性和创新性。

3. 适用范围

西联汇款适用于1万美元以下的中等额度支付，涵盖了个人转账、国际贸易支付、跨境电商支付等多个领域，为用户提供便捷、安全的国际资金转移服务。

（二）速汇金

速汇金（MoneyGram）国际汇款是由是速汇金公司推出的一种通过全球网络为个人提供的办理境外快速汇款的服务。这项业务具有快捷、简单、安全可靠的特点，将汇款人和收款人之间的汇款过程在短短十几分钟内完成。速汇金与西联汇款类似，为全球用户提供汇款服务。速汇金在中国的合作伙伴包括中国银行、中国工商银行、交通银行、中信银行等。由于我国实行外汇管制，国外公司向国内公司汇款需要提供充分的汇款理由，但是速汇金是为个人提供环球快速汇款服务，速汇金主要通过合作银行来提供美元的汇款服务。

1. 速汇金的费用

速汇金的汇款业务收取佣金和手续费，佣金的扣取是根据国际速汇金公司系统自动生成的金额为准，手续费则依据国际速汇金公司提供的费率执行。

2. 速汇金的优点

（1）汇款速度快：在速汇金代理网点正常受理业务的情况下，汇款可以在汇出后的十几分钟内到达收款人账户。

（2）收费合理：

—超额收费标准：在一定的汇款金额范围内费用相对较低。

—无附加费用：无中间行费、无电报费等额外费用。

—手续费查询便利：用户可通过速汇金的网站查询手续费，提前了解所需支付的费用。

—手续简单：汇款人无须选择复杂的汇款路径，收款人无须开立银行账户即可实现资金划转。

3. 速汇金的缺点

—服务时间限制：速汇金在中国仅在工作日提供服务，而西联汇款全年365天营业。

—缺乏VIP服务：速汇金合作银行对速汇金业务部不提供VIP服务。

—境内汇款限制：速汇金公司仅提供境外汇款业务，不支持境内汇款。

—线下柜台操作：买家和卖家需要到线下柜台进行操作，无法适应跨境电商支付的发展趋势。

4. 速汇金的适用范围

速汇金国际汇款适用于以下场景：

—境外留学：学生及其家长可以通过速汇金轻松地向海外学校支付学费、生活费等。

—境外旅游：出国旅行者可以利用速汇金汇款服务支付旅途中的费用，如住宿费、交通费等。

—海外考察及工作：企业或个人可以通过速汇金向国外合作伙伴支付考察费用、会议费用等。在海外工作的人员可以使用速汇金汇款服务向家人汇款，支付家庭开支或生活费用。

—中等额度支付：适用于年汇款金额不超过 5 万美元的中等额度支付。

（三）香港离岸账户

离岸账户，又称为 OSA 账户，在金融学领域指的是存款人在其居住国家（地区）以外地区开设的银行账户。在存款人所居住国家（地区）的银行称为在岸银行或境内银行。境外机构按规定在依法取得离岸银行业务经营资格的境内银行开设的账户，属于境外账户。中国内地公司在香港开设的账户属于香港离岸账户。离岸账户只针对公司进行开户，并不支持个人开户。相较于境内外汇账户（NRA 账户），离岸账户受外汇管制更少，从资金安全性的角度来看，更为安全可靠。

1. 香港离岸账户费用

香港离岸账户的费用主要包括开户费用和维护费用。开设香港离岸账户需要支付开户费，具体费用金额参照不同的银行标准执行，部分银行还可提供委托代理开户服务。维护费用主要包括年审费用、公司报税费用、汇款手续费以及账户管理费用等。一些香港银行规定离岸账户每月要维持一定的最低资金量，如果账户资金低于规定标准便会收取账户管理费用。

2. 香港离岸账户的优点

—资金调拨自由：香港离岸账户等同于境外银行账户，用户可以自由调拨资金，免受内地外汇管制。

—存款灵活多样：存款利率和品种不受内地监管限制，可根据客户需求定制，实现存取灵活，大额存款优惠更高。

—免征存款利息税：中国政府对离岸存款取得的利息免征存款利息税，从而获得更高的净收益。

—提高资金效率：离岸银行提供全方位服务，可以加快境内外资金周转，降低综合成本，提高资金使用效率。

—灵活运作：可通过网上银行离岸账户进行操作，实现境内操控和境外运作。

3. 香港离岸账户的缺点

—起点储蓄金额较高：开设香港离岸账户需要较高的起始储蓄金额，至少需要 1 万港元作为激活资金。

—账户管理费：若账户资金低于规定金额，可能需要缴纳额外的账户管理费用。

—资金转移烦琐：将香港离岸账户内资金转移到内地账户的手续较为烦琐。

—服务不便：由于账户不在存款人所住地，可能带来一定的不便，且离岸银行的起点储蓄金额较高，主要服务于收入较高的人士。

4. 离岸账户适用范围

离岸账户的适用范围主要包括以下几个方面：

—跨境贸易和汇款：离岸账户可以为跨国公司提供全球贸易支付和结算服务，方便跨境交易的进行。另外，还可以为个人和企业提供方便快捷的国际资金转移服务。

—投资和资产管理：个人和企业可以利用离岸账户进行投资和资产管理，包括股票、债券、基金等金融产品的交易和管理。

—税务筹划：一些用户利用离岸账户进行合法的税收筹划，降低税负来提高资金的使用效率。

—避险和资产保护：部分投资者会将资金转移至离岸账户，以分散风险和保护资产安全。

二、线上支付工具

（一）国际信用卡

国际信用卡是由国际发卡组织（银行）发行。目前国际上有六大信用卡组织，分别是VISA、万事达卡（MasterCard）、美国运通（American Express）、中国银联（China UnionPay）、JCB和Diners Club。国际信用卡组织如表13－1所示。除了中国银联和日本JCB外，其他四大卡种均源于美国。在国际市场上信用卡体系已经非常完善，使用信用卡进行日常购物或是超前消费早已成为人们必不可少的消费方式。特别在欧美地区，信用卡的用户分布非常广泛，已基本实现人手一张。对欧美消费者来说，使用信用卡是最便利的支付方式之一，用信用卡进行在线支付早已成为欧美地区的主流支付方式。

表13－1　主要国际信用卡组织

国际信用卡组织	国家	常见发卡银行	地区覆盖	内容
VISA	美国	大通银行、花旗银行、美国银行等银行	全球	VISA是一个国际发卡组织，VISA国际由位于美国加利福尼亚州旧金山的VISA国际组织（VISA International Service Association）负责经营和管理。VISA国际组织拥有全球最具规模的电子支付网络，将持卡人、商户以及21 000多家互相竞争的Visa会员金融机构紧密联系在一起，提供多元化选择、方便快捷的服务。在国际上，BankAmericard在称为VISA之前也有其他一些名称，BankAmericard的“蓝-白-金”图形也在VISA卡上使用。
万事达卡（MasterCard）	美国	富国银行、巴克莱银行、汇丰银行等银行	全球	美国金融机构于20世纪50年代末至60年代初期创立了一种国际通行的信用卡体系，随即风行世界。1966年，Interbank Card Association成立，为万事达卡国际组织的前身，1970年正式采用MasterCharge的名称和标志，1978年，MasterCharge改名为MasterCard。

续表

国际信用卡组织	国家	常见发卡银行	地区覆盖	内容
美国运通	美国	美国运通、富国银行等银行	全球	美国运通（American Express）成立于 1850 年，最初的业务是提供快递服务。随着业务的不断发展，于 1891 年率先推出全球首张旅行支票，主要面向经常旅行的高端客户。可以说，美国运通服务高端客户的历史长达百年，积累了丰富的服务经验和庞大的优质客户群体，自 1958 年发行第一张美国运通卡以来，服务网络遍及全球 130 多个国家和地区。
Diners Club	美国	BMO，Banco Santander 等银行	全球	又称大来卡，于 1950 年创办，是第一张塑料付款卡，最终发展成为国际通用的信用卡，1981 年美国最大的零售银行花旗银行的控股公司接受了 DinersClubIntenational 卡。大来卡公司的主要优势在于它在尚未被开发的地区增加其销售额，并且巩固该公司在信用卡市场中所保持的强有力位置。该公司通过大来现金兑换网络与 ATM 网络之间形成互惠协议，从而集中加强了其在国际市场上的地位，也是中国工商银行（ICBC）引进的第一张大来品牌人民币/美元双币卡。
中国银联	中国	中国工商银行、中国建设银行、中国农业银行等	中国、部分亚洲国家	2002 年 3 月，经国务院同意，中国人民银行批准，在合并 18 家银行卡信息交换中心的基础上，85 家机构共同出资成立中国银联股份有限公司，总部设于上海。截至 2022 年，银联受理网络已延伸至全球 181 个国家和地区。
JCB	日本	MUFG，Mizuho Bank 等银行	亚洲、部分欧美国家	日本信用卡株式会社（Japan Credit Bureau，JCB），JCB 为日本三和银行、日本信贩银行、三井银行、协和银行、大和银行等企业在 1961 年成立的信用卡组织。JCB 在海内外拥有约 1.3 亿用户，JCB 在多数合作银行中发行的信用卡是以日元为结算货币的，也就是说 JCB 在中国与某家银行合作并发行的双币信用卡为人民币和日元，那么持卡人到日本刷卡消费或结算，就是直接从信用卡的日元账户支出，回国后只需通过发卡行用人民币兑换日元还款即可，无更多货币转换汇差损失。

1. 国际信用卡支付涉及的主体及机构

（1）银行卡组织。银行卡组织主要负责建立、维护和扩大跨行信息交换网络，为成员机构提供信息交换、清算和结算、统一授权等服务，同时协助成员机构进行风险控制和反欺诈等工作。

（2）发卡行。发卡行向持卡人发行银行卡，并通过提供各种银行卡服务来收取相应的费用。

（3）收单行。收单行是经过信用卡组织认证的金融机构，主要通过收取相关交易手续费来维持自身运营，帮助商户履行信用卡支付职责。

（4）信用卡持卡人。持卡人是信用卡的持有者（消费者），他们是发卡行、收单行、特约商户和收单运营商的主要利益相关方。

2. 国际信用卡的使用范围

国际信用卡支付通常适用于外贸中的小额收款，主要针对 1 000 美元以下的交易，特别适合网店零售业务，主要交易商品包括箱包、服装、生活用品、数码产品、虚拟游戏等。

3. 国际信用卡支付流程

信用卡流通性强，可以在全球范围内使用，目前主要用于网上支付。在使用信用卡进行支付时只需输入卡号、有效期、安全码等信息即可支付，相较于银行支付更加便捷快速。信用卡在支付中涉及多方参与主体，包括持卡人、发卡行、收单行、结算行等，因此其流程较为复杂。具体流程如图 13－1 所示。

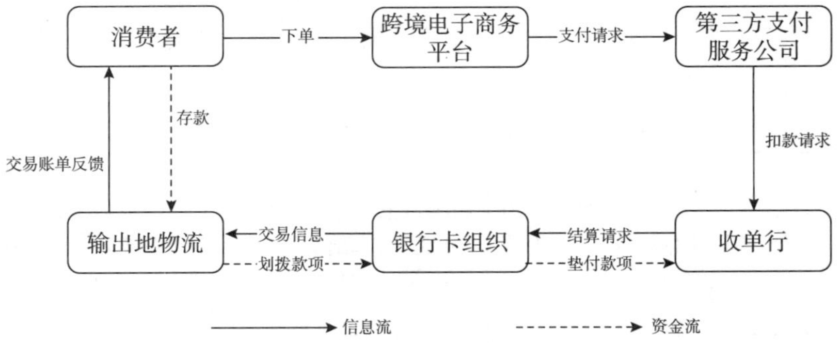

图 13－1　国际信用卡支付流程

消费者在跨境电子商务平台购物时，可选择使用国际信用卡进行支付。他们通过电商平台提供的界面或其他方式，向合作的第三方支付服务公司支付网关提交支付请求。第三方支付服务公司对消费者提供的支付信息进行风险评估后，确认支付安全性，并将支付请求和相关信息发送给收单行。收单行在确认信息准确无误后，将结算请求发送至银行卡组织进行处理。银行卡组织处理结算请求，并向收单行支付相应款项，同时将交易信息发送给收单行。发卡行在接收到交易信息后，将交易记录记入持卡人账户，并从账户中扣除相应款项。最后，持卡人收到交易账单反馈，完成整个支付流程。

在此过程中，消费者支付的款项首先直接到达第三方支付服务公司合作的收单行，银行通过专业的风险控制体系来保护和管理资金。随着第三方支付服务公司结算日的到来，银行会根据相关交易信息对支付通道进行结算，并根据不同商户的结算金额进行划款。

4. 国际信用卡支付的优点

（1）庞大的用户群体。VISA、万事达卡拥有庞大数量的用户，尤其在欧美地区，信用卡符合用户的提前消费习惯和支付便利性，使用率极高。

（2）增加潜在用户。信用卡支付方式增加了潜在用户数量，对消费者来说只需持有信用卡即可完成付款，这一便利性每年吸引更多的注册用户。

（3）减少拒付风险。信用卡拒付率较低，通常不超过 5‰，且对买家和卖家的利益考量更加公平。

（4）付款便捷。买家只需在页面选定物品后直接进入信用卡验证页面，仅需 3～5 秒即可完成支付。

5. 国际信用卡支付的缺点

（1）门槛较高。国际信用卡需要支付开户费和年服务费。此外，通常会收取较高的汇率转换费和跨境交易费，如果持卡人不注意使用，可能会增加不必要的消费成本。

（2）安全风险。由于信用卡可以在全球范围内使用，持卡人可能会在陌生地区遇到信用卡被盗刷、信息泄露等问题，造成财产损失和个人信息泄露。

（3）存在拒付情况。信用卡拒付期通常为 120 天，部分原因可延长至 180 天或 540 天，对交易的稳定性产生一定的影响。（所谓拒付，是指信用卡持卡人主动将已付货款要回的行为，拒付的原因可能是买家没有收到货，卖家发错货或货物存在质量问题等。）

（二）Moneybookers

Moneybookers 是一家在国际上备受瞩目的网络电子银行，它成立于 2002 年 4 月，是英国 Gatcombe Park 风险投资公司的子公司之一。Moneybookers 在 2003 年 2 月 5 日成为世界上首家获得政府官方认可的电子银行，Moneybookers 也是英国电子货币协会 EMA 的 14 个成员之一。Moneybookers 在欧洲市场非常受欢迎。

1. Moneybookers 的优点

（1）注册简便。只需拥有电子邮箱地址即可完成注册，无须用信用卡，便利快捷。

（2）支付方式多样。提供 50 多种支付方式，包括信用卡和借记卡，适合全球支付。

（3）支票申请便捷。Moneybookers 用户可直接从账户中申请支票或电汇到指定的银行账户中。

（4）免费激活。无须用信用卡激活，通过电子邮箱地址及身份证明即可完成认证。

（5）安全性高。采用变形数字登录和 128 位加密的行业标准，保障用户账户安全。

（6）手续费合理。付款无手续费，收款手续费较低，支持用户在充值和提现间灵活选择。

2. Moneybookers 的缺点

（1）单账户限制。每个客户只能注册一个账户，不支持多账户。

（2）年龄限制。目前不支持未成年人注册，需要年满 18 岁方可注册使用。

（三）WebMoney

WebMoney（以下简称“WM”）是由 WebMoney Transfer Technology 公司开发的在线电子商务支付系统，是俄罗斯等独联体国家主流的电子支付方式。在俄罗斯各大银行均可自主充值取款，其支付系统在全球 70 个国家和地区均可以使用。

WebMoney 的使用极为便捷高效，用户只需花费短短 3 分钟即可免费申请一个 Web-

Money 账号。账号间的转账迅速，仅需 10 秒即可完成。目前，越来越多的国际性网站开始接受 WebMoney 支付方式，其成为进行电子商务交易的重要工具之一。尽管 WebMoney 支持中国银联卡取款，但由于手续费高、流程复杂，国内用户一般选择通过第三方网站进行充值和提现。作为俄罗斯及独联体国家最为普及的第三方支付工具之一，WebMoney 在全球范围内用户众多，其安全性得到了广泛认可。用户使用 WebMoney 前需要先开通一个 WMID，WMID 的功能强大，可以进行即时聊天和通信交流，WMID 中设有多种货币的钱包，可以方便用户进行多元化资金管理。

1. WebMoney 的优点

（1）安全性高：具备多种保护功能，包括转账时的手机短信验证和异地登录 IP 保护。

（2）稳定可靠：在独联体国家有庞大的用户群体，长期为用户带来稳定可靠的使用体验，在俄罗斯各大银行均可自主充值取款。

（3）应用广泛：全球许多外汇交易网站、投资类站点以及购物网站均接受 WebMoney 收付款，使用范围广泛。

2. WebMoney 的缺点

WebMoney 支持中国银联卡取款，但手续费较高，流程较复杂，给用户带来不便。

（四）连连支付

连连支付成立于 2003 年，是中国领先的第三方支付机构，也是行业支付解决方案的提供商。公司总部位于浙江省杭州市高新区，是中国（杭州）跨境电子商务综合试验区的首批战略合作伙伴。2015 年 1 月连连支付获中国人民银行杭州中心支行核准开展跨境人民币结算业务，同年 2 月获国家外汇管理局浙江省分局批准开展跨境外汇支付业务试点。自此连连支付开始以跨境支付、移动支付、O2O 支付和大数据风控为业务核心，并打造全球化支付解决方案，为跨境电商贸易企业提供更快速的资金汇兑，提高货币处理效率，促进了互联网交易产业的发展。连连支付支持 182 家银行的借记卡和信用卡无卡支付，拥有领先的风控技术和安全工具，通过了 ISO20000、ISO27001 和 ISO9000 的国际认证，以及中国公安部信息安全等级保护三级备案。

1. 连连支付的功能

连连支付功能全面，不仅支持多币种支付，还具有先进的风险控制系统和多种结算方式，能够提供完善的金融服务体系，满足全球跨境电商需求。连连支付的主要功能可以概括为以下四个方面。

（1）支付功能。连连支付支持多种支付方式，包括支付宝、微信支付、银行卡支付等，支持多种货币结算，如人民币、美元、欧元、港币、日元等，可以满足全球范围内的跨境电商交易需求。

（2）风控功能。连连支付拥有先进的风险控制系统和风险管理体系，可以帮助卖家识别风险并及时预防，降低货款损失风险。

（3）结算功能。连连支付支持多种结算方式，包括银行卡结算、电子钱包结算等，还可以为卖家提供定制化的结算方案，满足不同卖家的需求。

（4）金融服务。连连支付拥有完善的金融服务体系，包括银行、小贷、基金、保险等，可以帮助卖家解决资金问题，并提供更加便捷的金融服务。

2. 连连支付的业务模式

连连支付的主要业务模式之一是帮助卖家处理跨境收款及提现以及 PayPal 的账户提现服务。连连支付针对我国的跨境电商卖家推出了专门的跨境收款服务。在外贸市场总体稳定的环境下，跨境出口电子商务蓬勃发展。然而，许多卖家在取得成功后面临着跨境收款的诸多困难，如开户难、手续费高、提现速度慢等问题。连连支付提供的跨境收款解决方案，支持美元、欧元、英镑、日元等多种币种，提现速度快，手续费低，为卖家提供专业、灵活、高效、便捷的国际跨境收款服务。

连连支付与 PayPal 合作，推出可选择性人民币提款服务。该服务允许卖家将 PayPal 账户余额以人民币形式提取出来，从而减轻了卖家的现金流压力，提高了交易便捷性。该服务的特点包括无外汇限制、适用于中国公民和中国企业注册的 PayPal 账户、兑换汇率按中国银行当天美元现汇牌价计算、手续费仅为 1.2%且到账时间为 3～4 天等。同时，该服务设定了最低提现额、单笔最高提现额、每日提现次数及每日提现限额等，以确保提现操作的安全性和有效性。

3. 连连支付的优势

（1）安全稳定。连连支付在跨境电商支付业务上的规模仅次于支付宝和微信支付，拥有中国人民银行和国家外汇管理局双重许可和权威认证。其采用 SSL 和 128 位数字证书等技术手段，确保交易过程中数据的安全性和隐私性，同时拥有先进的反欺诈系统和风控体系，可以有效地降低交易风险。

（2）快捷便利。连连支付支持多种支付方式，充值额度比较大，转账速度较快，可以为跨境电商交易提供便利的支付。国内卖家通过连连支付提现，最短的到账时间是 6 秒，一般 2 个小时之内就能提现到账。

（3）多样化的金融服务。连连支付不仅提供支付服务，还提供银行、小贷、基金、保险等多种金融服务，可以为跨境电商提供更加全面的服务和支持。

（4）专业化的团队。连连支付拥有专业化的团队，包括支付、风控、技术、运营等多个领域的专业人员，可以为跨境电商提供专业的技术和服务。

第二节　主要跨境电商平台的支付方式

一、全球速卖通的支付方式 Escrow

Escrow（国际版支付宝）服务是阿里巴巴国际站为跨境贸易提供的资金安全保障服务。它是阿里巴巴与支付宝联合开发的，旨在保护国际在线交易中买卖双方的交易安全的第三方支付担保服务，全称为 Escrow Service。

Escrow 的服务模式类似于国内支付宝。在交易过程中，买家将货款先打到 Escrow 账户，然后 Escrow 通知卖家发货。买家收到商品后进行确认，确认无误后，Escrow 将货款释放给卖家，从而完成一笔网络交易。该服务有效解决了在线交易中的资金安全问题，保障了买卖双方的利益，促进了国际贸易的发展。

（一）Escrow 账户申请

如果卖家已经拥有国内支付宝账户，则无须额外申请 Escrow 账户。全球速卖通的用户直接登录“My Alibaba”后台（中国供应商会员）或“我的速卖通”后台（普通会员），即可管理收款账户并绑定国内支付宝账户。对于尚未拥有国内支付宝账户的卖家，可以首先登录支付宝网站申请国内支付宝账户，然后进行绑定操作。一旦绑定了国内支付宝账户，卖家便可通过该账户收取人民币。Escrow 会根据买家支付当天的汇率将美元转换成人民币，并支付到卖家的国内支付宝或银行账户中。此外，卖家还可通过设置美元收款账户的方式直接接收美元款项。

（二）Escrow 服务的流程

Escrow 主要为在线交易提供资金安全保障。它为交易双方的快递订单或在线批发订单提供资金安全的担保服务。Escrow 服务的流程如图 13－2 所示。

图 13－2　Escrow 服务的流程

买家在阿里巴巴国际站下单后，通过阿里巴巴 Escrow 账户进行付款。一旦买家完成付款，平台会通知卖家发货。卖家收到买家的付款信息后，可选择使用 EMS、DHL、UPS、FedEx、TNT、顺丰速运、邮政航空包裹等运输方式进行发货。随后买家在阿里巴巴国际站确认收货。买家收到货物或者买家收货超时，平台将自动放款给卖家。

使用阿里巴巴国际站平台的 Escrow 服务的过程中会有交易手续费和提现手续费产生。交易手续费为交易金额的 5%，包含在产品价格中，卖家可以根据交易手续费平衡产品价格。提现手续费方面，美元提现每次支付 15 美元的手续费，由银行收取；人民币提现无额外手续费。

（三）Escrow 的优点

（1）多样支付方式。支持信用卡、借记卡、第三方钱包等多种支付方式，包括信用卡、借记卡、QIW、Yandex. Money、WebMoney、Boleto、TEF、Mercado Pago、DOKU、Western Union 和 T/T 银行汇款等，满足不同地区买家的支付习惯。

（2）安全保障。作为第三方支付服务，Escrow 全面保障卖家的交易安全。其风控体系有效防范信用卡被盗卡风险，减小交易欺诈的可能性。

（3）方便快捷。提供线上支付服务，交易资金直接到账，用户不用出门即可完成交易。卖家收款无须预存款项，只需绑定国内支付宝账户和美国银行账户，即可分别收取人民币和美元。

（4）品牌优势。作为阿里巴巴和支付宝背书的产品，Escrow 拥有强大的品牌背景，具有广阔的境外市场潜力。

（四）国内支付宝与国际支付宝的区别

国际支付宝与国内支付宝在功能上有所区别。国际支付宝提供的第三方担保服务是由阿里巴巴国际站与国内支付宝联合提供的，旨在保护全球速卖通平台上的跨境交易安全。对于买家而言，因调研数据显示国际买家更倾向于信任带有“国际支付宝”标识的交易，认为其能够确保交易安全，全球速卖通平台将国际版支付宝称为“国际支付宝”。在卖家端，全球速卖通平台用“国际支付宝”一词，但在相应的英文上变更为 Escrow。卖家不用额外申请国际支付宝账户，只需使用已有的国内支付宝账户，在“My Alibaba”后台（中国供应商会员）或“我的速卖通”后台（普通会员）进行绑定即可。此外，国际支付宝设定了单笔订单最大额度。为降低交易过程中产生的交易风险，目前国际支付宝支持单笔订单金额（产品总价加上运费的总额）在 10 000 美元以下的交易。

二、亚马逊的主要支付方式 Payoneer

Payoneer（派安盈）成立于 2005 年，总部设在美国纽约，是万事达卡组织授权的具有发卡资格的机构。为支付人群分布广而多的联盟提供简单、安全、快捷的转款服务。数千家联盟以及数百万收款人的加入使得 Payoneer 已成为支付行业的领先者。Payoneer 的合作伙伴涉及领域众多，已将服务覆盖到全球 210 多个国家。

从 2021 年 2 月开始，亚马逊推出“支付服务商计划”，只有在计划内的合作商才可以在亚马逊收款。常用的收款平台如 Payoneer、万里汇和 PingPong 等，都属于“支付服务商计划”范围内的服务商。其中，Payoneer 在支付行业内覆盖面广、操作灵活，不仅支持亚马逊收款，几乎支持所有在中国招商的跨境电商平台。

（一）亚马逊收款方式选择分析

目前市面上重要的 5 种亚马逊收款方式分别是 Payoneer、美国银行账户、World First、PingPong、中国香港银行账户。亚马逊收款方式的对比分析如表 13－2 所示。

表 13－2　亚马逊收款方式的对比分析

名称	Payoneer	PingPong	World First	美国银行账户	中国香港银行账户
人民币提现	是	是	是	否	否
注册费	免费	免费	免费	1 万～3 万元（美国公司）	500～5 000 元（香港公司）
提现费	费率最高 2%，根据累积入账金额可调低至 1%	费率最高 1%，提现越多费率越少	1%～2.5%	45 美元/笔	参照不同银行标准
年费	有	无	无	有	有

续表

名称	Payoneer	PingPong	World First	美国银行账户	中国香港银行账户
货币支持	欧元、美元、英镑、日元	美元	欧元、美元、英镑、日元	美元	需先兑换港币
提现速度	1～3个工作日	1个工作日内	1～3个工作日	7个工作日内	7个工作日内
备注	最低费率1%	最高费率1%，无汇损	最高费率2.5%	需注册美国公司	需兑换港币

（二）收费标准

（1）Payoneer预付万事达卡的年费为每年2 995美元。

（2）在超市、商场消费时不收取手续费，每日限额为2 500美元。

（3）美国银行账户转账收取每一笔转账金额的1%作为手续费。

（4）转账到全球各个国家和地区的当地银行账户，手续费为转账金额的2%。

（5）使用Payoneer万事达卡在自动柜员机取款，每笔取现手续费为315美元；在中国使用自动柜员机直接取出人民币时，会有不高于3%的汇率损失，每日取款限额为2 500美元；在POS机上消费不收取费用。

（三）支付优点

（1）便捷。使用中国居民身份证即可在线注册Payoneer账户，并自动绑定美国银行账户和欧洲银行账户。

（2）合规。可接收欧美地区公司的付款，并通过Payoneer和中国支付公司的合作完成线上的外汇申报和结汇，避开个人结汇额度限制。

（3）多功能。可在全球任何接受万事达卡的刷卡机（POS）刷卡，进行在线购物和通过ATM取当地货币。

（4）快速到账。两小时内快速到账，交易迅速。

（5）多语言客服。多语言、多方式的客服系统，随时提供帮助和支持。

（四）支付缺点

Payoneer账户之间不能互转资金，无法通过银行卡或信用卡充值，无法从Payoneer收款。手续费较高。以下是Payoneer服务的缺点：

（1）Payoneer账户之间无法直接进行资金转账，Payoneer平台内资金的流动性受限。

（2）无法通过银行卡或信用卡直接向Payoneer账户充值。

（3）Payoneer账户无法直接接收来自其他账户的资金。

（4）Payoneer的交易和提现手续费相对较高，增加了资金交易的成本。

（五）适用人群

适合单笔资金额度小但是用户群分布广的跨境电商网站或卖家。

三、eBay 的主要支付方式 PayPal

PayPal 创立于 1998 年，是美国 eBay 公司的全资子公司，总部位于美国加利福尼亚州圣何塞。PayPal 作为备受全球用户喜爱的国际贸易支付工具，致力于提供普惠金融服务。其电子支付平台为全球近 3 亿活跃用户提供线上移动端 App 及面对面交易连接。PayPal 功能强大，不仅提供即时支付、即时到账的服务，而且具备全中文操作界面。支持通过中国本地银行轻松提现，帮助用户解决外贸收款难题。目前，PayPal 电子支付平台覆盖全球 200 多个国家和地区，支持 100 多种货币付款、56 种货币提现，并可在账户中拥有 25 种不同货币的余额。

PayPal 作为全球使用最广泛的第三方支付工具之一，专为有国际收付款需求的用户设计。它提供了便捷的外贸收款、提现和交易跟踪服务，同时支持安全的国际采购和消费。通过使用 PayPal，用户可以快速支付和接收包括美元、加元、欧元、英镑、澳元和日元等在内的 25 种国际主要流通货币。PayPal 只需通过电子邮件就能够为个人和企业提供安全、简单、便捷的在线付款和收款服务。PayPal 的网络电子账户安全系数很高，并且集成了高级管理功能，可以让用户轻松掌控每一笔交易的详情。

（一）PayPal 账户类型

PayPal 提供三种类型的账户：个人账户、高级账户和企业账户，用户可根据自身需求进行注册，如图 13 - 3 所示。

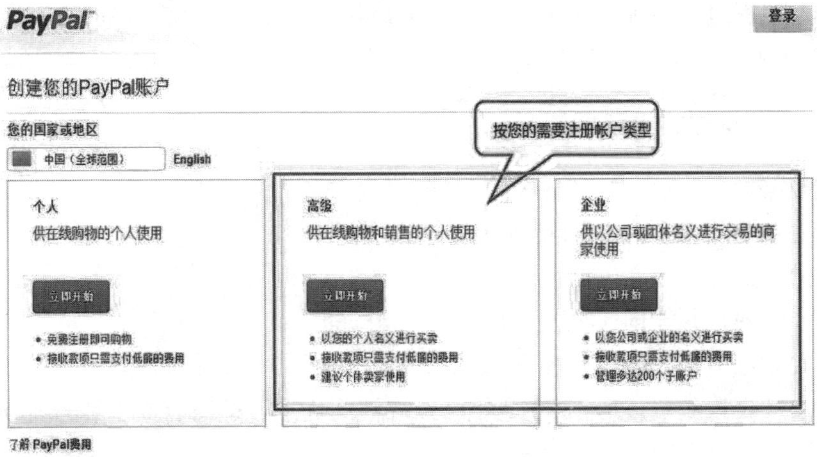

图 13 - 3　PayPal 账户类型

（1）个人账户适用于在线购物的买家，用于简单的付款和收款。相比高级账户和企业账户，个人账户功能相对较少，不具备商家所需的一些功能，如历史交易记录筛选、商家费率和网站集成工具等，因此不建议商家选择此类型账户。

（2）高级账户适用于进行在线购物或销售的个人商家，具备付款、收款功能，享受商家费率，使用网站付款标准、快速结账等工具。高级账户有助于商家开拓境外销售渠道，提升销售额，因此建议个人商家进行跨境交易时选择此类型账户。

(3) 企业账户适用于以企业或团体名义经营的商家，特别是使用公司银行账户进行提现的商家。企业账户拥有高级账户的全部功能，可设立多个子账户以方便管理，适合大型商家使用。企业账户进行转账时需要添加以企业名义开设的电汇银行账户，添加个人名义的电汇银行账户可能导致转账失败。

（二）PayPal 的支付与结算流程

通过 PayPal，付款人可以通过以下步骤将一笔金额支付给商家或者收款人。

(1) 开设账户。首先，付款人提供电子邮箱地址即可注册 PayPal 账户。然后，需要提供信用卡或银行账户信息，并将银行卡内一定数额资金指定账户（如信用卡）转移到 PayPal 账户中。

(2) 发起付款。付款人登录 PayPal 账户，选择向第三方付款并填写指定支付金额，然后提供收款人的电子邮箱地址。

(3) 通知收款人。PayPal 向商家或收款人发送电子邮件，通知其有等待领取或转账的款项。

(4) PayPal 用户接收款项。若收款人也是 PayPal 用户，在收款人同意接受支付后，付款人指定款项随即转移到收款人的 PayPal 账户中。

(5) 非 PayPal 用户。如果收款人没有 PayPal 账户，系统会发送一封通知邮件，引导收款者注册一个新的 PayPal 账户，并选择将款项转换成支票寄送、转入信用卡账户或另一个银行账户。

通过以上流程可见，如收款人已注册 PayPal 账户，所接收款项将直接转入账户；如果没有 PayPal 账户，则需注册并选择收款方式来完成款项接收。

（三）PayPal 支付的优缺点

1. 支付优点

PayPal 在跨境电商支付领域具备诸多优势：

—保护付款人。

—支持多币种，并能即时兑换（但要收 2.5%的手续费）。

—中国大陆对中国大陆用户收款 1.5%+0.3 美元，非美元不能享受。

—个人账号收款免费，但于 2012 年已经取消此优惠，即所有类型账号都统一收费。

—美国银行与香港银行取现免费。

—美国银行提取美元。

—香港银行大于 1 000 港元免费，少于 1 000 港元收取 3.50 港元。需先将币种兑换为港币，会损失兑换的费用。

—其他国家的提现方法有：电汇（收取 35 美元费用）、支票（收取 5 美元费用，但有寄失的风险，支票退回也要同样收费，另外银行托收也需要额外费用，实际比电汇要高），PayPal 不允许付款至他人的方式取现，有被冻结的风险。

—付款后有 60 天的反悔期。买家付款后，买家可在 45 天内发起未收到货的投诉；买家收到的产品与购买时描述不符，也可发起争议。

2. 支付缺点

尽管 PayPal 在跨境电商支付中具有许多优势，但也存在一些不容忽视的缺点：

—对收款人限制特别多。如忽然收到一笔不明来源的款项就会被 PayPal 认为是可疑款项而限制，并要求解释款项的来源，如解释不为 PayPal 接受则被冻结。

—解冻时间长，需要提供许多隐私资料。

—收款手续费高，本国 2.4%～3.4%+0.3 美元，外国 2.9%～3.9%+0.3 美元。

—对商户保障不高，有退单拒付的风险。

—收款时间过慢。

四、Wish 的联动支付（UMPAY）

联动支付（UMPAY）是中国较早提供第三方支付服务的公司之一，其业务范围涵盖移动支付、互联网支付、收单服务、基金支付、话费支付以及跨境支付等综合支付服务。联动支付由中国移动和中国银联合资成立，致力于为用户提供高效便捷的支付解决方案。2017 年，联动支付获得了中国人民银行颁发的《支付业务许可证》，覆盖了全国范围的互联网支付以及银行卡收单等业务，同时还获得了中国人民银行跨境人民币支付试点许可。其主营业务包括人民币收款和外币、人民币结算、跨境金融服务、移动营销以及其他增值服务，为客户提供全方位的支付支持和金融服务。

Wish 是全球重要的跨境电商平台之一，平台自带巨大流量和吸引力，吸引了众多跨境电商卖家入驻。为满足广大商家的不同需求，Wish 平台提供了多种便捷的收款方式。Wish 支持商家使用以下方式收款：联动支付（UMPAY）（直达中国账户）、PayEco（易联支付）、AliPay、Payoneer、PayPal 及 PingPong（直达中国账户）。Wish 收款方式如表 13-3所示。

表 13-3 Wish 收款方式的对比分析

名称	UMPAY	PayEco	AliPay	Payoneer	PayPal	PingPong
类别	国际账户	国际账户	直达中国个人银行账号	国际账户	国际账户	直达中国账户
入账时间	5～7 个工作日	5～7 个工作日	5～7 个工作日	数个工作日	5～7 个工作日	6 个工作日
提现速度	1～3 个工作日	1～3 个工作日	1～3 个工作日	1～2 个工作日	2～7 个工作日	1 个工作日
收取费用	1%，免货币兑换手续费	0.1%	付款金额的 0.8%	根据所在国家或地区收取不超过 1%提款手续费	0.1%	1%或更低

联动支付（UMPAY）具有以下优势：

(1) 安全合规。受中国人民银行、国家外汇管理局等多重监管，保障资金安全。提供全天候客户服务，实时风险控制，及时拦截风险交易，保障用户资金安全。

（2）实时汇率。联动支付提供实时结汇服务，每笔资金兑换都采用合作银行的实时现汇买入价，无额外货币兑换费用，确保汇率准确无误。

（3）到账快速。资金直接到达商家收款账户，不需要中间账户，采用 T＋0/T＋1 日结算方式，UMPAY 每日安排两个批次的操作，确保资金到账速度快捷高效。

（4）灵活便捷。商家无须注册 UMPAY 账户即可使用服务，支持 15 种外币币种，且不受国家外汇管理局年度结算总额度 5 万美元的限制，为用户提供更加灵活的资金操作方式。

第三节　跨境电子商务出口退税

一、出口退税的概念

出口退税是指货物出口国对出口货物免征该货物在本国境内消费时应缴纳的税金或退还其按本国税法规定已缴纳的税金（包括增值税、消费税）。通过免征或者退还出口货物在本国内缴纳的税金的方式，使本国货物可以以不含税的成本价进入国际市场。

跨境电商出口商品的特点是多品种、小批量、多频次，大多从事跨境电子商务的企业选择通过邮寄直接将产品寄到境外。由于缺乏正规出口报关单，跨境电商企业的出口产品既不能合法结汇，又不能享受退税优惠。

2013 年 12 月 30 日财政部、国家税务总局发布了《关于跨境电子商务零售出口税收政策的通知》（财税〔2013〕96 号），对跨境电子商务零售出口退免税政策作出相关规定。

（1）外贸企业：应退税额＝增值税专用发票所列进项金额×退税率（采购发票上的税率和国家规定退税率的较低者）。

（2）生产企业：出口货物增值税“免、抵、退”，计算方法相对外贸企业更复杂一些，具体如下：

免：生产企业出口的自产货物，免征本企业生产销售环节增值税。

抵：生产企业出口的自产货物所耗用的原材料、零部件、燃料、动力等所含应予退还的进项税额，抵顶内销货物的应纳税额。

退：生产企业出口的自产货物在当月内应抵顶的进项税额大于应纳税额时，对未抵顶完的部分予以退税。

2020 年 3 月 20 日，财政部、国家税务总局发布《关于提高部分产品出口退税率的公告》，提高部分产品出口退税率。瓷制卫生器具等 1 084 项产品出口退税率提高至 13%；将植物生长调节剂等 380 项产品出口退税率提高至 9%。

案例拓展

某企业是我国境内一家消毒剂生产商，生产的消毒剂主要用于出口。2020 年 3 月生产了 10 万瓶消毒剂，其中 2 万瓶内销，价格为每瓶 30 元；8 万瓶于 2020 年 3 月 16 日出口到欧洲，出口货物离岸价折合人民币为每瓶 25 元。该消毒剂生产成本为每瓶 10 元，相关进项税额为 60 万元，均已取得增值税专用发票且勾选抵扣。分析步骤如下。

第一步，查询出口退税率。该消毒剂征税率为 13%，3 月 20 日前出口退税率为 6%。第二步，计算当期应纳税额。当期不得免征和抵扣税额＝当期出口货物离岸价×外汇人民币折合率×(出口货物适用税率－出口货物退税率)－当期不得免征和抵扣税额抵减额＝25×8×(13%－6%)＝14（万元)；当期应纳税额＝当期销项税额－(当期进项税额－当期不得免征和抵扣税额)＝2×30×13%－(60－14)＝－38.2（万元)。第三步，计算当期免抵退税额。当期免抵退税额＝当期出口货物离岸价×外汇人民币折合率×出口货物退税率－当期免抵退税额抵减额＝25×8×6%＝12（万元)，当期免抵退税额为 12 万元，因此该企业 3 月 16 日出口的消毒剂应退税额为 12 万元。第四步，查询提高的出口退税率。3 月 20 日之后该消毒剂出口退税率为 13%。第五步，计算当期应纳税税额。当期不得免征和抵扣税额＝25×8×(13%－13%)＝0；当期应纳税额＝2×30×13%－(60－0)＝－52.2（万元)。第六步，计算当期免抵退税额。当期免抵退税额＝25×8×13%＝26（万元)，当期免抵退税额为 26 万元，因此该企业 3 月 20 日之后出口的消毒剂应退税额为 26 万元。

由案例可以看出，出口退税率提高后，企业出口退税额有了大幅提高，在一定程度上增强了企业在境外销售的市场竞争力。

二、出口退税的条件

（一）享受退税的四个条件

电子商务出口企业出口货物必须同时符合以下四个条件，才能享受增值税、消费税退免税政策（财政部、国家税务总局明确不予出口退税或免税的货物除外)。

（1）电子商务出口企业属于增值税一般纳税人并已向主管税务机关办理出口退（免）税资格认定；

（2）出口货物取得海关出口货物报关单（出口退税专用)，且与海关出口货物报关单电子信息一致；

（3）出口货物在退（免）税申报期截止之日内收汇；

（4）电子商务出口企业属于外贸企业的，购进出口货物取得相应的增值税专用发票、消费税专用缴款书（分割单）或海关进口增值税、消费税专用缴款书，且上述凭证有关内容与出口货物报关单（出口退税专用）有关内容相匹配。

（二）享受免税的三个条件

如果电子商务出口企业出口货物，不符合上述退（免）税规定条件，但同时符合下列三个条件，可享受增值税、消费税免税政策：

（1）电子商务出口企业已办理税务登记；

（2）出口货物取得海关签发的出口货物报关单；

（3）购进出口货物取得合法有效的进货凭证。

如果出口企业只有税务登记证，但未取得增值税一般纳税人资格或未办理出口退（免）税资格认定，以及出口货物报关单并非出口退税专用联次，购进货物出口时未取得合法凭证等，应当享受免税政策。

需要注意的是，上述规定中适用出口退税、免税的跨境电子商务企业，是指自建跨境电子商务销售平台或利用第三方跨境电子商务平台开展电子商务出口的单位和个体工商户，不包括为电子商务出口企业提供交易服务的跨境电子商务第三方平台。

三、出口退税的流程

（一）跨境电商 B2C 模式

跨境电商 B2C 模式参见图 13－4。

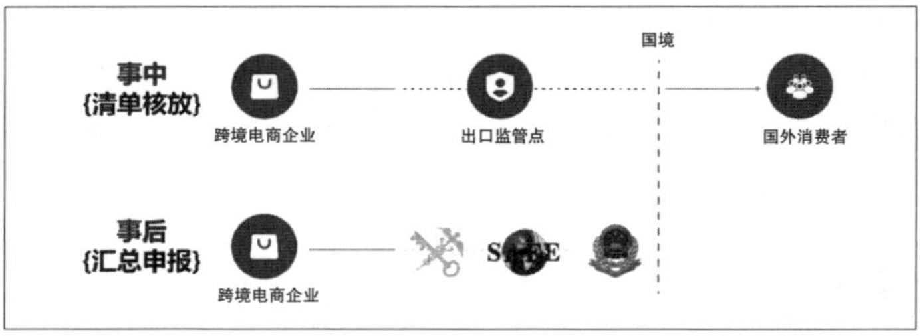

图 13－4　跨境电商 B2C 模式

为促进跨境贸易电子商务零售进出口业务的发展，我国海关总署 2014 年增列海关监管方式 9610，即跨境贸易电子商务，适用于个人或电子商务企业通过电子商务交易平台实现交易，并采用“清单核放、汇总申报”模式办理通关手续的电子商务零售进出口商品。根据海关总署要求，开展 9610 出口业务的电子商务企业、物流企业、监管场所经营企业应当按照规定向海关备案，并通过电子商务通关服务平台实时向电子商务通关管理平台传送交易、支付、仓储和物流等数据。由海关统一进行数据信息比对，核放出区。

1. 9610 出口报关的核心

（1）清单核放：即跨境电商出口企业将“三单信息”（商品信息、物流信息、支付信息）推送到单一窗口，海关对“清单”进行审核并办理货物放行手续，通关效率更快，通关成本更低。

（2）汇总申报：指跨境电商出口企业定期汇总清单形成报关单进行申报，海关为企业出具报关单退税证明，解决企业出口退税难题。

2. 9610 出口退税基本流程

（1）企业注册。凡是参与跨境电商零售出口业务的企业，包括跨境电商企业、物流企业等，如需办理报关业务，则应当向所在地海关办理信息登记。

（2）通关申报。跨境电商零售出口商品申报前，跨境电商企业或其代理人、物流企业应当分别通过国际贸易“单一窗口”或跨境电商通关服务平台，向海关传输交易、收款、物流等电子信息，申报出口明细清单。

（3）离境结关。进口申报清单放行后，跨境电商出口商品通过运输工具运输离境，对应进口申报清单结关。

（4）汇总申报。跨境电商零售商品出口后，跨境电商企业或其代理人应当于每月 15 日前按规定汇总上月结关的进口申报清单形成出口报关单，允许以“清单核放、汇总统计”方式办理报关手续的，则不再汇总。

举例说明，上海跨境电商公共服务平台 9610 出口退税业务流程见图 13－5。

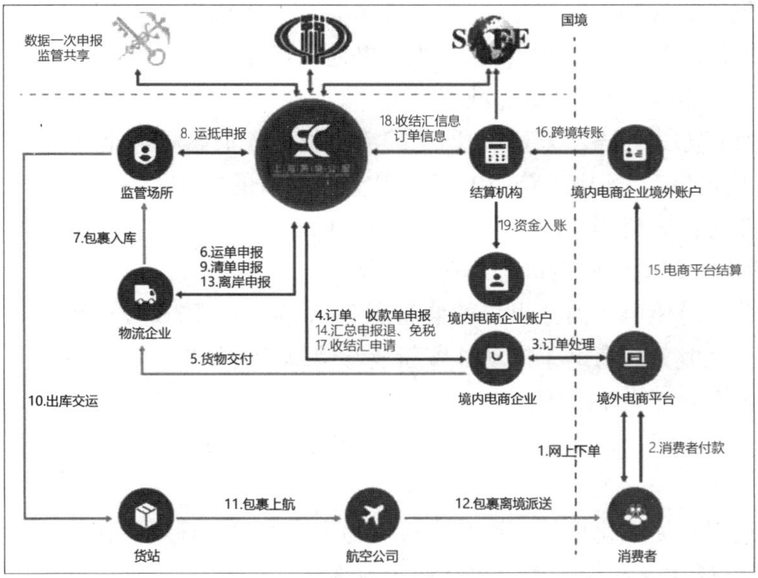

图 13－5　上海跨境电子商务公共服务平台 9610 出口退税业务流程

（二）保税电商“1210”模式

2014 年 7 月 30 日，海关总署发布《关于增列海关监管方式代码的公告》（海关总署公告〔2014〕57 号），该公告中提出，为促进跨境贸易电子商务进出口业务发展，方便企业通关，规范海关管理，实施海关统计，决定增列海关监管方式代码“1210”，即“保税跨境贸易电子商务”，简称“保税电商”，适用于境内个人或电子商务企业在经海关认可的电子商务平台实现跨境交易，并通过海关特殊监管区域或保税监管场所进出的电子商务零售进出境商品（海关特殊监管区域、保税监管场所与境内区外（场所外）之间通过电子商务平台交易的零售进出口商品不适用该监管方式）。此外，“1210”监管方式用于进口时，仅限经批准开展跨境贸易电子商务进口试点的海关特殊监管区域和保税物流中心（B 型）。

以“1210”海关监管方式开展跨境贸易电子商务零售进出口业务的电子商务企业、海关特殊监管区域或保税监管场所内跨境贸易电子商务经营企业、支付企业和物流企业应当按照规定向海关备案，并通过电子商务平台实时传送交易、支付、仓储和物流等数据。

“1210”保税跨境电子商务模式的特点是“先海外发货到保税仓再有订单”，商品储存在海关监管的保税区仓库，消费者订购的商品可以快速完成通关并且通过国内物流送达消费者手中，极大地提高了订单履行速度，优化了消费者购物体验。对于海关部门而言，“1210”保税跨境电子商务模式一定程度上解决了传统海关通关模式下海关监管的痛点，提高了监管的效率，有利于跨境电商企业阳光化、规范化发展。

（三）跨境电商 B2B

2020 年 8 月 13 日海关总署发布《关于扩大跨境电子商务企业对企业出口监管试点范围的公告》。在现有试点海关基础上，增加上海、福州、青岛、济南、武汉、长沙、拱北、湛江、南宁、重庆、成都、西安等 12 个直属海关开展跨境电商 B2B 出口监管试点，2020 年 9 月 1 日起施行。新加入的 12 个 B2B 跨境电商出口监管试点及之前公布的 10 个 B2B 监管试点一起共扩容至 22 个监管试点城市。

增列海关监管方式代码“9710”，即“跨境电子商务企业对企业直接出口”，简称“跨境电商 B2B 直接出口”，适用于跨境电商 B2B 直接出口的货物。

增列海关监管方式代码“9810”，即“跨境电子商务出口海外仓”，简称“跨境电商出口海外仓”，适用于跨境电商出口海外仓的货物。

此举标志着对跨境电子商务出口的监管服务从 B2C 向 B2B 模式延伸，有利于跨境电商企业进一步扩大业务，有助于推动外贸新业态健康快速发展。

开展跨境电商 B2B 出口的优势：

（1）通关方式：9710、9810 监管代码，将跨境电商 B2B 出口业务监管独立，有利于规范和监管。

（2）通关流程：无纸化报关、B2B 出口货物优先查验、适用全国通关一体化，可采用“跨境电商”模式转关，简化操作，提高通关效率。

（3）支持多商品品类出口：“清单模式”“报关单模式”双模式并行，比 9610 一般出口支持更多、更广商品出口。

（4）配套完整的资金结算：依托通关数据，解决出口企业收款法律隐患和资金风险。货款当天回流，有效缓解企业资金压力。

上海跨境电商公共服务平台申请 B2B 出口退税流程见图 13 - 6。

下面介绍跨境电商 B2B 出口监管模式的申报。

1. 注册登记、备案

（1）注册。跨境电商企业、跨境电商平台企业、物流企业等参与跨境电商 B2B 出口业务的境内企业，应当依据海关报关单位注册登记有关规定在海关办理注册登记，并勾选相应的跨境电子商务企业类型；已办理注册登记，未勾选企业类型的可在“单一窗口”提交注册信息变更申请。

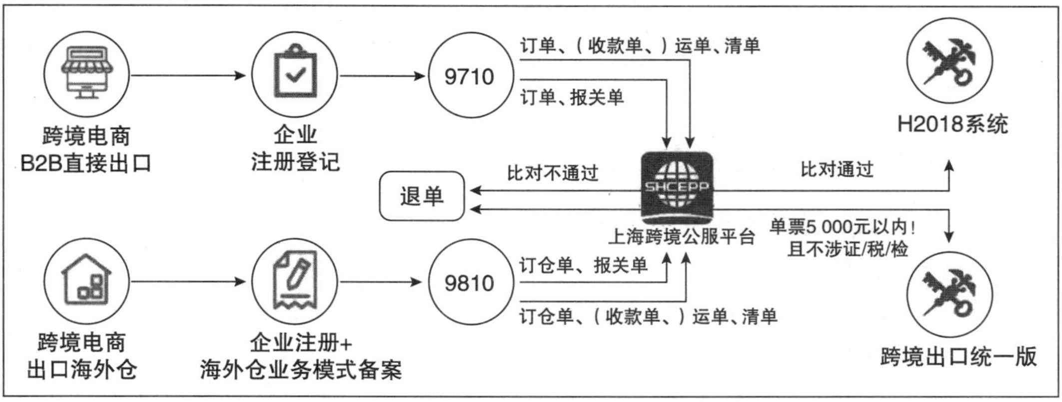

图 13－6　上海跨境电子商务公共服务平台申请 B2B 出口退税流程

（2）备案。开展跨境电商出口海外仓业务的企业，应在海关开展出口海外仓业务模式备案。企业向主管地海关递交以下材料：

①《跨境电商海外仓出口企业备案登记表》（简称《备案登记表》）及《跨境电商海外仓信息登记表》（简称《海外仓登记表》，一仓一表）一式一份。

②海外仓证明材料：海外仓所有权文件（自有海外仓）、海外仓租赁协议（租赁海外仓）、其他可证明海外仓使用的相关资料（如海外仓入库信息截图、海外仓货物境外线上销售相关信息）等。

③企业营业执照复印件。

④其他海关认为需要的材料。

2. 报关单和清单两种方式申报

单票金额超过人民币 5 000 元，或涉证、涉检、涉税的跨境电商 B2B 出口货物，企业应通过 H2018 通关管理系统通关（报关单模式）申报；单票金额在人民币 5 000 元（含）以内，且不涉证、不涉检、不涉税的，企业可以通过跨境电商出口统一版系统通关（清单申报模式）申报。

（1）以报关单方式申报的，务必传输交易订单或海外仓订仓单电子信息，具备条件的可加传收款信息。

（2）以清单方式申报的，务必向海关传输交易订单或海外仓订仓单电子信息，物流企业向海关传输物流电子信息，具备条件的可加传收款信息。

四、 出口退税的注意事项

（一）9610 出口注意事项

电商企业或物流企业在每月 10 日前（当月 10 日是法定节假日或者法定休息日的，顺延至其后的第一个工作日，第 12 月的清单汇总应当于当月最后一个工作日前完成），将上月（12 月为当月）结关的《申报清单》通过上海跨境公共服务平台发送汇总申报请求，汇总形成《中华人民共和国海关出口货物报关单》向海关申报。

注意：要根据海关要求的“八同原则”汇总。“八同原则”即同一收发货人、同一运输方式、同一生产销售单位、同一运抵国、同一出境关别、同一最终目的国、同一 10 位海关商品编码、同一币制。

（二）9710、9810 出口注意事项

1. 通过“H2018 通关管理系统”通关

（1）电子信息传输：

① 跨境电商 B2B 直接出口（9710）申报前，跨境电商企业或跨境电商平台企业应向海关传输交易订单信息。

② 跨境电商出口海外仓（9810）申报前，跨境电商企业应向海关传输海外仓订仓信息。

（2）报关单申报：跨境电商企业或其代理人向海关申报报关单，系统对企业资质及申报内容进行校验，通过系统校验的，向 H2018 通关管理系统发送申报报关单。

2. 通过“跨境电商出口统一版”系统通关

（1）电子信息传输：

① 跨境电商 B2B 直接出口（9710）货物申报前，跨境电商企业、物流企业应分别向海关传输交易订单、物流信息。

② 跨境电商出口海外仓（9810）货物申报前，跨境电商企业、物流企业应分别向海关传输海外仓订仓信息、物流信息。

（2）清单申报：跨境电商企业或其代理人向海关申报清单，系统对企业资质及申报内容进行校验，通过系统校验的，向“跨境电商出口统一版”系统发送申报清单。清单无须汇总申报报关单。

（三）四种监管类型比较

四种监管类型的比较见表 13－4。

表 13－4　四种监管类型比较

	跨境电商 B2B 出口 9710、9810	跨境电商 B2C 出口 9610	一般贸易出口 0110
企业要求	参与企业均办理注册登记、出口海外仓企业备案	电商、物流企业办理信息登记、办理报关业务的办理注册登记	企业注册登记
随附单证	9710：订单、物流单（低值） 9810：定仓单、物流单（低值） （委托书首次提供）	订单、物流单、收款信息	报关委托书、合同、发票、提单、装箱单等
通关系统	“H2018 通关管理系统”“跨境电商出口统一版”（单票＜5 000 元，不涉检、证、税）	“跨境电商出口统一版”	“H2018 通关管理系统”

续表

	跨境电商 B2B 出口 9710、9810	跨境电商 B2C 出口 9610	一般贸易出口 0110
简化申报	在综试区所在地海关通过“跨境电商出口统一版”申报，符合条件的清单，可按照 6 位 HS 编码简化申报	在综试区所在地海关通过“跨境电商出口统一版”申报，符合条件的清单，可按照 4 位 HS 编码简化申报	—
物流	转关 直接口岸出口全国通关一体化（通过 H2018 申报）	转关 直接口岸出口	直接口岸出口 全国通关一体化
查验	优先安排查验	—	—

延伸阅读

财政部 海关总署 税务总局关于跨境电子商务出口退运商品税收政策的公告

财政部 海关总署 税务总局公告 2023 年第 4 号

为加快发展外贸新业态，推动贸易高质量发展，现将跨境电子商务出口退运商品税收政策公告如下：

一、对自本公告印发之日起 1 年内在跨境电子商务海关监管代码（1210、9610、9710、9810）项下申报出口，因滞销、退货原因，自出口之日起 6 个月内原状退运进境的商品（不含食品），免征进口关税和进口环节增值税、消费税；出口时已征收的出口关税准予退还，出口时已征收的增值税、消费税参照内销货物发生退货有关税收规定执行。其中，监管代码 1210 项下出口商品，应自海关特殊监管区域或保税物流中心（B 型）出区离境之日起 6 个月内退运至境内区外。

二、对符合第一条规定的商品，已办理出口退税的，企业应当按现行规定补缴已退的税款。企业应当凭主管税务机关出具的《出口货物已补税/未退税证明》，申请办理免征进口关税和进口环节增值税、消费税，退还出口关税手续。

三、第一条中规定的“原状退运进境”是指出口商品退运进境时的最小商品形态应与原出口时的形态基本一致，不得增加任何配件或部件，不能经过任何加工、改装，但经拆箱、检（化）验、安装、调试等仍可视为“原状”；退运进境商品应未被使用过，但对于只有经过试用才能发现品质不良或可证明被客户试用后退货的情况除外。

四、对符合第一、二、三条规定的商品，企业应当提交出口商品申报清单或出口报关单、退运原因说明等证明该商品确为因滞销、退货原因而退运进境的材料，并对材料的真实性承担法律责任。对因滞销退运的商品，企业应提供“自我声明”作为退运原因说明材料，承诺为因滞销退运；对因退货退运的商品，企业应提供退货记录（含跨境电子商务平台上的退货记录或拒收记录）、返货协议等作为退运原因说明材料。海关据此办理退运免税等手续。

五、企业偷税、骗税等违法违规行为，按照国家有关法律法规等规定处理。

本章小结

本章主要分两节来阐述与探讨跨境电子商务支付与退税问题。第一节主要介绍跨境电子商务主要支付方式；第二节主要介绍跨境电子商务出口退税。

第13章即测即评

第 14 章

B2B 跨境电子商务

| 引言 |

随着全球经济的快速发展和信息技术的迅猛进步，跨境电商 B2B 平台在促进国际贸易自由化方面发挥了重要作用。这些平台通过连接全球供应商与采购商，打破了传统贸易的地域限制，推动了贸易自由化的进程。跨境电商 B2B 平台是指通过互联网和相关技术，为全球供应商和采购商提供在线交流、合作和交易的平台。跨境电商 B2B 平台作为连接全球供应商与采购商的重要工具，对促进国际贸易自由化起到了积极的推动作用。它通过打破地域限制、降低交易成本、提高交易效率和丰富产品选择等，为全球供应链的协同管理提供了新的方式和思路。

| 素养提升 |

1. 习近平总书记指出："中国将推动跨境电商等新业态新模式加快发展，培育外贸新动能。"跨境电商 B2B 模式在全球化和互联网技术发展的背景下，对于企业、市场和全球经济具有重要价值。在此背景下了解 B2B 跨境电子商务中的国际贸易术语显得尤为重要。

2. 2023 年 12 月举行的中央经济工作会议提出："要加快培育外贸新动能，巩固外贸外资基本盘，拓展中间品贸易、服务贸易、数字贸易、跨境电商出口。"在全球化和互联网技术不断发展的背景下，跨境电商 B2B 模式将会在未来发挥更加重要的作用。因此，选择合适的跨境电商 B2B 平台是至关重要的，这将有助于企业更好地把握全球商机，实现可持续发展。

3. 第十四届全国人大二次会议《政府工作报告》指出，"促进跨境电商等新业态健康发展，……全面实施跨境服务贸易负面清单。出台服务贸易、数字贸易创新发展政策"。本章不仅使学生了解各种跨境电商模式的区别，也增加学生对国家政策的信心。

| 学习目标 |

1. 了解 B2B 跨境电子商务中常用的国际贸易术语；
2. 熟悉国际贸易单证；
3. 了解跨境电子商务洽谈磋商的流程。

第一节 B2B 跨境电子商务中的国际贸易术语

一、国际贸易术语概述

（一）贸易术语的含义与作用

与线下贸易一样，要准确、简洁地描述交易条件，B2B 跨境电子商务必然涉及贸易术语。所谓国际贸易术语，是在长期贸易实践中形成的，用简短的英文字母说明商品的价格构成，以及在商品交接过程中相关风险、责任、费用划分问题的专门用语。国际贸易术语的作用可归纳为：

（1）说明商品的价格构成。买卖双方在交易时使用某种贸易术语，即默认其价格中包含哪些从属费用，如运费、保险费、装卸费、关税、增值税等，有利于双方进行比价和成本核算。

（2）说明商品交接过程中买卖双方的风险、责任、费用的划分。买卖双方采用的贸易术语明确了双方在履约中的风险、责任和费用，简化了交易程序，提高了磋商效率，进而节省了费用开支。

（3）每个贸易术语都有特定解释，相关国际贸易惯例对贸易术语的解释在国际上被广泛认可，是国际贸易的行为准则。一旦买卖双方履约过程中产生争议，可以援引有关贸易术语的解释来解决争端。熟练掌握贸易术语，有利于解决贸易争端。

（二）对贸易术语进行解释的国际贸易惯例

对国际贸易术语进行解释的国际贸易惯例主要有三种：《1932 年华沙-牛津规则》（Warsaw-Oxford Rules 1932）、《1990 年美国对外贸易定义修订本》（Revised American Foreign Trade Definitions 1990）、《国际贸易术语解释通则》（International Rules for the Interpretation of Trade Terms，INCOTERMS）。其中，INCOTERMS 是影响最广泛的，它是国际商会编纂的国际贸易惯例，是对长期贸易实践中形成的习惯做法的成文的说明和解释，为国际贸易界、银行界和法律界所普遍熟悉、承认和采用，有利于简化交易手续，加速交易过程，便于处理合同争议。

最早一版的《国际贸易术语解释通则》产生于 1936 年，在长期贸易实践中，顺应贸易发展需要，贸易术语在数量、名称及含义上都有了很大变化，经过多次修订，现行的《国际贸易术语解释通则 2020》（简称《2020 通则》）于 2020 年 1 月 1 日起生效，修订后的国际贸易术语解释通则对原有的贸易术语进行了整合，使之更方便使用。《2020 通则》按照贸易术语的适用方式将贸易术语分为两类：适用于各种运输方式的术语（包括 EXW、FCA、CPT、CIP、DAP、DPU、DDP）和适用于海运和内河水运的贸易术语（包括 FAS、FOB、CFR、CIF）。

二、适用于各种运输方式的贸易术语

（一）EXW

1. EXW 术语含义

EXW 的英文全称为 EX Works（insert named place of delivery），中文意思是工厂交货（插入指定交货地点）。以此方式成交，卖方在指定地点（工厂、仓库、厂房或其他指定地点）将货物置于买方处置之下，即履行了交货义务。卖方不需要将货物装上任何前来接收货物的运输工具，需要清关时，卖方也无须办理清关手续，需要交付商业发票及合同要求的其他单证，单证可以是纸质的或者是电子形式的。

2. 买卖双方的主要义务

风险转移：卖方承担将货物交给买方控制之前货物灭失或损坏的风险，其后的风险由买方承担。

清关手续：买方自负风险和费用，办理出口国、过境国、进口国所要求的清关手续。如适用，在应买方要求并由其承担相应风险费用的情况下，卖方应该协助买方提供办理清关所需手续或单据等。

运输与保险：卖方对买方没有订立运输合同的义务，应由买方自费订立运输合同或安排自指定交货地起的货物运输。卖方对买方没有订立保险合同的义务。但是，在应买方要求，并由其承担风险和费用的情况下，卖方应当向买方提供卖方所拥有的买方办理保险所需信息。

费用划分：卖方承担交货前与货物相关的所有费用。之后的费用，包括将货物运往目的地的运输、保险以及办理进出口通关相关费用，应由买方负责。

（二）FCA

1. FCA 术语含义

FCA 的英文全称为 Free Carrier（insert named place of delivery），中文意思是货交承运人（插入指定交货地点）。以此方式成交，卖方在合同约定的期限内在其所在地或其他指定地点把货物交给买方指定的承运人，即完成了其交货义务，此外，卖方要提交商业发票及合同要求的其他单证。

2. 买卖双方的主要义务

风险转移：卖方承担将货交承运人之前货物灭失或损坏的风险，货交承运人后的风险由买方承担。

清关手续：如适用，卖方需办理出口国要求的出口清关手续，并支付费用，买方需办理任何过境国和进口国要求手续并支付费用，如进口许可证及过境所需的许可证，进口及过境安检清关等。

运输与保险：卖方对买方没有订立运输合同的义务，买方自费订立运输合同或安排自指定交货地起的货物运输。卖方对买方没有订立保险合同的义务。但是，在应买方要求，并由其承担风险和费用情况下，卖方应当向买方提供卖方所拥有的买方办理保险所需信息。

费用划分：卖方承担交货前与货物相关的所有费用，包括办理出口所需的关税（如果有的话）和其他费用，交货之后的费用应由买方负责。

（三）CPT

1. CPT 术语含义

CPT 的英文全称为 Carriage Paid To (insert named place of destination)，中文意思是运费付至（插入指定目的地）。以此方式成交，卖方在合同约定的期限内在将符合合同约定的货物交给自己指定的承运人或第一承运人，即完成交货义务，此外，卖方要提交商业发票及合同要求的其他单证。

2. 买卖双方的主要义务

风险转移：卖方承担将货交承运人控制之前货物灭失或损坏的风险，之后的风险由买方承担。

清关手续：如适用，卖方需办理出口国要求的出口清关手续，并支付费用；买方需办理任何过境国和进口国要求手续并支付费用，如进口许可证及过境所需的许可证，进口及过境安检清关等。

运输与保险：卖方必须签订或取得运输合同，将货物自交货地运送至目的地。运输合同必须按照惯常条款订立，由卖方承担费用，经由通常路径，按照所售货物类型的惯常运输方式运送货物。卖方对买方没有订立保险合同的义务。但是，在应买方要求，并由其承担风险和费用情况下，卖方必须向买方提供卖方所拥有的买方办理保险所需信息。

费用划分：卖方承担交货前与货物相关的所有费用，支付将货物运至指定目的地的运费及按照合同应由买方支付的装货费和在目的地的卸货费，出口清关的费用；在交货地点交货后的除运费之外的费用应由买方负责，包括进口关税和其他费用。

（四）CIP

1. CIP 术语含义

CIP 的英文全称为 Carriage and Insurance Paid To (insert named place of destination)，中文意思是运费和保险费付至（插入指定目的地）。以此方式成交，卖方在合同约定的期限内在将符合合同约定的货物交给自己指定的承运人或第一承运人，即完成交货义务，此外，卖方还需订立货物运输保险合同，卖方要提交商业发票及合同要求的其他单证。

2. 买卖双方的主要义务

风险转移：卖方承担将货交承运人控制之前货物灭失或损坏的风险，之后的风险由买方承担。

清关手续：如适用，卖方需办理出口国要求的出口清关手续，并支付费用；买方需办理任何过境国和进口国要求手续并支付费用，如进口许可证及过境所需的许可证，进口及过境安检清关等。

运输与保险：卖方必须签订或取得运输合同，将货物自交货地运送至目的地。运输合同必须按照惯常条款订立，由卖方承担费用，经由通常路径，按照所售货物类型的惯常运输方式运送货物。卖方须自付费用取得货物运输保险，该保险须符合《协会货物条款》（Institute Cargo Clauses，LMA/IUA）条款（A）或任何适于货物运输方式的类似条款。最低保险金额应是合同规定价款另加 10%（即 110%），并应采用合同货币。

费用划分：卖方承担交货前与货物相关的所有费用，支付将货物运至指定目的地的运费及保险费用，办理出口清关的费用；在交货地点交货后的除运费之外的费用应由买方负责，包括进口关税和其他费用。

（五）DAP

1. DAP 术语含义

DAP 的英文全称为 Delivered At Place (insert named place of destination)，中文意思是目的地交货（插入指定目的地）。以此方式成交，卖方在合同约定的期限内在将符合合同约定的货物运至规定的目的地约定地点，并将货物置于买方处置之下，在抵达的运输工具上卸货之前即完成交货义务，卖方要提交商业发票及合同要求的其他单证。

2. 买卖双方的主要义务

风险转移：卖方承担将指定目的地货交买方控制之前货物灭失或损坏的风险，之后的风险由买方承担。

清关手续：如适用，卖方需办理出口国和任何过境国要求的出口和过境清关手续，并支付费用；买方需办理进口国要求的所有手续并支付费用，如进口许可证，进口安检清关等。

运输与保险：卖方必须自付费用签订运输合同安排运输，将货物运至指定目的地。卖方对买方没有订立保险合同的义务。

费用划分：卖方承担交货前与货物及运输相关的所有费用；在交货地点交货后的费用应由买方负责，包括进口关税和其他费用。

（六）DPU

1. DPU 术语含义

DPU 的英文全称为 Delivered At Place Unloaded (insert named place of destination)，中文意思是目的地卸货后交货（插入指定目的地）。以此方式成交，卖方在合同约定的期限内在将符合合同约定的货物运至规定的目的地约定地点，并将货物从抵达的运输工具上卸下，交给买方处置即完成交货义务，此外，卖方还需订立货物运输保险合同，卖方要提交商业发票及合同要求的其他单证。

2. 买卖双方的主要义务

风险转移：卖方承担将指定目的地货交买方控制之前货物灭失或损坏的风险，之后的风险由买方承担。

清关手续：如适用，卖方需办理出口国和任何过境国要求的出口和过境清关手续，并支付费用；买方需办理进口国要求的所有手续并支付费用，如进口许可证，进口安检清关等。

运输与保险：卖方必须自付费用签订运输合同安排运输，将货物运至指定目的地。卖方对买方没有订立保险合同的义务。

费用划分：卖方承担交货前与货物及运输相关的所有费用；在交货地点交货后的费用应由买方负责，包括进口关税和其他费用。

（七）DDP

1. DDP 术语含义

DDP 的英文全称为 Delivered Duty Paid（insert named place of destination），中文意思是完税后交货（插入指定目的地）。以此方式成交，卖方在合同约定的期限内在将符合合同约定的货物运至规定的目的地约定地点，完成进口清关后，在抵达的运输工具上卸货之前将货物置于买方处置之下即完成交货义务，此外，卖方要提交商业发票及合同要求的其他单证。

2. 买卖双方的主要义务

风险转移：卖方承担将指定目的地货交买方控制之前货物灭失或损坏的风险，之后的风险由买方承担。

清关手续：如适用，卖方需办理出口国、过境国和进口国要求的出口、过境、进口清关手续，并支付费用；卖方要求并由其承担风险和费用，买方必须协助办理相关手续及单据。

运输与保险：卖方必须自付费用签订运输合同安排运输，将货物运至指定目的地。卖方对买方没有订立保险合同的义务。

费用划分：卖方承担交货前与货物及运输相关的所有费用；在交货地点交货后的费用应由买方负责，包括进口关税和其他费用。

三、适用于海运和内河水运的贸易术语

（一）FAS

1. FAS 术语含义

FAS 的英文全称为 Free Alongside Ship（insert named port of shipment），中文意思是装运港船边交货（插入指定装运港）。以此方式成交，卖方在合同约定的期限内，将货物运至指定的装运港，并交到买方指定的船只旁边，即完成了其交货义务。另外，卖方需要提交商业发票及合同要求的其他单据的纸质或电子形式。

2. 买卖双方的主要义务

风险转移：卖方把货物交至装运港买方指定的装运船只旁时，货物灭失或损坏的风险转移至买方。

清关手续：如适用，卖方需办理出口国要求的所有出口清关手续，并支付费用，买方需办理任何过境国和进口国要求手续并支付费用，如进口许可证及过境所需的许可证，进口及过境安检清关等。

运输与保险：卖方对买方没有订立运输合同的义务，买方自费订立运输合同或安排自指定交货地起的货物运输。卖方对买方没有订立保险合同的义务。但是，在应买方要求，并由其承担风险和费用情况下，卖方应当向买方提供卖方所拥有的买方办理保险所需信息。

费用划分：卖方承担交货前与货物相关的所有费用，包括办理出口所需的关税（如果有的话）和其他费用，交货之后的费用应由买方负责。

（二）FOB

1. FOB 术语含义

FOB 的英文全称为 Free On Board (insert named port of shipment)，中文意思是装运港船上交货（填入指定装运港）。以此方式成交，卖方在合同约定的期限内，将货物运至指定船上，即完成了其交货义务，另外，卖方需要提交商业发票及合同要求的其他单据的纸质或电子形式。

2. 买卖双方的主要义务

风险转移：卖方把货物交至装运港买方指定的装运船只旁时，货物灭失或损坏的风险转移至买方。

清关手续：如适用，卖方需办理出口国要求的所有出口清关手续，并支付费用，买方需办理任何过境国和进口国要求手续并支付费用，如进口许可证及过境所需的许可证，进口及过境安检清关等。

运输与保险：卖方对买方没有订立运输合同的义务，买方自费订立运输合同或安排自指定交货地起的货物运输。卖方对买方没有订立保险合同的义务。但是，在应买方要求，并由其承担风险和费用情况下，卖方应当向买方提供卖方所拥有的买方办理保险所需信息。

费用划分：卖方承担交货前与货物相关的所有费用，包括办理出口所需的关税（如果有的话）和其他费用，交货之后的费用应由买方负责。

（三）CFR

1. CFR 术语含义

CFR 的英文全称为 Cost and Freight (insert named port of destination)，中文意思是成本加运费（插入指定目的港），也称运费在内价。以此方式成交，卖方在合同约定的期限内，将货物运至自己安排的船上，即完成了其交货义务，另外，卖方需要提交商业发票及合同要求的其他单据的纸质或电子形式。

2. 买卖双方的主要义务

风险转移：卖方把货物交至装运港指定的装运船上时，货物灭失或损坏的风险转移至买方。

清关手续：如适用，卖方需办理出口国要求的所有出口清关手续，并支付费用，买方需办理任何过境国和进口国要求手续并支付费用，如进口许可证及过境所需的许可证，进口及过境安检清关等。

运输与保险：卖方必须签订或取得运输合同，将货物自交货地点运至指定目的港，运输合同必须按照惯常条款订立，卖方承担费用，经由通常航线，用通常用于运输该类货物的船舶运送货物。卖方对买方没有订立保险合同的义务，但是在应买方要求，并由其承担风险和费用情况下，卖方应当向买方提供卖方所拥有的买方办理保险所需信息。

费用划分：卖方支付将货物运至指定目的地的运费，承担交货前与货物相关的所有费用，包括办理出口所需的关税（如果有的话）和其他费用，交货之后的除运费外的费用应由买方负责。

（四）CIF

1. CIF 术语含义

CIF 的英文全称为 Cost Insurance and Freight（insert named port of destination），中文意思是成本、保险费加运费（插入指定目的港），也称运费、保险费在内价。以此方式成交，卖方在合同约定的期限内，将货物运至自己安排的船上，或者以取得货物已装船证明的方式完成了其交货义务，另外，卖方需要办理货物运输保险，提交商业发票及合同要求的其他单据的纸质或电子形式。

2. 买卖双方的主要义务

风险转移：卖方把货物交至装运港指定的装运船上时，货物灭失或损坏的风险转移至买方。

清关手续：如适用，卖方需办理出口国要求的所有出口清关手续，并支付费用，买方需办理任何过境国和进口国要求手续并支付费用，如进口许可证及过境所需的许可证，进口及过境安检清关等。

运输与保险：卖方必须签订或取得运输合同，将货物自交货地点运至指定目的港，运输合同必须按照惯常条款订立，卖方承担费用，经由通常航线，用通常用于运输该类货物的船舶运送货物。卖方须自付费用取得货物运输保险，该保险须符合《协会货物条款》（Institute Cargo Clauses，LMA/IUA）条款（C）或任何适于货物运输方式的类似条款。最低保险金额应是合同规定价格另加 10%（即 110%），并应采用合同货币。

费用划分：卖方支付将货物运至指定目的地的运费，承担交货前与货物相关的所有费用，包括办理出口所需的关税（如果有的话）和其他费用，交货之后的除运费、保险费外的费用应由买方负责。

第二节　国际贸易单证

一、国际贸易单证的分类

国际贸易单证是指进出口业务中使用的各种单据、文件和证书，包括但不限于单据和信用证。

国际贸易法专家施米托夫说："从商业观点来看，可以说 CIF 合同的目的不是货物本身的买卖而是与货物有关单据的买卖。" CIF、FOB、CFR 都属于象征性交货，双方交易的是单据而非货物本身，卖方凭单交货，买方凭单付款。从这个意义上，"单证就是外汇"。买卖双方不仅凭借单证处理货物的交付、运输、保险、商检和结汇等，而且作为国际贸易结算的基本工具，单证关系着结汇能否顺利完成。

国际贸易单证按不同标准可做如下划分。

（1）根据单证所涉及的贸易方，分为出口单证和进口单证。

出口单证是指出口地企业及有关部门涉及的单证，包括贸易合同、商业发票、出口许可证、出口报关单、出口货运单据、包装单据、保险单、汇票、产地证和检验检疫证书等。

进口单证是指进口地的企业及有关部门涉及的单证，包括贸易合同、进口许可证、信用证、保险单和进口报关单等。

（2）根据单证在贸易中的用途，可分为资金单据、货运单据、商业单据、保险单据、官方单据和随附单据等。

资金单据——汇票、支票、本票等信用工具，或其他类似用于取得款项的凭证。

货运单据——托运单、海运提单、不可转让海运单、租船合约提单、空运单、公路运输单据、铁路运输单据、内河运输单据、专递和邮政收据等。

商业单据——商业发票、形式发票、装箱单和重量单等出口商签发的单据。

保险单据——投保单、保险单、预保单和保险证明等国际货物运输保险单据，由承保人签发的单据和证明。

官方单据——海关发票、领事发票、产地证、检验检疫证、进出口货物报关单、出口收汇核销单、进口付汇核销单等涉及有关政府职能部门或外国驻中国使馆签发的单据。

随附单据——受益人证明、装运通知和船舱证明等。

（3）根据单证在结汇时是否需要使用，可将单证划分为结汇单证和非结汇单证。

结汇单证是指在国际贸易结算时所要使用的各种单据、票据以及证明，如发票、装箱单、保险单、产地证、汇票和各类运输单据等。

非结汇单证是指在国际贸易流程中，为了使货物能够顺利出口，在办理相关出口手续时所要使用的各种单据、票据以及证明，如出口许可证、出口报关单、出口收汇核销单、托运单和货物运输保险投保单等。

二、国际贸易单证工作的基本要求

单证业务是国际贸易业务的重要组成部分，从签约到履约，各环节都需要缮制、审核、传递、交易、归纳整理单证（国际贸易单证员工作包括审证、制单、审单、交单与归档）。单证缮制的基本要求是正确、完整、及时、简洁、清晰。

（一）正确

正确是单证工作的前提，单证不正确就不能安全结汇和顺利履行合同。正确要符合以下规定。

1.“四相符”：单证相符、单单相符、单同相符、单货相符

依据《跟单信用证统一惯例》（UCP600）规定，“相符交单，指与信用证条款、本惯例的相关适用条款以及国际标准银行实务一致的交单”。按照指定行事的被指定银行、保兑行（如有）以及开证行必须对提示的单据进行审核，并仅以单据为基础，决定单据在表面上看来是否构成相符提示，为确保安全收汇，单证制作应尽量严谨。

虽然在信用证方式下，只要做到单证相符、单单相符（“相符交单”）就能得到付款，但是只有同时做到单同相符、单货相符，才能在安全收汇的同时保证出口合同顺利履行。

在托收方式下，单同相符、单单相符、单货相符也是安全收汇和顺利履行合同的保证。

2. 各种单据必须符合有关国际法规、惯例及进出口国的有关法令法规

从事国际贸易的过程中要遵守相关法律法规，应用相关国际贸易惯例。在我国，从事国际贸易应该遵循的法律法规包括《联合国国际货物销售合同公约》《中华人民共和国民法典》等，应熟悉在国际贸易领域影响巨大的 UCP600、ISBP、INCOTERMS2020 等国际惯例，它们对制单工作具有非常重要的指导意义。制单时也必须注意贸易伙伴对进出口单据是否有特殊的规定。

（二）完整

完整有三层含义：一是单证种类要完整。交单时一般是成套的单据，必须要提交全套单据。二是所交每一种单据的内容必须完备齐全，尤其是对于合同或信用证中单据内容的特殊要求，必须十分注意。三是各种单据交单份数不能短缺。

（三）及时

1. 出单及时

各种单据的出单日期必须合理、可行。一般而言，各种单据中出单日期较早的是商业发票，它也是出口结汇的核心单据，是其他单据缮制的基础；提单日期不得迟于规定的最迟装运期，也不可早于信用证的最早装运期；保险单日期应早于或等于提单的签发日期，但一般不早于发票日期；产地证不早于发票日期，不迟于提单日；商检证日期不晚于提单日，也不能太早于提单日，尤其交易标的是易变质的商品时。

2. 交单及时

向银行交单议付不能超过信用证规定的交单期。参照 UCP600 规定，交单应在信用证规定的交单期内，若信用证对此没有明确说明，交单应在装运日期之后的 21 个日历日，且在任何情况下都不得迟于信用证的有效日。

（四）简洁

单证的内容应力求简洁，避免不必要的烦琐。简化单证不仅可以减少工作量和提高工作效率，而且有利于提高单证的质量和减少单证的差错。

（五）清晰

清晰是对单证的外观质量提出的要求。单证的表面应清洁、美观大方；各项内容清楚、易认；各项内容的记载简洁、明了。这既是单证员业务素质的体现，也反映一个国家、一个企业的业务和技术水平。

三、常见的国际贸易单证

不同的交易中要求的国际贸易单证稍有差异，常见的国际贸易单证包括商业发票、包装单据、运输单据、保险单据、质量检验证书、进出口许可证、报关单、原产地证书、汇票等。

第三节　B2B 跨境电子商务洽谈磋商

一、网上磋商流程

网上磋商与线下磋商程序相同，一般包括询盘（inquiry）、发盘（offer）、还盘（counter offer）、接受（acceptance）四个环节。其中，发盘和接受是达成交易及合同成立必不可少的基本环节。

（一）询盘

询盘是指有购买或出售需求的人向潜在的贸易伙伴探询交易可能性的业务行为，它不具有法律上的约束力。如果双方彼此了解，不需要向对方探询交易条件，可以直接向对方发盘。

（二）发盘

《联合国国际货物销售合同公约》（简称公约）对于发盘是这样规定的：向一个或一个以上特定的人提出的订立合同的建议，如果内容十分确定并且表明发盘人在受盘人接收后即受约束，即构成有效发盘。发盘既可由卖方提出，也可由买方提出；发盘可以是口头的，也可以是书面的。口头形式的发盘，其法律效力自对方了解发盘内容时生效；书面形式的发盘，其生效时间按照《公约》发盘送达受盘人时生效。

发盘应向一个或一个以上特定的人提出。向特定的人提出，是向有名有姓的公司或个人提出。提出此项要求的目的在于：把发盘同普通商业广告及向广大公众散发的商品价目单等行为区别开来。《公约》第 14 条第 2 款规定：非向一个或一个以上特定的人提出的建议，仅应视为邀请发盘，除非提出建议的人明确地表示相反的意向。

发盘内容必须十分确定。如《公约》所说，发盘的内容必须十分确定。十分确定的内容至少应包括三个基本要素：（1）标明货物的名称；（2）明示或默示地规定货物的数量或规定数量的方法；（3）明示或默示地规定货物的价格或规定确定价格的方法。

发盘还应表明经受盘人接受，发盘人即受约束的意思。发盘是订立合同的建议，这个意思应当体现在发盘之中，如果发盘人同对方磋商的只是某些交易条件，则此项建议不能被认为是一项发盘。

（三）还盘

还盘法律上称为反要约。还盘是指受盘人不同意或不完全同意原发盘人交易条件。还盘即宣告原发盘失效，原发盘人就不再受原发盘约束。按照《公约》规定，受盘人对货物的价格、付款、品质、数量，一方当事人对另一方当事人的赔偿责任范围或解决争端的办法等条件提出添加或更改，均视为实质性变更发盘条件，构成还盘。

如还盘的内容具备发盘条件，就构成一个新的发盘，还盘人成为新发盘人，原发盘人成为新受盘人，其有对新发盘作出接受、拒绝或再还盘的权利。

（四）接受

法律上称为承诺，它是指受盘人在发盘规定的时限内，以声明或行为表示同意发盘提出的各项条件，即是对原发盘表示接受。就接受的方式而言，依照《公约》，受盘人表示接受，既可以通过口头或书面向发盘人发表声明的方式接受，也可以通过其他实际行动来表示接受。沉默或不行为本身并不等于接受。如果受盘人收到发盘后，不采取任何行动对发盘作出反应，只是保持缄默，则不能认为是对发盘表示接受。

二、询盘处理技巧

作为跨境电商卖家，在收到买家询盘并回复的过程中，要注意以下几点。

（一）主动联系买家，积极沟通

买家付款以后，还有发货、物流、收货和评价等诸多过程，卖家需要将发货及物流信息及时告知买家，提醒买家注意收货，这些沟通既能让买家即时掌握交易动向，又能让买家感觉受到卖家的重视，促进双方的信任与合作，从而提高买家的购物满意度。在交流中对买家的每一次提问都要认真对待。回复不及时，买家很容易失去等待的耐心，卖家也很可能错失买家再次购买的机会。根据全球速卖通平台的调查，当买家询问 30 分钟内回复买家询盘，订单成交率将提升很多。买家的询问中肯定会有无效询盘，客服人员容易产生懈怠，草草应付。事实上，客户在某件产品上花费的时间越多，他就越倾向于购买这件产品。客服不但要对每一个买家的提问都积极回复，还要吸引他们在这件产品上多花时间，以提高成交概率。

（二）注意沟通的细节

一般情况下，卖家尽量以书面沟通的方式为主，不仅能让买卖双方的信息交流会更加清晰、准确，也能留下交流的证据，以备后期有纠纷处理。书面沟通要注意：客户名字一定要写正确，这是最基本的一点，也是最容易被忽视的. 很多卖家将客户的名字拼写错误，自己却未发觉，但是客户一眼就能看出来。可以使用 Dear×××来称呼，但是如果已经和客户比较熟悉，可以使用 Hi，Hello 这样的打招呼方式，更显得亲密。在日常频繁的邮件来往中，可以不必使用问候语。偶然与某个客户沟通，可以用如“How are you today?”“I wish you are doing well.”等。内容要言简意赅，语言要简洁明了，用最简单易懂的语言将意思表达清楚。

从沟通时间来看，由于时差的缘故，卖家日常工作（北京时间 8 点至 17 点）时，会发现大部分国外买家的即时通信都是离线的。当然，即使国外买家不在线，卖家也可以通过留言联系买家。应尽量选择买家在线时联系，这意味着卖家应该学会在晚上的时间联系国外买家，因为这个时间买家在线的可能性最大，沟通效果更好。

（三）学会分析，真诚沟通

注意了解买家所在地的风俗习惯，了解不同国家的语言文化习惯，以便沟通时拉近距离，并且有针对性地对买家进行回复。还可以从买家的文字风格判断买家的性格脾气。如买家使用的语言文字简洁精炼，则可判断其办事可能雷厉风行，不喜欢拖泥带水。卖家若根据买家的性格脾气积极调整沟通方式，能促进双方沟通顺利进行。

沟通应该真诚。如果确因卖家本身的原因，出现如迟发货、产品尺码、颜色、瑕疵等问题时，卖家不要试图强调一些客观原因，应该积极主动地承认错误，赶快找到解决方法，获得对方的理解和认可。邮件中要常用“I'm sorry，because of our inconvenience”“Thank you for your question. In the future，we will promptly correct these mistakes and hope you will continue to support us”。这样不但能解决问题，还能赢得客户的好评，甚至二次购买。

客服工作对销售环节和最终的结果有重要作用。一个好的客服人员能够应对和处理很多问题，如客户投诉、退换货、索赔、侵权、平台沟通等。维护店铺评价体系，降低店铺风险，减少退换货等方面都和客服有关。

客服人员需要具备的基本素养包括：

（1）耐心。客服工作量大、工作烦琐，遇到的客户又形形色色，耐心与客户沟通是必备的素养。

（2）协调能力。发现或收集到客户问题，需要修改和调整，客服人员要善于和合作部门进行沟通协调，以便及时解决问题。

（3）积极。善于发现问题，当店铺评分降低，客服人员要及时发现问题并提出解决预案。

（4）思路活跃。当客户提出一个新问题或一个不合理的要求，能及时化解或消除。

三、磋商中的报价问题

价格是产品销售最基本的元素，价格是买卖双方磋商的重要交易条件，卖方应根据自身需求确定商品价格。常见的定价方式包括：成本＋利润定价、策略定价等。

（一）成本＋利润定价

以此方式定价，零售价＝(商品采购成本＋国际物流成本＋退换货成本＋平台抽成成本＋期望利润)/(1－平台抽点比例)。其中，商品采购成本是指商品到自己手上实际所发生的成本，即采购商品实际发生的成本与商品运输成本的加总。国际物流成本是指商品在国际运输过程中产生的所有费用，包括但不限于运输费、运输保险费、仓储费等。退换货成本是由客户退货、换货、退款、索赔产生的费用。退换货成本＝平均每件商品退换货费用×销售总量×退换货率，退换货率为退换货商品数量与销售总量的比值。平台抽点是平台抽取佣金占零售价的比例，不同平台会根据商品品类制定不同抽点。

（二）策略定价

策略定价即根据自身的销售策略进行定价。比如，为了跟同行相比价格有一定竞争力，参考同行定价，即在主流平台，依据销售量比较好的卖家的平均价格作为自己的产品销售价格；为了拉动店铺流量，可以对某些商品降价促销，降低利润；同种商品在不同的目标国家销售，销售价格也不同，以获得更多消费者剩余；有些店铺评分低至风险系数以下，可推出亏本商品刺激订单和好评，拉高店铺评价。

不论哪种定价，都需要密切关注市场行情，了解不同国家的有关政策，注意不同国家商人的不同价格谈判风格，了解社会文化和政治经济背景差异，熟悉贸易伙伴各不相同的价值观、思维方式、行为方式、语言及风俗习惯，对于准确报价，最终成交大有裨益。

价格的高低直接影响企业的经济效益。客观上没有永远有效的报价方式和技巧，报价要根据具体情况随机应变，灵活运用。

本章小结

本章主要介绍了B2B跨境电子商务中常用的国际贸易术语、国际贸易单证、B2B跨境电子商务洽谈磋商。第一节主要介绍B2B跨境电子商务中的国际贸易术语。第二节主要介绍国际贸易单证的分类、国际贸易单证工作的基本要求以及常见的国际贸易单证。第三节介绍了B2B跨境电子商务洽谈磋商。

第14章即测即评

第 15 章

跨境电子商务从业基本技能

| 引言 |

随着全球化的发展和互联网的普及，跨境电商已经成为越来越多企业和个人的选择，跨境电子商务运营人员不仅需要具备基本的电子商务知识，还需要具备特定的技能，才能使跨境电商企业取得成功。随着国际交往日益频繁，要想顺利地开展国际贸易与国际商务交流，了解和知晓必要的国际商务礼仪尤为重要。在参与国际商务交往时，需要了解对方所在国家或文化背景下的礼仪习惯，并尊重对方的礼仪和习俗，了解国际商务礼仪因国别、地域、信仰、文化和政治制度而存在的不同的具体内容和禁忌。

| 素养提升 |

1.《国务院办公厅关于推动外贸稳规模优结构的意见》指出，“外贸是国民经济的重要组成部分，推动外贸稳规模优结构，对稳增长稳就业、构建新发展格局、推动高质量发展具有重要支撑作用。为全面贯彻落实党的二十大精神，更大力度推动外贸稳规模优结构，确保实现进出口促稳提质目标任务”。随着跨境电商的快速发展，对跨境电商人才的需求不断增长，尤其是对创新和创业型人才的渴求更加迫切。

2. 了解跨境电子商务从业者的基本技能。《“十四五”电子商务发展规划》中提到，“推动各国中小企业参与全球贸易，支持数字产业链全球布局，促进全球电子商务供应链一体化发展。……推动电子商务经验分享及人才合作，积极开展多层次国际交流活动”。

3. 党的二十大报告指出，“完善人才战略布局，坚持各方面人才一起抓，建设规模宏大、结构合理、素质优良的人才队伍”。大力发展跨境电商，关系到国家发展战略，对促进就业和拉动经济有特殊的作用，加快跨境电商人才培养势在必行。

4. 中共中央办公厅、国务院办公厅印发的《关于加强新时代高技能人才队伍建设的意见》明确指出，“健全符合我国国情的现代职业分类体系，……完善由国家职业标准、行业企业评价规范”。设立跨境电商新职业来推动职业教育，有利于培养并选拔优秀的从业人员。拥有国际视野与国际化能力，兼具数字技术知识和互联网思维，同时掌握国际商务运营与管理的双高（高数字、高素质）复合型人才，将为跨境电商及相关产业可持续发展提供长期动力。

| 学习目标 |

1. 了解跨境电子商务的主要岗位；
2. 掌握跨境电子商务从业基本要求；
3. 熟悉跨境电子商务英语；
4. 了解跨境电子商务的商务礼仪；
5. 了解不同国家的消费习惯。

第一节　跨境电子商务公司岗位与素质要求

一、跨境电商主要岗位介绍

在跨境电商企业中，通常会有一系列不同的岗位来支持和推动业务发展。以下是对跨境电商主要岗位的介绍。

（一）运营策划与执行

运营策划与执行是跨境电商的核心岗位之一。运营策划人员负责制定整个电商平台的运营策略，包括市场分析、竞争对手研究、制定销售目标和促销活动计划等。制定跨境电商平台的整体运营策略，确保平台稳定、高效运行。比如监控平台运营数据，发现问题并及时解决，提升用户体验和满意度；与各部门协同工作，确保运营活动顺利进行；管理平台内容，确保信息准确、完整、及时；定期分析运营效果，提出改进方案，持续推动平台发展等。

执行岗位从业人员需要监督并管理日常运营活动，确保平台稳定、高效地运行，同时不断优化运营流程，提升用户体验。

（二）产品采购与管理

产品采购与管理岗位负责筛选并采购适合平台销售的产品。比如，寻找并评估潜在的供应商，确保产品质量和价格具有竞争力；与供应商建立和维持良好的合作关系，确保供应稳定；分析和预测市场需求，制订采购计划；管理库存，确保库存水平满足销售需求，避免积压或缺货；跟踪订单执行情况，确保按时到货等。

该岗位从业人员需要密切关注市场动态，分析消费者需求，与供应商建立良好的合作关系，确保产品供应稳定。同时，他们还要负责产品的库存管理，包括库存预警、补货计划等，确保产品始终处于最佳销售状态。

（三）营销推广专员

营销推广专员负责策划并执行各种营销活动，以提升品牌知名度和销售额。比如，制定跨境电商平台的推广策略，包括线上和线下活动；分析竞争对手的推广策略，调整并优化推广计划；管理和优化广告投放，包括搜索引擎、社交媒体和其他广告平台；与市场营销团队合作，策划并执行营销活动；通过数据分析跟踪推广活动的效果，调整策略以提高转化率。

该岗位从业人员需要了解各种营销推广手段，如搜索引擎优化（SEO）、社交媒体营销、电子邮件营销、内容营销等，并通过数据分析不断优化营销策略，提高投入产出比。

（四）客户服务与支持

客户服务与支持岗位是连接电商平台与消费者的桥梁。比如，通过多种渠道（如电子邮件、电话、在线聊天）为消费者提供咨询服务；处理订单、退货和换货请求，确保消费者获得满意的解决方案；收集消费者反馈并与团队分享以提高产品和服务质量；监控客户满意度，并采取措施提高客户满意度等。

该岗位从业人员需要耐心、细致地解答消费者的问题，处理订单、退货等事宜，确保消费者获得满意的购物体验。此外，他们还需要收集消费者反馈，为改进产品和服务提供建议。

（五）物流管理与协调

物流管理与协调岗位负责确保商品从仓库到消费者的整个流程顺畅无阻。比如，负责跨境电商订单的货物运输安排，确保货物按照客户需求准时、安全地送达目的地；与国际货运代理或航空公司合作，跟踪货物运输状态，及时解决运输过程中出现的问题，如延误、破损等，确保客户利益不受损害；及时处理海关查验、退单等异常情况，保障货物顺利进出口；负责跨境电商货物的入库、出库、盘点等仓储管理工作，确保货物数量准确、货物完好；优化仓库布局和作业流程，提高仓储作业效率等。

该岗位从业人员需要了解不同运输方式的优势和限制，为客户选择最合适的物流方案，并能定期对物流绩效进行评估，制定改进措施，持续提升物流服务水平，在出现物流问题时，他们还需要及时协调解决，确保消费者的权益不受损害。

（六）数据分析与运营

数据分析与运营岗位负责收集并分析平台运营数据，为决策提供支持。比如，收集和分析跨境电商平台的运营数据，包括销售、用户行为等；运用数据分析工具发现潜在问题和机会，为决策提供数据支持；定期编制数据报告，向相关部门汇报分析结果；监测竞争对手的动态，提供竞争情报等。

该岗位从业人员需要运用各种数据分析工具，监测平台运营状况，发现潜在问题并提出改进建议。同时，他们还需要通过数据分析深入了解消费者行为和市场趋势，为产品采购、营销推广等提供数据支持。

（七）风险管理与合规

风险管理与合规岗位负责确保跨境电商平台在运营过程中遵守法律法规，规避各种风险。比如，负责起草、审核和修改合同，确保合同合规并维护公司利益；能够提供法律咨询，帮助公司避免法律风险；能够处理法律纠纷和诉讼，维护公司的合法权益等。

该岗位从业人员需要密切关注国内外电商政策变化，确保平台运营合规。同时，他们还需要建立风险预警机制，及时发现并处理潜在的运营风险，保障平台稳定运行。

二、跨境电商从业基本要求

跨境电商是一个复杂的行业，从业者需要具备一定的专业知识、技能和素质。要求能使用口语或书面形式与外商或终端消费者交流；懂得传统国际贸易实务的流程和国际贸易通则以及各国法律法规，对世界各地的风土人情、购物习惯有一定了解；能把握所在行业发展态势和产品知识；具有不同程度的互联网思维，能灵活运用各种网络营销手段。以下是跨境电商从业者的基本要求。

（一）跨文化沟通能力

跨境电商从业者必须能熟练地使用外语，根据消费者语言习惯和文化习惯，通过电话、邮件、网络聊天工具等与客户沟通，处理客户的咨询问题，包含售前售中售后咨询，客户回访等。能够流畅地与海外客户进行交流。目前从事跨境电商的人员中英语背景的居多，在 B2C 业务里，更需要与不同语种和文化背景的零售客户进行沟通，目前俄语、日语、德语、西班牙语和法语等小语种比较有价值。

（二）跨境平台运营及互联网营销推广能力

跨境电商从业者除了具备传统的外贸人才的进出口通关能力、商务谈判能力外，还需要很强的平台运营能力，包括类目运营和新媒体运营；能对运营数据进行分析总结，并不断优化运营手段和运营规则，能把握用户需求，对需求进行调研分析，不断优化产品，提升用户量，提高用户活跃度，通过各种活动运营手段提升销售额。

（三）网络信息技术开发及应用能力

跨境电商是通过电子商务平台达成交易的一种国际贸易活动，因此跨境电商从业者必须具备网络技术的开发和应用能力。网络技术的开发包括：Web 开发、手机应用开发、微信公众号搭建、系统运维、网站测试、云计算、开发搜索算法、网络安全等。应用能力包括：网络编辑能力、商品信息内容管理、智能化选品、专题策划、数字营销方案策划等。

（四）物流与风控能力

跨境电商企业与跨境物流相关的岗位包括跨境仓管员、仓储经理和供应链总监。仓管员能对质检包装部各环节工作管理安排，能熟练使用 Word、Excel 等办公软件及 ERP 系统录入。仓储经理能全面统筹跨境保税仓储物流管理工作。供应链总监能建立、整合、优化供应链运营体系，整合外部资源及政策制定，负责相关项目的操作和跟进，协同跨部门运作，持续评估业务需求与供给的平衡，预先管控供应风险，确保供应安全。

（五）抗压与学习能力

跨境电商工作中常常会面临国际贸易政策变化、供应链问题等各种挑战，因此，具备一定的抗压能力和应变能力是必要的。同时，跨境电商行业变化快速，从业者需要保持持续学习的态度，不断更新知识和技能，适应行业发展变化。

除此之外，跨境电商从业人员还应具备跨境电商相关的基础知识，包括国际贸易流程、跨境物流、电商平台运营规则、国际支付结算等方面的知识，并具备良好的团队合作精神，能够与不同岗位的同事进行有效的协作，共同完成团队目标。

延伸阅读

加快推进跨境电商新业态人才培养

习近平总书记在党的二十大报告中指出，完善人才战略布局，坚持各方面人才一起抓，建设规模宏大、结构合理、素质优良的人才队伍。大力发展跨境电商，关系到国家发展战略，对促进就业和拉动经济有着特殊的作用，加快跨境电商人才培养势在必行。

目前各层次跨境电子商务人才缺乏，已成为制约跨境电商及相关产业发展的瓶颈。探索跨境电商新职业标准制定、推动相应职业教育改革，培养适应时代、产业所需双高（高素质、高数字）人才，将有利于培育具有国际竞争力的跨境电商市场主体、构建优质跨境电商生态和稳定全球跨境电商供应链、产业链、价值链，推动经济结构调整、经济增长和更广范围带动就业与拉动经济复苏。据《国家“十四五”电子商务发展规划》主要指标显示，2020 年电子商务相关从业人数为 6 015 万，2025 年预计将达到 7 000 万，5 年内电子商务人才缺口 985 万。

2022 年商务部印发了《关于用好服务贸易创新发展引导基金支持贸易新业态新模式发展的通知》，明确指出要支持构建适应跨境电商发展的配套服务体系。跨境电商产业链涉及国内和境外诸多环节，面对不同地区文化、消费习惯、各国产业和监管政策等，需要应对更多的经济波动干扰、社会文化干扰、国内外市场供需变化、跨境物流干扰、国际贸易摩擦和法律法规漏洞等复杂不确定性。既要做好全球供应链、全球市场，还要符合各国政策监管要求，以及为消费者提供专业、高效、有价值的服务与体验，所以对人才的要求，既要有国际化视野与能力，又要有专业深度，还要能跨界整合创新与领导力，“技术＋专业＋管理”高数字、高素质的“双高人才”，是未来跨境电子商务人才培养的主要方向。

资料来源：仲泽宇. 加快推进跨境电商新业态人才培养. 中国劳动保障报，2023-02-10.

第二节　跨境电子商务英语

一、常用询盘/还盘用语

在跨境电子商务的业务活动中，由于时差、距离等客观原因，商务会谈常常以发送电子邮件（或跨境电子商务平台站内信）的形式进行，所以商务会谈英语的使用与客户服务密切相关，也贯穿在整个跨境电子商务的业务流程当中，包括：下单前商品及支付方式咨询、交易过程中磋商及付款、下单后货物运输状态追踪、顾客使用疑问解答及投诉相关售后服务。

（一）有关各业务流程的询盘及回复

［Sample］ 关于产品质量的询问与回复

询问
Hi, how about the quality of the stuffed toys? Are they made from environmental friendly materials and tested by the National Quality Control Department?

由于跨境电商平台仅提供产品图片和产品文字描述，买家无法直观把握产品质量，因此部分买家在下单前会就产品质量问题进行咨询。卖家应感谢买家咨询，并如实、友好地回答相应的质量疑问，让买家放心购买。

回复
Dear friend, Thank you for your inquiry. Our stuffed toys are of very good quality and obtained favorable comments from customers. We only use environmental friendly materials and we can guarantee that the stuffed toys are well up to all standards. We are looking forward to receiving your order early. Yours truly, ×××

［Sample］ 关于产品尺寸的询问与回复

询问
Hi, I want to buy this dress from your store. Would you please help me choose the size for bust 85 cm, waist 70 cm and hip 85 cm? Thank you!

一些跨境电商卖家出售的服装或鞋类产品为本国内销产品，在尺码的设置上与国外不同。由于尺码标准不同引起的退换货以及纠纷屡见不鲜。以下回复函中，卖家首先对买家

的咨询表示感谢，再详细解释产品尺码的选择，并根据买家提供的信息进行合适尺码的推荐。

为避免纠纷，卖家恳请买家理解，因为手工测量可能会产生 1～2 厘米的误差。该卖家的回复周到而全面，会给买家留下良好印象。

回复
Dear friend, Thank you for your interest in our item. We offer four different sizes S, M, L and XL. According to the information you offered, we suggest you choose size S. Please allow 1～2 cm errors due to manual measurement. We have the S size in stock and we will ship it within 24 hours once you place an order. Please contact us if you have any questions. Best regards, ×××

[Sample] 关于产品订购数量的询问与回复

询问
Hi, I'm interested in your product Bulk Wholesale Red Turkey Scarf with Ruffle and I'd like to know what your minimum order is. Thank you!

在下面的回复函中，卖家清晰地告诉买家该产品的起订量，同时简洁地概述产品的畅销度，表明卖家对自己的产品充满信心。

回复（有货）
Dear friend, Thanks for your inquiry. The minimum order quantity is 100 pieces. This scarf is the best—selling product in our shop and enjoyed a good reputation in many countries. We are looking forward to receiving your order early. Yours truly, ×××

卖家接到买家关于产品数量询盘而出现产品库存不足的情况时，应及时跟买家沟通。方案一：确认产品的出厂时间，并与买家沟通发货时间，为争取订单可以承诺附赠礼物或优惠券；方案二：与买家沟通更换颜色或者更换款式；方案三：如果买家不接受，可以退款给买家。

回复（缺货）
Dear friend, There is an exceptional high demand for scarves due to the cold weather during the season. The style you require is out of stock at this moment. However, the manufacturer has promised us a further supply by the end of this month and if you could wait until then, we could deliver promptly the goods with woolen socks as gifts.

（续）

If you couldn't wait until then，you could change it to the pink one with the same quality and price. Enclosed is some detailed information on the pink one. Hope you like it. We are looking forward to receiving your order. Yours truly， ×××

［**Sample**］ 关于试用产品的询问与回复

询问
Hi， I am interested in your waterproof garments. However，before placing a firm order I would like to receive a selection of men's and children's waterproof raincoats on 14 day's approval. If there are any items unsold at the end of this period，I will return them at my expense. If quality and price are satisfactory，there are prospects of very good sales here. I hope to hear from you very soon. Yours truly， ×××

买家索要样品给卖家提供了一个展示产品的好机会，但卖家考虑到保护自己的利益，可以要求买家提供商业资信证明。卖家应注意在保护自身利益的同时，不要表现出对买家缺乏信任而冒犯买家，以免错过优质客户，这一点非常重要。

回复
Dear friend， Thank you for enquiring about our waterproof garments. As we have not done business together before. I'm sure you will appreciate that I must request either the usual trade reference，or the name of a bank to which we may refer. As soon as these enquiries have been made，we shall be happy to send you a good selection of the items you require. I look forward to receiving these details from you soon，and hope that our first transaction together will be the beginning of a long and pleasant business relationship. Yours truly， ×××

卖家收到满意的证明后，应再给买家发送一封坦诚、友好的邮件。

回复
Dear friend， I have received satisfactory reference and l am pleased to send you a selection of our waterproof garments. The selection includes several new and attractive models in which the water resistant qualities have been improved by a special process. When you have inspected these garments，please let us know which one you wish to keep and then return the rest as soon as possible. I hope this selection will meet your requirements. Yours truly， ×××

[Sample]　关于卖家未发货的投诉与回复

询问
Dear Sirs, I am greatly regretted that it is necessary to complain about the non-delivery of the product I bought from your store on October 3rd. In the previous communication, the importance of prompt delivery has been stressed. Failure to receive the product on time is causing great inconvenience to me. I, therefore, believe that you will look into the matter immediately and let me know when my product can be delivered. Yours faithfully, ×××

这位买家显然对卖家未发货非常不满。这时卖家唯有委婉、得体的回复才能维护与买家之间的良好关系。

在下面的回复函中，卖家充分表达了对买家的理解，并解释造成未发货的原因是节假日，并提出了补救措施，态度务实而友好。如遇重大节日，建议卖家在店铺首页和商品详情页增加相关提示，如发货期会因节假日有所延长的信息，以避免误会而引起买家投诉。

回复
Dear×××, Thank you for your message, and I quite understand your annoyance at the delay in delivery. I do apologize for this, and I am glad you brought it to my attention. We had a 5 days off this week. After holiday, we must deal with large amounts of orders, so that lots of parcels had not been delivered in time. I have passed the details to the department concerned. They are delivering your product immediately. I am sure you will receive your product no later than October 10th. Once again, I'm sorry for the inconvenience. Yours sincerely, ×××

常用回复用语：

(1) Our products have met with a warm reception in many countries.

我们的产品在许多国家热销。

(2) Our products enjoy stable quality and beautiful patterns.

我们的产品质量稳定、样式美观。

(3) This model is available in black and red.

这个型号的现货有黑色和红色两种。

(4) We have many patterns for you to choose from.

我们有很多款式可以供您选择。

(5) Our products have obtained favorable comments from customers.

我们的产品受到了顾客好评。

(6) Our products appeals to a wide age-group.

我们的产品老少皆宜。

(7) You will find all the specification on the product detail page.

您可以在产品的详情页上找到所有的规格。

(8) We sell this item in lot unit，10 pairs per lot

此款产品我们的最小销售单位是包，10 双一包。

(9) We offer three different sizes，S，M and L.

我们提供三个尺码，分别为 S，M 和 L。

(10) Our goods are superior in quality to those of other manufacturers.

与其他厂商相比，我们的产品质量上乘。

(二) 有关价格问题的询盘及回复

卖家在处理外国买家的询盘时，要确保询盘回复的及时性和有效性。由于时差，卖家既可以根据自身上班时间来回复，也可以按照买家当地上班时间设置邮件发送时间。

卖家在处理询盘时要方法得当，为尽快争取订单打下基础。卖家需掌握 3C 原则，即清楚（clearness）、简洁（conciseness）、礼貌（courtesy）。卖家要做到清晰地回答买家提出的问题，将产品或公司信息清晰地展示给买家；尽可能使用简洁的词汇和句子，不需要长篇大论地介绍公司或店铺；多使用 please，help，kindly，could，thank you，appreciate 等礼貌用语来回复询盘，以获得买家的好感和信任。

在大多数跨境电商平台，产品价格依然是不少卖家获得订单的重要因素。面对砍价的买家，卖家如何给予得体的回复，拒绝买家的砍价或是给予一定的折扣，都值得卖家不断地思考。

[**Sample**] **关于产品折扣的询问与回复（接受对方砍价/拒绝对方破价）**

询问
Hi, I am writing to thank you for the sample of the yoga mat you very kindly sent me. I appreciate the good quality of the goods, but I find your price is on the high side. Information indicates that the yoga mats available at present provided by some other sellers are sold at a level about 10%～15% lower than yours. Could you please consider reducing the price to this level? If you could, we might be able to order 2,000 pieces. Yours faithfully, ×××

上例中这位买家在试用样品后，表示瑜伽垫的质量非常好，但价格偏高。显然他/她已将同类产品的价格进行过对比，希望卖家可以让利 10%～15%。在此基础上，买家愿意订购 2 000 件。

卖家虽然很想争取该买家的订单，但瑜伽垫的利润空间有限，因此卖家拒绝在价格上做出让步。对于部分利润空间有限的产品，卖家在拒绝降价时，应注意措辞，可以多使用 “regret” “sorry” 等词，并努力通过产品质量优势、同类产品价格优势或信誉保证来争取订单。

回复（没有折扣）
Dear ×××, We appreciate your confidence in the quality of our products. Although we are pleased to do business with you, we regret that it is impossible for us to allow the reduction you asked for. Considering the quality of our products, far superior to those of other online shops, this price is in fact very reasonable and quite realistic. We regret, therefore, that we can't make any further concession. Thank you again for your interest in our products. We are looking forward to your reply. Yours faithfully, ×××

在下面这封回复函中，卖家虽然知道降价会让产品的利润空间更小，但是为了争取大订单并与买家建立长期的业务关系，卖家同意给买家 9 折优惠，条件是订单量超过 2 000 件。该卖家在表述时条理清晰，开头和结尾都表达了对买家的感谢。在实际的客服工作中，卖家在字里行间向买家表明了一种感恩的态度，这对建立业务关系是非常有效的。

回复（有折扣）
Dear ×××, Thank you very much for your approval of the quality of our products. In fact, the profit margin for the yoga mat is so thin that any price reduction would make business transaction pointless. However, considering our expectation of establishing a long term business relationship with you, we are prepared to offer you a special discount of 10% for an order exceeding 2,000 pieces. Thank you again for your interest in our products. We are looking forward to your order and we trust our mutual efforts will lead to prosperous business. Yours faithfully, ×××

[Sample]　关于货物批发价格的询问与回复

询问
Hi, I am a reseller and I would like to buy large quantity of your briefcase. What's the wholesale price?

对于潜在批发客户的咨询，卖家一定要抓住机会，尽可能全面地提供相关信息，并表达愿意为买家服务并建立业务关系的愿望。

回复
Dear friend, Thank you for your inquiry for the wholesale price. Here is the link of briefcase which you are interested in. If your order is larger than 100 pieces, we could give you a wholesale price USD 50/piece (freight included) . please let us know if you have any further questions. We hope to establish business relationship with you. Best wishes, ×××

常用回复用语：

(1) The price has been carefully calculated and cut to the limit.

价格经过精密计算并已削减到极限。

(2) Let us meet each other halfway by reducing the price by 5%.

让我们通过降价 5%来各让一步。

(3) The price is for online promotion.

这是网上的促销价。

(4) We will adjust our price accordingly.

我们会相应地调整价格。

(5) To get the business done, we will cut down our price a little, but we cannot reduce it to the extent you indicated.

为了做成这笔生意，我们可以适当降价，但我们无法将其降低到你们要求的程度。

(6) If your order is large enough, we're prepared to reduce the price by 5%.

如果您的订单量大的话，我们准备降价 5%。

(7) The price leaves us limited profit.

该价格给我们的利润有限。

(8) If your order is more than 50 pieces, we will give you a discount of 20% off.

如果您的订单超过 50 件，我们将给您打 8 折。

(9) We'd like to offer you a 10% discount on your order, if you purchase now.

如果您现在购买的话，我们给您的订单打 9 折。

(10) Considering the long business relations between us, we agree to make a reduction on price of 5%.

考虑到长期业务关系，我们同意降价 5%。

二、高质量的外贸邮件

针对部分已下单却未付款的客户，卖家应及时跟进并了解客户未付款的原因，用专业的素养和诚恳的态度打消客户的种种犹豫。

[Sample] 给下单未支付客户的留言模板

Dear friend,
We have got your order. But it seems that the order is still unpaid. The item you chose is of high quality with competitive price. If there is anything I can help with the price, size, shipment etc., please feel free to contact us. After the payment is confirmed, I will process the order and ship it out as soon as possible. Thank you!
Best regards,
×××

如果客户觉得价格偏高而在支付时犹豫，卖家可以适当调整价格。注意在调整价格时，卖家务必给出合适的理由，如调价只有 3 天等。

Dear friend, Thank you for your order. Please note that there are only 3 days left to get 10% off by making payment. The earlier you pay, the sooner we will ship the product to you. Besides, I will send you a gift to show my appreciation. If you have any further question, please feel free to contact with us. Best wishes, ×××

针对部分犹豫的买家，卖家可以以产品库存不多为由，提醒买家尽快付款，否则有可能断货，买不到其想买的产品。

Dear friend, Thank you tor your order. We noticed that you have not finished the payment for the order yet. You have selected the best—selling product in our store. We would like to inform you that this product may be sold out soon since it is very popular for its fashionable design and competitive price. We will deliver your order within 24 hours once your payment is confirmed. If you have any questions, please feel free to let us know. Best wishes, ×××

买家下单后，全球速卖通风控部门会在 24 小时内对买家的资金进行审核。如果买家因资金来源有问题而未通过风控部门的审核，平台会关闭交易，这时卖家需及时与买家沟通。

［Sample］ 给资金未通过风控审核客户的留言模板

Dear friend, I am sorry to tell you that your order has been canceled because your credit card has not been approved by AliExpress. If you still want the item, you can make a new order and you can pay through Western Union, T/T or other ways too. Best regards, ×××

第三节　跨境电子商务的商务礼仪和消费习惯

一、商务礼仪

跨境电子商务的商务礼仪在很大程度上与传统商务礼仪相似，但由于涉及跨国交易和跨文化沟通，因此还需要考虑到一些额外的因素。以下是一些跨境电子商务中常见的商务礼仪。

1. 尊重文化差异

在跨境电子商务中，尊重文化差异是至关重要的。不同的国家和地区有着独特的商业习俗、礼仪和价值观。因此，商务人员应当事先了解目标市场的文化背景，尊重并适应当地的商业习惯。例如，在某些文化中，直接的眼神交流被视为真诚和自信的表现，而在其他文化中则可能被视为不礼貌。此外，商务人员还应避免使用可能引起误解或冒犯的言语或行为。

2. 注重语言交流

语言交流是跨境电子商务中不可或缺的一部分。商务人员应当熟练掌握至少一门外语，并能够用该语言进行流畅、准确的交流。此外，为了消除语言障碍，商务人员还可以考虑使用翻译工具或雇用翻译人员来协助沟通。

3. 清晰简洁表达

在跨境电子商务中，商务人员需要以清晰简洁的方式表达自己的观点和要求。这有助于避免误解和混淆，并确保信息能够准确无误地传达给对方。为了实现这一目标，商务人员可以采用简洁明了的语言和结构，避免使用复杂或含糊不清的表达方式。

4. 表达准确得体

除了清晰简洁之外，商务人员还需要确保自己的表达方式是准确得体的。这包括使用恰当的词汇、语法和表达方式以及遵循当地的商业礼仪和习俗。通过准确得体的表达，商务人员可以建立起良好的专业形象，赢得对方的信任和尊重。

5. 沟通高效顺畅

在跨境电子商务中，高效的沟通是至关重要的。商务人员需要保持积极的态度和开放的心态，及时回应对方的需求和问题。同时，他们还需要善于利用各种沟通工具和技术，如电子邮件、即时通信工具和视频会议等，提高沟通效率和质量。

6. 保护隐私数据

在进行跨境电子商务活动时，商务人员需要格外注意保护个人隐私和商业机密数据。这包括遵守当地的数据保护法律法规，采取适当的安全措施来保护存储在云端或本地设备上的敏感信息。通过保护隐私数据，商务人员可以建立起客户的信任和忠诚，从而推动业务长期发展。

在跨境电子商务中，建立信任关系是非常重要的。商务人员需要通过诚实守信、专业可靠的行为来赢得对方的信任。此外，他们还可以通过提供高质量的产品和服务、建立良好的售后服务体系以及积极参与社会公益事业等方式来增强信任感。跨境电子商务的目标是实现合作共赢，因此，商务人员需要以开放、包容的心态来对待合作伙伴，寻求共同点和合作空间。同时，他们还需要注重长期利益和可持续发展，通过互利共赢的合作模式来推动业务不断发展和壮大。通过促进合作共赢，商务人员可以建立起稳定的商业关系网络，为企业的长期发展奠定坚实基础。

二、各国消费习惯

（一）美国

美国跨境电商消费习惯在过去几年中发生了一些变化，这些变化反映了技术、经济和社会因素带来的影响。近年来，跨境电商在美国市场上呈现出持续增长的趋势。随着电子商务平台的普及和全球化物流的改善，越来越多的美国消费者选择通过跨境电商购买商品和服务。亚洲国家，特别是中国，是美国跨境电商消费的热门目的地之一。中国的电商平台如淘宝、天猫和京东在美国市场上具有一定的知名度，美国消费者经常在这些平台购买价格实惠、品质良好的商品。

1. 品质和信任方面

美国消费者对跨境电商的信任程度与国内电商相比可能稍低。因此，他们更注重商品的品质、真实性以及服务质量。有些消费者可能会选择购买知名品牌或具有良好口碑的卖家的商品，以降低购物风险。

2. 在物流和支付方面

物流速度和运费是影响美国消费者跨境电商购物决策的重要因素之一。消费者更倾向于选择运输速度快、运费合理的跨境电商平台。跨境电商平台通常支持多种支付方式，包括信用卡、PayPal、支付宝等，美国消费者更倾向于使用他们熟悉和信任的支付方式进行交易。

3. 关税和税费

美国消费者在购买跨境商品时可能需要支付关税和其他税费。因此，了解清楚商品的报关价值和相关税费是他们进行跨境电商购物时的重要考虑因素之一。总体而言，美国消费者在跨境电商消费方面具有较高的需求，但也会考虑多种因素来确保购物的便利性、品质和信任度。

（二）巴西

巴西作为拉美最大的经济体，在跨境电商行业也是拉美地区的主力之一，无论是地理位置还是人口都具备一定的优势。近些年，巴西跨境电商市场发展迅猛，相对低廉的价格、种类繁多的商品和提供免费物流服务等优势使得巴西消费者在国际网站上的购买量极高。

1. 电商市场发展快

巴西的电商市场正迅猛扩张，是增速最快的电商市场之一。就网络市场规模而言，巴西高居拉丁美洲各个国家之首。在世界主要网络零售市场排行榜上，巴西名列前茅，巴西人很喜欢从实体百货商店的购物网站网购各种日用品，其中服装非常受欢迎。另外，巴西的奢侈品消费者越来越喜欢通过网络购买各种高端产品。

2. 巴西消费者偏好习惯

由于巴西汇聚了大量来自欧洲、非洲、亚洲的移民，当地节日亦融汇了各地特色，除了西方传统的圣诞节、复活节外，还有“耶孟佳”巴西非裔宗教节日等，巴西狂欢节更是当地的盛典之一。据 Webshoppers 数据，巴西当地在母亲节、情人节、父亲节、儿童节、黑色星期五及圣诞节的网购销售额占全年电商销售总额的 1/4。

（1）大部分巴西消费者为社交媒体的重度用户，在线购物前习惯在不同平台搜索产品评论，且对社媒平台广告的接受度高。

（2）喜欢免费送货。由于巴西国土面积大，配送距离长，运费高，因此不少巴西消费者在购物时会更偏向于免费送货服务，运费成本是其考虑的重要因素之一，免费送货会增加购买的可能性。

（3）对跨境电商购物、中国商品的接受度高。据巴西零售与消费协会（SBVC）和其他机构合作开展的关于“巴西网络购物消费者及其对跨境电商的使用”的研究，59% 的网络购物消费者更倾向于在国外网站和 App 上购物。其中，有 70% 尝试过网购的人都曾跨境网购过中国的商品，相对来说，中国商品在巴西买家中的接受度较高。

3. 支付方式本地化

支付是所有交易的重要组成部分，由于各国或地区的金融发展程度不同，开发巴西电商市场的企业需要注意巴西的支付交易习惯。巴西人最常用的支付方式有 4 种：本国的信用卡、银行转账、网银和现金支付。其中以信用卡交易为主，超过 60%的交易都是通过信用卡交易的。另外，还有一些巴西人倾向于使用现金交易，加上申请可用于跨境交易的信用卡很困难，巴西境内在线信用卡的支付使用率并不高，Boleto 是除信用卡之外较常用的支付方式。

除此之外，全球四大信用卡 Visa、万事达卡、美国运通卡和 Diners Club 也能在巴西使用，巴西本地的信用卡 Hipercard、Elo 和 Aura 也很流行。

（三）俄罗斯

俄罗斯电子商务市场地域发展失衡较为严重，约 50%的网络购物集中于居民人均收入较高、物流基础设施完善的莫斯科市、圣彼得堡市等地。根据摩根士丹利专家的预测，莫斯科和圣彼得堡两地互联网销量将有较大的增长，其他地区的增长也不容小觑。

电商在莫斯科、圣彼得堡等大城市竞争激烈。虽然全球速卖通较早进入俄罗斯市场并取得重要市场份额，但俄罗斯本土电商公司的崛起使电商竞争更加激烈，且俄罗斯较为保护本国企业，这些对我国跨境电商平台造成一定的影响。俄罗斯的跨境电商消费习惯受到多种因素影响，包括经济状况、文化背景、地理位置等。

1. 消费偏好与地区限制

俄罗斯的电商市场受到一定程度的限制，因为国内电商平台的商品种类和品质可能无法满足消费者的需求，因此，俄罗斯消费者倾向于通过跨境电商平台购买更广泛、更多样化的商品。俄罗斯消费者通常对来自欧洲国家和中国的商品比较感兴趣，他们更愿意购买这些地区生产的产品，因为这些地区的商品在俄罗斯市场上具有一定的知名度和口碑。

2. 价格敏感度

俄罗斯消费者在选择跨境电商商品时通常会考虑价格因素。由于俄罗斯国内的通货膨胀率较高，消费者倾向于寻找价格相对较低的商品，特别是在购买昂贵商品时更为明显。跨境购物涉及的关税和税费是俄罗斯消费者的一个重要考虑因素。一些消费者可能会考虑商品的报关价值以及可能产生的额外费用，如进口关税和增值税。

3. 物流和运输

由于俄罗斯广阔的地理范围和复杂的地理条件，物流和运输是俄罗斯跨境电商的重要考虑因素。消费者更倾向于选择可靠的物流服务，以确保商品能够及时到达且运费合理。

4. 支付方式

在俄罗斯，消费者通常更愿意使用本国的支付方式进行跨境电商交易，比如银行转账、电子钱包等。同时，一些跨境电商平台也提供俄罗斯本地的支付选项。俄罗斯消费者在线支付偏爱银行卡，其次是电子钱包，在各类电子钱包中，按消费者使用占比，依次为 Yandex. Money 电子钱包、WebMoney 电子钱包、Qiwi 电子钱包、PayPal 电子钱包、RBK Money 电子钱包。

Yandex. Money 是俄罗斯最大的电子支付服务供应商，支持手机支付及俄罗斯本土付款终端（包括 ATM 和移动电话商店等）。它的优势在于不存在拒付风险，劣势是只接受卢布一个币种，而且单笔交易金额有限制。目前，俄罗斯的移动互联网支付呈快速增长趋势。需要注意的是，俄罗斯人偏向于货到付款方式，这与美国和欧洲众多国家很不相同。

（四）英国

英国是跨境电商消费活动较为活跃的国家之一，其消费习惯受到多种因素的影响。英国距离欧洲大陆较近，因此欧洲国家是英国消费者跨境购物的主要目的地之一，消费者更倾向于购买来自欧洲的商品，因为这些商品相对来说更容易快速地运送到英国，并且通常不会受到高额的关税和运费的影响。尽管美国距离英国较远，但美国市场仍然吸引着一部分英国消费者。这可能是因为一些特定的商品在美国市场上更为独特或价格更具竞争力，例如特定品牌的服装、电子产品等。

1. 价格敏感度

英国消费者通常对价格比较敏感，他们会寻找价格优惠的跨境电商平台或者购买更具性价比的商品。英国消费者通常更倾向于使用信用卡、借记卡或者电子钱包等支付方式进行跨境电商交易。一些跨境电商平台也会提供英国本地的支付选项，以方便消费者完成支付。

2. 物流和运输

物流和运输服务的质量对于英国消费者的跨境购物体验至关重要。他们会选择信誉良好、运输速度快且运费合理的跨境电商平台。关税和税费是英国消费者进行跨境购物时考虑的重要因素之一。他们通常会了解清楚商品的报关价值以及可能产生的额外费用，如进口关税和增值税。

总体而言，英国消费者在跨境电商消费中注重价格、品质、物流和支付方式，并对关税和税费有一定的了解和考虑。他们对欧洲和美国市场的商品表现出较高的兴趣，尤其是在价格、品质和独特性方面具有竞争优势的商品。

（五）澳大利亚

随着互联网的发展，跨境电商在澳大利亚也呈现出迅猛发展的趋势，大多数在线用户会因为跨境电商的商品品种丰富、价格优惠而选择在跨境电商平台上进行购买，并且以美国、中国和英国的商品为主。有机构曾对澳大利亚用户做了一个海购意向调查，结果显示来自美国、中国和英国这三个国家的跨境商品最受澳大利亚用户青睐。在线跨境购买对于澳大利亚人来说并不陌生，他们的主流在线购物平台以本土零售网站与境外零售网站为主，如 eBay（澳大利亚）、亚马逊、Bunnings Warehouse、Gumtree（澳大利亚）等。澳大利亚作为一个地处南半球的国家，其跨境电商消费习惯受到地理、经济和文化等多方面因素影响。

1. 地理位置的影响

由于澳大利亚的地理位置，目前亚洲国家是澳大利亚消费者跨境购物的热门目的地之一，特别是中国、日本、韩国等国家的商品在澳大利亚市场上享有一定的知名度和受欢迎程度。同时，欧洲和美国的商品仍然吸引着一部分澳大利亚消费者。一些特定品牌、特色商品或者价格更有竞争力的商品在欧美市场上更受欢迎。

2. 价格敏感度

澳大利亚消费者通常对价格比较敏感，他们会寻找价格优惠的跨境电商平台或者购买具有性价比的商品。澳大利亚消费者通常更倾向于使用信用卡、借记卡或者支付宝等支付方式进行跨境电商交易。一些跨境电商平台也会提供澳大利亚本地的支付选项，以方便消费者完成支付。

3. 物流和运输

物流和运输服务的质量对于澳大利亚消费者的跨境购物体验至关重要。由于澳大利亚地理位置的特殊性，物流时间可能较长，因此消费者会选择信誉良好、运输速度快且运费合理的跨境电商平台。关税和税费是澳大利亚消费者进行跨境购物时考虑的重要因素之一。他们通常会了解清楚商品的报关价值以及可能产生的额外费用，如进口关税和消费税。

总体而言，澳大利亚消费者在跨境电商消费中注重价格、品质、物流和支付方式，并对关税和税费有一定的了解和考虑。他们对亚洲市场的商品表现出较高的兴趣，同时也对欧美市场的商品有一定的需求。

本章小结

本章主要学习了跨境电子商务从业者的基本技能。第一节介绍了跨境电子商务公司岗位与素质要求，主要分析了跨境电商从业者的基本要求；第二节针对跨境电子商务英语进行了详细介绍；最后一节重点分析了跨境电子商务的商务礼仪，介绍了美国、巴西、俄罗斯、英国、澳大利亚的消费习惯。

第15章即测即评

参考文献

[1] 中国新闻社. 创新国际传播 讲好中国故事. 求是，2023 (19)：60－65.

[2] 黄群慧，佟家栋，戴长征，等. 正确理解和大力推进中国式现代化. 国际经济评论，2023 (3)：19－37，5.

[3] 张莹. 跨境电商 B2B 出口政策深度解读. 中国海关，2020 (7)：32－33.

[4] 张夏恒，金贵朝. 党的二十大精神下跨境电商赋能共同富裕的趋势与逻辑. 重庆理工大学学报（自然科学版)，2023，37 (20)：72－79.

[5] 李志远，刘丹. 跨境电商统计监测体系建设难点与解决思路. 国际经济评论，2022，158 (2)：160－176，8.

[6] 田喜民. 我国海关跨境电商 B2B 出口监管模式的完善与创新——以“9710”和“9810”出口模式为例. 对外经贸实务，2020 (12)：33－36.

[7] 曹倩. 我国跨境电子商务海关征税监管探讨. 现代商业，2018 (11)：35－36.

[8] 姚大伟，乐飞红. 国际贸易概论. 4 版. 北京：中国人民大学出版社，2023.

[9] 邓志新. 跨境电商：理论、操作与实务. 北京：人民邮电出版社，2018.

[10] 伍蓓. 跨境电商理论与实务. 2 版. 北京：人民邮电出版社，2024.

[11] 逯宇铎，陈璇，易静，等. 跨境电子商务理论与实务. 北京：人民邮电出版社，2021.

[12] 李冠艺，陈明，杨向阳. 跨境电子商务理论与实务. 南京：南京大学出版社，2019.

[13] 黎孝先，王健. 国际贸易实务. 7 版. 北京：对外经济贸易大学出版社，2020.

[14] 伍蓓，谢甜. 跨境电子商务基础. 北京：人民邮电出版社，2023.

[15] 张夏恒. 跨境电子商务概论. 北京：机械工业出版社，2020.

[16] 周庭芳，周娜，赵国庆. 跨境电子商务实务. 重庆：重庆大学出版社，2022.

[17] 陆端. 跨境电子商务物流. 北京：人民邮电出版社，2019.

[18] 郑秀田，甘红云，林菡密. 跨境电子商务概论. 北京：人民邮电出版社，2021.

[19] 纵凯，王玉霞. 国外双边市场理论的最新进展. 东北财经大学学报，2012 (3)：17－21.

[20] 赵清斌，纪汉霖. 基于双边市场视角的我国网络招聘市场发展策略探讨. 哈尔滨商业大学学报（社会科学版)，2012 (6)：59－66.

[21] 朱贤强. 跨境电子商务对中国进出口贸易的影响研究. 北京：对外经济贸易大学，2020.

[22] 周勍. 中国跨境电商政策的影响效应研究——基于国内视角. 北京：对外经济贸易大学，2020.

[23] 邓志虹. 跨境电商行业企业现状分析与创新发展对策研究. 对外经贸，2018 (3)：79-82.

[24] 马述忠，郭继文. 制度创新如何影响我国跨境电商出口？——来自综试区设立的经验证据. 管理世界，2022，38 (8)：83-102.

[25] 杨云鹏，杨坚争，张璇. 跨境电商贸易过程中新政策法规的影响传播模型. 中国流通经济，2018，32 (1)：55-66.

[26] 陈倩. 数字经济背景下的政府支持、产业集聚与跨境电商发展. 商业经济研究，2020 (24)：68-71.

[27] 盛朝迅. 新发展格局下推动产业链供应链安全稳定发展的思路与策略. 改革，2021 (2)：1-13.

[28] 杨东，陈哲立. 法定数字货币的定位与性质研究. 中国人民大学学报，2020，34 (3)：108-121.

[29] 赵崤含，潘勇. 我国跨境电子商务政策分析：2012—2020. 中国流通经济，2021，35 (1)：47-59.

[30] 赵旸頔，彭德雷. 全球数字经贸规则的最新发展与比较——基于对《数字经济伙伴关系协定》的考察. 亚太经济，2020 (4)：58-69，149.

[31] 罗施福，孟媛媛. RCEP 对电子商务的规制：规则、影响与中国因应. 中国海商法研究，2022，33 (3)：77-88.

[32] 彭岳. 贸易规制路径下的数字贸易中国方案. 郑州大学学报（哲学社会科学版），2022，55 (4)：33-40.

[33] 王睿，宋兴鸽. 数字贸易背景下数据本地化法律问题研究. 北方经贸，2023 (10)：93-96.

[34] 洪俊杰，陈明. 巨型自由贸易协定框架下数字贸易规则对中国的挑战及对策. 国际贸易，2021 (5)：4-11.

[35] 冯其予. 跨境电商零售进口再扩容. 经济日报，2021-03-24.

[36] 张晓东. 基于生态位视角的跨境电商产业竞争力实证研究. 国际商务研究，2022，13 (1)：26-36.

[37] 曹倩. 我国跨境电子商务物流模式研究. 当代经济，2017 (33)：64-65.

[38] 齐慧. 中欧班列运输能力持续增强. 经济日报，2023-05-29.

[39] 任香翼，邹筱. 第四方物流研究综述. 中国储运，2022 (6)：104-105.

[40] 冷静. 跨境电商支付业务探讨. 对外经贸，2019 (11)：64-67.

[41] 张夏恒. 跨境电子商务支付表征、模式与影响因素. 企业经济，2017 (7)：53-58.

[42] 薛朝改，李思怡，曹武军，曹海旺. 支付类跨境电商生态系统的构建. 财会月刊，2019 (10)：143-150.

[43] 熊艳. 产业组织的双边市场理论——一个文献综述. 中南财经政法大学学报，2010 (4)：49-54，144.

[44] 隋东旭，邹益民. 跨境电子商务实务. 北京：清华大学出版社，2023.

[45] 邹益民，隋东旭. 电子商务数据运营与管理. 北京：人民邮电出版社，2022.

[46] 邹益民，马金利，王海松，旷彦昌. 跨境电子商务数据化管理. 杭州：浙江大学出版社，2022.

[47] 陈燕燕，刘子敏，王小君. 跨境电子商务概论. 北京：清华大学出版社，2022.

[48] 马述忠，卢传胜，丁红朝，张夏恒. 跨境电商理论与实务. 杭州：浙江大学出版社，2018.

[49] 赵慧娥，岳文. 跨境电子商务. 北京：中国人民大学出版社，2020.

[50] Louisa H，Lars W. The U. S. - China Trade War：Global News Framing and Public Opinion in the Digital Age. Michigan State University Press，2022.

[51] Lillyana J D，Martin M. Digital Trade in MENA：Regulatory Readiness Assessment. Policy Research Working Papers，2020.

[52] 杨晓月. B2C 模式下跨境电子商务买卖合同的管辖权问题. 华东政法大学，2020.

[53] 宏伟. 跨境电子商务的法律风险研究. 新疆师范大学，2022.

[54] 宋建立. 电子商务发展中的若干法律问题. 人民司法，2018 (31)：40 - 45.

[55] 姚璟，冯晓鹏，李思然. RCEP 与 CPTPP 为跨境电商带来新机遇. 中国海关，2021 (11)：8 - 21.

[56] 胡小玲. 跨境快时尚品牌 SHEIN 的品牌建设与崛起之道. 对外经贸实务，2021 (12)：66 - 70.

[57] 浙江省电子商务促进会. 2020 年中国跨境电商发展报告. (2021 - 01 - 04). https://mp. weixin. qq. com/s/tY4Pn6VtWbonMiDnccQN_A.

[58] 马述忠，等. 2018 世界与中国数字贸易发展蓝皮书. (2020 - 06 - 08). www. cec. zju. edu. cn/2020/0608/c51939a2148883/page. htm.

[59] 彭纪生，仲为国，孙文祥. 政策测量、政策协同演变与经济绩效：基于创新政策的实证研究. 管理世界，2008 (9)：25 - 36.

中国人民大学出版社　管理分社

教师教学服务说明

中国人民大学出版社管理分社以出版工商管理和公共管理类精品图书为宗旨。为更好地服务一线教师，我们着力建设了一批数字化、立体化的网络教学资源。教师可以通过以下方式获得免费下载教学资源的权限：

- 在中国人民大学出版社网站 www.crup.com.cn 进行注册，注册后进入“会员中心”，在左侧点击“我的教师认证”，填写相关信息，提交后等待审核。我们将在一个工作日内为您开通相关资源的下载权限。

- 如您急需教学资源或需要其他帮助，请加入教师 QQ 群或在工作时间与我们联络。

中国人民大学出版社　管理分社

教师 QQ 群：648333426（工商管理）　114970332（财会）　648117133（公共管理）
教师群仅限教师加入，入群请备注（学校+姓名）

联系电话：010-62515735，62515987，62515782，82501048，62514760

电子邮箱：glcbfs@crup.com.cn

通讯地址：北京市海淀区中关村大街甲 59 号文化大厦 1501 室（100872）

管理书社　　人大社财会　　公共管理与政治学悦读坊